VIDAS PARALELAS

LETRAS UNIVERSALES

PLUTARCO

Vidas paralelas

Alejandro-César
Pericles-Fabio Máximo
Alcibíades-Coriolano

Edición de Emilio Crespo

Traducción de Emilio Crespo

DECIMOSEXTA EDICIÓN

CÁTEDRA
LETRAS UNIVERSALES

Título original de la obra:
Βίοι παράλληλοι:
'Αλέξανδρος-Καίσαρ
Περικλῆς-Φάβιος Μάξιμος
'Αλκιβιάδης-Γάιος Μάρκιος (Κοριολάνος)

1.ª edición, 1999
16.ª edición, 2024

Diseño de cubierta: Diego Lara
Ilustración de cubierta: Vivian Zoid

Reservados todos los derechos. El contenido de esta obra está protegido por la Ley, que establece penas de prisión y/o multas, además de las correspondientes indemnizaciones por daños y perjuicios, para quienes reprodujeren, plagiaren, distribuyeren o comunicaren públicamente, en todo o en parte, una obra literaria, artística o científica, o su transformación, interpretación o ejecución artística fijada en cualquier tipo de soporte o comunicada a través de cualquier medio, sin la preceptiva autorización.

PAPEL DE FIBRA
CERTIFICADA

© Ediciones Cátedra (Grupo Anaya, S. A.), 1999, 2024
Valentín Beato, 21. 28037 Madrid
Depósito legal: M. 41.786-2009
I.S.B.N.: 978-84-376-1716-9
Printed in Spain

INTRODUCCIÓN

Miniatura de una edición del siglo XV de las *Vidas paralelas*.

Vida de Plutarco

Las referencias más explícitas a la vida de Plutarco se encuentran dispersas a lo largo de sus propias obras. No existe ninguna biografía que sobre él nos haya legado la antigüedad, si se excluyen algunas breves noticias de época tardía y lo que documentan ciertas inscripciones contemporáneas, ni el autor de más de cincuenta biografías ha escrito una autobiografía. (Un tardío admirador escribió un breve poema en el que dice que Plutarco no pudo escribir su autobiografía, porque las de sus héroes tenían paralelos, pero no la suya.) Por el contrario, la mayoría de las informaciones que da sobre su persona son casi casuales y dejan oscuros numerosos puntos que sería deseable conocer.

Su lugar de nacimiento fue seguramente la pequeña localidad beocia de Queronea, donde Filipo en el año 338 a.C. había derrotado y privado de libertad a las ciudades griegas y donde Sila en el 86 a.C. había vencido a Arquelao, general de Mitridates. La histórica importancia de la ciudad no se correspondía con su pequeñez en época de Plutarco, quien afirma que si no emigra de Queronea es para impedir que quede privada de un ciudadano más. La causa de este decaimiento hay que buscarla en las calamidades sufridas en el transcurso de las guerras civiles de finales de la República en Roma. Como muchas otras ciudades griegas que fueron escenario de las operaciones militares, Queronea durante el siglo I a.C. debió de sufrir el despoblamiento y el empobrecimiento de sus habitantes. Uno de los personajes de un diálogo de Plutarco se lamenta de que el país entero apenas podría reclutar tres mil hoplitas, el número que Mégara había enviado a Platea *(Moralia,* 413 f). Los ecos de estas desgracias perduraron bastante tiempo. Según cuenta Plutarco, su bisabuelo Nicarco solía recordar las calamidades sufridas con ocasión de la campaña de Accio, cuando los agentes de Antonio exigieron a punta de látigo llevar víveres al golfo de Corinto para avituallar las tropas de éste *(Antonio,* 58). También las inscripciones documentan lo ruinoso que podía resultar para una ciudad que las tropas, fueran del bando que fueran, quedasen acantonadas u operasen en sus alrededores. No obstante, a partir del principado de Augusto, la paz hizo que las condiciones económicas empezaran a mejorar lenta pero progresivamente en la Grecia peninsular, hasta llegar a una nueva fase de relativo auge económico y cultural, ya que no político, que coincidió aproximadamente con los comienzos del siglo II d.C. En este resurgimiento progresivo de su entorno debe de radicar una de las causas del optimismo de Plutarco y de su profunda aceptación de la monarquía romana como garante superior de la paz. El buen conformar con lo que se posee, la esperanza confiada y una moderada y sana ambición son necesarios para conseguir la paz espiritual, según afirma en el *Sobre la paz de espíritu.*

También es característico de la personalidad de Plutarco que éste haya mantenido toda su vida una encendida devoción por su ciudad natal. Que una pequeña ciudad, alejada de los centros culturales y políticos, ejerciera tal atracción sobre una persona cultivada resulta poco común. Para entender este hecho, es significativo que Plutarco en sus *Consejos políticos* aconseje a un joven de la aristocracia local de Sardes que quiere iniciar la carrera política que conceda gran importancia a la administración local y municipal, para servir a su ciudad. En la misma obra (814 d), muestra su oposición contra aquellos griegos que, en lugar de aprovechar su influencia ante los romanos en beneficio de la propia ciudad, persiguen escalar posiciones en la administración imperial hasta intentar ser cónsules. Por supuesto, la limitación a la administración local cercena las grandes ambiciones políticas: en el ámbito de poder que corresponde a un magistrado griego dentro de su ciudad, el objetivo primordial que éste ha de perseguir es el de estimular la concordia y evitar todo género de revueltas.

Plutarco nació en la década de los 40 del siglo I d.C., probablemente poco antes del 50. Pertenecía a una familia acomodada de Queronea, cuyos ingresos debían de proceder de la agricultura. Su abuelo Lamprias aparece como un hombre afable y cultivado en las *Charlas de sobremesa* y debió de alcanzar una edad relativamente avanzada, porque aún es presentado en la fiesta que se celebró al regreso del joven Plutarco del viaje que le había llevado en su juventud a Alejandría. Su padre, llamado probablemente Autobulo, aparece también en varios diálogos de Plutarco y era aficionado a la caza y a la cría de caballos, signo evidente de una saneada situación económica. El interés por las cuestiones éticas que manifiesta Plutarco no debía de ser nuevo en su familia: Plutarco recuerda (816 d) que en su juventud fue con un compañero en embajada ante el procónsul de Acaya a Corinto y que cuando su compañero se vio forzado a quedarse en el camino, desempeñó él solo satisfactoriamente su cometido. Al regresar, su padre le aconsejó que en el relato de sus gestiones no se atribuyera a sí mismo todos los honores de los resultados logrados, sino exactamente la mitad. Plutarco menciona a dos hermanos: Timón, sólo hermanastro, que se jactaba de descender de antiguas familias heroicas de Beocia y Fócide, y Lamprias, que aparece como interlocutor de variadas aficiones en algunos diálogos y que llegó a ser sacerdote en Lebadea. En este ambiente familiar de interés por el estudio y situación económica favorable tienen lugar los primeros años de formación del joven Plutarco.

Poco antes del año 67, para completar su formación, debió de iniciar viajes que le llevaron con seguridad a Alejandría y a Asia Menor, posiblemente a Esmirna, primer centro del movimiento retórico que luego se llamaría Segunda Sofística. Así pues, bien en otro sitio y en todo caso en Atenas, frecuentó las escuelas de los sofistas y en ellas aprendió retórica. A esta época de su desarrollo literario deben de pertenecer las declamaciones que se nos han conservado. Huellas de su aprendizaje retórico quedarán en los escritos posteriores. También a esta época pertenecen sus primeras actividades políticas y diplomáticas, como la embajada mencionada ante el procónsul en Corinto. Este tipo de actividades solía ser encomendado en cada ciudad a los miembros de la aristocracia local, cuya educación superior les había permitido acceder a la retórica y, por eso, tenían capacidad para exponer ante las autoridades romanas las solicitudes o los ruegos de la ciudad.

Naturalmente, para lograr una formación íntegra era obligado viajar a Atenas, la ciudad en la que impartían sus enseñanzas las escuelas filosóficas. Sus viajes y estancias en Atenas fueron numerosos y llegó a ser ciudadano honorario de ella, quedando adscrito a la tribu Leóntide (628 a). Aún en el siglo IV había familias atenienses que decían descender de él. En Atenas debió de asistir a las lecciones de los filósofos y sofistas allí establecidos, pero Plutarco sólo menciona como maestro a Amonio, filósofo platónico de origen egipcio, que obtuvo la ciudadanía ateniense y altos cargos en la ciudad. En la época en que entró en contacto con Amonio tenía gran pasión por las matemáticas (388 f); pero a partir de entonces se convirtió en un firme defensor de Platón y de la Academia, cuyas ideas profesará a lo largo de toda la vida. La doctrina platónica le enseñó a desconfiar de la retórica y a menudo en sus obras posteriores expresa sus recelos ante las habilidades de los sofistas, que, en todo caso, deberán ser un instrumento para conseguir fines superiores. Como reconoce en el *Cómo debe el joven escuchar a los poetas,* la poesía es el comienzo de la educación, porque predispone al estudio de la filosofía; pero la poesía es peligrosa por contener un elemento de ficción y de representación de lo moralmente malo y porque, como dice en el prólogo de la *Vida de Pericles,* no incita a la emulación activa de las buenas acciones. Por eso, la lectura de la poesía requiere espíritu crítico que ayude a determinar lo que debe ser imitado y lo que no. Igualmente, en el *Extracto sobre la comparación de Aristófanes y Menandro,* concede la superioridad a este último, porque da máximas y transmite conocimientos morales.

También sus escritos revelan conocimientos de física, historia natural y medicina, pero fue ya siempre la filosofía lo que atrajo su interés. Según cuenta en el tratado *Sobre la E de Delfos,* cuando Nerón visitó Grecia (visita que se prolongó desde el 66 hasta fines del 67), él acudió de Atenas a Delfos en compañía de su maestro Amonio para ver al emperador, probablemente como espectador, con ocasión de una recitación poética de Nerón en los juegos píticos. Ésta es la única fecha segura que poseemos sobre la juventud de Plutarco y también una de las pocas que permiten datar su nacimiento. Es también posible que asistiera como espectador a la solemne ceremonia celebrada durante los juegos ístmicos a fines del 67, en la que Nerón proclamó la libertad de Grecia *(Flaminino,* 12, 13); asistiera o no a ella, esta proclamación dejó sin duda una profunda huella en el sentimiento patriótico del joven Plutarco.

En los primeros años de la década de los 70, ya en tiempos de los Flavios, Plutarco contrajo matrimonio con Timóxena, hija de un magnate de Queronea. En el *Tratado del amor,* escrito ya en su vejez, Plutarco presenta a Autobulo, uno de sus hijos, recordando una conversación que tuvo lugar poco después del matrimonio de sus padres, cuando éstos acudieron a la fiesta de Eros en Tespias a hacer un sacrificio o un voto por el apaciguamiento de cierta disputa que había surgido entre los familiares de los recién casados. Ésta es la ocasión que Plutarco utiliza para relatar una historia amorosa y discutir las diferentes formas de amor. La primacía que concede Plutarco a la forma de amor conyugal indica que su matrimonio fue feliz. La carta de *Escrito de consolación a la esposa,* escrita con motivo de la muerte de su hija Timóxena, niña aún, revela las cualidades que Plutarco atribuía a su esposa y el amor que unía a ambos cónyuges. Allí dice, entre otras cosas, que Timóxena había escrito un tratado *Sobre el ornato personal* dirigido a una cierta Aristila. Que su esposa hubiera alcanzado tal nivel de instrucción es sorprendente, pero perfectamente comprensible si se tienen en cuenta las ideas expresadas por Plutarco en sus *Preceptos conyugales.* Pues Plutarco sostiene la necesidad de que el marido instruya a su esposa para que ésta se libere de ciertos defectos femeninos y la unión conyugal sea filosófica, además de física y basada en el carácter. Esta educación se conseguirá mediante el recuerdo de dichos famosos y anécdotas ejemplares. El matrimonio tuvo cuatro hijos, aparte de Timóxena: Querón y Soclaro, que murieron jóvenes, y Plutarco y Autobulo. El interés de este último por la filosofía queda patente si se admite como hecho real y no como pura convención literaria que Plutarco escribió el *Sobre la procreación del alma en el Timeo* a petición de éste. Entre sus descendientes, su sobrino Sexto llegó a ser preceptor de Marco Aurelio. La tradición filosófica y erudita de la familia se perpetuó durante varios siglos, y a ello quizá obedece el hecho de que se hayan conservado muchas de sus obras.

Entre los numerosos viajes que hizo durante su madurez, los más significativos fueron los que le llevaron a Roma. Gracias a estos viajes, un miembro de la aristocracia local de una provincia entró en contacto con la clase que gobernaba el imperio, con los cónsules y procónsules a quienes más tarde dedicaría algunas de sus obras. Es significativo que en los diálogos cuya fecha dramática se sitúa en su juventud, como, por ejemplo, el *Tratado del amor,* no aparezcan los miembros de la aristocracia romana, con quienes aún no había trabado lazos de amistad. Hasta entonces, el mundo de sus relaciones había sido exclusivamente el de la aristocracia local griega, cuyos tintes de distinción más señalados eran la nobleza de nacimiento y la riqueza. Así, en Atenas conoció a un descendiente de Temístocles; la *Vida de Arato,* que no forma parte de la serie de las *Vidas paralelas,* se la dedicó a Polícrates de Sición, un descendiente del caudillo de la liga aquea; y la familia del destinatario del *Sobre el elogio de uno mismo* había conseguido relevancia y riqueza en la época de Augusto. Hemos de suponer, pues, que los viajes y las visitas a Roma e Italia resultaron favorecidos por la tela de amistades que le aseguraban la hospitalidad más franca en muchas ciudades. El temperamento noble y amistoso de Plutarco, por otro lado, le permitía mantener estos lazos, y la sinceridad de su amistad y su cordialidad le impulsaban a hacer averiguaciones sobre las hazañas de los antepasados de sus amigos, según se muestra en muchos de sus escritos. En un pasaje de la *Vida de Demóstenes,* al recordar sus viajes, afirma que había estado tan ocupado con sus deberes políticos y con atender a quienes buscaban su compañía a causa de la filosofía, que no había tenido tiempo de ejercitarse en el latín. Las ciudades griegas, siguiendo una larga tradición, solían enviar como embajadores a conciudadanos sobresalientes, y hemos de suponer que Plutarco, en calidad de persona culta y de filósofo, partió hacia Roma a resolver asuntos concernientes a Queronea, Atenas, Delfos o la liga provincial aquea. De sus gestiones nada dice Plutarco. Además, su estancia en Italia sería aprovechada para pronunciar conferencias ante auditorios selectos. Durante estos viajes, que no necesitan haber sido largos, hizo amistad con nobles romanos, como L. Mestrio Floro, el amigo de Vespasiano a quien Plutarco debía su ciudadanía romana y cuyo nombre adoptó, y Q. Sosio Senecín, amigo de Trajano y dos veces cónsul durante su principado, en el 99 y en el 107, a quien dedicó los nueve libros de las *Charlas de sobremesa* y las *Vidas paralelas*, además del tratado *Cómo percibir los propios progresos en la virtud*.

La datación de los viajes de Plutarco a Italia es problemática, pero se puede asegurar que al menos estuvo una vez a fines de los años 70, otra vez ya en época de Domiciano entre 88 y 90, y una tercera vez a fines del 92, durante el consulado de Aruleno Rústico y poco antes de su ejecución. Sólo así cobra toda su importancia la anécdota narrada por Plutarco (522 d) de que mientras él estaba pronunciando una conferencia en cuyo auditorio se encontraba Aruleno Rústico, entró un soldado trayendo una carta del césar para Aruleno. Plutarco se detuvo para darle el tiempo suficiente de leer la nota; pero Aruleno Rústico se guardó la carta sin leerla para no distraer al conferenciante, ganándose así la admiración general. Por otro lado, el hecho de que Aruleno Rústico, un personaje notable de más edad que Plutarco y perteneciente a la escuela rival de los estoicos, asistiera a sus conferencias es prueba de la notoriedad alcanzada por Plutarco en Roma.

En general, la actitud de Plutarco hacia los emperadores de la dinastía de los Flavios parece haber sido hostil; de hecho, varios de sus amigos fueron ejecutados o enviados al exilio en el 93, poco antes del edicto de Domiciano por el que se ordenaba la expulsión de los filósofos griegos de Italia. En fecha anterior, Vespasiano, poco después de haber accedido al principado, había revocado la libertad de Grecia, proclamada solemnemente poco antes por Nerón; es de suponer que el patriotismo del de Queronea debió de ver esta orden con disgusto, aunque con resignación. Por todo ello, es posible que si existen pocas obras de Plutarco datadas en esta época, la causa no sólo sea su dedicación a las actividades diplomáticas y políticas, sino el peligro de incurrir en la ira de los gobernantes de Roma.

Durante estos años desempeñó diferentes cargos políticos locales y regionales, fue elegido representante de su ciudad en la asamblea internacional que regía Delfos, arconte epónimo en Queronea y presidente de los juegos píticos. Con orgullo se compara a Epaminondas y a Catón de Útica por no haber despreciado ejercer cargos menores y recuerda el dicho del primero, según el cual el cargo no hace al hombre, sino el hombre el cargo. Finalmente, llegó a ser uno de los dos sacerdotes permanentes del santuario de Delfos. La importancia que atribuía a su actividad sacerdotal y a la religión tradicional queda bien documentada por el número de obras de contenido religioso y teológico, délfico en particular, tanto conservadas como perdidas, que escribió. En la última década del siglo I d.C., cuando, coincidiendo aproximadamente con su nombramiento sacerdotal, comienza su retiro voluntario entre Queronea y Delfos llevado por un cierto sentido del deber, hemos de suponer que en torno suyo se forma espontánea y progresivamente una especie de escuela, quizá no muy formal y en todo caso con probables reminiscencias de la Academia, de la que formaban parte sus familiares, amigos e hijos de sus amigos y en la que se debían de discutir problemas filosóficos, biológicos, políticos y teológicos. Tampoco faltarían las interpretaciones de las obras filosóficas, en particular de Platón, y las lecturas de los poetas, sobre todo de Homero, como queda en claro por el tratado *Cómo debe el joven escuchar a los poetas*. Estas lecciones, discusiones y charlas de sobremesa son en cierta medida el germen de las *Moralia*. Las *Charlas de sobremesa*, o las romanas y las griegas, reproducen el tono y el contenido de las conversaciones informales de esta escuela y la amplitud de intereses de sus participantes.

Fue, sin embargo, en los años de su vejez, retirado ya en Queronea o Delfos (en la época en que incluso Atenas le parecía estar muy lejos), cuando Plutarco alcanzó la más alta estima y honores. Durante su sacerdocio en Delfos, el santuario experimentó una nueva fase de prosperidad y se edificaron nuevos templos. Es muy probable que Plutarco fuera responsable. Su amistad con Q. Sosio Seneción debió de ser el medio por el que los honores llegaron a Plutarco del propio Trajano. Éste, aparte de favorecer el santuario de Delfos mediante la confirmación de sus derechos tradicionales y la nueva construcción de edificios en Delfos y Termópilas, lugares donde se reunían los representantes de la asamblea, concedió a Plutarco la facultad de llevar ornamentos consulares. Ésta era la dignidad superior en la carrera política, y su concesión se hacía como recompensa de los más altos servicios. Es natural pensar que ya para entonces Plutarco había accedido al orden ecuestre, honor menos extraordinario que el anterior. No sabemos si pasó a las filas del *ordo equester* gracias a Trajano o a un predecesor suyo. En todo caso, hemos de suponer que hubo relaciones personales entre Plutarco y Trajano: si bien la carta a éste que sirve de introducción a los *Dichos de reyes y generales* y todavía más la *Institutio Traiani* son sin duda apócrifas, estas falsificaciones sólo se han podido producir si existía el conocimiento de que Plutarco había mantenido contactos con Trajano.

Alrededor del 120, ya en época de Adriano, fue nombrado, quizá no por vez primera, presidente del órgano ejecutivo de la confederación délfica. Como sacerdote de mayor edad de los dos que había en Delfos con carácter permanente, su nombre aparece en una inscripción como responsable de la erección de una estatua en honor del nuevo emperador. Adriano continuó la política de su predecesor en cuanto al favorecimiento del santuario de Delfos. Nuevos edificios se erigieron, y los habitantes, en prueba de reconocimiento, levantaron estatuas del emperador y de los miembros de su círculo, como la famosa conservada de Antínoo. Los honores del emperador siguieron recayendo sobre Plutarco. Así, la *Crónica* de Eusebio informa de que Adriano le nombró procurador de Grecia. Este alto cargo tenía la misión de supervisar las propiedades imperiales en la provincia y actuar como agente personal del emperador, pero es posible que en el caso de Plutarco el cargo fuera sólo honorario.

La fecha de su muerte se desconoce, pero hay razones para estimar que ocurrió no mucho después del 120. La omisión de su nombre de la lista de los *Longevos* del Pseudo-Luciano indica que no alcanzó los ochenta años de edad. Por otro lado, si Plutarco, como sacerdote de más edad, dedicó la estatua que en honor de Adriano se erigió en Delfos alrededor del 120, cuando una estatua similar fue dedicada al emperador en el 125 ya no aparece como oferente. Este detalle sugiere que Plutarco para entonces ya había muerto y su compañero en el sacerdocio había pasado a ser el de más edad tras la elección del que vino a sustituirlo. Tras su muerte, ocurrida, según afirma Artemidoro *(Onirocrítica,* IV 72), poco después de haber tenido un sueño en el que ascendía a los cielos guiado por Hermes, los ciudadanos de Delfos y Queronea se unieron para honrar su memoria y erigieron un monumento en su honor. Sus descendientes siguieron residiendo en Queronea al menos hasta mediados del siglo III d.C. Algunos alcanzaron singular relevancia, como su sobrino Sexto, preceptor de Marco Aurelio. Sofistas y filósofos muy posteriores aseguraban descender de él, y el nombre de Plutarco se hizo más frecuente entre las personas notables, indicio evidente de la fama y estima que había logrado en vida.

Obra

De la producción literaria de Plutarco se conservan cuarenta y ocho biografías, todas las cuales, excepto cuatro, pertenecen a la serie de las *Vidas paralelas,* y algo más de setenta tratados de contenido misceláneo que se conocen con el término genérico de *Moralia* o *Escritos morales.* En realidad, este título sólo conviene a un grupo, aunque numeroso, de escritos que tratan de temas de ética práctica, pero la denominación se ha hecho tradicional para referirse al conjunto. Este título genérico y su ordenamiento en las ediciones actuales procede de Máximo Planudes, erudito bizantino que en el último decenio del siglo XIII y en los primeros años del XIV recopiló manuscritos de la obra de Plutarco y encabezó la edición con el título de Ἠθικά, partiendo de una colección previa de una veintena de tratados que versaban sobre temas exclusivamente éticos, para los cuales el título genérico era adecuado. Este *corpus,* uno de los más extensos de cualquier autor de la antigüedad según se ha conservado, contiene obras que, con toda seguridad o con mayor o menor probabilidad, no pertenecen a Plutarco, pero que son de un gran interés, como las *Vidas de los diez oradores* o el *Sobre la música;* al mismo tiempo, se han perdido muchas obras de Plutarco, de suerte que lo conservado se puede estimar en algo menos de la mitad de su producción literaria. Que existen obras perdidas se sabe en parte por las citas fragmentarias que hacen otros autores de obras de Plutarco y, en parte, por el llamado catálogo de Lamprias. En *Suidas*, supuesto nombre del autor de un léxico enciclopédico elaborado en el siglo X d.C., se dice que un tal Lamprias, pretendido hijo de Plutarco, compuso una lista de las obras de su padre. Como este catálogo está precedido de una breve carta en la que el autor escribe a una persona innominada, diciéndole que, en atención a sus deseos, le envía una lista de las obras de su padre, se pensó que este catálogo era un documento original de un hijo de Plutarco. Aparte de que éste no tuvo, en la medida que conocemos, un hijo llamado Lamprias, existen razones para pensar que la carta es una falsificación del siglo XIII o XIV, hecha a la vista del artículo de *Suidas*, y que el catálogo pertenece a la antigüedad tardía. Por lo demás, si pretende hacer una lista de las obras de Plutarco, contiene errores de bulto, como atribuirle los *Tópicos* de Aristóteles, omitir algunas obras tan características suyas como las *Charlas de sobremesa* y adscribirle obras conservadas que con seguridad no han sido escritas por él. Sin embargo, el catálogo muestra que la antigüedad tardía conservaba muchas obras de Plutarco, perdidas más tarde, reflejo de la gran difusión que habían logrado sus escritos, pero que no existía ninguna edición canónica. En caso contrario, se habría esperado un ordenamiento sistemático de las obras, cronológico o temático. La desaparición definitiva de las obras enumeradas en el catálogo, pero no conservadas, debió de acontecer entre los siglos VI y IX, lapso en el que no existe ninguna noticia de Plutarco, hasta los resúmenes que hace Focio de algunas *Vidas* en su *Biblioteca*. En los últimos años de la antigüedad se debió de hacer una edición de las *Vidas paralelas*, ordenada según la cronología de los personajes griegos biografiados. Probablemente ya después de Focio se hizo una nueva edición de las *Vidas* con el ordenamiento adoptado en la edición de Ziegler; pero hasta la edición de K. Ziegler el orden habitual era el de la *editio princeps* de las *Vidas*, obra de Francisco Asulano, que seguía con ciertas imperfecciones el orden cronológico de los personajes latinos biografiados. El número por el que se citan tradicionalmente las *Moralia* es el de las páginas de la edición de Henricus Stephanus, de 1572.

Volviendo al catálogo de Lamprias, la lista, con 227 títulos en 278 libros, permite imaginar la extensión de lo que realmente escribió Plutarco. Lo llamativo no es la extensión de sus escritos, ya que otros autores tardíos griegos también fueron muy prolíficos, sino que se hayan conservado en tan elevado número (4.355 páginas en la edición teubneriana). Los herederos de Plutarco en Queronea y la popularidad e influencia que ejerció en la antigüedad tardía contribuyeron a ello. Tampoco ha sido ajena a este hecho la circunstancia de que el cristianismo viera con simpatía las obras morales de Plutarco. Su concepto de la *philanthropía*, no muy lejano de la concepción cristiana del amor al prójimo, su defensa de la fidelidad conyugal, sus enseñanzas sobre dios y los *dáimones*, sobre la inmortalidad del alma y la providencia divina, entre otras cosas, mostraban afinidades con el cristianismo.

«MORALIA»

Desde el punto de vista del contenido, el grupo mayoritario de las obras conservadas trata de temas de filosofía popular con argumento ético. Ya se han mencionado el *Escrito de consolación a su esposa* y el *Tratado del amor*. La cita de algunos otros títulos puede dar idea de los temas: *Sobre el amor fraterno, Cómo distinguir a un adulador de un amigo, Sobre que hay que reprimir la ira, Cómo percibir los propios progresos en la virtud, Sobre la charlatanería, Sobre el elogio de uno mismo, Sobre la paz de espíritu*, etc.

Algunas obras que tratan de temas filosóficos tienen una finalidad más estrictamente científica. Las más notables de este grupo interpretan las obras de Platón, como las *Cuestiones platónicas* o el tratado *Sobre la procreación del alma en el Timeo*, o polemizan contra las enseñanzas de otras escuelas filosóficas, sobre todo con la estoica, dominante en su época, y la epicúrea. En general, la interpretación del pensamiento de Platón se hace del mismo modo que la explicación de costumbres o ritos, según se observa en las *Explicaciones romanas* y en las *Explicaciones griegas*, o en las *Charlas de sobremesa*. Los argumentos de coherencia del pensamiento en toda la obra de Platón son utilizados en la obra sobre el *Timeo* platónico para demostrar que la creación que se narra allí debe ser tomada en sentido literal. Otras veces, como sucede en el *Sobre la E de Delfos*, se utilizan argumentos simbólicos para sostener que la E representa el numeral 5, concepción que se asocia con los pitagóricos. Las contradicciones en que incurren las escuelas filosóficas con las que polemiza suelen ser el vehículo esencial para desechar sus teorías. Estos modos de argumentación muestran un hecho esencial de la cultura de la época: la dependencia de las obras del pasado histórico, literario o filosófico griego. Pues Plutarco, como se ha repetido con frecuencia, no es un pensador original. Sin embargo, lo que diferencia a Plutarco de muchos de sus contemporáneos es que en él el pensamiento tradicional no es pura sabiduría escolar y libresca, sino producto de una convicción personal vivida. De ahí que sus polémicas no se queden en pura materia de controversia profesional entre escuelas rivales; si estima que las debe combatir es porque las enseñanzas que propagan están en contra de sus convicciones religiosas y morales. Las ideas religiosas y éticas de los epicúreos, ajenos al panteón y a la religiosidad tradicionales y defensores de la virtud en cuanto que está acompañada de placer, y su materialismo son atacados abiertamente. También su alejamiento consciente de la vida política está en contradicción con el pensamiento y la vida de Plutarco. Idéntica crítica hace a los estoicos, a quienes, no obstante, sigue en su método de interpretación alegórica para salvar la moralidad de los dioses tradicionales. Sus teorías éticas, que propugnaban la eliminación de las pasiones y del componente anímico irracional y concebían el progreso moral como pura conversión total, se hallan en contraposición con la *areté* activa que los héroes de las *Vidas* manifiestan. Por lo demás, el carácter encomiástico de la *Vida de Catón de Útica* muestra que admite ciertos aspectos de la *stoá*.

Plutarco posee un espíritu fervientemente religioso. Algunos de sus tratados más característicos tratan de temas religiosos y teológicos: *Sobre la E de Delfos*, *Sobre los oráculos de la Pi-*

tia, Sobre el retraso de la venganza divina, Sobre el demón de Sócrates, Sobre Isis y Osiris. Pruebas de estas profundas creencias religiosas son también su sacerdocio en Delfos, la importancia que concede a los cultos y ritos como tema de investigación histórica, su rechazo radical del ateísmo y, sobre todo, de la superstición, su oposición al evemerismo, la importancia que atribuye a la correcta interpretación de los oráculos, basada en la filosofía, la creencia en los démones como responsables del mal, convicción que permite depurar de toda bajeza moral a la divinidad, etc. Por lo demás, está convencido de la universalidad de la religión como fenómeno humano y, siguiendo una tradición antigua en Grecia, considera que los dioses de griegos y no griegos no son más que diferentes nombres de las mismas divinidades. Como corresponde a su interés predominantemente ético, el problema de la existencia del mal en el mundo preocupa a Plutarco, que creía en la existencia de un Dios providente. En el *Sobre el retraso de la venganza divina* defiende la recompensa después de la muerte sobre las bases de la doctrina de la inmortalidad del alma individual de Platón y de su propia fe como iniciado en los misterios de Dioniso. Como apoyo a esta tesis, según es normal en su modo de argumentación, aduce ejemplos de poetas y filósofos griegos. Para reconciliar la bondad divina con el mal que se observa en el mundo, defiende en el *Sobre la falta de los oráculos,* 410 b, y menciona en varios pasajes de las *Vidas,* la existencia de *dáimones,* seres de gran poder e intermedios entre la divinidad y los hombres. Estos *dáimones,* para los que existe una larga tradición en la literatura y en la filosofía griega precedente, son puestos en relación con las cualidades adivinatorias y con los eventuales engaños que producen en los hombres. La tarea de la filosofía, pues, consiste en la recta distinción entre divinidad y *dáimones* mediante la razón.

El objetivo esencial de la filosofía es en el pensamiento de Plutarco la ética. El fin primordial y más noble es conducirse a sí mismo y enseñar a los demás a conducirse por el sendero de la *areté,* único camino que lleva a la felicidad. Consiste la virtud en el dominio sobre las partes irracionales del alma (según la división de las partes del alma en Platón) y el consiguiente desarrollo de sus energías latentes. La variedad de las pasiones individuales, gobernadas por la razón, logra conjuntamente el bien moral, según se expone en las *Vidas paralelas* de forma práctica. No obstante, existen límites al proceso de perfeccionamiento moral del hombre. Plutarco justifica la tardanza de Dios en infligir castigo con la siguiente argumentación (551 a): el poder divino conoce qué parte de virtud tiene cada hombre desde su nacimiento. Aquello que es decididamente malo es pronto eliminado, mientras que, cuando la tendencia al error procede de la ignorancia del bien más que de la elección del mal, da tiempo para el cambio. De hecho, con frecuencia se producen profundos vuelcos en el carácter de las personas. Las potencialidades que posee el carácter de cada uno pueden no convertirse nunca en realidad, bien por los hábitos y la educación, bien por las compañías que la persona frecuenta en su juventud. A pesar de todo, la divinidad suele castigar, gracias a su conocimiento del alma individual, las tendencias al mal antes de que lleguen a convertirse en acciones. De lo anterior resulta evidente la importancia que en el pensamiento de Plutarco desempeña la educación o su ausencia y, en general, la presentación de ejemplos que estimulen las potencialidades buenas y mantengan ocultas las malas. De la educación filosófica depende igualmente el recto conocimiento de los signos que proporcionan los dioses mediante los oráculos. Pero la virtud —y en esto se aparta de la tradición socrática y griega, en general— no sólo depende del conocimiento. Los medios para mejorar en la virtud dependen del conocimiento, pero también de la práctica, que conduce a la formación de buenos hábitos. La relevancia de estas ideas para la interpretación de las *Vidas paralelas* no necesita ser destacada.

También hemos hecho mención de los escritos retórico-epidícticos: *Sobre la fortuna o la virtud de Alejandro Magno*, *Sobre la fortuna de los romanos*, *Sobre la gloria de los atenienses*. Acerca de la forma de estos escritos diremos algo más adelante.

Entre los escritos de tema político hay que destacar los *Consejos políticos*. Característico de la mentalidad de Plutarco es que los tratados políticos traten menos de una discusión teórica de las diferentes constituciones, según la tradición griega que se remonta al siglo v, que de los principios prácticos que deben guiar la conducta de quien por su elevado nacimiento y su posición social está llamado a intervenir en los asuntos políticos. La aceptación del poder superior de Roma, que implica la colaboración en la administración municipal, es peculiar del pensamiento de Plutarco. La ferviente admiración que sentía por las glorias del pasado histórico griego no le ocultaba que la situación de su época era radicalmente distinta. Roma ejercía su tutela y el poder último, pero deseaba la cooperación de las aristocracias locales para mantener la paz social de la que todos obtenían beneficio. El político, según observa Plutarco, debe ser siempre consciente no sólo de que gobierna sobre hombres libres, sino de que está sujeto a un poder superior. El reconocimiento de esta situación le conduce a afirmar como objetivo superior de quien entra en política la paz y la concordia ciudadanas, que eviten la necesidad de intervención romana.

Para las restantes *Moralia*, se pueden distinguir los siguientes grupos en función del contenido, según la clasificación de Ziegler:

— escritos literarios: *Sobre la mala intención de Heródoto*, *Extracto sobre la comparación de Aristófanes y Menandro*, *Vidas de los diez oradores*;
— escritos de carácter anticuario: *Explicaciones romanas* y *Explicaciones griegas*, *Hechos virtuosos de mujeres*;
— escritos de contenido mixto: *Charlas de sobremesa*, *Banquete de los siete sabios*;
— escritos de historia natural: *Sobre la cara de la luna*;
— escritos de contenido pedagógico: *Sobre la educación de los hijos*, *Cómo debe el joven escuchar a los poetas*, *Sobre la música*;
— escritos sobre psicología de los animales: *Sobre el ingenio de los animales*, *Sobre el amor a los hijos*.

La mera lista de algunos títulos muestra la variedad de intereses del espíritu de Plutarco, que, como muestran las *Explicaciones griegas* y las *romanas*, no consideraba indigno de atención ningún problema, por secundario que éste pudiera parecer.

Desde el punto de vista de la forma, el conjunto de las *Moralia* admite una clasificación más simple. La forma que con mayor frecuencia tienen estos escritos es el tratado de divulgación de algún tema filosófico, que, en general, se denomina diatriba. La finalidad que persiguen es estimular la virtud del lector y para ello, con un tono de consejo, introducen máximas, ejemplos morales y anécdotas, fábulas y dichos, abundantes citas de personajes históricos y semejanzas de toda clase, en un conjunto un tanto desordenado. Todos estos elementos, tendentes a demostrar la necesidad de seguir la virtud que en cada tratado se desea destacar y de mostrar los perjuicios del vicio que se combate, se acumulan abigarradamente en la diatriba, formando una tupida red de alusiones y anécdotas unidas con carácter laxo y a veces repetidas en distintos tratados con finalidad diferente. El objetivo que persigue este modo de componer alusivo es doble: por un lado, aducir argumentos de autoridad sobre las enseñanzas morales que se exponen; por otro, confrontar el pensamiento del autor con el recibido de la tradición y ayudar a formular con mayor rigor y precisión los principios de conducta que exalta. Plutarco se enfrenta a la tradición histórica y literaria de Grecia de un modo peculiar: las enseñanzas recibidas forman un organismo vivo y no son meros recuerdos del pasado. Como veremos más adelante, esta misma vinculación entre tradición y presente se observa en la lengua de Plutarco y en la propia finalidad de las *Vidas*, a mitad de camino entre la historia y la enseñanza del presente. Las citas que forman el procedimiento de argumentación son, sobre todo, anécdotas de personajes famosos, cuyo renombre garantiza la bondad de la lección que de ellas se extrae. Las autoridades aducidas son a menudo citas poéticas, sobre todo, del teatro y, en concreto, de Menandro, de Homero y de los beocios Píndaro y Hesíodo, sobre quienes compuso sendas biografías. Naturalmente, no hay que suponer que Plutarco anduviera a la busca de proverbios, anécdotas, ejemplos y dichos para incorporarlos a sus escritos de manera progresiva; por el contrario, son el vehículo de expresión para un escritor que conoce profundamente la literatura y la historia precedentes, y que entresaca de sus conocimientos frases o episodios a los que atribuye una significación ética y didáctica, a veces no histórica. No obstante, conocía y había manejado colecciones de dichos y anécdotas famosas, como la latina de Valerio Máximo, a quien, sin duda, utilizó, y él mismo había recopilado otras, como los *Dichos de reyes y emperadores* y los *Dichos de espartanos*. A veces se ha sostenido que Plutarco sólo ha utilizado estas colecciones y que los autores conocidos por él de primera mano son pocos. Pero la preparación retórica en su época exigía amplias lecturas de historiografía y oratoria, sobre todo, así como ejercitar la memoria de modo insistente. Además, Plutarco ha compuesto obras sobre Homero, Hesíodo, Heródoto, Aristófanes, Menandro, Arato y Nicandro, al menos, lo cual indica sus variados y profundos conocimientos de la literatura griega. En qué medida, pues, sus abundantes citas son de primera o de segunda mano es algo que no podemos determinar; en todo caso, el hecho de que una cita concreta de un autor muestre indicios de haber sido tomada de una compilación y no de la propia obra mencionada no prueba que Plutarco no hubiera leído a ese autor. Por lo demás, su poca estima de la comedia aristofánica en relación con la de Menandro no ha sido obstáculo para que se haya servido de los datos que le proporcionaba la comedia antigua en la elaboración de la *Vida de Pericles*, por ejemplo.

Otra característica del modo de componer de Plutarco es la profusión de símiles, analogías y comparaciones, que, en gran medida, son banales en la tradición literaria, pero que persiguen el objetivo de reunir un mundo entero de símbolos y sugerencias y dar al lector la posibilidad de acumular argumentos en favor de la tesis sostenida. Aparte de eso, como procedimiento retórico que son, introducen variedad y contribuyen a precisar el pensamiento. Este procedimiento de composición hace que los tratados de Plutarco aparezcan, por su carácter laxo en cuanto a la estructura, acumulativos y misceláneos.

Los tratados hasta ahora considerados adoptan la forma de cartas enviadas a una persona a quien se le dedica la obra (como los *Consejos políticos* o *Sobre la paz de espíritu*) o bien la de declamaciones retóricas, probablemente, en algunos casos al menos, conferencias realmente pronunciadas por Plutarco

(Sobre que hay que evitar los préstamos). En este segundo grupo, la forma, más próxima a la charla moral que se denomina diatriba (nombre que nunca da Plutarco a sus obras), muestra, aparte de los procedimientos literarios señalados más arriba, los mecanismos retóricos habituales en una exposición oral: los apóstrofes directos a la audiencia, las preguntas retóricas, etc. En cuanto a los tratados en forma de carta, hay ejemplos en los que la dedicatoria se expresa simplemente mediante un vocativo al comienzo *(Cómo distinguir a un adulador de un amigo, Sobre Isis y Osiris, Sobre el amor fraterno),* aunque lo más habitual es que se hagan alusiones a las relaciones personales de autor y destinatario o a la petición que éste ha dirigido al autor para que le envíe consejos, de modo que el tratado entero adquiere el carácter de una epístola moral.

Un grupo diferente de obras está compuesto por los discursos epidícticos, las declamaciones en las que rétores y sofistas solían exhibir para su lucimiento sus dotes oratorias y de persuasión. Naturalmente, es en estas obras donde mejor se pueden manifestar sus cualidades retóricas y de argumentación. Los discursos *Sobre la fortuna o la virtud de Alejandro Magno* pretenden mostrar no sólo que las grandiosas conquistas de Alejandro no han sido un producto de la fortuna, sino que, a pesar de haber sido maltratado Alejandro por la fortuna y a pesar de la hostilidad que ésta le demostró a lo largo de su carrera, llegó a ser por sus actos un filósofo y, es más, aunque no escribió nada, el más importante filósofo que ha existido. Y es significativo que se comparen las innumerables fundaciones de ciudades que estableció Alejandro con la *República* y *Las leyes* de Platón, con ventaja para Alejandro en la comparación. Como era de esperar, los discursos de aparato suelen atacar la tesis que a primera vista es evidente y defender la que es exactamente contraria y aparece en principio como débil e infundada. Lo mismo sucede en la declamación *Sobre la gloria de los atenienses,* donde se afirma que los logros atenienses en la política y en la guerra son muy superiores a los conseguidos en las bellas artes y la literatura. Finalmente, el discurso *Sobre la fortuna de los romanos* es, desde el punto de vista formal, una controversia en la que la Fortuna y la Virtud pugnan por el título de haber fundado la gloria romana. Estas obras muestran la misma abundancia de *exempla*, analogías, citas y referencias a hechos históricos; pero en ellas, además, el género literario impone un cuidado más exquisito de la forma, con la busca de paralelismos y contrastes y el despliegue de todos los artificios y sutilezas retóricos.

Si se excluyen los libros de *problémata* sobre temas anticuarios o científicos y los tratados filosóficos de intención científica, en los que existía menor oportunidad para la acumulación de *exempla* y citas, la forma de los demás tratados de Plutarco es el diálogo. Como es natural, el platónico Plutarco se propuso como modelo a Platón, según él mismo afirma en *Moralia*, 484 e. Muchas de las características externas de los diálogos de Platón, inicio y cumbre del género, aparecen también en los de Plutarco, aun cuando existen evidentes diferencias en cuanto a la profundidad del contenido. La introducción de parientes, amigos y conocidos como interlocutores del diálogo; la acomodación del estilo a la profesión o al carácter de los personajes que intervienen, como aparece, sobre todo, en el *Banquete* platónico; el procedimiento de enmarcar el diálogo que constituye el tema central en la narración de uno o varios personajes que tomaron parte en él o se lo oyeron contar a otros, como en el *Banquete* y en el *Tratado del amor* de Plutarco; la vinculación del diálogo con la acción mediante episodios que sirven como interludios en la conversación; la explicación de la ocasión histórica y a menudo casual que dio origen al diálogo, como, por ejemplo, la sobremesa de un banquete; la introducción de mitos para explicar las ideas del personaje central, como en el *Sobre el demón de Sócrates;* todas éstas son características que Plutarco ha imitado del «divino» Platón. No obstante, existen profundas diferencias formales. La más notable es que en Plutarco falta casi por completo la forma dialéctica de investigación mediante preguntas y respuestas breves. Por el contrario, en los diálogos de Plutarco cada interlocutor expone, en general en largos discursos, sus puntos de vista sobre el tema que es objeto del diálogo, sin que a continuación haya confirmación o refutación de las ideas defendidas por otros interlocutores. La tesis sostenida por el autor viene dada por el propio orden en que se expone, pues lo más importante y aproximado a lo que Plutarco estima verdadero suele ser expuesto al final; hasta entonces se han ido recorriendo varios caminos, cada uno de los cuales está más cercano al resultado final. Y aquí se encuentra la otra diferencia más importante con respecto a la mayoría de los diálogos platónicos: en los de Plutarco suele haber una conclusión expresada como tal. Por otra parte, a veces sucede, como en el *Sobre que hay que reprimir la cólera*, que el carácter dialogado es pronto sustituido por una larga exposición. Algunos diálogos tienen dedicatoria.

La lengua y el estilo de Plutarco reúnen cualidades análogas a las que muestran las formas literarias utilizadas. La prosa ática clásica, representada por Platón y, sobre todo, por los oradores, se impuso desde el siglo IV a.C. como norma literaria para las obras en prosa. A partir de entonces, la historia de la lengua literaria griega adopta el dialecto ático como norma. Las sucesivas modas literarias determinan únicamente el grado de exigencia en la imitación de los clásicos y el grado de permisividad en la introducción de elementos lingüísticos del autor y de la época. A finales del siglo I a.C., la nueva corriente del aticismo había reaccionado contra los excesos del asianismo y había reclamado como virtud literaria la imitación de la simplicidad de los escritores áticos, eliminando de la prosa fenómenos introducidos durante los siglos del helenismo. Esta corriente literaria encontrará su triunfo más rotundo entre los escritores de la Segunda Sofística en el siglo II d.C. Será entonces cuando se recopilen listas de palabras documentadas en la prosa clásica como guía para conocer lo autorizado y lo que debe ser eliminado de la prosa literaria. Ni Dionisio de Halicarnaso, máximo exponente del aticismo temprano, ni Cecilio de Caleacte, su más firme opositor, parecen haber influido en Plutarco. Como es natural, el filósofo que él se siente considera que el problema formal es secundario y que lo que importa es el contenido. La función de la forma es simplemente la de hacer el pensamiento más persuasivo. Por eso Plutarco no rebusca palabras y construcciones áticas, con exclusión de las que se han ido incorporando durante el helenismo a la lengua de la prosa. Dentro del nivel requerido para que la lengua sea un eficaz vehículo del pensamiento, Plutarco escribe, en términos generales, en el griego helenístico (que ya contiene un elemento ático predominante) y acepta todo lo que estima que puede enriquecer su expresión. Gran parte de su vocabulario, mucho más amplio que el de Demóstenes, es de origen poético o postclásico, aunque también usa términos áticos que no se documentan en los escritores helenísticos. De las dos virtudes que a ojos de los críticos caracterizaban la prosa clásica, claridad y concisión, ambas estimadas por Plutarco, la segunda se adecuaba poco al carácter del de Queronea, proclive a la prolijidad y a la repetición. Es en este aspecto en el que más se aparta del estilo de la prosa clásica.

El rasgo más sobresaliente de su estilo es la cuidadosa evitación del hiato, circunstancia que, según se dice, conduce a trastocar profundamente el orden de palabras. El encuentro de vocales entre palabras fue cada vez más evitado en el curso de la evolución literaria. Menos alcance tiene la aparición habitual de cláusulas rítmicas al final de la frase; pues la limitación de la estructura métrica de las sílabas finales de la frase a ciertos esquemas rítmicos muestra numerosas excepciones. Con exclusión de las obras epidícticas de juventud, Plutarco hace un uso limitado y convencional de las figuras retóricas y de los artificios de pensamiento. Herencia, no obstante, de su educación retórica, conservada durante toda la vida, es su tendencia a la comparación antitética. La estructura de la frase, llena de meandros, incisos y frecuente subordinación, es peculiar del estilo de Plutarco; su natural elocuencia, la amplitud de sus conocimientos y la longitud de la frase, todo ello contribuye a esa impresión de amable prolijidad.

Las «Vidas»

Cuando Plutarco comenzó a escribir las *Vidas,* el género literario de la biografía, como la diatriba, el diálogo filosófico y la oratoria epidíctica, tenía sobre sí una tradición secular. Pero la desaparición de casi toda la literatura biográfica anterior impide valorar las innovaciones que ha introducido este autor. A pesar de ello, se ha tratado de reconstruir la historia del género para descubrir qué puesto hay que asignar a Plutarco en la evolución de la biografía en la antigüedad. La teoría formulada a comienzos del siglo XX supone que hay que diferenciar dos tipos de biografía: la que propagaron las investigaciones de los peripatéticos, que exponía de manera exhaustiva y en orden cronológico las gestas de generales y políticos y estaba destinada al gran público, razón por la que buscaba la belleza formal; y la biografía alejandrina, que, concebida más bien como una obra de investigación dirigida a las minorías, exponía de forma esquemática y en estilo científico la biografía de personajes sobre todo literarios y no estaba ordenada según criterios cronológicos, sino temáticos. Plutarco representaría el primer tipo, Suetonio el segundo. No obstante, esta reconstrucción, por sugestiva que sea, dista de estar demostrada. Incluso entre las biografías de procedencia peripatética predominan las que tratan sobre autores literarios.

En fecha más reciente se ha tratado de dar una nueva respuesta a la cuestión de la historia de la biografía en la antigüedad. A algunos de los datos más relevantes nos referimos a continuación. Por un lado, para que la biografía pudiera cristalizar como género literario fue necesaria la composición de una vigorosa personalidad en la historia que estimulara la composición de biografías sobre su persona. En este sentido, Sócrates y los escritores socráticos debieron de ejercer una profunda influencia. Los diálogos socráticos de Platón son en cierto modo biográficos, aunque en ellos exista siempre la ambigüedad buscada por el autor entre lo que es real y biográfico y lo que es pura ficción, y aunque haya distinción entre una verdad inferior y otra superior. Pero, sobre todo, las obras de otros socráticos, como el *Agesilao*, las *Memorables* y la *Ciropedia* de Jenofonte, el *Evágoras* o el *Sobre la antídosis* de Isócrates, o las obras perdidas de Antístenes, entre las que se encontraban dos diálogos sobre Ciro, un libro sobre Alcibíades y un panfleto contra los políticos atenienses, muestran la importancia que tuvo la figura de Sócrates para la constitución del género biográfico. De particular interés es el encomio de Agesilao compuesto por Jenofonte hacia el 360 a.C. La obra consta de dos partes: la primera narra en orden cronológico la vida de Agesilao y la segunda pasa revista de manera sistemática, no cronológica, a sus virtudes. Existen dos apartados, pues, netamente diferenciados: la narración de los hechos y la descripción del carácter. La diferencia con respecto a Plutarco es que éste ensambla de un modo más orgánico ambos elementos constitutivos de la biografía. La admisión de cierto grado de ficción, la finalidad educativa y la importancia atribuida a la descripción del carácter son también perceptibles en las *Memorables* y en la *Cirupedia*.

Sin embargo, quizá los orígenes de la biografía se remontan hasta el siglo V a.C. El interés por la vida de los héroes del pasado legendario griego y por la personalidad de los antiguos poetas, como Homero, Hesíodo, Arquíloco o los Siete Sabios, quizá contribuyó de manera decisiva a la constitución de la biografía como género literario poco después del 500 a.C. Las noticias sobre Escílax de Carianda, autor de un relato sobre la vida de un tirano y de un periplo en el que narraba sus experiencias a lo largo de un viaje marítimo; sobre Ión de Quíos, autor también de un relato de viajes; y sobre Estesímbroto de Tasos, que escribió *Sobre Temístocles, Tucídides y Pericles,* permiten considerar que también en la época en que comienza la historia aparecen elementos que llegarán a constituir la biografía política y la autobiografía. Si la procedencia de estos autores, de los que conocemos poco más que el nombre, indica que la biografía nació en Grecia como producto del contacto de los griegos de Asia Menor con los persas es un problema más difícil de resolver. En todo caso, no hay que descartar que estos primeros gérmenes de la biografía sean un resultado de la influencia llegada a Grecia continental desde Asia Menor y el Oriente.

La admisión de esto elimina, por un lado, la responsabilidad de la escuela de Aristóteles en la creación de la biografía y subraya, por otro, la conexión que ha existido entre biografía e historiografía desde los propios orígenes de ambos géneros. Pero el hecho de que el perípato no haya sido el creador de la biografía no quiere decir que no haya constituido una parte, siquiera secundaria, del conjunto de la investigación histórica preconizada por Aristóteles. Su interés por las anécdotas, *exempla, heurémata, gnómai,* por los diferentes modos de vida, por las informaciones sobre los escritores clásicos a partir de lo que dicen en sus obras, por la descripción y valoración de las diferentes escuelas filosóficas, todo ello revela que la escuela peripatética debió de producir una profunda renovación en este tipo de obras, renovación que no estamos en condiciones de valorar por la ausencia de datos. De hecho, los biógrafos más notables de la época helenística parecen haber estado en conexión con los peripatéticos, aunque sean precisamente autores no muy vinculados al Liceo y pertenecientes a la segunda o tercera generación de la tradición aristotélica: Aristóxeno, Hermipo y Sátiro. Aun así, no hay que considerar que la biografía helenística fuera patrimonio de los peripatéticos; las actividades eruditas de los alejandrinos en el campo de la literatura y los historiadores de Alejandro, a mitad de camino entre la biografía, el encomio político y la monografía histórica, ponen de relieve el interés biográfico de la época. Dentro de la evolución general, la aparición de series de biografías sobre personajes que reunieran características comunes es tardía, aunque la existencia de biografías sobre los tres trágicos, por ejemplo, hacía natural su desarrollo. El primer ejemplo del que tenemos noticia está constituido por las series de biografías de C. Nepote, que vivió en el siglo I a.C.

Éste era el género literario en el que más podían sobresalir las cualidades literarias de Plutarco y el que mejor podía ocultar sus limitaciones. Por una parte, en él podía manifestar su amplísima erudición, su inquietud moralizante y su afán educativo; por otra, el género le imponía limitaciones de espacio y le ayudaba a evitar su tendencia a lo puramente acumulativo y a la estructuración laxa de la obra. El objetivo educativo y moralizante, además, estaba en perfecta consonancia con las *Moralia*. Según afirma en el prefacio de *Timoleón*, Plutarco comenzó a escribir biografías «a causa de otros», pero perseveró por sí mismo. No quiere esto decir que al comenzar la redacción de las *Vidas* abandonara los tratados morales; tratados y biografías eran escritos al mismo tiempo y en algunos casos se puede observar una conexión grande entre tratados y *Vidas*. Sin embargo, el propio Plutarco parece haber sido consciente de que las *Vidas paralelas* constituían su empresa literaria más trascendente.

Se conservan cuarenta y ocho biografías escritas por Plutarco: veintidós parejas de *Vidas paralelas,* las de Galba y Otón, que formaban parte de la serie dedicada a los emperadores romanos hasta Vitelio, y las de Arato y Artajerjes, que son independientes. Algunas otras de las que conservamos noticias se han perdido: de los héroes Hércules, Deífanto y Aristómenes; de los poetas Hesíodo, Píndaro y Arato; del filósofo Crates; de Escipión Africano; de los emperadores desde Augusto hasta Vitelio, excluidos Galba y Otón; y de Epaminondas y Escipión, que debían de formar la primera pareja de las *Vidas paralelas,* circunstancia que explica que en ninguna de las conservadas se encuentre la dedicatoria formal a Q. Sosio Seneción ni el posible prefacio general a la obra, con una eventual exposición de los objetivos y métodos. La elección de los personajes en las biografías independientes pone de manifiesto su patriotismo beocio: Hércules, Hesíodo, Píndaro y Crates eran beocios; además, la biografía que abría la serie de las *Vidas paralelas* era la de Epaminondas, autor de la hegemonía tebana en el siglo IV a.C.

El título de *Vidas paralelas,* que el propio Plutarco da al conjunto, se debe a que en cada pareja Plutarco expone la biografía de un personaje histórico o legendario griego y otro romano, que, a ojos de Plutarco, comparten cualidades de carácter o han tenido carreras semejantes. La comparación es un resultado de la tradición retórica y constituye un procedimiento para presentar los datos que Plutarco considera relevantes de modo más claro, al quedar más patentes gracias a los contrastes. Desde el punto de vista político, el hecho de comparar personajes griegos con romanos promueve el conocimiento mutuo y el aprecio recíproco entre ambos pueblos. Desde el punto de vista ético y pedagógico, el objetivo primordial de Plutarco es exponer ejemplos edificantes, cuyo conocimiento e imitación estimule las buenas tendencias que existen en cada uno (cfr. *Pericles,* 1-2). Guardar en la memoria ejemplos dignos de personajes notables conduce a la imitación, porque la belleza moral ejerce una atracción y un impulso tendentes a la emulación. Naturalmente, el carácter de los personajes se descubre y expone, entre otras cosas, a través de las propias acciones de los biografiados. Si se exceptúan los casos de *Emilio-Timoleón, Sertorio-Éumenes* y *Coriolano-Alcibíades,* la biografía del personaje griego precede a la del romano con quien se le compara; es natural que Plutarco pensara primero en la biografía de un griego, cronológicamente también más antiguo que el romano con quien se le enfrenta (con la excepción de *Alcibíades-Coriolano*), y luego en el romano que se le opondría. En algunas ocasiones, sin embargo, el proceso ha sido el inverso, como explícitamente afirma en la *Vida de los Gracos*, en la de *Rómulo* y en la de *Lúculo*. Cada pareja suele estar precedida por un prólogo, y todas excepto *Alejandro-César*, *Temístocles-Camilo*, *Focio-Catón* y *Pirro-Mario* concluyen con una comparación *(sýnkrisis)* que sirve para poner de relieve, sobre todo, las diferencias entre los dos personajes biografiados.

Se desconoce la cronología absoluta de las *Vidas*, aunque es de suponer que fue la muerte lo que interrumpió la serie. La idea de que el consulado de Sosio Senecio en 99 podría haber sido la ocasión en que Plutarco dio a la luz las primeras biografías escritas es una hipótesis atractiva. Igualmente, es probable que las *Vidas* en las que Plutarco se dirige a Sosio Senecio en segunda persona sean anteriores a la muerte de éste, ocurrida en el 116; éstas son *Demóstenes-Cicerón*, *Teseo-Rómulo*, *Dión-Bruto*, *Emilio-Timoleón* y *Agis y Cleómenes-Gracos*. En cuanto a las *Vidas de los Césares*, la no inclusión de los Flavios en la serie es indicio de que fueron compuestas antes de la muerte de Domiciano en el 96.

La cronología relativa de las *Vidas* se puede deducir en cierta medida por las citas que unas hacen a otras y por ciertas indicaciones de Plutarco. *Demóstenes-Cicerón*, según afirma, forman el libro quinto, *Pericles-Fabio Máximo* el décimo, y *Dión-Bruto* el duodécimo. *Demetrio-Antonio* y *Alcibíades-Coriolano*, donde se exponen vicios más que virtudes, deben de ser de las últimas, porque es de suponer que Plutarco sólo se decidió a presentar ejemplos contrarios a la virtud cuando ya el elenco de personajes era suficientemente amplio. Las citas de unas biografías en otras muestran la prioridad de la citada respecto de la que cita y la posterioridad de la que es anunciada como próxima. Pero existen ciertas contradicciones que reducen el valor de este criterio de datación: *Bruto*, 9, 9 cita *César*, pero *César*, 62, 8 y 68, 7 cita la *Vida de Bruto*. Algo semejante sucede en varias otras. Es posible que algunas referencias sean adiciones de época posterior, notas marginales que en el curso de la transmisión de la obra se han incorporado al texto; sin embargo, un examen detallado de estos hechos mostró que la mayoría de las citas son de la mano de Plutarco. Es probable que varias parejas fueran publicadas al mismo tiempo formando grupos, de modo que, por ejemplo, *Dión-Bruto, Emilio-Timoleón* y *Alejandro-César*, por un lado, y *Teseo-Rómulo, Licurgo-Numa* y *Temístocles-Camilo*, por otro, que son las *Vidas* a las que afectan estas contradicciones, fueran dadas a conocer a la vez. En todo caso, las contradicciones y ciertas imprecisiones en el contenido muestran que Plutarco no ha revisado de forma sistemática las biografías publicadas para mejorar detalles en función de la adquisición de nuevos datos gracias a sus continuadas investigaciones y, por tanto, parecen excluir la posibilidad de que Plutarco haya añadido citas a medida que iba escribiendo biografías. En el mismo sentido, con frecuencia Plutarco menciona en algunas *Vidas* datos que son omitidos en otras en las que habrían sido más relevantes. Aun así, las condiciones de difusión de las obras literarias en época de Plutarco impiden cualquier tesis segura. Las conclusiones a las que se ha llegado, utilizando como criterio las referencias de unas *Vidas* a otras, conducen al siguiente cuadro cronológico:

1. *Epaminondas-Escipión.*
2-4. *Cimón-Luculo. Pelópidas-Marcelo. Filopemen-Flaminino.*
5. *Demóstenes-Cicerón.*
6. *Licurgo-Numa.*
7-9. *Teseo-Rómulo. Temístocles-Camilo. Lisandro-Sila.*
10. *Pericles-Fabio Máximo.*
11. *Sertorio-Éumenes, Solón-Publícola, Aristides-Catón Mayor* o *Agis y Cleómenes-Gracos.*
12. *Dión-Bruto.*
13-14. *Emilio-Timoleón. Alejandro-César.*
15. *Agesilao-Pompeyo.*
16-23. *Sertorio-Éumenes* o *Solón-Publícola. Agis y Cleómenes-Gracos* o *Aristides-Catón Mayor. Alcibíades-Coriolano. Nicias-Craso. Foción-Catón de Útica. Demetrio-Antonio, Pirro-Mario.*

En cuanto a la cronología absoluta, resta por añadir que *Licurgo-Numa* es posterior al 96 (y *a fortiori* todas las posteriores), y que *Emilio-Timoleón* y *Agis y Cleómenes-Gracos*, anteriores al 116 (y, por tanto, también las anteriores).

Las *Vidas paralelas* son en cierta medida una ilustración práctica de las *Moralia*. La finalidad de Plutarco no es, en efecto, la de asignar un puesto en la historia a los personajes biografiados, sino describir su carácter como lección que sirva para el perfeccionamiento moral del autor y de los lectores. Por supuesto, los juicios morales que Plutarco emite sobre sus personajes y sobre la motivación de sus acciones no son los que corresponderían a los ideales éticos de la época en que éstos vivieron, sino a los del propio Plutarco. El autor no se ha esforzado por recuperar dentro de un contexto histórico los modos de pensamiento de los tiempos pasados. El pasaje más evidente en el que Plutarco separa rotundamente biografía e historia es el prólogo de la *Vida de Alejandro*. También en el comienzo del *Nicias* renuncia a cualquier intención de rivalizar con Tucídides, a diferencia de Timeo, y se conforma con relatar sólo lo esencial y añadir detalles poco conocidos o descubiertos por él mismo en otros escritores o antiguos monumentos, porque su propósito no es acumular conocimientos históricos inútiles, sino transmitir conocimientos útiles para comprender el carácter y la naturaleza del personaje. La interpretación que da de sus personajes no tiene en cuenta las condiciones políticas y sociales en que éstos se desenvuelven y omite toda alusión a su influencia y repercusión en la evolución histórica. Las únicas excepciones se encuentran en las biografías de los legisladores: Licurgo, Numa, Solón y Publícola. Por supuesto, Plutarco no desecha todo tipo de pretensiones historiográficas. Así, en las *Vidas de Demóstenes y Cicerón* no deja de manifestar con orgullo sus opiniones propias y sus descubrimientos históricos. Sin embargo, éstos son casuales y producto de la investigación de un aficionado.

Hay que decir, no obstante, que la biografía y la historia se basan en la *historíe* o investigación, recurren al argumento de probabilidad y manifiestan semejanzas en su modo de exposición: frente a discursos, anécdotas; frente a un tratamiento sistemático, una exposición selectiva; frente a los grandes hechos, las naderías y los detalles; frente a la historia política y de la comunidad, el carácter del personaje sobresaliente. Finalmente, la biografía da por supuesta y conocida la historia, circunstancia que permite limitar la exposición a meras alusiones a los hechos históricos y a la concentración en el personaje. La biografía tampoco es ajena a la verdad histórica; así, en la *Vida de Luculo*, a quien testimonia su agradecimiento por haber salvado en cierta ocasión la ciudad de Queronea, expone la necesidad de relatar la verdad y evitar el encomio. Por eso, según dice, se ve obligado también a presentar lo que interpretará como limitaciones de la perfección en Luculo, no como actos de maldad. Característica de Plutarco es la separación de la biografía de la historia, del encomio y de la oratoria epidíctica. Baste mencionar como ejemplos las diferencias entre, por un lado, la *Vida de Alejandro* y los discursos *Sobre la fortuna o la virtud de Alejandro Magno,* y, por otro, la narración de Dionisio de Halicarnaso, *Historia antigua de Roma,* y la *Vida de Coriolano.*

Naturalmente, la descripción del carácter del personaje y la ilustración de su modo de ser a través de sus acciones, con ser un fin en sí, no es el último objetivo de las *Vidas paralelas*. El perfeccionamiento moral del autor y de los lectores, producto de la admiración y el impulso activo que producen los modelos presentados, es la finalidad última. Los jóvenes acomodados de las ciudades griegas, al emprender su carrera política, tendrán que evitar la envidia ajena, hacer un uso correcto de las riquezas como Cimón, no incurrir en la obstinación de Coriolano, evitar la ambición de Pirro o los peligros del amor, de los que no se sustrajo Antonio. En el prólogo del *Timoleón* se afirma que continuó escribiendo las *Vidas* en interés propio, porque las virtudes de los grandes hombres tendrían que servirle como espejo para adornar su propia vida. La contemplación habitual de estos modelos libera al hombre de sus malas tendencias, porque el bien moral, según dice en el prólogo del *Pericles,* es un estímulo práctico. En el mismo sentido, en el prólogo de la *Vida de Demetrio,* que interrumpe la serie de modelos buenos para presentar un ejemplo de perversidad, Plutarco afirma que el conocimiento de las consecuencias del mal puede también incitar al bien. Ésta es la finalidad que Plutarco trata de conseguir en el lector; la suya como escritor es descubrir y presentar el carácter del personaje, según se revela a través de sus acciones y según se forma a través de sus hábitos y de su educación.

Lo dicho hasta el momento sobre la finalidad de las *Vidas* no justifica el hecho de que Plutarco componga biografías *paralelas*. La comparación cumple dos objetivos: con respecto al propio autor de la biografía, la comparación es un instrumento expositivo, gracias al cual las vidas confrontadas se iluminan mutuamente; con respecto a los lectores inmediatos de la biografía, facilitan la distinción entre lo esencial y lo accidental que hay en cada virtud, aparte de producir el placer de una elaboración artística según las normas retóricas. En todo caso, resulta claro que en algunas biografías Plutarco debió de sentirse un poco preso de su propia determinación de establecer comparaciones; cuando se interroga a sí mismo sobre qué personaje elegir para oponer a tal otro, la pregunta probablemente no es sólo retórica. Así, entre Timoleón y Paulo Emilio, y entre Arístides y Catón las semejanzas no pasan de ser superficiales. En el caso de Lisandro y Sila el factor decisivo ha sido un hecho tan tangencial, puesto de relieve, no obstante, en la *sýnkrisis*, como su conducta con Atenas, ciudad que ambos conquistaron, pero que Sila dejó en libertad e independiente, mientras que Lisandro le impuso la más cruel tiranía. Conocida la relación de Plutarco con Atenas, el hecho no le debía de parecer intrascendente.

La elección de los personajes no parece estar sometida a ningún plan general; por el contrario, como muestra en algunos casos la propia cronología relativa de las *Vidas*, Plutarco parece haberse guiado exclusivamente por el azar y por la comodidad en función del curso de sus investigaciones personales. Los personajes que habían sido objeto de una biografía independiente quedaban excluidos por razones obvias. Desde una perspectiva actual, se tiene la impresión de que los personajes más grandiosos de la antigüedad grecorromana son los biografiados por Plutarco, pero, en realidad, esta impresión no es más que una prueba de la eficacia y de los méritos de su obra. Como corresponde a la educación clasicista de Plutarco, los personajes griegos seleccionados en sus biografías son casi siempre anteriores a la época de los diádocos. El hecho se explica en parte por la formación retórica, que se basaba sobre todo en las lecturas de la historiografía y la oratoria anteriores a Alejandro. En cuanto a los personajes romanos, el grupo más nutrido pertenece al siglo I a.C. Todos los personajes seleccionados son hombres de acción —políticos, militares, legisladores y revolucionarios—, y no hay ningún artista y escritor (Cicerón y Demóstenes no están en cuanto escritores, sino en la medida en que por medio de sus discursos han intervenido en la acción política). Para comprender esto, hay que recordar que en *Pericles*, 2, 1, Plutarco afirma, siguiendo a Platón, que los artistas malgastan sus dotes en productos que no tienen ningún valor moral por no inducir a la imitación, y que en el discurso *Sobre la gloria de los atenienses,* sostiene que la gloria de esta ciudad está más en sus políticos y militares que en sus artistas y escritores. Naturalmente, el hecho de elegir personajes que han tenido un carácter sobresaliente y que han intervenido en acciones críticas y trascendentales responde a la convicción de que en ellos se revela el carácter con particular nitidez y a la seguridad de que sus virtudes son superiores a las del resto. Además, la observación de los grandes hombres produce mayor placer en los lectores; con el entretenimiento la lección moral será más fácil de aprender.

Existe una estructura general aplicable a todas y cada una de las *Vidas paralelas*. La biografía sigue un orden aproximadamente cronológico de manera que, partiendo de un prólogo metodológico, en el que a menudo se insiste en las semejanzas entre los dos personajes que van a ser objeto de la pareja de biografías, se empieza con noticias acerca de la familia, la educación y el aspecto personal. A veces se añaden profecías y signos que, como la educación del héroe, anuncian lo que habrá de ser el hombre. Los comienzos de la vida pública o militar suelen ser puestos de relieve. A partir de aquí se sigue igualmente un orden cronológico, aludiendo, más que relatando, a los hechos históricos más notables de la carrera del personaje. La importancia y la extensión que se concede a cada episodio depende de muchos factores: de las empresas y hazañas que hay que mencionar, de la cantidad y diversidad de información que el biógrafo tiene a su disposición, de la actividad del héroe (militar, orador, político, legislador), de la existencia de una narración histórica que Plutarco considera ejemplar y suficientemente conocida, en cuyo caso procurará detenerse más en otros aspectos, del conocimiento que sobre el personaje biografiado Plutarco supone en sus lectores (así, muchas biografías de los romanos son más externas y lineales y refieren con más detalle los hechos históricos que en el caso de los griegos). La importancia que se atribuye a la juventud y a la educación es siempre grande; incluso cuando, acerca de un personaje, Plutarco parece haber carecido de documentación, le atribuye algunos rasgos, en parte deducidos de su actividad posterior mediante argumentos de probabilidad, en parte compuestos de lugares comunes. También se da importancia a los signos, profecías o maravillas que anuncian el carácter del personaje, vaticinan su gloria futura o predicen su muerte.

Pero, a pesar de este fondo general cronológico, hay una clara tendencia a hacer una exposición ordenada temáticamente, sobre todo dentro de los diferentes periodos que Plutarco separa en la vida del biografiado. Los episodios históricos son poco más que mencionados y, en todo caso, lo que de ellos se cuenta son las anécdotas que acontecieron; estas anécdotas, a su vez, dan ocasión para relatar otras semejantes que revelan una faceta del carácter del héroe, y éstas ya no son relacionadas con ningún episodio histórico, de modo que quedan sin datación. En el relato de los grandes hechos históricos, Plutarco concentra la atención en el personaje que es objeto de su interés. En consecuencia, las grandes batallas y las crisis políticas quedan difuminadas, y sólo se observa la intervención del personaje o las anécdotas o máximas a las que dio lugar el momento histórico.

En determinados puntos, la narración se interrumpe y se acumulan anécdotas sin orden ni determinación cronológicos para esclarecer aspectos del carácter. Narración y digresiones son los elementos primordiales mediante los que se llega a la descripción del carácter. Pero no son los únicos, porque de vez en cuando el propio Plutarco toma la palabra y comenta o interpreta un detalle. Además, las afirmaciones del personaje que es objeto de la biografía o lo que otros afirman sobre él son procedimientos habituales en la configuración del retrato. Señalemos, por fin, la importancia que en la estructura de las *Vidas paralelas* tiene la búsqueda de paralelismos y episodios análogos entre los personajes comparados, y entre el personaje que es objeto de la biografía y los actores que intervienen en la misma biografía en un segundo plano.

La mayoría de las parejas de *Vidas* se cierra con una comparación formal *(sýnkrisis)*, destinada a subrayar las diferencias que resultan de los relatos precedentes. Este tipo de comparaciones formaba parte de los métodos de instrucción retórica; en las comparaciones de Plutarco se observa una especial tendencia a todo género de contrastes y antítesis dentro de un esencial paralelismo formal.

La galería de retratos que componen las *Vidas paralelas* exige extensísimos conocimientos históricos. Sólo en las *Vidas* Plutarco cita alrededor de ciento cincuenta autores literarios, tanto griegos como latinos. Precisamente esta extensión de citas ha conducido a cierto escepticismo sobre lo que realmente Plutarco utilizó para componer las biografías. Como, por otro lado, el propio Plutarco afirma explícitamente en algunos pasajes que determinada obra sólo la conoce a través de otra, es natural que en ocasiones se haya pensado que Plutarco cita la mayoría de los autores a través de obras de recopilación, biografías anteriores y, en general, intermediarios. Las dudas se basan sobre todo en el tiempo necesario para conocer tantas obras como cita y en su retiro en Queronea, que sería una dificultad suplementaria para acceder al conocimiento directo de muchas obras. Además, en la *Vida de Demóstenes* afirma que durante sus estancias en Roma no tuvo tiempo de ejercitarse en el latín y que había empezado a leerlo tarde; ello no obsta para que en las *Vidas* cite a más de una veintena de historiadores latinos, algunos una sola vez. Con todo lo anterior, sin embargo, contrastan otros hechos que parecen indicar un conocimiento directo de los autores citados. En algunos casos, no sólo cita la obra, sino el libro de la obra en el que tal información se encuentra. Por lo demás, algunas referencias son suficientemente literales como para suponer que Plutarco las conoció directamente. Finalmente, las críticas contra ciertos autores o las comparaciones que hace entre varios de ellos suponen una utilización de primera mano.

Estas aparentes contradicciones se explican en parte si se consideran las circunstancias en las que escribía Plutarco. En cuanto al latín, si Plutarco no se ejercitó en su madurez en la lengua es porque los romanos que frecuentaba eran bilingües; ellos mismos han debido de prestarle su ayuda para determinados puntos. En cuanto al extenso número de lecturas, se ha llamado la atención sobre lo que Plinio el Joven dice en una carta (*Ep.* 3, 5) acerca del método de trabajo de su tío: alguien leía un libro en voz alta, al tiempo que él tomaba notas y hacía resúmenes; y así hacía con todos los libros que leía. Algunos tratados de Plutarco son colecciones de datos, extraídos quizá de otras recopilaciones semejantes y no sometidos a elaboración literaria. Si éste era el procedimiento mediante el que Plutarco conocía muchas fuentes, se explicarían las inexactitudes de detalle que hay en las *Vidas*. Las ayudas recibidas por Plutarco en la elaboración de las vidas de los latinos explicarían también que, por ejemplo, la *Vida de Sertorio*, donde no se menciona ninguna fuente, llegue incluso a manifestar semejanzas estilísticas con lo que se conserva del historiador latino Salustio.

En cuanto a la valoración de las fuentes, aunque Plutarco no es un historiador, suele dar importancia especial a las fuentes contemporáneas del personaje del que se ocupa y utiliza con asiduidad documentos no literarios. Critica también a algunos historiadores o prefiere una versión entre las existentes acerca de un hecho. Es consciente de la dificultad de reconstruir la verdad histórica, tanto para los autores contemporáneos de los hechos, como para los que están alejados en el tiempo (cfr. *Pericles*, 13, 16). Aun así, utiliza los documentos con gran libertad para exponer sus propias teorías acerca del personaje. Además, la busca de paralelismos en el relato de la vida de dos personajes, su desinterés por la cronología y su descuido en los detalles muestran su consciente alejamiento de la historia; sin embargo, su uso generalmente crítico de las fuentes pone de relieve las capacidades de Plutarco para un género literario en el que ha preferido no entrar.

Transmisión de las obras de Plutarco

Dos palabras sobre la fortuna y difusión de las obras de Plutarco en el occidente europeo y sobre las traducciones españolas de las *Vidas*. Ya nos hemos referido a algunos testimonios que documentan la fama que muy pronto adquirió Plutarco durante la antigüedad y a la transmisión de sus obras durante la época bizantina (pág. 20).

En el occidente, los primeros indicios del conocimiento de su obra pertenecen al último tercio del siglo XIV, fecha aproximada en la que se data la primera traducción latina de un tratado de Plutarco: el *Sobre que hay que reprimir la cólera*. Naturalmente, con la huida de los sabios griegos a Italia como consecuencia de la presión de los otomanos sobre Constantinopla y su posterior conquista, comienza a difundirse el conocimiento de Plutarco en occidente. Esta difusión es muy rápida: las *Vidas paralelas,* sobre todo, fueron objeto de la atención de los mejores espíritus de la época. A comienzos del siglo XVI se publicaron las primeras ediciones de las *Vidas* y de las *Moralia*. Erasmo colaboró en la edición de los tratados morales y, más tarde, hizo traducciones latinas de algunos e imitó al de Queronea en otros. Publicadas pronto con la edición de H. Stephanus, las traducciones latinas de las *Vidas,* obra de Xylander (latinización de Holzmann), en 1569, y de las *Moralia,* obra de Cruserius, en 1564, alcanzaron gran difusión en toda Europa. Las traducciones menudearon a partir de entonces; entre todas merece ser destacada la francesa de J. Amyot (1559 de las *Vidas,* 1572 de las *Moralia),* que en seguida se convirtió en una de las obras que más influencia tuvieron en la prosa francesa. Fue la versión inglesa de North (1579), hecha sobre la de Amyot, la que conoció y utilizó Shakespeare. En las biografías de Plutarco, a través de estas fuentes indirectas, están inspirados *Coriolano, Julio César, Antonio y Cleopatra* y *Timón de Atenas*. Hasta la época de la revolución francesa aproximadamente, la influencia de las *Vidas* y de las obras pedagógicas de Plutarco fue enorme en toda Europa. Igualmente, el republicanismo de muchos héroes de Plutarco, que no del propio Plutarco, sirvió también para su exaltación entre los republicanos franceses. No obstante, desde comienzos del siglo XIX su influjo decreció por diversas causas, sobre todo por la nueva concepción historicista, que prefería fijar su atención sobre la época de la creación de la gran literatura clásica, y por las tendencias románticas de exaltación y valoración de lo que se estimaba creación del pueblo griego en su conjunto.

Traducciones castellanas de las «Vidas»

La primera traducción de las *Vidas paralelas* a una lengua moderna occidental fue promovida por fray Juan Fernández de Heredia (1310-1396), gran maestre de la orden de San Juan, y realizada por el dominico Nicolás, obispo de la ciudad de Drenópolis en la actual Albania. Esta versión al dialecto aragonés se hizo entre 1379 y 1384, a partir de una traducción al griego moderno, obra de Demetrio Calodiqui. Sobre esta traducción aragonesa se hizo una posterior italiana en 1396, antes de que el humanista Coluccio Salutati, uno de los artífices de la alta valoración de Plutarco entre los humanistas, obtuviera un ejemplar para verterla al latín. La traducción promovida por Heredia contenía treinta y nueve *Vidas*, según se puede colegir por la versión italiana, pero se han perdido las ocho primeras y el comienzo de la novena en el manuscrito que las conserva.

La primera traducción castellana completa, realizada sobre traducciones latinas de varios humanistas italianos publicadas conjuntamente en Venecia, en el año 1478, la publicó en el 1491 Alfonso Fernández de Palencia (Osma, 1423-Sevilla, 1492), autor, entre otras obras, del primer diccionario latino-español del que hay noticia. Pocos años antes se publica junto con la traducción de Quinto Curcio la primera versión catalana de la *Vida de Alejandro*.

De Francisco de Enzinas (Burgos, 1520-Estrasburgo, 1552), perteneciente al círculo de Erasmo y Melanchthon, entusiastas admiradores ambos de Plutarco, es la traducción de seis *Vidas*, publicadas en Estrasburgo en 1551 y dedicadas al emperador. El mismo tomo incluye la traducción de las *Vidas de Temístocles* y *Camilo*, obra de Enzinas o de Diego Gracián, autor también de una traducción de algunos tratados morales (1548). De Francisco de Enzinas deben de ser también las paráfrasis, más que traducciones, de las *Vidas de Cimón* y *Luculo*, publicadas en 1547. En el 1644 Quevedo publicó una traducción de parte de la *Vida de Marco Bruto*, que precede a un tratado político que comenta el contenido de la biografía. La traducción completa de A. Ranz Romanillos (1759-1830), publicada por primera vez entre 1821 y 1830 sobre la edición inglesa de Bryan (1729), ha sido reeditada muchas veces y es la que todavía se edita en colecciones españolas accesibles (Iberia y Austral). Ya en este siglo, entre 1926 y 1946, la Fundació Bernat Metge fue publicando los tomos de la traducción completa catalana de Carles Riba. Carlos Ibarra, pseudónimo del poeta y erudito catalán recién nombrado y autor de traducciones de la *Odisea* y de Esquilo, revisó y corrigió la traducción de A. Ranz Romanillos. Esta revisión fue publicada por primera vez en Barcelona, 1945. Algunas de las ediciones parciales que circulan en la actualidad reproducen la corrección de C. Riba.

En las últimas décadas se han publicado muy buenas traducciones españolas de algunas *Vidas:* A. Pérez Jiménez, *Teseo-Rómulo, Licurgo-Numa*, Madrid, 1985, que contiene una excelente introducción a la biografía y a la obra de Plutarco; A. Guzmán Guerra, Plutarco/Diodoro Sículo, *Alejandro Magno*, Madrid, 1986; A. Pérez Jiménez, *Solón-Publícola, Temístocles-Camilo, Pericles-Fabio Máximo*, Madrid, 1996; y M.ª A. Ozaeta Gálvez, *Alcibíades-Coriolano, Sertorio-Éumenes*, Madrid, 1998, que también contiene una introducción general a Plutarco escrita por A. Bravo García.

ESTA EDICIÓN

La traducción que sigue está hecha sobre las ediciones de C. L. Lindskog y K. Ziegler, 1914-1939 (1960-1969³), y de R. Flacelière y É. Chambry (París, 1964 y 1975 para los tomos que corresponden a las que aquí se traducen), completa desde 1979. Para la traducción de la *Vida de Pericles* hemos confrontado también el texto y las notas de la edición de J. Alsina, Sociedad Española de Estudios Clásicos, Madrid, 1961, que contiene también la *Vida de Nicias*, además de una útil introducción general.

La presente traducción fue publicada por primera vez en Barcelona, 1983. Para esta edición, que sustituye a la anterior, hemos corregido errores y hemos repasado el texto confrontando nuestra traducción con las publicadas en español desde 1983. También hemos actualizado la bibliografía y hemos unificado el nombre en español del título de las obras de Plutarco con el usado por J. García López en el libro citado en la bibliografía que sigue.

BIBLIOGRAFÍA

1. *Ediciones*

C. L. LINDSKOG y K. ZIEGLER, Leipzig, Bibliotheca Teubneriana, 1960-1969³.
R. FLACELIÈRE, É. CHAMBRY y M. JUNEAUX, París, Les Belles Lettres, 1957-1979 (con traducción francesa).
B. PERRIN, Londres, Loeb Classical Library, 1914-1926 (= 1959-1962) (con traducción inglesa).

2. *Estudios*

BERGUA CAVERO, J., *Estudios sobre la tradición de Plutarco en España (siglos XIII-XVII)*, Zaragoza, 1995.
CRESPO, E., «Plutarco y la epigrafía», Χάρις διδασκαλίας. *Homenaje a Luis Gil*, Madrid, 1994, págs. 145-154.
GARCÍA LÓPEZ, J., capítulo sobre «Plutarco» en *Historia de la literatura griega*, ed. J. A. López Férez, Madrid, 1988, págs. 1024-1038.
HAMILTON, J. R., «Introduction», *Plutarch, Alexander. A Commentary*, Oxford, 1969.
JONES, C. P., «Towards a Chronology of Plutarch's Works», *Journal of Roman Stualies*, 56, 1966, págs. 61-74.
— *Plutarch and Rome*, Oxford, 1971.
LASSO DE LA VEGA, J. S., «Traducciones españolas de las *Vidas* de Plutarco», *Estudios Clásicos*, 6, 1961-1962, págs. 451-514.
MOMIGLIANO, A., *The Development of Greek Biography*, Cambridge (Mass.), 1971.

PÉREZ JIMÉNEZ, A., «Introducción general», en *Plutarco, Vidas paralelas I. Teseo-Rómulo, Licurgo-Numa*, Madrid, 1985.
RAMÓN, V., *Plutarco y Nepote. Fuentes e interpretación del modelo biográfico plutarqueo*, Zaragoza, 1992.
SCARDIGLI, B. (ed.), *Essays on Plutarch's Lives*, Oxford, 1995, recopilación de estudios.
RUSSELL, D. A., *Plutarch*, Londres, 1973.
WARDMANN, A., *Plutarch's Lives*, Londres, 1974.
ZIEGLER, K., *Plutarco*, traducción italiana, Brescia, 1965, de «Plutarchos von Chaironeia», *Realencyclopädie der classischen Altertumswissenschaft*, XXI, págs. 636-962 (1951), publicado independientemente en Stuttgart, 1949.

Referencias bibliográficas más extensas se pueden encontrar, además de en las monografías citadas, en J. Alsina, «Ensayo de una bibliografía de Plutarco», *Estudios Clásicos*, 6, 1961-1962, págs. 515-533.

Muchos estudios breves pueden leerse en los siguientes libros, que recogen trabajos de los simposios sobre Plutarco celebrados en España:

PÉREZ JIMÉNEZ, A. y DEL CERRO CALDERÓN, G. (eds.), *Estudios sobre Plutarco: obra y tradición*, Málaga, 1990.
GARCÍA LÓPEZ, J. y CALDERÓN DORDA, E. (eds.), *Estudios sobre Plutarco: paisaje y naturaleza*, Madrid, 1991.
GARCÍA VALDÉS, M. (ed.), *Estudios sobre Plutarco: ideas religiosas*, Madrid, 1994.
FERNÁNDEZ DELGADO, J.-A. y PORDOMINGO PARDO, F., *Estudios sobre Plutarco: aspectos formales*, Madrid, 1996.
SCHRADER, C., RAMÓN, V. y VELA, J. (eds.), *Plutarco y la historia*, Zaragoza, 1997.

VIDAS PARALELAS

ALEJANDRO – CÉSAR

Alejandro

Alejandro, rey de Macedonia, es una de las figuras históricas culminantes de la antigüedad. Sus conquistas cierran una época y abren otra nueva. Termina la era de las ciudades-estado griegas y aparecen monarquías territoriales en toda la cuenca del Mediterráneo oriental. Los centros culturales y de decisión se alejan de la península balcánica, pero la cultura griega se propaga a través de las numerosas ciudades de nueva creación y se expande hasta la desembocadura del Indo. Con la muerte de Alejandro comienza la llamada época helenística.

A pesar de las profundas repercusiones que tuvieron las conquistas de Alejandro, no son muchas las fuentes conservadas que narren la historia del rey macedonio. Entre ellas, hemos de mencionar la *Anábasis* de Arriano, escrita entre 130 y 160 d.C., con posterioridad, pues, a la *Vida de Alejandro* de Plutarco; la *Historia de Alejandro Magno* de Quinto Curcio Rufo, cuya datación continúa siendo materia de disputa, oscilando las propuestas entre la época de Augusto y la de Constantino; el libro XVII de la *Biblioteca histórica* de Diodoro de Sicilia, que escribió en la segunda mitad del siglo I a.C.; y la *Epítome de las Historias Filípicas de Pompeyo Trogo* de M. Juniano Justino, que resumió entre los siglos II y III d.C. una parte de la *Historia universal* de Pompeyo Trogo, autor contemporáneo de Augusto. Todos estos autores, incluido Plutarco, han compuesto sus obras varios siglos después de la vida de Alejandro, pero basan sus afirmaciones en autores contemporáneos del conquistador macedonio, cuyas obras se han perdido. La producción literaria e histórica acerca de la vida de Alejandro fue enorme, y sólo parte de esa producción, comenzada ya antes de la muerte del conquistador macedonio, puede ser conocida a través de las obras conservadas. Junto a la tradición historiográfica sobre Alejandro, pronto se fue formando, mediante la progresiva acumulación de elementos legendarios y fantásticos, lo que terminaría por ser la novela de Alejandro. Su difusión en la literatura medieval europea es bien conocida, como muestra el *Libro de Alexandre*, por ejemplo, pero poseemos, ya de fines de la antigüedad, una *Vida y hazañas de Alejandro de Macedonia,* que se atribuyó sin ningún fundamento a Calístenes, el familiar de Aristóteles que acompañó a Alejandro en su expedición y murió en el 327.

La tradición historiográfica sobre Alejandro, perpetuada en las obras que han llegado a nosotros, se inaugura con las historias escritas por algunos miembros que acompañaron al propio Alejandro en su expedición. El citado Calístenes debía de tener algo así como la misión oficial de narrar, de acuerdo con los deseos de Alejandro, sus conquistas y difundirlas y explicarlas ante la opinión pública griega. Que daba una visión encomiástica de Alejandro viene demostrado por el hecho de que escritores posteriores le acusaron de adulador. Aristobulo, miembro no militar de la expedición de Alejandro, escribió con posterioridad al 295 a.C. una obra que ha servido como fuente principal, junto con la de Ptolomeo Lago, fundador de la dinastía Lágida en Egipto, a Arriano. Cares de Mitilene, autor también de unas *Historias de Alejandro,* fue nombrado, probablemente tras la muerte de Darío en el 330, chambelán de la corte de Alejandro. Dado su cargo, debió de ser fuente principal para los historiadores posteriores en la narración de los sucesos de palacio. Onesícrito, discípulo de Diógenes el cínico y piloto de la flota de Aejandro, acompañó con la flota a Nearco, autor igualmente de una monografía sobre su navegación, desde la desembocadura del Indo hasta la del Éufrates. Su obra trataba de la educación de Alejandro, y si tenemos en cuenta su formación, es posible que presentara a Alejandro como el filósofo en armas cuya meta era la civilización del mundo. Es también probable, a juzgar por su afirmación de que Alejandro visitó a la Amazona, que con él se inaugurara la adición de elementos no históricos en el relato de las conquistas de Alejandro. Calístenes, Aristobulo, Cares y Onesícrito son los autores más veces citados en la *Vida de Alejandro* de Plutarco; es natural, pues, pensar que fueron sus obras las que, sobre todo, le sirvieron como fuente de información. Aunque sólo citado en una ocasión, hay que añadir a Clitarco, hijo del historiador Dinón, autor de una historia de Alejandro muy difundida, aunque severamente criticada por otros autores. Su contenido se puede seguir aproximadamente en Diodoro y Q. Curcio Rufo. Clitarco, que no había tomado parte en la expedición y, por tanto, se servía de otros autores o de la información oral, parece haber contribuido en gran medida al retrato tradicional de Alejandro, valeroso, magnánimo, humanitario y, a veces, cruel e iracundo, como en el asesinato de Filotas. Aparte de estos autores, Plutarco cita textualmente con frecuencia cartas de Alejandro o dirigidas a Alejandro. Plutarco concedía a estas cartas un gran valor, aunque no es posible saber si eran auténticas o formaban parte de una colección de falsificaciones. En cuanto a las *Efemérides*, una especie de diario oficial, es llamativo que sean citadas sólo a propósito de hechos personales del rey y nunca acerca de medidas políticas generales; quizá ello sea un indicio de que son una falsificación.

Las fuentes de las que disponía Plutarco eran, pues, particularmente abundantes y extensas. No resulta extraño por ello que a veces se haya pensado que es imposible que el de Queronea haya utilizado a los veinticuatro autores que cita en esta *Vida*. La enormidad de la documentación hacía necesarias por parte de Plutarco algunas explicaciones en el prólogo de la obra. Gracias a ello, el comienzo de la *Vida de Alejandro* es el pasaje donde más claramente expone Plutarco las diferencias entre biografía e historia política. En la visión de Plutarco, ambos géneros literarios comparten un fondo común: tratan del pasado y pretenden servir de escuela moral para los políticos, la biografía mostrando el carácter del hombre político, y la historia poniendo de relieve las recurrencias de los hechos políticos y militares. Pero sobre este fondo común se elevan las diferencias. La biografía, presuponiendo el conocimiento de la historia, busca la brevedad y por eso pone el énfasis en los sucesos menores o anecdóticos, mientras que la historia política y militar necesita una exposición más prolija y trata de los hechos más trascendentes. Los dichos y respuestas agudas son a la biografía lo que los discursos de los personajes históricos, de regla en los historiadores de la antigüedad, a la historia. Finalmente, las bromas, nunca ofensivas, de los personajes de las biografías se oponen al tratamiento serio de la historia. Ahora bien, ¿por qué Plutarco expone estas consideraciones metodológicas al comenzar la *Vida de Alejandro y César*, cuando ya había escrito probablemente alguna más de diez parejas de *Vidas paralelas*? El propio Plutarco dice que la gran cantidad de acciones (y la extensa documentación que debía utilizar) justifica estas explicaciones que diferencien biografía e historia. El autor de Queronea era consciente de los objetivos y limitaciones inherentes a cada género literario. A este respecto, es útil recordar que entre los tratados morales se encuentran dos declamaciones retóricas, pertenecientes probablemente a la época más temprana de su creación literaria, tituladas *Sobre la fortuna o virtud de Alejandro Magno (Moralia,* 326 d-345 b). Pues bien, en estos discursos epidícticos, Plutarco ha adaptado la misma materia de Alejandro a otros fines: mostrar su habilidad retórica, la vastedad de sus conocimientos y su capacidad de argumentación, gracias a la cual intenta demostrar que las hazañas de Alejandro no sólo son un resultado de la fortuna, sino que son el producto de su virtud, de la virtud del filósofo o, más aún, de la virtud del más excelso filósofo que ha existido. En la *Vida*, en cambio, todo se subordina a la descripción del carácter: el relato sigue, en general, el orden cronológico, pero se concede más importancia a detalles que el biógrafo estima relevantes del carácter que a los grandes hechos de la historia, que son mencionados en la medida en que permiten introducir episodios que desde el punto de vista histórico son tangenciales o insignificantes. Este relato cronológico está interrumpido en diversos puntos por digresiones que ilustran facetas del carácter; en ellas se acumulan anécdotas de diferentes épocas de la vida del personaje, que sirven como prueba de que el carácter que Plutarco atribuye a su personaje queda patente en sus acciones. El retrato del personaje se logra mediante procedimientos diferentes: las grandes operaciones militares, que suelen constituir más bien un marco para relatar hechos accesorios; la narración de incidentes bien conocidos, a cuya exposición probablemente no se podía sustraer; los juicios personales del autor; y, finalmente, los juicios que el propio biografiado hace de sí mismo o los personajes secundarios hacen de él. La comparación entre dos *Vidas* ilustra, sobre todo, las diferencias entre los paralelismos que se han tratado de establecer. La biografía, pues, en cuanto género literario, da por supuesta y conocida la historia.

El juicio general que mediante estos métodos obtiene Plutarco es encomiástico, aun cuando se observan ciertas críticas al final de su vida, producto de su cólera. Este juicio favorable constituía en cierta medida una novedad en las escuelas filosóficas. En efecto, peripatéticos, estoicos y cínicos (hasta la época de Augusto al menos) parecen haber compartido una hostilidad declarada hacia la figura histórica de Alejandro, por razones, naturalmente, distintas. Es posible, pues, que en este punto, por la ausencia de datos, no nos hallemos en condiciones de valorar lo que de nuevo había en el juicio que Plutarco emitía sobre Alejandro.

BIBLIOGRAFÍA

ARRIANO, *Anábasis de Alejandro Magno* (dos volúmenes), introducción de A. Bravo García; traducción y notas de A. Guzmán Guerra, Madrid, 1982.

PLUTARCO/DIODORO SÍCULO, *Alejandro Magno*, edición de A. Guzmán Guerra, Madrid, 1986.

PSEUDO CALÍSTENES, *Vida y hazañas de Alejandro de Macedonia*, trad., prólogo y notas de C. García Gual, Madrid, 1977.

Quinto Curcio Rufo, *Historia de Alejandro Magno*, introducción, traducción y notas de F. Pejenaute Rubio, Madrid, 1986.

Bosworth, A. B., *Alejandro Magno* (traducción española), Cambridge, 1996.
Briant, P., *Alejandro Magno, de Grecia al Oriente* (traducción española), Madrid, 1989.
Cary, G., *The Medieval Alexander*, Cambridge, 1967 (=1956).
Hamilton, J. R., *Plutarch, Alexander. A Commentary*, Oxford, 1969.
— *Alexander the Great*, Londres, 1973.
Hammond, N. G. L., *Alejandro Magno. Rey general y estadista*, Madrid, 1992.
Lida de Malkiel, M. R., «Datos para la leyenda de Alejandro en la Edad Media castellana», *RPh* 15, 1961-1962, págs. 412-423.
Michael, I., *The Treatment of Classical Material in the Libro de Alexandre*, Manchester University Press, 1970.

De las recreaciones novelísticas recientes sobre Alejandro son muy conocidas las tres novelas de M. Renault, traducidas con los títulos *Fuego del paraíso*, *El muchacho persa* y *Juegos funerarios*.

Alejandro.

ALEJANDRO

1. Al escribir en este libro[1] la vida del rey Alejandro y la de César, por quien fue derrotado Pompeyo, a causa de la abundancia de las acciones que forman parte del tema, no haremos ningún otro prólogo más que pedir disculpas a los lectores para que no se querellen con nosotros si en vez de relatar exhaustivamente todas y cada una de sus célebres hazañas, resumimos la mayoría. 2 La causa de ello es que no escribimos historias, sino biografías, y que la manifestación de la virtud o la maldad no siempre se encuentra en las obras más preclaras; por el contrario, con frecuencia una acción insignificante, una palabra o una broma dan mejor prueba del carácter que batallas en las que se producen millares de muertos, los más enormes despliegues de tropas y asedios de ciudades. 3 Pues igual que los pintores tratan de obtener las semejanzas a partir del rostro y la expresión de los ojos, que son los que revelan el carácter, y se despreocupan por completo de las restantes partes del cuerpo, del mismo modo se nos debe conceder que penetremos con preferencia en los signos que muestran el alma y que mediante ellos representemos la vida de cada uno, dejando para otros los sucesos grandiosos y las batallas.

---

[1] Cada pareja de biografías constituye una unidad independiente, precedida, en general, por consideraciones generales y cerrada por la comparación entre el personaje griego y el romano biografiados.

2. Que Alejandro por línea paterna era un Heraclida, descendiente de Cárano[2], y por línea materna un Eácida, descendiente de Neoptólemo, es un hecho firmemente establecido. *2* Se dice que Filipo se enamoró de Olimpíade en cierta ocasión en que ambos se iniciaron en los misterios en Samotracia[3], cuando él era todavía un adolescente[4] y ella una niña, huérfana de padre y madre, y que por ello concertó el matrimonio cuando logró el consentimiento de Aribas, el hermano de ella[5]. *3* La novia, la noche antes de ser encerrados en la cámara nupcial, creyó que tronaba, que caía un rayo sobre su vientre, y que, como consecuencia del impacto, se prendía un gran fuego que luego se rompía en llamas que se dispersaban por todas partes hasta disiparse. *4* Por su parte, Filipo, algún tiempo después de su matrimonio, soñó que echaba un sello sobre el vientre de su mujer, y la talla del sello le pareció que tenía grabada la imagen de un león[6]. *5* Todos los adivinos interpretaban el sueño con recelo, porque suponían que quería decir que Filipo debía ejercer una vigilancia más rigurosa sobre su matrimonio; sólo Aristandro de Telmeso[7] afir-

---

[2] Cárano, que no es mencionado por Heródoto, aparece por primera vez en el historiador Teopompo y es probablemente un eslabón inventado para unir las dinastías macedonia y argiva.

[3] La isla de Samotracia era el principal centro de veneración de los Cabiros, divinidades ctónicas de origen frigio, probablemente, que promovían la fertilidad. En época helenística su culto se difundió por todo el mundo griego.

[4] La iniciación debió de tener lugar en el periodo comprendido entre 365 y 361, pues Filipo había nacido hacia el 382 y había residido en Tebas desde 368 hasta 365.

[5] Como en los restantes matrimonios de Filipo, probablemente intervino una razón política: Olimpíade era hija del rey Neoptólemo de Epiro, y Filipo deseaba mejorar su posición en ese país y hacer a los molosos súbditos suyos. Entre 351-349 Aribas, tío y cuñado de Olimpíade, se convirtió en vasallo virtual de Filipo, que le expulsó de su reino (343-342) otorgándoselo a Alejandro, hermano de Olimpíade. Aribas y sus hijos se refugiaron en Atenas, donde obtuvieron la ciudadanía.

[6] Tanto de Aquiles como de Heracles, ambos antecesores de Alejandro, se dijo que tenían corazón de león.

[7] Los telmesios de Licia eran famosos por su habilidad en la interpretación de los sueños, y Aristandro, que acompañó a Alejandro a Asia, profetizó casi todos los sucesos importantes. Tras la muerte de Clito en 327 no se encuentra ninguna mención de él en nuestras fuentes, circunstancia que se ha atribuido a la muerte de Calístenes, que sería el autor de donde proceden las menciones de Aristandro en las fuentes conservadas sobre la expedición de Alejandro.

mó que la mujer estaba embarazada, pues nunca se pone un sello sobre lo que está vacío, y que estaba encinta de un hijo que sería impulsivo y tendría naturaleza de león. 6 Fue vista también en cierta ocasión una serpiente extendida al lado del cuerpo de Olimpíade, mientras ésta dormía; y fue esto sobre todo lo que dicen que apagó el amor y el cariño de Filipo, hasta el punto de que raras veces ya fue a acostarse junto a ella, bien porque temiera ser víctima de alguna clase de hechicería y encantamiento de su mujer, bien porque tuviera escrúpulos religiosos de tener trato con una mujer que a su entender se había unido a un ser superior[8]. 7 Existe otra tradición acerca de este punto, según la cual todas las mujeres del país, que se entregan a los ritos órficos y a los cultos orgiásticos de Dioniso desde tiempos muy remotos recibiendo el sobrenombre de Clodones y Mimálones, realizan muchas prácticas semejantes a las Edónides y a las mujeres tracias que habitan en torno del monte Hemo 8 (y es a partir de ellas, al parecer, de donde la palabra *threskéuein*[9] se aplica a los ritos demasiado exaltados y extravagantes), 9 y que Olimpíade, que era más devota que otras a estas actividades fanáticas y se dejaba transportar de manera más bárbara por los delirios inspirados por la divinidad, solía llevar a los cortejos báquicos grandes culebras domesticadas, que, al emerger con frecuencia de la hiedra y las cestas místicas[10] y enroscarse en los tirsos de las mujeres y en las guirnaldas, provocaban el pavor de los hombres.

3. No obstante, a Filipo, que después de la aparición de la serpiente había enviado a Querón de Megalópolis a Delfos, dicen que éste le trajo un oráculo de parte del dios con la or-

---

[8] Esta razón se encuentra también en Pausanias, IV 14, 7; Cicerón, *Sobre la adivinación*, II 135. No obstante, uno o dos años más tarde aún nació de Filipo y Olimpíade una hija llamada Cleopatra.
[9] Etimología fantástica basada en la semejanza fónica entre el verbo *thrēskéuō*, 'ejecutar ritos religiosos', y *thrēssa*, 'tracia'.
[10] Las serpientes formaban parte del ritual de las ménades, aunque es probable que en esta época sólo fueran imágenes de ellas lo que llevaban las participantes en los ritos báquicos. Las cestas eran también objetos rituales consagrados a Dioniso, que las mujeres llevaban sobre la cabeza en las ceremonias de su culto.

den de sacrificar a Amón y venerar especialmente a este dios. *2* El oráculo vaticinaba también que perdería el ojo que había aplicado a la rendija de la puerta para espiar al dios acostado con su mujer bajo forma de serpiente[11]. *3* Olimpíade, según afirma Eratóstenes, cuando despidió a Alejandro al partir a la expedición militar, le reveló a solas el secreto de su concepción y le encareció que tuviera sentimientos dignos de su origen. *4* Otros, sin embargo, aseguran que ella rechazaba esta leyenda por impía y que decía: «¿No va a dejar de calumniarme Alejandro ante Hera?» *5* Sea o no cierta, el caso es que Alejandro nació el seis del mes de Hecatombeón, que los macedonios llaman Loo, el mismo día precisamente en que se quemó el templo de Ártemis en Éfeso[12]. *6* Hegesias de Magnesia[13] aprovechó la coincidencia para hacer una exclamación que por su frialdad[14] bien habría podido apagar aquel incendio, pues dijo que no era extraño que el templo hubiera ardido, porque Ártemis había estado ocupada con el parto de Alejandro. *7* Todos los magos que residían por entonces en Éfeso[15], considerando que la desgracia del templo era indicio de otra desgracia, echaron a correr de acá para allá golpeándose el rostro y proclamando a gritos que aquel día había dado

---

[11] Como, en efecto, sucedió durante el asedio de Metone en 354 a causa de una flecha (cfr. Diodoro, XVI 34, 5).

[12] Probablemente, el 20 de julio de 356. Hecatombeón es el primer mes del calendario ateniense. El último día de los juegos olímpicos, con cuya celebración coincidió el nacimiento de Alejandro, era el de la luna llena de julio o agosto. En Éfeso hubo varios templos sucesivos dedicados a Ártemis. El mencionado aquí fue incendiado por Heróstrato, con el propósito de adquirir celebridad.

[13] Orador y autor de una *Historia de Alejandro* desaparecida. Vivió en el siglo III a.C. y fue uno de los representantes principales del asianismo en oratoria, criticado por Cicerón, *Bruto*, 286, y Dionisio de Halicarnaso, *Sobre la composición literaria*, 4, 28.

[14] En la retórica antigua (por ejemplo, Aristóteles, *Retórica*, 1405 b 35), este término suele denotar la afectación rebuscada.

[15] Los magos formaban una clase sacerdotal heredada por los aqueménidas de los medos. Sin ellos no se podía realizar ningún sacrificio, eran llamados para interpretar sueños, guardaban las tumbas reales y mantenían vivo el fuego sagrado. Pero su presencia en Éfeso es muy dudosa, y puede tratarse de un error de Plutarco, ya que Cicerón, *Sobre la adivinación*, I 47, no los menciona en este contexto.

a luz la ruina y una gran calamidad para Asia. *8* A Filipo, en cambio, que acababa de conquistar Potidea[16], le llegaron al mismo tiempo tres noticias: que los ilirios habían sido derrotados por Parmenión en una gran batalla; que en los juegos olímpicos había resultado vencedor en la carrera de caballos; y la tercera, que había nacido su hijo Alejandro[17]. *9* La natural alegría de estas noticias todavía se acrecentó más cuando los adivinos le manifestaron que un hijo cuyo nacimiento había coincidido con tres victorias sería invencible.

4. En cuanto a su aspecto físico, las que mejor lo representan son las estatuas de Lisipo, el único al que estimaba digno de representarle en esculturas[18]. *2* Y, de hecho, los rasgos que muchos de sus sucesores y amigos trataron luego de imitar sobre todo: la leve inflexión del cuello hacia la izquierda y la languidez de su mirada, son los que este artista ha conservado con exactitud. *3* Pero Apeles, cuando lo pintó como portador del rayo, no reprodujo el color de su tez, pues la representó demasiado morena y curtida. Tenía, sin embargo, la piel blanca, según dicen, con una blancura que se teñía de púrpura, sobre todo en el pecho y en el rostro. *4* Que su piel exhalaba una fragancia muy agradable y su boca y todo su cuerpo despedían un grato olor hasta impregnar su ropa lo hemos leído en las *Memorias* de Aristóxeno[19]. *5* La causa de ello era seguramente la constitución de su cuerpo, que era ardiente y fo-

---

[16] En la primavera de 356. Atenas había formado una alianza con los reyes de Tracia, Peonia e Iliria contra Filipo. El decreto aceptando la alianza fue presentado en Atenas el 26 de julio, y Parmenión atacó a los reyes mientras aún estaban levando tropas.

[17] El nombre se le dio quizá por el hermano mayor de Filipo II o por el hermano menor de Olimpíade.

[18] La actividad de Lisipo de Sición como escultor se data en la segunda mitad del siglo IV.

[19] Aristóxeno de Tarento, cuya fecha de nacimiento se sitúa entre 370 y 365, perteneció a la escuela pitagórica y posteriormente al Liceo de Aristóteles, tras cuya muerte tenía la esperanza de hacerse cargo de la jefatura de la escuela, que, sin embargo, recayó en Teofrasto. Aparte de biografías de filósofos, su obra más importante trata de la armonía y el ritmo. El tratado *De musica* del *corpus* de las obras de Plutarco refleja ideas musicales de Aristóxeno.

gosa; pues el buen olor, según cree Teofrasto[20], proviene de la cocción de los líquidos bajo el efecto del calor. *6* De ahí que las regiones secas y requemadas de la tierra produzcan los aromas más variados y mejores, pues el sol absorbe la humedad, principio de putrefacción que se halla sobre la superficie de los cuerpos. *7* A Alejandro es el calor de su cuerpo, según es verosímil, lo que le hizo propenso a la bebida y apasionado. *8* Ya desde la infancia su templanza se iba dejando traslucir por el hecho de que a pesar de ser apasionado y comportarse con vehemencia en casi todas las actividades, era poco sensible a los placeres corporales y gustaba de ellos con gran sobriedad; sus ansias de gloria le infundían una gravedad de sentimientos y una magnanimidad ajenas a su edad. *9* No se conformaba, en efecto, con cualquier gloria que fuera indiscriminada por su naturaleza o procedencia, a diferencia de Filipo, que se vanagloriaba, como si de un sofista se tratara, de su talento para la oratoria y hacía grabar en las monedas las victorias de sus carros en Olimpia[21]. *10* Por el contrario, cuando los que le rodeaban[22] le propusieron si quería competir en la carrera del estadio en los juegos olímpicos, ya que era rápido corriendo, dijo: «Sí, si fuera a tener reyes como rivales en el concurso.» *11* Es cierto también que, en general, era indiferente con toda clase de atletas y, aunque instituyó un gran número de certámenes no sólo de autores trágicos, flautistas y citarodos, sino también de rapsodos, cacerías de todo género y competiciones de esgrima, nunca mostró ningún empeño por instaurar un concurso de pugilato o de pancracio.

5. Cuando a los embajadores del rey de Persia, llegados en ausencia de Filipo, les dio la bienvenida y trabó conoci-

---

[20] Teofrasto de Éreso en Lesbos (372/369-288/285) se unió a la escuela de Aristóteles en 348-345 y le sucedió en la jefatura del Liceo tras la muerte de aquél. La cita de Plutarco se puede identificar en algunos pasajes de sus *Investigaciones botánicas*, disciplina en la que sobresalió especialmente, aunque su obra muestra la misma universalidad que la de Aristóteles.
[21] En 348 Filipo destruyó Olinto y reemplazó las monedas antiguas por estateros de oro que tenían en el anverso una cabeza de Apolo y en el reverso un carro de dos caballos.
[22] En *Moralia*, 179 d, el propio Filipo le hace la propuesta.

miento con ellos, hasta tal punto los subyugó con su cortesía y gracias a que en lugar de hacerles ninguna pregunta infantil o frívola *2* sólo recababa informaciones sobre la longitud de los caminos y el modo de viajar a pie hacia el interior, sobre el propio rey y su conducta en las guerras *3* y sobre el valor y el poderío de los persas, que los embajadores se quedaron maravillados y empezaron a pensar que la celebrada sagacidad de Filipo no era nada en comparación con la pronta disposición y la amplitud de miras de su hijo[23]. *4* Por otro lado, cada vez que se daba la noticia de que Filipo había conquistado una ciudad famosa o había vencido en una renombrada batalla, no sólo no se mostraba muy alegre al enterarse, sino que incluso decía a los de su misma edad: «Muchachos, mi padre se va a anticipar a conquistarlo todo y a mí no me va a dejar ninguna acción grandiosa y brillante para darme a conocer con vosotros.» *5* Y es que como no codiciaba placer ni riqueza, sino méritos y gloria, consideraba que cuanto más recibiera en herencia de su padre, menores serían los éxitos logrados por él mismo. *6* Por la misma razón, creyendo que según iba Filipo aumentando las conquistas iba agotando sus propias hazañas futuras, prefería heredar un reino que tuviera, no riquezas ni lujos ni disfrutes, sino combates, guerras y oportunidades de ganar gloria.

7 Muchos había, como es natural, a su cuidado en calidad de educadores, pedagogos y maestros, pero al frente de todos ellos estaba Leónidas, hombre de hábitos austeros y emparentado con Olimpíade, que aunque no rehusaba el título de pedagogo, oficio que tiene una tarea noble y encomiable, era llamado por los demás, en razón de su dignidad y parentesco, tutor y guía[24] de Alejandro. *8* El que había asumido por su cuenta la labor y el título de pedagogo era Lisímaco, originario de Acarnania, que aunque no tenía ningún encanto espe-

---

[23] La anécdota es probablemente ficticia (aunque también se menciona en *Moralia,* 342 b-c), porque en la corte de Filipo había refugiados persas, como Artabazo, más tarde sátrapa de Alejandro, y Memnón, su posterior enemigo en Asia Menor.

[24] La misma palabra es aplicada por Plutarco a su maestro Amonio en *Moralia,* 70 e.

cial, como se llamaba a sí mismo Fénix, a Alejandro Aquiles, y a Filipo Peleo, gozaba de consideración especial y ocupaba el segundo lugar.

6. En cierta ocasión en que Filonico de Tesalia trajo a Bucéfalo[25] para ver si Filipo quería comprarlo por trece talentos, bajaron al llano para probar el caballo, y a todos les pareció difícil y completamente indómito, porque no toleraba ningún jinete, no soportaba la voz de ninguno de la escolta de Filipo y se encabritaba ante todos ellos. *2* Descontento, Filipo ordenó que se lo llevaran, porque era por completo salvaje e indomable; pero Alejandro, que estaba presente, dijo: «¡Qué caballo están echando a perder por no saber sacar partido de él por impericia y cobardía!» Al principio, Filipo se quedó callado, *3* pero como Alejandro no dejaba de hacer comentarios y mostrar su profunda indignación, terminó por decirle: «¿Estás echando culpas a personas que son mayores que tú, como si tú supieras más que ellos o fueras capaz de sacar mejor partido del caballo?» *4* «Al menos éste —contestó— sí que lo manejaría mejor que cualquier otro.» «Y si no lo logras, ¿a qué castigo estás dispuesto a someterte por tu temeridad?» «Por Zeus, que yo —dijo— estoy dispuesto a pagar el precio del caballo.» *5* Estas palabras provocaron la risa, y luego de fijar entre ambos el dinero de la apuesta, corrió Alejandro enseguida hacia el caballo, cogió las riendas y le hizo girar hasta que quedó mirando al sol, porque, según parece, había notado que el animal se espantaba al ver su propia sombra proyectarse y agitarse delante de él. *6* Anduvo así unos pasos a su lado y fue acariciándolo, y cuando lo vio lleno de ardor y bríos, dejó caer la clámide con suavidad y de un salto montó a horcajadas con las piernas bien firmes. *7* Y tirando con suavidad del bocado con ambos lados de las riendas, le hizo detenerse sin golpearle ni desgarrarle con el freno. Cuando vio que el

---

[25] Bucéfalo era el nombre genérico de una raza de caballos tesalia, que tenía una marca con forma de cabeza de toro. Diodoro, XVI 76, 6, dice que fue un obsequio de Demarato de Corinto. El precio del caballo es extraordinario; el que más se acerca es el mencionado por Aulo Gelio, *Noches áticas,* III 9, por el que se pagó una suma de cuatro talentos.

caballo abandonaba su actitud amenazante y tenía ganas de correr, le dio rienda suelta espoleándole con voces más resueltas y golpes de talón. *8* Entre los que estaban con Filipo, había al principio angustia y silencio; pero cuando Alejandro dobló las bridas y regresó hacia ellos sin dificultad, ufano y contento, todos los demás prorrumpieron en aclamaciones, y se dice que su padre incluso lloró de alegría y que besándole en la cabeza al desmontar, exclamó: «¡Hijo mío, busca un reino a tu medida: Macedonia no es bastante para que tú quepas!»

7. Observando que la naturaleza de su hijo era inflexible y se rebelaba contra toda imposición por la fuerza, pero que por la razón se dejaba guiar con facilidad hacia lo conveniente, trataba de convencerle más que de ordenarle, *2* y como no se fiaba por completo de los maestros encargados de su instrucción literaria y musical y de su educación general para dirigirle y darle formación, por entender que era una tarea demasiado importante y, como dice Sófocles[26],

«obra de muchos frenos y timones a la vez»,

mandó llamar al filósofo más ilustre y sabio, Aristóteles[27], a quien pagó por sus enseñanzas honorarios magníficos y dignos de él; *3* la ciudad de Estagira, de donde era Aristóteles, que había sido destruida por él mismo, la reedificó y restituyó en ella a los ciudadanos exiliados o reducidos a la esclavitud[28]. *4* Como escuela y lugar para el estudio les asignó el santuario de las ninfas de Mieza, donde todavía hoy enseñan los

---

[26] Fragmento núm. 869 de *Tragicorum Graecorum Fragmenta*, IV, ed. Radt.

[27] Es la visión tradicional de Aristóteles, pero no es histórica. La invitación se debió a razones políticas, pues Aristóteles era yerno de Hermeas, con quien Filipo concluyó un tratado en 342 o 341 y cuyo reino iba a servir como cabeza de puente en la proyectada invasión de Filipo a Asia. Por otro lado, Aristóteles no era aún «el filósofo más ilustre y sabio»; además su padre, Nicómaco, había sido médico de Amintas III (393-370), padre de Filipo.

[28] En el año 350. Tras la conquista de Calcídica, formaba parte del reino macedonio. Aristóteles estuvo encargado de la instrucción de Alejandro entre 342 y 340.

bancos de piedra de Aristóteles y los umbrosos paseos. *5* Al parecer, Alejandro no sólo recibió enseñanzas de ética y política, sino que también tomó parte en lecciones secretas más profundas que los filósofos denominaban en particular «acroamáticas» y «epópticas» y se guardaban de divulgar. *6* En efecto, cuando ya había pasado a Asia, al enterarse de que Aristóteles había publicado en libros algunas de estas doctrinas, le escribe en nombre de la filosofía una carta llena de franqueza, de la que es copia el siguiente texto[29]: *7* «Alejandro a Aristóteles saluda. No has hecho bien en publicar las lecciones acroamáticas. Pues ¿en qué nos diferenciaremos nosotros de los demás si las doctrinas en las que nos has instruido van a ser comunes a todo el mundo? Yo preferiría por mi parte distinguirme por el conocimiento de los bienes más altos antes que por el poder. Que sigas bien.» *8* Para consolarle Aristóteles de la decepción en esta ambición, se justifica a propósito de aquellos escritos, diciéndole que están publicados y no lo están. *9* Pues, en realidad, el tratado de física no tiene ninguna utilidad para quien quiere enseñar o instruirse, porque está escrito para servir de memorándum a los ya instruidos desde el principio[30].

8. Me parece que Aristóteles fue también quien más que ningún otro inculcó en Alejandro la afición por la medicina. Y no se contentó sólo con la teoría, sino que también solía asistir a sus amigos enfermos y prescribirles remedios y dietas,

---

[29] Aulo Gelio, *Noches áticas*, XX 5, 11-12, reproduce el mismo texto junto con la respuesta de Aristóteles, que Plutarco parafrasea, e indica que lo ha tomado del libro de Andronico de Rodas, filósofo del siglo I a.C., a quien, por otro lado, Plutarco ha leído. Las cartas son apócrifas.

[30] Estas enseñanzas acroamáticas o epópticas deben de ser las que Platón enseñaba sólo a sus discípulos y no publicaba. Además del platonismo esotérico, pues, Aristóteles debe de haber instruido a Alejandro en la literatura griega, en la medicina y en las ciencias naturales. Durante la campaña de Alejandro, ambos mantuvieron correspondencia, y Alejandro le dio probablemente informaciones geográficas y botánicas de los países recorridos. Para la influencia política de Aristóteles en Alejandro, cfr. *Moralia*, 329 b (= Aristóteles, frag. 658 Rose), donde se atribuye a Aristóteles la famosa máxima de «conducir a los griegos y mandar a los bárbaros».

según se puede comprobar por sus cartas[31]. *2* Tenía también una inclinación innata por la literatura y la lectura. Convencido de que la *Ilíada* era viático del valor guerrero —y así la llamaba—, llevó consigo la recensión corregida por Aristóteles, que denominan «del arca», y la tenía siempre con el puñal bajo la almohada, según cuenta Onesícrito; *3* y como no tenía medios para conseguir los demás libros en los lugares del interior de Asia, mandó a Hárpalo[32] que se los enviara. Éste le remitió los libros de Filisto[33], gran número de tragedias de Eurípides, Sófocles y Esquilo, y los ditirambos de Telestes y Filóxeno[34]. *4* Al principio, admiraba a Aristóteles y, como él mismo decía, le tenía no menos cariño que a su padre, porque, si gracias a aquél vivía, gracias a éste había aprendido a vivir bien; pero más tarde comenzó a sentir recelos de él, no hasta el punto de hacerle algún mal, pero sí que sus atenciones ya no manifestaban aquella vehemencia en su afecto por él y eran prueba del enfriamiento de sus relaciones. *5* Sin embargo, el ferviente amor y el ansia por la filosofía que se habían

---

[31] La colección de cartas de Alejandro que manejaba Plutarco contenía, sobre todo, notas a médicos.

[32] Uno de los amigos de la infancia de Alejandro, desterrado en el 337 pero vuelto a llamar tras la muerte de Filipo. Incapacitado para el servicio activo en el ejército, se encargó de la hacienda de los expedicionarios macedonios. En otoño de 333 huyó a Mégara, pero en 331 se reunió con Alejandro en Tiro y reasumió sus funciones. En la primavera o el otoño de 324 huyó de nuevo a Grecia con setecientos talentos, que, en parte, utilizó para sobornar a políticos atenienses como Demóstenes para rebelarse contra Alejandro.

[33] Filisto de Siracusa *(circa* 430-356) ayudó a Dionisio I a convertirse en tirano y fue su consejero y gobernador de Siracusa. Más tarde desterrado, fue vuelto a llamar por Dionisio II, expulsó a Dión y llegó a ser almirante de la flota siracusana. Se suicidó tras ser derrotado con la flota por Dión. Escribió una historia de Sicilia en trece libros, imitando a Tucídides. Plutarco utilizó su obra en las vidas de Nicias y de Dión.

[34] Telestes obtuvo una victoria en Atenas en 402-401. Filóxeno escribía en la corte de Dionisio I, pero, expulsado más tarde, dirigió sus burlas contra el tirano en el *Cíclope*, su ditirambo más famoso. El nuevo ditirambo de estos autores, resultado de las innovaciones de fines del siglo V a consecuencia de las nuevas tendencias musicales, parece haber concedido más importancia a la música que al texto. Otras características de este ditirambo son la abolición de correspondencias entre estrofa y antístrofa, las arias y un lenguaje pomposo y afectado.

implantado e ido creciendo con él desde el principio no desaparecieron de su alma, como demuestran los honores concedidos a Anaxarco[35], los cincuenta talentos enviados a Jenócrates y el vivo interés que mostró con Dándamis y Cálano[36].

9. En la época de la campaña de Filipo contra Bizancio[37], Alejandro tenía dieciséis años, y habiendo quedado en Macedonia como depositario del poder y del sello real, subyugó a los medos que se habían sublevado[38] y tomó su ciudad, expulsó a los bárbaros y repoblándola con gentes de procedencia diversa le dio el nombre de Alejandrópolis. *2* Tomó parte personalmente en la batalla de Queronea contra los griegos, y se dice que fue el primero que se arrojó contra el batallón sagrado de los beocios[39]. *3* Todavía en nuestros días se enseñaba junto al Cefiso una vieja encina llamada de Alejandro, junto a la que puso su tienda en aquella ocasión; no lejos de allí está el túmulo común de los macedonios. *4* El resultado de estos éxitos fue, como es natural, que Filipo vio aumentado el cariño por su hijo, hasta el punto de que se alegraba

---

[35] Anaxarco de Abdera, discípulo de Demócrito, con tendencias escépticas, fue el maestro de Pirrón el escéptico. Acompañó a Alejandro en sus campañas y, en general, es presentado por la tradición como un adulador del rey macedonio (cfr. 28, 5). Jenócrates de Calcedonia, escolarca de la Academia de 339 a 315, rehusó acompañarle, pero le dedicó y envió un tratado *Sobre la realeza* en cuatro libros. Alejandro le envió cincuenta talentos, pero Jenócrates sólo aceptó tres mil dracmas (una décima parte de la suma enviada).

[36] Sobre éstos, cfr. *infra* 65, 2-8; 69, 6-8. Plutarco deduce el alejamiento de Aristóteles y Alejandro de los sucesos narrados en los capítulos 55 y 74.

[37] En 340-339, tras su fracaso en la conquista de Perinto a causa, sobre todo, de la ayuda prestada por el sátrapa persa y por los bizantinos, Isócrates, *Carta* 4, sugiere que Antípatro se quedó con Alejandro. El depositario del sello real debía ser el heredero.

[38] Una de las más poderosas tribus tracias en la cuenca alta del río Estrimón, separados de los peonios por el monte Cercine. Alejandro destruyó su capital y volvió a fundarla con el nombre de Alejandrópolis. Quizá fue entonces cuando Aristóteles escribió su tratado *Sobre las colonias*.

[39] La batalla de Queronea tuvo lugar el 2 de agosto de 338. El batallón sagrado beocio era un cuerpo selecto de trescientos hombres formado en el 378 y mantenido a expensas del estado, que en la batalla de Queronea ocupaba el ala derecha junto al río Cefiso. En el otoño del mismo año se formó la llamada liga de Corinto, que consagraba la hegemonía macedonia sobre Grecia.

cuando los macedonios llamaban a Alejandro rey y a Filipo general.
5 Pero los desórdenes de la casa de Filipo causados por los matrimonios y los amoríos, que de alguna manera hicieron enfermar a todo el reino a la vez que el gineceo, fueron motivo de numerosas quejas y grandes desavenencias que agravaron el mal carácter de Olimpíade, una mujer extremadamente suspicaz y rencorosa, que además incitaba a Alejandro[40]. *6* El enfrentamiento más abierto de todos lo causó Átalo en la boda de Cleopatra, una doncella que desposó Filipo, enamorado de la muchacha a pesar de la diferencia de edad. *7* Átalo, que era tío de ella, borracho en el banquete, invitó a los macedonios a rogar a los dioses que de la unión de Filipo y Cleopatra naciera un hijo legítimo, heredero del reino. *8* Furioso Alejandro por esto, exclamó: «¿Es que yo, mala cabeza, te parezco ser un bastardo?» Y al propio tiempo le tiró una copa. *9* Entonces Filipo se levantó y se dirigió hacia él con la espada desenvainada, pero por suerte para ambos la ira y el vino le hicieron resbalar y caer. *10* Alejandro dijo con tono insultante entonces: «Ése es, señores, el que se preparaba para pasar de Europa a Asia, el que al pasar de un lecho a otro se ha caído patas arriba.» *11* Después de esta reyerta causada por la embriaguez, Alejandro cogió a Olimpíade y la llevó a vivir al Epiro, y él mismo se quedó entre los ilirios. *12* Entretanto, el corintio Demarato[41], que estaba unido a la casa por lazos de hospitalidad y podía hablar con franqueza, llegó a ver a Filipo. *13* Tras los primeros saludos y atenciones, Filipo le preguntó cuál era el grado de concordia mutua de los griegos en ese momento, y él respondió: «Verdaderamente, Filipo, te

---

[40] Una lista de las esposas de Filipo se encuentra en Ateneo, XIII 557 c. Todos los matrimonios tenían fines políticos y duraban el tiempo de la campaña militar que tenían como objetivo. El matrimonio con Cleopatra en el 337 fue lo que causó la ruptura con Alejandro y Olimpíade. Con esta boda Filipo pretendía vincular la parte interior y montañosa de Macedonia con la llanura costera.

[41] Había sido embajador corintio en Siracusa y era uno de los líderes del partido promacedonio en Corinto, a cuya familia real estaba unida por lazos de hospitalidad (cfr. *Moralia*, 329 d). Se le menciona como combatiente en la batalla del río Gránico (Arriano I 15, 6).

cuadra bien preocuparte de Grecia, tú que has llenado tu propia casa de tan grandes querellas y desgracias.» *14* Así es como Filipo volvió en sí y envió a buscar y logró el regreso de Alejandro, convenciéndole por mediación de Demarato.

10. Y cuando Pixódaro, sátrapa de Caria, queriendo ganarse por medio del parentesco la alianza con Filipo, quiso dar en matrimonio a la mayor de sus hijas a Arrideo, hijo de Filipo, y envió a Macedonia para tratar el asunto a Aristócrito, al punto hubo conversaciones y denuncias ante Alejandro por parte de sus amigos y de su madre, que le decían que Filipo trataba de establecer a Arrideo en el trono con un matrimonio brillante y una elevada posicion[42]. *2* Alarmado ante la situación, Alejandro envía a Caria a Tésalo[43], el actor trágico, con el encargo de decir a Pixódaro que debía dejar en paz a este hijo bastardo y fuera de sus cabales, y concertar el enlace con Alejandro. Este proyecto agradó a Pixódaro mucho más todavía que el anterior. *3* Pero Filipo, enterado de que Alejandro se había retirado a su habitación, cogió consigo a uno de los amigos e íntimos de su hijo, Filotas[44], hijo de Parmenión, fue allí con él y le increpó con violencia y le llenó de insultos amargos por su conducta rastrera e indigna de los bienes que disfrutaba, si se iba a contentar con convertirse en el yerno de un individuo de Caria, esclavo de un rey bárbaro. *4* En cuanto a Tésalo, escribió a los corintios para que se lo trajeran en-

---

[42] El hecho de que Alejandro pudiera concebir estas sospechas muestra con claridad la precariedad de su situación en esta época. Alejandro ya había regresado a Pela, pero su madre seguía en Epiro, donde permaneció hasta la muerte de Filipo, tratando de impulsar al rey epirota, su hermano Alejandro, a la guerra con Filipo. Filipo Arrideo, hijo de Filipo en un matrimonio anterior, había quedado excluido de la sucesión real, pero su planeada boda con la hija de Pixódaro, sátrapa de Caria, podía alterar la situación en su beneficio (cfr. *infra* 77, 7).

[43] Jefe de una compañía teatral (cfr. *Moralia*, 334 d-f), que venció en las fiestas Dionisias de los años 347 y 340 y, por segunda vez, en las Leneas de 347. En esta época los actores eran importantes en las negociaciones diplomáticas.

[44] Es probable que el propio Filotas informara a Filipo, pues en ninguna otra fuente se dice que Filotas fuera amigo personal de Alejandro y, por otro lado, Parmenión era yerno de Átalo, enemigo de Alejandro.

cadenado con grilletes. De los demás compañeros de Alejandro, desterró de Macedonia a Hárpalo y a Nearco, así como a Erigío y a Ptolomeo, a quienes Alejandro más tarde restituyó y llenó de los más altos honores[45].

5 Entretanto, Pausanias, ultrajado a instigación de Átalo y Cleopatra, como no obtuvo justicia, asesinó a Filipo[46]. La principal culpa recayó sobre Olimpíade, de quien se sospechaba que había incitado y estimulado al joven encolerizado, pero también a Alejandro alcanzaron ciertas acusaciones. 6 Se dice, en efecto, que una vez que Pausanias se encontró con él después de aquella afrenta y se lamentó ante él, Alejandro le citó aquel verso yámbico de la *Medea*[47]:

«el que la dio en matrimonio, el novio y la novia».

7 No obstante, buscó hasta descubrir y castigó a los cómplices del atentado, y cuando Olimpíade, aprovechando la ausencia de Alejandro, trató con crueldad a Cleopatra, se enfadó[48].

---

[45] Amigos todos ellos de Alejandro, tomarán una parte muy activa en la expedición a Asia. Ptolomeo es el fundador de la dinastía de los Lágidas en Egipto.
[46] En el momento en que se iba a celebrar la boda entre Cleopatra, hija de Filipo y Olimpíade, y Alejandro de Epiro en 336. La boda era un medio imaginado por Filipo para separar a Olimpíade de su hijo. En el momento en que apareció Filipo en el teatro escoltado por los dos Alejandros, su hijo y su inminente yerno, y seguido por las estatuas de los doce olímpicos y la suya propia, Pausanias se lanzó y le asesinó con un puñal. De inmediato, Alejandro mandó matar al asesino, que no fue interrogado. La asamblea del ejército proclamó rey a Alejandro, poco antes de cumplir los veinte años. Se ha supuesto también que el asesinato de Filipo ocultaba ciertos resentimientos de los habitantes de la Alta Macedonia contra la política de Filipo.
[47] Verso 288. Se establece así una correlación entre Átalo, Filipo y Cleopatra, por una parte, y Creonte, Jasón y Creúsa. Medea dio muerte a la nueva esposa de su marido Jasón, Creúsa, y a su padre Creonte.
[48] Esta Cleopatra es la última esposa de Filipo. Justino dice que se vio forzada a ahorcarse tras ver asesinada en sus brazos a su hija de Filipo. Según Pausanias, VIII 7, 7, ambas murieron quemadas en un brasero por Olimpíade. Poco después, Alejandro mandó matar en Asia Menor a Átalo, de quien se dice que había intrigado con los atenienses contra Alejandro y que más tarde, para probar su lealtad, había enviado a Alejandro una carta recibida por él de Demóstenes (cfr. *Demóstenes*, 23, 2). La presentación de esta carta fue motivo suficiente para que Alejandro le mandara matar por traidor.

11. Heredó, pues, a los veinte años de edad el reino, expuesto por todos los lados a grandes envidias, odios terribles y graves peligros. *2* Pues las tribus bárbaras vecinas no soportaban la sumisión, añorantes de sus monarquías tradicionales. En cuanto a Grecia[49], Filipo la había vencido por las armas, pero no había tenido tiempo como de amansarla y domesticarla; pues, como no había hecho más que variar y alterar el estado de cosas, había dejado el país, no habituado al nuevo régimen, en gran agitación y desorden. *3* Los macedonios tenían miedo de esta situación crítica y pensaban que Alejandro, en cuanto a Grecia, debía renunciar por completo a ella y no recurrir a la violencia y, en cuanto a los bárbaros que se habían sublevado, volvérselos a atraer con blandura y cuidar con tiento los principios de la revolución. *4* Pero Alejandro, partiendo de un razonamiento contrario, se dispuso a adquirir con audacia y energía la seguridad y la salud del reino, convencido de que en cuanto vieran que relajaba su firmeza en cualquier cosa le atacarían todos a la vez. *5* Puso fin a las rebeliones bárbaras y a las guerras de aquella zona, acudiendo rápidamente con el ejército hasta las riberas del Istro, y venció en una gran batalla a Sirmo, rey de los tribalos[50]. *6* Informado de que los tebanos habían hecho defección y de que los atenienses los apoyaban, atravesó de inmediato las Termópilas con sus tropas, diciendo que a Demóstenes, que le trataba de niño mientras estaba en el país de los ilirios y tribalos, y de joven cuando estaba en Tesalia, ahora, a las puertas de las murallas de Atenas, quería demostrarle que era un hombre. *7* Llegó ante Tebas y, queriendo darles aún oportunidad de arrepentirse de su actitud, reclamó a Fénix y a Protites y proclamó la amnistía para quienes se pasaran a su bando[51].

---

[49] Siguiendo su propósito, Plutarco se concentra en la determinación de Alejandro; por eso omite su primera expedición a Grecia en 336, cuando se aseguró sucesivamente el reconocimiento como jefe de la confederación tesalia, de los anfictíones de Grecia central y del consejo de la liga de Corinto. Tras este viaje a Grecia, regresó a Pela a fines de otoño de 336.

[50] Los tribalos estaban situados en la moderna Bulgaria, y los celtas los impulsaban hacia Macedonia. La campaña en los Balcanes y la destrucción de Tebas tuvieron lugar desde la primavera hasta fines de otoño de 335.

[51] Estos personajes, no mencionados ni por Arriano ni por Diodoro, pueden ser los beotarcas, magistrados superiores de Beocia.

8 Los tebanos respondieron exigiéndole que les entregara a Filotas y a Antípatro[52] y proclamaron que quienes quisieran cooperar en la liberación de Grecia fueran a unirse a sus filas. Alejandro entonces lanzó a los macedonios a la batalla. *9* Los tebanos lucharon con un valor y una valentía por encima de sus posibilidades, enfrentados a unos enemigos muchas veces más numerosos que ellos. *10* Cuando, además, la guarnición macedonia abandonó la Cadmea y cayó sobre ellos por detrás, la mayor parte quedó rodeada y perdió la vida en el propio campo de batalla y la ciudad fue conquistada, saqueada y asolada hasta los cimientos. *11* Obró así, sobre todo, con la esperanza de que los griegos se mantendrían quietos, espantados e intimidados por tan gran calamidad, pero también por presumir de dar satisfacción a las quejas de sus aliados; y en efecto, los focidios y los plateenses habían presentado acusaciones contra los tebanos. *12* Con la excepción de los sacerdotes, todos los que tenían lazos de hospitalidad con los macedonios, los descendientes de Píndaro y los que habían votado en contra de la defección, hizo vender a todos los demás, que eran unos treinta mil. Los muertos sobrepasaron el número de seis mil.

12. Entre las numerosas y terribles desgracias que la ciudad tuvo que soportar, unos tracios saquearon la casa de Timoclea[53], mujer ilustre y de recatadas costumbres, y mientras los soldados se dedicaban al pillaje de las riquezas, su jefe la violó y deshonró, y luego le preguntó si tenían en algún sitio oro o plata escondidos. *2* Ella confesó que sí tenía, y le condujo a él solo al huerto y le mostró un pozo, donde dijo que había arrojado durante la toma de la ciudad sus posesiones más valiosas. *3* Y mientras el tracio se asomaba e inspeccionaba el lugar, ella, que estaba a su espalda, le empujó y luego le arrojó muchas piedras encima, hasta que lo mató. *4* Cuando los tracios la condujeron encadenada ante Alejandro, desde el

---

[52] Filotas había sido el jefe de la guarnición macedonia en la fortaleza cadmea. La exigencia de los beocios es irónica.
[53] La historia se narra con más detalles en *Moralia*, 259 d-260 d. En *Moralia*, 1093 e, se la atribuye a Aristobulo.

primer momento se vio por su mirada y su forma de andar que era una mujer distinguida y llena de entereza, pues acompañaba sin muestras de espanto ni sobresalto a los que la llevaban. *5* Luego, al preguntarle el rey quién era, respondió que ella había sido hermana de Teágenes, el que combatió en las filas contra Filipo en defensa de la libertad de los griegos y cayó en Queronea al mando de sus tropas. *6* Admirado Alejandro, tanto de su respuesta, como de su acción, ordenó dejarla libre con sus hijos.

13. Se reconcilió con los atenienses[54], aunque éstos habían llevado con gran pesar la desgracia de Tebas; pues incluso la celebración de los misterios, que entonces tenían entre manos, la suspendieron en señal de duelo[55], y a los fugitivos que iban a refugiarse a la ciudad les hicieron partícipes de toda clase de generosidades. *2* Sin embargo, bien porque había saciado ya su cólera como los leones, bien porque quería compensar un acto de inaudita crueldad y ferocidad con una acción clemente, no sólo los liberó de toda culpa, sino que incluso recomendó a la ciudad prestar atención a sus asuntos propios porque si le sucedía a él algo ella estaba destinada a regir toda Grecia[56]. *3* Sin embargo, se dice que más tarde la desdicha de los tebanos le atormentaba con frecuencia y que le hizo más benigno con no pocos. *4* En conjunto, lo sucedido con Clito cuando se encontraba en estado de embriaguez[57] y

---

[54] Los atenienses habían enviado armas financiadas con dinero persa gracias a Demóstenes y un cuerpo expedicionario que no llegó a entrar en combate.

[55] Los misterios de Eleusis se celebraban entre el 15 y el 23 del mes de Boedromión (septiembre y octubre). Los atenienses esperaban sufrir un asedio y por eso recogieron todo del campo y se refugiaron en la ciudad.

[56] Las razones dadas por Plutarco arrojan luz sobre su propia psicología, pero no explican la conducta humanitaria de Alejandro, más movida por razones políticas que por las humanitarias, a pesar de su admiración por Atenas. Sin duda, habría sido una temeridad emprender un asedio, quizá largo y costoso, pues los atenienses tenían el dominio del mar y podían recabar la ayuda persa. Además, en Atenas dominaba entonces la situación la facción promacedonia, y la campaña de Asia, donde Parmenión había sufrido algunos reveses en el 335, requería su atención con urgencia.

[57] Cfr. *infra* 50-52, 2.

la cobardía de los macedonios ante los indios[58], que dejaron como incompletas su expedición militar y su gloria, las atribuyó a la cólera y a la venganza de Dioniso. *5* De los tebanos que sobrevivieron, no hubo después nadie que se entrevistara y le hiciera una petición, que no la obtuviera de él. Esto es lo que se refiere a Tebas.

14. Congregados los griegos en el istmo, decidieron por votación unirse a Alejandro para hacer una campaña militar contra Persia y lo proclamaron general en jefe[59]. *2* En esta ocasión, como muchos políticos y filósofos se habían acercado a él para saludarlo y felicitarlo, él esperaba que también Diógenes de Sinope haría lo mismo, porque residía en Corinto. *3* Pero como él, sin hacer el más mínimo caso de Alejandro, seguía viviendo tranquilamente en el Cranio[60], tuvo que ser él quien se encaminara a verlo. Lo encontró echado al sol. *4* Diógenes se incorporó un poco al ver a tantos hombres acercarse y miró de hito en hito a Alejandro, que le saludó y le dirigió la palabra para preguntarle si se le ofrecía algo. «Sí —dijo—, retírate un poquito del sol.» *5* Ante esta respuesta, se dice que Alejandro quedó tan admirado de la arrogancia y la grandeza de este hombre, a pesar de haber sufrido este desprecio, que cuando los de la escolta, al alejarse, iban burlándose y riéndose del filósofo, él les dijo: «Pues a mí, si no fuera Alejandro, me gustaría ser Diógenes.»

---

[58] Cfr. *infra* 62.

[59] Ya en la primera reunión de la liga de Corinto, en 337, Filipo había propuesto el plan de invadir Asia, con el objetivo de incrementar las anexiones a Macedonia aprovechando la muerte de Artajerjes III Oco en el año 338. Alejandro, en su primer viaje a Grecia en 336, había renovado el nombramiento de jefe de la liga, que, como heredero de Filipo, le pertenecía. Quizá en esta segunda visita Alejandro pretendía que se le renovase el cargo de general en jefe sobre las tropas enviadas a Asia. Entretanto, las tropas enviadas por Filipo a Asia al mando de Parmenión y Átalo, tras algunos éxitos, habían sido derrotadas por Memnón, general griego al mando del ejército persa, y conservaban en su poder sólo una estrecha franja de territorio en los Dardanelos.

[60] Uno de los barrios aristocráticos al oeste de Corinto. La anécdota de Alejandro y Diógenes la cuenta Plutarco en otros muchos lugares *(Moralia,* 331 ss.; 605 d; 782 a) y hay numerosas referencias a ella además.

6 Fue a Delfos con la intención de consultar el oráculo del dios sobre la expedición militar. Pero como dio la casualidad de que eran días nefastos y en ellos no está permitido emitir oráculos, mandó en primer lugar recado para que viniera la sacerdotisa. *7* Ella se negó alegando la disposición legal. Alejandro entonces subió y fue arrastrándola por la fuerza hasta el templo. Ella, como derrotada por tan firme determinación, exclamó: «¡Eres invencible, hijo!» Al oír esto, Alejandro dijo que ya no necesitaba ninguna otra profecía y que ya tenía de ella el oráculo que quería[61].

8 Cuando estaba a punto de emprender la expedición, se produjeron otros prodigios que parecían señales sobrenaturales; en concreto, uno fue que la antigua estatua de madera de Orfeo cerca de Libetra[62], que era de ciprés, despidió copioso sudor por aquellos días. *9* Todo el mundo se asustó del portento, pero Aristandro los animó a no tener miedo, porque, según él, manifestaba que Alejandro llevaría a cabo hazañas dignas de cantar y divulgar, que causarían grandes sudores y fatigas a los poetas y cantores que las celebraran.

15. En cuanto a los efectivos de su ejército, los que dan la cifra menor registran treinta mil infantes y cuatro mil jinetes; los que dan la mayor, cuarenta y tres mil infantes y cinco mil jinetes[63]. *2* Aristobulo cuenta que no tenía más que setenta ta-

---

[61] La visita a Delfos es mencionada también por Diodoro, XVII 93, 4; probablemente tuvo lugar durante su primera visita a Grecia a juzgar por una inscripción que recuerda una donación de ciento cincuenta filipos entre otoño de 336 y primavera de 335. Durante toda su vida Alejandro atribuyó gran importancia a los oráculos, como ponen de relieve sus visitas a Gordio y a Amón en Egipto.
[62] En la Pieria macedonia, al pie del monte Olimpo, en la región donde se situaba el mito de Orfeo.
[63] Alejandro partió de Pela a comienzos de la primavera de 334. Las cifras que dan Diodoro, XVII 17, y Arriano, I 11, 3, coinciden con la menor que da Plutarco. La cifra superior incluye quizá a los diez mil que habían pasado a Asia en la primavera del 336 al mando de Parmenión y Átalo. En líneas generales, este contingente se distribuía en los siguientes cuerpos (mencionados de izquierda a derecha según el lugar de combate habitual): el extremo del ala izquierda estaba ocupado por la caballería tesalia integrada por 1.800 jinetes, 600 aliados griegos y 900 tracios y peonios, que, por su armamento ligero,

lentos para los gastos del viaje; Duris, que sólo tenía provisiones para treinta días; y Onesícrito, que además tomó un préstamo de doscientos talentos[64]. *3* Pero aunque partió con unos recursos tan pequeños y escasos, no se embarcó en la nave antes de haberse informado de la situación económica de sus compañeros[65] y haber distribuido entre ellos, a uno una finca, a otro una aldea, a otro las rentas de un caserío o un puerto. *4* Como ya había gastado y borrado de la lista de sus propiedades casi todos los bienes reales, Perdicas le dijo: «¿Para ti,

---

cumplían funciones de avanzadilla y reconocimiento; a la derecha de éstos formando el núcleo del ejército y con funciones habitualmente defensivas mientras Alejandro en el ala derecha de la formación trataba de decidir las batallas, la falange, compuesta por seis batallones de 1.500 hombres cada uno, todos ellos armados con la larga *sarisa;* Crátero y Ceno mandaban, respectivamente, los batallones de la izquierda y de la derecha: otros jefes de cada batallón eran Amintas, Perdicas y Meleagro. El centro de la formación estaba ocupado por los hipaspistas (que no se debían de diferenciar en cuanto a armamento y funciones de los miembros de la falange), divididos en tres batallones de mil hombres y al mando de Nicanor, hijo de Parmenión, segundo general en jefe encargado de toda el ala izquierda. A la derecha de los hipaspistas se situaba la infantería ligera de los odrisios, tribalos, ilirios y agrianos, compuesta en total por ocho mil hombres. A la derecha de éstos, la infantería griega de aliados (7.000) y mercenarios (5.000). El ala derecha, encargada de emprender el ataque decisivo partiendo en dirección oblicua contra la formación enemiga, estaba al mando de Alejandro y la integraban los escuadrones de la caballería macedonia (llamados los compañeros), al mando de Filotas, hijo también de Parmenión; probablemente había seis escuadrones de 200 miembros cada uno y uno más, el primero, al mando de Clito, de 300 miembros, aparte de la guardia personal de Alejandro y alrededor de 100 compañeros (entre quienes estaban Hefestión, Lisímaco, Nearco, Seleuco, Ptolomeo, etc.); el conjunto de la caballería de los compañeros ascendía en total, según Diodoro, XVII 17, a 1.800 hombres. Igualmente, según Diodoro, Antípatro permaneció en Macedonia con 12.000 infantes y 500 jinetes. Una cifra tan alta de soldados en Macedonia indica que Alejandro temía nuevos levantamientos de las ciudades griegas.

[64] Las dificultades financieras de Alejandro en el comienzo de su reinado eran grandes a causa del endeudamiento que había provocado la política de Filipo. Posiblemente ello explica la venta de los cautivos tebanos, así como la exigencia de tributos a las ciudades jonias liberadas de los persas. Las minas de oro del monte Pangeo eran insuficientes para financiar la expedición.

[65] Oficiales superiores que cumplían funciones de asesoramiento a Alejandro. Algunos han sido mencionados en la nota 63. En Persia se fueron incorporando a los compañeros sátrapas y nobles persas.

mi rey, qué es lo que dejas?» Él respondió que las esperanzas, y entonces Perdicas exclamó: «Pues bien, también compartiremos eso nosotros, tus compañeros de armas.» *5* Y tras la renuncia de Perdicas a la propiedad que se le había asignado en la lista, algunos de sus restantes amigos hicieron lo mismo. *6* Pero a los que aceptaban y solicitaban regalos, se los otorgaba con generosidad, y así es como gastó la mayor parte de su hacienda en Macedonia haciendo distribuciones.

7 Tales eran el arrojo y la disposición de espíritu con los que atravesó el Helesponto[66]. Subió a Ilio e hizo un sacrificio a Atenea, así como libaciones a los héroes. *8* En la tumba de Aquiles, tras ungirse con aceite y correr desnudo junto con sus compañeros, como es costumbre, depositó coronas, llamándolo bienaventurado, porque en vida tuvo un amigo leal y tras su muerte un gran heraldo de su gloria. *9* Mientras daba un paseo visitando la ciudad, le preguntó uno si quería ver la lira de Alejandro. Él dijo que no tenía el menor interés en verla y que la que buscaba era la de Aquiles, con la que el héroe celebraba las glorias y hazañas de esforzados varones[67].

16. Entretanto, los generales de Darío[68] habían reunido un gran contingente de tropas y lo habían dispuesto en orden de batalla sobre el cruce del Gránico. Sin duda, era preciso luchar, como a las puertas de Asia, por la entrada en ella y el imperio. *2* La profundidad del río y la configuracón desigual y abrupta de la ribera opuesta, a la que tenían que arribar al

---

[66] El ejército atravesó el estrecho desde Sestos a Abidos en la primavera del 334 bajo la dirección de Parmenión, mientras Alejandro iba al puerto de los aqueos cerca de Troya. En este lugar se sitúa la tradición de que Alejandro, al desembarcar, lanzó la sarisa y proclamó Asia suya por derecho de conquista. La actuación de Alejandro al cruzar los estrechos sigue el modelo homérico: antes de partir, hace una ofrenda a Protesilao, el primer guerrero muerto al desembarcar ante Troya, y un sacrificio a Posidón en el curso de la travesía.

[67] Alusión a *Ilíada*, 9.189.

[68] Darío III Codomano, rey persa desde 336, había llegado al poder apoyado por el eunuco Bagoas tras la sangrienta etapa que siguió a la muerte de Artajerjes III Oco en el 338. El Gránico es un pequeño río de Tróade y Frigia que desemboca en el mar de Mármara. ¿Por qué los persas no obstaculizaron el desembarco de Alejandro? Parece ser que su táctica en principio había sido destruir todas las cosechas y obligar al enemigo, de quien sabían que estaba carente de recursos, a retroceder.

tiempo que combatían, asustaba a la mayoría; algunos también creían que había que guardar la norma establecida durante ese mes (era el mes de Desio[69], y en él los reyes macedonios tenían por costumbre no sacar de campaña a las tropas), pero esta dificultad la corrigió Alejandro, dando la orden de considerar este mes como el segundo Artemisio; *3* finalmente, también Parmenión se mostraba remiso a correr el riesgo de una batalla decisiva, por ser una hora avanzada del día. Pero Alejandro dijo que era una deshonra para el Helesponto, después de haberlo atravesado, tener ahora miedo del Gránico y se metió en la corriente con trece escuadrones de caballería. *4* Y lanzándose a caballo hacia los dardos que le disparaban y hacia unos lugares escarpados, acorazados además de armas y caballos, en medio de la corriente que amenazaba con arrastrarlo y sumergirlo, parecía dirigir el ejército más como un loco impulsado por la demencia que de acuerdo con un plan. *5* No obstante, aferrado en su propósito de cruzar, consiguió con dificultades y tras grandes esfuerzos ganar la otra orilla, pantanosa y resbaladiza por el lodo, y al instante se vio obligado a combatir en mezcolanza y a trabar combate hombre a hombre con los que le acometían, antes de que los que atravesaban el río pudieran adoptar cualquier formación. *6* Pues los persas cargaban con gran griterío y, oponiendo caballos contra caballos, utilizaban lanzas o, cuando éstas se quebraban, espadas. *7* Se precipitaron muchos contra él, sobresaliente por el escudo y el penacho del casco, de cuyos dos lados se levantaba un copete de blancura y elevación admirables. Un dardo le alcanzó en el remate del peto de la coraza, pero no le hirió. *8* Los generales Resaces y Espitrídates le atacaron a la vez; pero a éste lo esquivó, y a Resaces, que llevaba coraza, se anticipó y le asestó una lanzada. Sin embargo, quebró la lanza y tuvo que echar mano de la espada. *9* Ya estaban batiéndose, cuando Espitrídates espoleó su caballo por el flanco y elevándose sobre la monta de repente, al tiem-

---

[69] El mes de Desio equivale al de Targelión en el calendario ático (mayo/junio). El no sacar el ejército durante ese mes debe de ser por la recogida de la cosecha.

po que ésta se ponía de patas, descargó el golpe de su alfanje bárbaro. *10* Rompió el penacho con uno de los copetes, y el casco a duras penas resistió lo justo la embestida, hasta el punto de que el filo del alfanje rozó los primeros cabellos. *11* Y cuando Espitrídates lo volvía a levantar para descargar un segundo golpe, se adelantó Clito el Negro[70] y le atravesó de lado a lado con la pica. Resaces cayó al mismo tiempo, herido por la espada de Alejandro. *12* En este peligroso punto de la lucha se encontraba el combate de caballería, cuando la falange de los macedonios cruzó y se encontraron las tropas de infantería. *13* Sin embargo, los persas no ofrecieron una resistencia tenaz y duradera, sino que se dieron la vuelta y emprendieron la fuga, excepto los mercenarios griegos. Éstos se reagruparon en la ladera de una colina y comenzaron a suplicar a Alejandro garantías. *14* Pero él, llevado de la cólera más que de la razón[71], fue el primero en cargar y perdió el caballo, herido de espada a través de los ijares (no era Bucéfalo, sino otro). Y fue allí donde se entabló una encarnizada batalla y donde se produjo la mayoría de los muertos y heridos que hubo, porque trabaron combate con hombres aguerridos que luchaban a la desesperada.

15 Las pérdidas de los bárbaros se estiman en veinte mil infantes y dos mil quinientos jinetes. De los de Alejandro, Aristobulo afirma que hubo treinta y cuatro muertos en total, de los que nueve fueron infantes. *16* Alejandro mandó erigir estatuas de bronce de éstos, que realizó Lisipo. *17* Con la intención de hacer a los griegos partícipes de la victoria, envió a los atenienses en particular trescientos escudos capturados al enemigo y para todos en común mandó grabar sobre los demás

---

[70] Clito el Negro, llamado así para distinguirlo del Blanco, era hermano de Lanice, nodriza de Alejandro. Mandaba el escuadrón real de la caballería de los compañeros y participó en las tres grandes batallas. En 330 fue nombrado junto con Hefestión jefe de la caballería, y en 328-327 sátrapa de Bactria y Sogdiana, pero murió a manos de Alejandro antes de haber tomado posesión.

[71] El objeto de Alejandro para imponer tan severo castigo contra los mercenarios griegos era impedir que ningún otro griego se uniera a los persas. Alejandro condenó a los supervivientes a trabajos forzados en Macedonia. Como medida de precaución, Alejandro había dispuesto a los soldados griegos de su ejército en la retaguardia, que no llegó a entrar en combate.

despojos esta honrosísima inscripción[72]: *18* «Alejandro, hijo de Filipo, y los griegos, con excepción de los lacedemonios, de los bárbaros que habitan Asia.» *19* Las copas, las telas de púrpura y todos los objetos semejantes persas de los que se apoderó, todos, excepto unos pocos, se los envió a su madre.

17. Esta batalla produjo de inmediato tan enorme vuelco de la situación en favor de Alejandro, que incluso Sardes, baluarte del imperio persa sobre el mar, se entregó a él y las demás siguieron su ejemplo[73]. *2* Las únicas que se enfrentaron fueron Halicarnaso y Mileto[74]; las tomó por la fuerza y luego de someter las regiones circundantes, estuvo dudando acerca de los planes para el futuro: *3* muchas veces estaba impaciente por encontrarse con Darío y arriesgar el todo por el todo, pero otras muchas veces consideraba la mejor decisión ejercitarse primero y cobrar fuerzas, por así decirlo, con las conquistas y riquezas de las regiones marítimas, para luego dirigirse al interior del país contra él.

4 Hay en Licia una fuente, junto a la ciudad de Janto, de la que se dice que entonces se salió de madre sin causa aparente y se desbordó arrojando del fondo del lecho una tablilla de bronce que tenía grabados en caracteres arcaicos unos signos en los que se revelaba que el imperio persa terminaría derro-

---

[72] Alejandro actúa como jefe de la liga de Corinto, aunque la victoria era exclusivamente macedonia. Los espartanos son explícitamente excluidos porque no habían querido mandar delegados al congreso de Corinto en 337, fecha en que Filipo creó la liga, y por tanto no eran miembros de la confederación.

[73] Tras tomar Zelea, Alejandro envió a Parmenión a capturar la plaza de Dascilio, residencia oficial del sátrapa del Helesponto, mientras él iba al sur y aceptaba la rendición de Sardes, residencia del sátrapa de Lidia, Resaces, de donde fue nombrado sátrapa Asaro, hermano de Parmenión. Entró más tarde en Éfeso tras la huida de la guarnición persa. En Caria despachó a Parmenión para ocupar Frigia y siguió avanzando durante el invierno a lo largo de la costa sur de Asia Menor hasta Pisidia. Allí regresó al Norte y se unió a Parmenión en los campamentos de invierno de Gordio.

[74] Mileto cayó a fines del verano de 334, y Halicarnaso, donde Memnón había congregado la flota persa, en el mismo otoño. Tras la toma de Mileto, Alejandro disolvió la flota macedonia. Acerca del estatuto jurídico de las islas y ciudades de la costa anatolia, existen profundas discrepancias entre quienes sostienen que las ciudades conquistadas entraron en la liga de Corinto y quienes piensan que obtuvieron un estatuto diferente.

cado por los griegos. *5* Exaltado por esto, se apresuró a limpiar la región costera hasta Fenicia y Cilicia. *6* Su incursión a lo largo del litoral de Panfilia ha dado a muchos historiadores materia pintoresca para excitar el asombro y la exageración: según ellos, el mar, por una especie de favor divino, se retiraba abriendo paso a Alejandro, cuando, en realidad, es áspero en toda su extensión y está batido por el oleaje, que viene de mar abierto y sólo raras veces descubre estrechos pasos expuestos a los vientos al pie de los acantilados y barrancos de este montañoso litoral. *7* Precisamente a este prodigio alude Menandro, cuando dice cómicamente en una obra de teatro[75]:

«¡Qué a la manera de Alejandro es esto! Si busco a uno, se presenta por su propia cuenta; y si hay que atravesar por mar un lugar, se hace accesible a mi paso.»

8 Pero el propio Alejandro no menciona en sus cartas ningún portento de esta clase: dice simplemente que se ha abierto un camino por la llamada Escalera y que la cruzó partiendo de Faselide. *9* Por eso es por lo que también se detuvo más días en esta ciudad. Durante esos días, viendo una estatua erigida en la plaza, dedicada a Teodecto, que era de Faselide y ya había muerto, fue allí después de la cena borracho con un cortejo de gentes en alegre festejo y arrojó numerosas coronas sobre la estatua, rindiendo así con un juego un tributo no exento de gracia al hombre que Aristóteles y la filosofía le habían dado oportunidad de conocer[76].

18. Después de esto, venció a los pisidios[77] que se oponían a él y sometió Frigia[78]. *2* Y cuando hizo la entrada en la

---

[75] Menandro, ed. Koerte, 2, 236, núm. 751.
[76] Orador y poeta trágico que llegó a Atenas y consiguió ocho victorias en los concursos dramáticos. Fue discípulo de Aristóteles, que habla con frecuencia de él elogiosamente, y puede que Alejandro le conociera.
[77] Los pisidios fueron derrotados frente a la ciudad de Sagaleso. Licia y Panfilia, a la que pertenecían los pisidios, fueron reunidas en una satrapía al mando de Nearco de Anfípolis.
[78] Celenas era la ciudad principal y tenía fama de ser inexpugnable. Como sátrapa de Frigia nombró a Antígono, un compañero de armas de Filipo.

ciudad de Gordio, de la que se decía que había sido capital del antiguo Midas, vio la celebrada carreta uncida con corteza de cornejo y escuchó la tradición que sobre ella creían los bárbaros, en el sentido de que a quien desatara el nudo le estaba destinado convertirse en rey del universo[79]. *3* La mayoría de los autores dice que como estas ataduras tenían los cabos escondidos y estaban entrelazadas con muchos repliegues sinuosos, Alejandro, al verse incapaz de desatarlo, cortó el nudo por la mitad con la espada y así aparecieron numerosos cabos del lazo, una vez cortado. *4* Aristobulo, en cambio, dice que le resultó muy fácil de desatar, porque primero quitó de la lanza la pieza que se llama clavija, que es con la que estaba sujeto el sobeo, y luego pudo así tirar del yugo hasta sacarlo.

5 De allí se dirigió a Paflagonia y Capadocia, que se entregaron a él[80]. La noticia de la muerte de Memnón, uno de los generales de Darío al mando de la zona costera, que pasaba por tener el poder suficiente para causar a Alejandro muchas dificultades e innumerables obstáculos y apuros, le hizo cobrar renovadas fuerzas para seguir la expedición más al interior[81].

---

[79] Midas, rey de Frigia, hijo de Gordio, vivió en el siglo VIII. Según la leyenda, narrada por Arriano, II 3; Quinto Curcio, III 1, 14-18, el carro era aquel con el que Gordio había entrado en la ciudad de Midas, liberando a los frigios de una cruel guerra civil. En Gordio pasaron las tropas de Alejandro el invierno de 334 a 333.

[80] Unió Paflagonia a la satrapía de Helesponto. Salió con rapidez de Gordio a comienzos de la primavera de 333, porque tenía prisa por encontrarse con Darío antes que éste llegara a las puertas de Cilicia en los montes Tauros, pues si Darío se adelantaba, le sería muy difícil entrar en Siria. Por esa razón emprendió el camino hacia el sur del río Halis, sin haber sometido a los pueblos del Norte, de quienes sólo recibió emisarios que le otorgaron el dominio del país.

[81] Memnón había dirigido la resistencia de Halicarnaso y Mileto. En la primavera del 333, durante el asedio de Mitilene en la isla de Lesbos, murió de enfermedad. En 336 había obligado a retroceder a Parmenión y a Átalo y poco después había propuesto llevar la guerra a Grecia como medio de contener la inminente invasión, pero su plan no había sido aprobado. Durante su estancia en Gordio, Alejandro se había enterado de que Memnón operaba con éxito en el Egeo: había conquistado Quíos y había logrado que casi todas las ciudades de Lesbos se pasaran al bando persa. Alejandro fue informado de que Darío había reunido un gran ejército y marchaba contra él desde Susa. Alejandro, a pesar del riesgo que suponía la presencia a sus espaldas de Memnón, había decidido marchar contra Darío, el enemigo principal, y obligarle a presentar batalla cuanto antes.

6 Además, Darío ya se acercaba bajando de Susa, muy engreído por la multitud de sus fuerzas —iba al frente de un ejército de seiscientos mil hombres— y confiado gracias a cierto sueño que los magos interpretaban más con intención de complacerle que de acuerdo con lo que parecía verosímil. *7* Había soñado, en efecto, que la falange macedonia estaba siendo asolada por un gran fuego y que Alejandro le servía vestido con las mismas ropas que él solía llevar antes, cuando era correo real, y que luego entraba al santuario de Belo y desaparecía[82]. *8* Mediante este sueño, según parece, se daba a entender por parte de la divinidad que el poder macedonio sería brillante y sobresaliente, y que Alejandro se adueñaría de Asia, igual que se había adueñado Darío, convertido de correo en rey, pero que dejaría la vida pronto en plena gloria.

19. Todavía incrementó más su confianza lo que él consideraba erróneamente cobardía de Alejandro, que llevaba mucho tiempo detenido en Cilicia. *2* Pero la demora se debía a una enfermedad, que unos dicen que contrajo a consecuencia del cansancio y otros por un baño en la helada corriente del Cidno[83]. *3* Ninguno de los médicos se atrevía a suministrarle un remedio; en la opinión de que el mal era más fuerte que cualquier remedio curativo, tenían miedo de sufrir la calumnia de los macedonios en caso de fracasar. *4* Filipo de Acarnania[84] fue el único que al ver el penoso estado del rey, confiando en su amistad y considerando un escándalo, ahora que él estaba en peligro, no compartir el riesgo y llegar hasta las últimas consecuencias probando remedios y exponiendo la propia vida, preparó una medicina y le convenció de que resistiera y se la tomara, si es que tenía ganas de recobrarse y continuar la guerra. *5* Entretanto, Parmenión acababa de enviar una carta desde el campamento, encareciendo al rey que se guardara de Filipo, porque sospechaba que Darío le había so-

---

[82] Se refiere al santuario de Bal en Babilonia, donde, en efecto, Alejandro iba a morir.
[83] El Cidno nace en los montes de Tarso y era conocido por sus aguas heladas.
[84] Era, en efecto, un amigo de la infancia de Alejandro.

bornado con grandes regalos y el matrimonio de su hija, para que eliminara a Alejandro[85]. Él leyó la carta y sin enseñársela a ninguno de sus amigos la metió bajo la almohada. *6* Y cuando, llegado el momento, Filipo entró con los compañeros trayendo la pócima en una copa, Alejandro le entregó la carta y al mismo tiempo cogió el bebedizo con resolución y sin dar muestras de sospecha. *7* La escena era espectacular y digna de un teatro: el uno leyendo y el otro bebiendo, y luego los dos mirándose mutuamente con expresiones bien dispares: Alejandro con el rostro radiante y relajado, dando buena prueba de su benevolencia y confianza en Filipo; *8* y éste fuera de sí por la calumnia, invocando unas veces a los dioses y extendiendo los brazos al cielo, y cayendo, otras, sobre el lecho y conminando a Alejandro a que estuviera tranquilo y se fiara de él. *9* La pócima, al apoderarse en el primer momento del cuerpo, expulsó, por así decir, sus fuerzas y las sumió en lo más profundo, hasta el punto de que incluso la voz empezó a faltarle y las sensaciones se hicieron muy débiles y extremadamente confusas y terminó por perder el sentido. *10* Sin embargo, reanimado pronto por Filipo, comenzó a restablecerse y se presentó ante los macedonios, que no dejaron de estar atribulados hasta ver a Alejandro.

20. Había en el ejército de Darío un exiliado macedonio llamado Amintas, que no desconocía el carácter de Alejandro. *2* Viendo éste a Darío presto a tomar la ruta de los desfiladeros[86] para ir al encuentro de Alejandro, le solicitó que lo aguardara en ese lugar y presentara la batalla decisiva con tan numerosas tropas como las suyas contra un enemigo inferior en número en parajes llanos y abiertos. *3* Darío respondió

---

[85] Alejandro se había adelantado con la caballería para pasar las puertas Cilicias, mientras Parmenión seguía con el grueso del ejército, y se había desviado al oeste para tomar Solos y Malos en la costa de Cilicia e impedir que la flota persa pudiera causarle daño. Entretanto, la nueva flota macedonia había obtenido algunos éxitos frente a Farnabazo, sucesor de Memnón, y Orontopates había sido rechazado de Halicarnaso, donde había presentado una tenaz resistencia.

[86] De la cadena montañosa del Amano, ramificación del Tauro que separa Cilicia de Siria, al este del golfo de Iso y de las puertas Cilicias.

que tenía miedo de que los enemigos aprovechasen la delantera para huir y Alejandro se le escapara: «Por lo que a eso hace, oh rey —dijo—, no te preocupes: que él vendrá contra ti y quizá ya está de camino.» *4* Estas palabras de Amintas no persuadieron a Darío, que levantó el campamento y se encaminó a Cilicia, mientras Alejandro se dirigía a Siria a su encuentro[87]. *5* Pero en la noche los ejércitos se perdieron uno de otro[88], y tuvieron que volver sobre sus pasos. Alejandro, contento por esta coincidencia, se apresuraba por salir al encuentro del enemigo en los desfiladeros, mientras Darío tenía prisa por recuperar su emplazamiento anterior y sacar a sus tropas del enredo de los pasos angostos. *6* Pues ya se había dado cuenta de que había obrado contra su propio interés al internarse en unas regiones que, a causa del mar, los montes y el río Pínaro, que fluía entre uno y otros, eran difíciles para la caballería y estaban divididas en muchos compartimentos estancos, cosa que ofrecía una posición a favor del número más reducido de sus enemigos. *7* A Alejandro la fortuna le deparó la ventaja del lugar, pero dispuso una estrategia que contribuyó a la victoria más que los favores de la suerte[89]: *8* aun-

---

[87] Los nobles persas se opusieron, temerosos de que les estuviera traicionando. Además, no querían ceder terreno, quizá por los impuestos que podían perder. Darío había acampado en Socos, al sudeste de las montañas de Amano, que atravesó por las puertas Amanas, y luego marchó hacia el sur a Iso. Entretanto, Parmenión, que se había adelantado a Alejandro, ocupaba el paso de Bailán, al sur de Iso y Miriandro. Alejandro, enterado en Malo de la presencia de Darío en Socos, dejó Cilicia y penetró en Siria por la ruta costera a través de las puertas Cilicias. Pasó Iso, el río Pínaro y llegó hasta Miriandro, desde donde pensaba dirigirse a Socos a través del paso de Bailán.

[88] Plutarco parece pensar que ambos ejércitos pasaron muy próximos entre sí, pero en realidad la ruta seguida por Darío estaba más de cincuenta kilómetros al este, con las montañas de Amano entre ambos ejércitos. Estos movimientos explican que en la batalla de Iso se combatiera con los frentes cambiados: Darío procedente del norte y Alejandro del sur. La localización de la batalla de Iso es tema muy discutido en la bibliografía moderna.

[89] Darío buscaba decidir la batalla en el ala derecha, donde estaba la caballería en la zona más llana al lado de la desembocadura del Pínaro, y resistir en la izquierda, apoyado por los cárdanos, pueblo iranio, y la infantería dispuesta en gran profundidad. En el bando macedonio el ala derecha estaba ocupada por la caballería de los compañeros, el centro por la falange (contra el centro persa formado por mercenarios griegos) y el ala izquierda por la caballería

que era muy inferior en número a la muchedumbre de los bárbaros, no sólo no les dio la posibilidad de envolverlos, sino que, desbordando el ala izquierda enemiga con su ala derecha y atacando por el flanco, provocó la fuga de los bárbaros situados frente a él y combatió tan en primera fila, que recibió una herida de espada en el muslo, según afirma Cares, a manos de Darío, con quien trabó lucha. *9* Pero en la carta de Alejandro a Antípatro, no dice quién le hirió; lo único que escribe es que fue herido en el muslo con una espada, pero que la herida no tuvo ninguna consecuencia grave. *10* A pesar de tan resonante victoria, en la que quedaron abatidos más de ciento diez mil enemigos, no capturó a Darío, que había huido y le llevaba una delantera de cuatro o cinco estadios, pero sí regresó trayendo su carro y su arco. *11* Encontró a los macedonios entregados al pillaje de todas las riquezas del campamento bárbaro, que ascendían a una suma fabulosa, y eso que se habían presentado al combate con un equipo ligero y habían dejado la mayor parte de la impedimenta en Damasco, con la excepción de la tienda de Darío, que se la habían reservado para él y estaba llena de una espléndida servidumbre, enseres y muchos objetos preciosos. *12* Al punto se quitó las armas y fue andando al baño mientras decía: «Vayamos a lavarnos el sudor de la batalla en el baño de Darío.» Y entonces uno de los compañeros exclamó: «No, por Zeus; es de Alejandro: las cosas de los derrotados deben ser y llamarse del vencedor.» *13* Y cuando vio jofainas, cántaros, bañeras y tarros de perfume, todos de oro y primorosamente elaborados, mientras la casa entera despedía una divina fragancia, como de esencias y olores aromáticos, y a continuación pasó de allí a la tienda, digna realmente de admiración por la altura, la amplitud y el lujo del lecho, de las mesas y de los propios manjares, no pudo menos que dirigir la mirada a sus compañeros

---

griega al mando de Parmenión. Pero Alejandro, al ver la colocación persa, mandó a la caballería tesalia a la izquierda para contener el ataque persa y dispuso grupos de defensa en el ala derecha formados por agrianos de armamento ligero y caballería. Debilitaba así su ala derecha, donde estaba él con la caballería y se emprendía el ataque decisivo. Pero consiguió tener el flanco derecho cubierto y envolver a los enemigos por ese lado.

y decir: «¡De modo que en esto consistía, al parecer, ser rey!»[90].

21. Cuando se dirigía a cenar, uno le advierte de que entre los cautivos llevaban a la madre y a la mujer de Darío, así como a dos hijas doncellas, y que desde que habían visto el carro y el arco estaban dándose golpes y llorando a quien creían ya muerto[91]. *2* Alejandro se quedó un buen rato callado y luego, más conmovido por el infortunio de aquéllas que por la fortuna propia, envía a Leonato con la orden de comunicarles que Darío no había muerto y que no tenían nada que temer de Alejandro, pues con Darío sólo hacía la guerra por disputarle el imperio, pero ellas conservarían todos los privilegios de los que disfrutaban durante el reinado de Darío. *3* Si estas palabras parecieron afables y honestas a las mujeres, las acciones que siguieron mostraron todavía mayor generosidad: *4* les concedió dar sepultura a cuantos persas quisieron, utilizando las ropas y los atavíos procedentes del botín, y de la servidumbre y honores que habían tenido no les despojó ni de lo más mínimo e incluso recolectaron tributos mayores que los anteriores. *5* Pero el favor más bello y regio que estas mujeres nobles y virtuosas recibieron de él durante su cautividad fue el no oír, sospechar ni recelar nada indecoroso, pues, como si fueran custodiadas no en el campamento enemigo, sino en templos sagrados e inviolables destinados a doncellas, pudieron llevar una vida retirada y al abrigo de todas las miradas. *6* Y eso que se dice que la mujer de Darío era con mucho la más sobresaliente de todas las reinas, igual que el propio Darío era el hombre de mayor belleza y prestancia, y que las hijas se parecían a los padres. *7* Pero Alejandro, convencido,

---

[90] Tras la batalla de Iso hubo un intento de negociación de paz por parte de Darío, que propuso la boda de su hija con Alejandro y la liberación de los prisioneros. Alejandro replicó exigiendo que lo reconociera rey de Asia. Plutarco sólo menciona un intento de paz (29, 7-9), aunque Arriano menciona dos y Quinto Curcio tres.

[91] Alejandro entró en la tienda con Hefestión, que, como era más alto que Alejandro, fue confundido con él por Sisigambis, la madre de Darío, la cual se arrodilló ante Hefestión, no ante Alejandro.

al parecer, de que era más propio de un rey dominarse a sí mismo que vencer a los enemigos, ni tocó a éstas ni antes de su matrimonio conoció a otra mujer más que a Barsine. *8* Ésta, enviudada a la muerte de Memnón[92], fue capturada en Damasco. *9* Como había recibido instrucción griega, era bella y de buen carácter y su padre, Artabazo, era hijo de una hija del rey de Persia, Alejandro, siguiendo los consejos de Parmenión, según afirma Aristobulo, decidió unirse a esta mujer, tan bella como noble. *10* En cuanto a las demás cautivas, Alejandro, que veía que eran excelentes por su belleza y prestancia, decía en broma que las persas son un dolor de ojos[93]. *11* Pero oponiendo a la figura de aquéllas la belleza de su propia continencia y honestidad, pasaba delante de ellas como quien pasa ante estatuas sin vida.

22. Cierta vez que Filóxeno[94], general encargado de las zonas costeras, le escribió[95] diciendo que se encontraba con él un tal Teodoro de Tarento, que tenía en venta a dos muchachos de sobresaliente belleza, y le preguntaba si los quería comprar, Alejandro lo tomó muy a mal y no dejaba de preguntar a sus amigos a grandes voces qué indecencia sabía de él Filóxeno para rebajarse a servir de intermediario en tales deshonestidades. *2* Y al propio Filóxeno le escribió una carta llena de insultos y dio orden de enviar al propio Teodoro con sus mercancías al infierno. *3* Reprendió también con severidad a Hagnón, que le había escrito que quería comprar a Cróbulo, un jovencito célebre en Corinto, y enviárselo. *4* Enterado de que los macedonios Damón y Timoteo, que servían en el ejército a las órdenes de Parmenión, habían corrompido a las mujeres de unos mercenarios, escribió a Parmenión con la orden de que, si resultaban convictos del delito, los castigara

---

[92] Más tarde dio a luz un hijo a quien llamaron Heracles.
[93] Reminiscencia de Heródoto, V 18.
[94] Tras la huida de Hárpalo en 333, fue nombrado con Cérano para hacerse cargo de la intendencia del ejército. Al regreso de Hárpalo en 331, fue recaudador de tributos en Asia Menor. El incidente, pues, es de fecha posterior al 331, cuando se hizo cargo de los impuestos en Asia Menor.
[95] La carta también es mencionada en *Moralia*, 333 a, 1099 d.

y les diera muerte como a bestias salvajes nacidas para destruir a los seres humanos. *5* También en esta carta escribe sobre sí mismo textualmente: «Pues de mí no sólo no se podría decir que he visto a la mujer de Darío o que he querido verla, sino ni siquiera que haya prestado oídos a quienes hablaban de su belleza delante de mí.» *6* Decía que se reconocía mortal por el sueño, sobre todo, y por las relaciones con las mujeres, porque estaba convencido de que la fatiga y el placer nacen de una misma y única debilidad congénita a nuestra naturaleza.

7 Era también muy sobrio en las comidas y dio prueba de ello en numerosas ocasiones y, en particular, en la respuesta que dio a Ada, a quien adoptó como madre y nombró reina de Caria[96]. *8* Pues, como ella, dándole muestras de su afecto, le enviaba todos los días comidas y pasteles y, finalmente, los cocineros y reposteros que tenían fama de ser más hábiles, dijo que no necesitaba a ninguno de ellos, *9* porque tenía los mejores cocineros, que eran los que le había dado su preceptor Leónidas: para el desayuno un paseo antes de amanecer, y para la cena un desayuno frugal. *10* «Este mismo Leónidas —añadía— me revisaba y abría los cofres de la ropa de cama y de los vestidos, para examinar si mi madre me había metido algo que fuera lujoso o superfluo.»

23. Era también menos aficionado al vino de lo que parecía. Tenía esa fama por el tiempo que se prolongaba no tanto bebiendo como charlando, porque en cada copa siempre proponía algún tema de conversación muy extenso y aun eso sólo cuando tenía mucho tiempo libre. *2* Porque para la acción no le retenían ni el vino ni el sueño ni ningún juego ni el matrimonio ni los espectáculos, a diferencia de otros generales. Buena prueba de ello es su vida, porque a pesar de haber tenido una existencia sumamente breve, la llenó de numerosísimas y magníficas hazañas. *3* Los días en que no tenía

---

[96] En 333, cuando la toma de Halicarnaso, Alejandro había restituido en el trono de Caria a Ada, desterrada por Pixódaro, y había incrementado el territorio sobre el que reinaba. Plutarco cuenta la misma historia en *Moralia*, 127 b, 180 a, 1099 c. Alejandro trató siempre de legitimar sus conquistas asimilándose a las monarquías anteriores.

quehaceres, nada más levantarse hacía un sacrificio a los dioses y en seguida desayunaba sentado; luego pasaba el día cazando o pronunciando sentencias jurídicas o arreglando algún asunto militar o leyendo. *4* En el curso de las marchas, si no tenía excesiva prisa, aprendía de camino a disparar el arco y a montar o descender de un carro en marcha; con frecuencia también se entretenía cazando zorras o pájaros, como se puede descubrir por los diarios[97]. *5* Cuando desenganchaba los caballos y se dirigía al baño o a ungirse con aceite, preguntaba a los que estaban al cargo de los panaderos y cocineros si estaba lista la cena. *6* Solía empezar a cenar tarde, ya de noche, y lo hacía tumbado; era extraordinario el cuidado que ponía en la mesa y la atención para evitar una distribución del rancho desigual o negligente; en cuanto a la bebida, como ya se ha dicho, la prolongaba mucho rato por su afición a conversar. *7* Y aunque en el trato era el más agradable de los reyes por todo y no carecía de ningún encanto, en esas ocasiones se hacía fastidioso con sus jactancias y demasiado fanfarrón como los soldados suelen ser; pues se dejaba arrastrar a la vanidad y dejaba el campo libre a las cabalgadas de los aduladores, por quienes los asistentes de mejor gusto se veían atropellados por no estar dispuestos ni a porfiar en adulaciones ni a quedarse atrás en los propios elogios. Pues lo primero parecía vergonzoso y lo segundo entrañaba un peligro. *8* Tras la bebida, se bañaba y se quedaba dormido, muchas veces hasta mediodía, e incluso a veces pasaba todo el día durmiendo. *9* Era, por tanto, tan frugal en las comidas que cuando le traían de las zonas costeras las frutas y pescados más raros y exquisitos, no era extraño que los fuera distribuyendo a cada uno de sus compañeros y él fuera el único que se queda-

---

[97] Había un diario, que llevaba el secretario Éumenes de Caria, que contendría las órdenes de Alejandro, las noticias que le daban, detalles de las tropas, embajadas, etc. No estaba destinado a la publicación, aunque Ptolomeo lo utilizó como fuente principal en su historia. Es posible que los fragmentos del diario, citados sobre todo a propósito de la enfermedad y muerte de Alejandro, no procedan del diario oficial, sino de una producción literaria temprana. Ni Plutarco ni Arriano manifiestan ninguna inseguridad o recelo acerca del contenido del diario.

ra sin nada. *10* La cena, sin embargo, era siempre opípara, y como los gastos iban aumentando a medida que se sucedían los éxitos, terminó por ascender a una suma de diez mil dracmas. Pero se detuvo en esa cifra, que también se fijó como límite de los gastos para quienes alojaban a Alejandro.

24. Después de la batalla de Iso[98], envió un destacamento a Damasco y se apoderó del dinero, los bagajes, los hijos y las mujeres de los persas[99]. *2* Los que mayor ganancia sacaron fueron los jinetes tesalios; y es que los había enviado adrede con la intención de que obtuvieran un gran botín porque en la batalla se habían distinguido por su valor. *3* También el resto del ejército se llenó de riquezas. Y como entonces era la primera vez que los macedonios gustaban el oro, la plata, las mujeres y el género de vida bárbaro, se apresuraron a perseguir y rastrear la riqueza de los persas, como perros que han encontrado una pista.

4 No obstante, Alejandro decidió asegurar primero su dominio sobre la región costera[100]. Vinieron los reyes a poner en sus manos Chipre y Fenicia, excepto Tiro. *5* Asedió Tiro durante siete meses con ayuda de diques, máquinas de guerra y doscientas trirremes por mar[101]; durante el asedio, vio en sueños a Hércules, que le tendía la diestra desde la muralla y lo llamaba. *6* A muchos de los tirios les pareció en sueños que Apolo les decía que se pasaba al lado de Alejandro, porque no le agradaba lo que se estaba haciendo en la ciudad. *7* Pero los tirios, agarrando al dios, como si se tratara de un hombre

---

[98] Que tuvo lugar en noviembre de 333.
[99] Donde Darío había dejado el grueso de la impedimenta. El destacamento iba al mando de Parmenión.
[100] Plutarco no menciona la importancia estratégica de Tiro y las consecuencias que su conquista podía tener (cfr. Arriano, II 17, donde se subraya la importancia del momento mediante un discurso de Alejandro a los jefes del ejército). A Alejandro conquistar Tiro le parecía más importante que perseguir a Darío, porque las ciudades fenicias procuraban la mayor parte de la flota persa: su conquista, pues, le dejaría la espalda cubierta.
[101] Los pormenores están narrados en Arriano, II 16-24. Tras la conquista utilizó con los tirios la misma crueldad que antes con los tebanos y que más tarde al llegar a Persépolis. El asedio duró de enero a agosto de 332.

sorprendido *in flagranti* cuando trataba de desertar y pasarse al enemigo, echaron cuerdas alrededor de su colosal estatua y la clavaron al pedestal, llamándola alejandrista. *8* Una segunda visión tuvo Alejandro en sueños: le pareció que se le aparecía un sátiro que de lejos hacía ademán de querer jugar con él, pero después, cuando intentaba cogerlo, se le escapaba; finalmente, a fuerza de tenacidad y persecuciones, lo cogió en las manos. *9* Los adivinos, dividiendo el nombre, interpretaron de manera convincente: «Tuya será Tiro.» Y muestran una fuente junto a la que le pareció ver al sátiro en sueños. *10* Hacia la mitad del asedio, hizo una expedición contra los árabes que habitan cerca del Antilíbano[102], en la que arriesgó la vida por su preceptor Lisímaco, que le había acompañado diciendo que no era inferior ni más viejo que Fénix. *11* Cuando, al aproximarse a la zona montañosa, dejó los caballos y continuó la marcha a pie, el grueso de las tropas se adelantó mucho, pero él, en lugar de resignarse a abandonar a Lisímaco cuando, al sorprenderles ya el atardecer y con los enemigos en las cercanías, Lisímaco se negó a continuar, rendido de fatiga, continuó dándole ánimos y ayudándole a caminar, sin advertir que quedaba cortado del ejército con unos pocos; y mientras pernoctaba en plena oscuridad y con un frío riguroso en unos parajes inhóspitos, vio no lejos muchas hogueras de los enemigos que ardían dispersas. *12* Confiado en la agilidad de sus piernas y habituado a aliviar con los esfuerzos personales las dificultades de los macedonios, se acercó corriendo a los que tenían la hoguera más próxima *13* y asestó un golpe con la espada a dos bárbaros que estaban sentados a la lumbre, cogió una tea y regresó con los suyos. *14* Encendieron un gran fuego que en seguida causó tal miedo que una parte de los enemigos huyó y a los que atacaron los pusieron en fuga y acamparon sin peligro. Éste es el relato de Cares.

25. El asedio tuvo el siguiente desenlace. Alejandro, al tiempo que daba un descanso al grueso de sus fuerzas tras los numerosos combates precedentes, llevaba a unos pocos al pie

---

[102] El Antilíbano es la más oriental de las dos grandes cordilleras orientadas en dirección NO a SE, y cierra el valle de Celesiria.

de las murallas para no conceder reposo a los enemigos. En una de esas ocasiones, el adivino Aristandro sacrificó un animal y al examinar los signos aseguró con plena convicción a los asistentes que la ciudad sería conquistada durante aquel mes. *2* La predicción fue recibida con burlas y risas, porque aquél era el último día del mes. Entonces, viendo su perplejidad, el rey, que daba siempre gran importancia a sus profecías, ordenó que aquel día fuese contado como el veintiocho del mes, en lugar del treinta. Luego, dio la señal con la trompeta y emprendió un ataque a los muros con mucho mayor vigor de lo que tenía planeado desde el principio. *3* Se produjo un furioso asalto, y no pudieron contenerse ni los del campamento, que acudieron corriendo en masa y prestaron su ayuda. Los tirios renunciaron a la defensa, y él tomó la ciudad aquel mismo día.

4 A continuación, cuando asediaba Gaza, ciudad muy importante de Siria[103], le cae en el hombro un terrón que había soltado de lo alto un pájaro. El pájaro fue a posarse bajo una de las máquinas de guerra y sin darse cuenta se enredó entre las redes hechas de tendones, que servían para enrollar las cuerdas[104]. *5* Y luego, todo sucedió conforme a la predicción que Aristandro había hecho de la señal: Alejandro fue herido en el hombro, pero conquistó la ciudad.

6 Envió gran parte de los despojos a Olimpíade, a Cleopatra y a sus amigos, y remitió también a su preceptor Leónidas[105] quinientos talentos de incienso y cien de mirra[106], en recuerdo de una esperanza que le había hecho concebir en la infancia: *7* en efecto, según parece, Leónidas dijo una vez a Alejandro, cuando en un sacrificio éste cogía incienso a manos llenas para hacer la ceremonia de purificación: «Cuando

---

[103] Gaza fue tomada al asalto en noviembre de 332, tras un asedio de dos meses. A contiuación, Alejandro siguió al sur por tierra mientras Hefestión, al mando de la flota, seguía la misma dirección por mar.

[104] Es una catapulta de torsión, en la que la tensión se hacía mediante correas enrolladas hechas de tendones de animales.

[105] El incidente con Leónidas también se cuenta en *Moralia*, 179 e-f. La guarnición que defendía Gaza y todos sus habitantes fueron vendidos como esclavos. Alejandro repobló la ciudad con las tribus vecinas.

[106] Aproximadamente, 13,5 toneladas y 2,5 toneladas.

seas dueño del país que produce los perfumes, entonces, Alejandro, podrás hacer sahumerios con tanta prodigalidad; pero ahora utiliza lo que hay con economía.» 8 Pues bien, en esa ocasión Alejandro le escribió: «Te envío incienso y mirra en abundancia para que dejes de ser cicatero con los dioses.»

26. Cuando le llevaron un cofrecito que parecía ser lo más precioso de todo en opinión de los encargados de recibir los tesoros y bagajes de Darío, preguntó a sus amigos qué objeto les parecía más digno por su valor para guardar en él. 2 Muchos dieron opiniones muy diversas, pero él terminó por declarar que en él depositaría y guardaría la *Ilíada*. De esto dan testimonio no pocos autores dignos de crédito[107]. 3 Y si es cierto lo que los alejandrinos dicen dando crédito a Heraclides, Homero no parece haber sido un compañero ni ocioso ni inútil de su expedición: 4 dicen que una vez dueño de Egipto decidió fundar una ciudad griega que sería grande y populosa y llevaría su nombre[108], y que, siguiendo la opinión de los arquitectos, estaba a punto de medir y marcar el perímetro, 5 cuando, acostado, tuvo durante la noche una visión extraordinaria: le pareció que un anciano de cabellos totalmente canos y aspecto venerable se presentaba ante él y recitaba los siguientes versos:

«Una isla hay luego en el proceloso mar
delante de Egipto: Faro la llaman»[109].

6 De inmediato se levantó y se encaminó a Faro, que entonces era todavía una isla un poco por encima de la desembocadura Canópica y que en la actualidad está unida al continen-

---

[107] Cfr. 8, 2. El autor al que se refiere debe de ser Onesícrito. El episodio trata de la captura del botín persa en Damasco a manos de los soldados de Parmenión.

[108] La fundación de Alejandría a comienzos de 331, antes, probablemente, de visitar el oráculo de Amón en el desierto.

[109] *Odisea*, 4.354 s. El objeto de la fundación de Alejandría no era militar sino comercial: sustituir el tráfico que llevaba desde Fenicia al Mediterráneo y desviarlo a Egipto. Alejandría pronto se convirtió en el centro del comercio marítimo entre Oriente y Occidente, en sustitución de la destruida Tiro.

te por un dique¹¹⁰. *7* Cuando vio, pues, el excelente emplazamiento del lugar —es, en efecto, una faja de tierra que separa, mediante un istmo que tiene una anchura suficientemente adecuada, una gran laguna del mar, y que acaba en un enorme puerto—, tras exclamar que realmente Homero, admirable en todo lo demás, era en particular el arquitecto más hábil, mandó a los suyos trazar el plano de la ciudad conforme a la topografía del lugar. *8* Y como no había tierra blanca, cogieron harina y fueron marcando en el suelo de tierra negra un seno de forma redondeada, cuyo contorno interior atajaban unas líneas rectas que partían de lo que podían llamarse bordes y estrechaban la anchura en ambos lados por igual, hasta formar la figura de una clámide¹¹¹. *9* Al rey le agradó el trazado de los planos, pero, de repente, aves infinitas en número y de las especies y tamaños más variados, como una nube, vinieron del río y de la laguna a posarse en el lugar y no dejaron nada en absoluto de harina; de modo que el agüero dejó a Alejandro completamente turbado. *10* Sin embargo, los adivinos le exhortaron a tener confianza, pues interpretaban que la ciudad que él fundaba sería muy opulenta y daría alimento a hombres de toda clase de naciones. Alejandro entonces dio la orden a los encargados de poner manos a la obra, *11* mientras él partía hacia el santuario de Amón¹¹². La ruta era larga,

---

[110] El puerto grande en el lado oriental y el Eunostos en el occidental estaban separados por un muelle de siete estadios de largo. En el extremo occidental de la isla había un puente que hasta la época de César servía de acueducto (Estrabón, XVII 1, 6)

[111] La clámide era una capa militar de origen tesalio o macedonio de forma oblonga y sujeta a los hombros mediante una fíbula. Dinócrates de Rodas fue el arquitecto que trazó los planos en estilo hipodámico, con calles paralelas rectas cruzadas por otras perpendiculares. Su fundación fue probablemente el 7 de abril de 331.

[112] Había un famoso oráculo de Amón en el oasis de Siwah, a unos 600 kilómetros al oeste de Tebas. El oráculo era conocido por los griegos desde los tiempos de Píndaro, al menos, y llegó a rivalizar con los de Delfos y Dodona. El viaje de Alejandro al oráculo, que en apariencia le desviaba de su ruta, le permitía cumplir con sus obligaciones como soberano de Egipto. Arriano, III 3, 1, da como causa de su viaje el *póthos* de Alejandro, una especie de vivo deseo irracional. Quizá ésta era la explicación dada por Calístenes, en cuyo caso ésta era la versión oficial que se difundió.

tenía muchas dificultades y fatigas y ofrecía dos riesgos: el primero, la falta de agua, que convierte el territorio en un desierto a lo largo de no pocos días de marcha; el segundo, si cae sobre los caminantes el viento del sur cuando sopla con violencia en las inmensidades del profundo arenal, *12* como el que se dice[113] haber sucedido a propósito del ejército de Cambises hace tiempo, cuando se levantó una gran tormenta de arena y un temporal, como borrasca marina sobre la llanura, que tragó y provocó la muerte de cincuenta mil hombres. *13* Todos estos riesgos preocupaban a casi todos, pero era muy difícil disuadir a Alejandro de cualquier proyecto una vez que había tomado la decisión. *14* Pues la fortuna, como cedía ante sus esfuerzos, no hacía más que fortalecer sus criterios, y la fogosidad que ponía en todas sus empresas hasta llegar a su ejecución hacía invencible su ambición, que sometía por la fuerza no sólo a los enemigos, sino también los lugares y las oportunidades.

27. Al menos en el viaje de entonces, los auxilios procedentes del dios que salieron al paso de sus apuros obtuvieron mayor crédito que los oráculos recibidos después, y en cierta manera la fe en los oráculos se consiguió gracias a las ayudas precedentes. *2* Pues, en primer lugar, el agua abundante y las lluvias suficientes que vinieron de Zeus disiparon el miedo de la sed y, al apagar la sequedad del arenal, que se volvió húmedo y apelmazado, hizo el aire más respirable y puro. *3* A continuación, aunque los mojones que servían como guías estaban tirados y confundidos y empezaron a producirse extravíos y dispersiones de los viajeros como resultado de su desconocimiento, aparecieron y se hicieron cargo de la dirección de la marcha unos cuervos que volaban por delante y aceleraban el paso cuando ellos los seguían y los aguardaban cuando se retrasaban y se quedaban rezagados. *4* Pero lo más extraordinario de todo es que, según declara Calístenes, por la noche llamaban con sus gritos a los que se habían extraviado y con sus graznidos los ponían tras las huellas de la expedi-

---

[113] Heródoto, III 26, 3; III 25, 3.

ción. *5* Cuando, tras atravesar el desierto, llegó a su destino, el sacerdote intérprete de Amón le dirigió la palabra saludándole de parte del dios, como si éste fuera su padre. Él preguntó si se le había escapado alguno de los asesinos de su padre. *6* El sacerdote le ordenó cuidar la piedad de sus palabras, pues su padre no era un mortal; y entonces él cambió la formulación y le preguntó sobre los asesinos de Filipo, si se había tomado venganza de todos; luego, sobre el imperio, si le concedía ser señor de todos los hombres. *7* El dios respondió mediante el oráculo que sí se le concedía eso y que Filipo estaba suficientemente vengado. Alejandro entonces obsequió al dios con magníficas ofrendas y a los hombres con dinero. *8* Esto es lo que sobre los oráculos escribe la mayoría de los autores, pero el propio Alejandro declara en una carta a su madre haber recibido ciertas profecías secretas que él le explicaría a ella sola a su regreso. *9* Hay quienes afirman que el sacerdote, al dirigirle la palabra en griego con términos afectuosos, había querido llamarlo «¡Hijo mío!» *(paidíon)*, pero que en el último sonido, a causa de su pronunciación bárbara, había emitido una *s* y había dicho: «¡Hijo de Zeus!» *(páidiós)*, sustituyendo la *n* por una *s*. Y añaden que la equivocación en la pronunciación había llenado de contento a Alejandro, y que se propagó el rumor de que el dios se había dirigido a él llamándolo hijo de Zeus. *10* También se cuenta que en Egipto escuchó las lecciones del filósofo Psamón, de cuyas palabras aprobaba, sobre todo, la máxima de que dios es el rey de todos los hombres, porque el principio rector que hay y gobierna sobre cada uno es divino; *11* y que el propio Alejandro expresó sobre este punto una opinión más filosófica todavía, al decir que dios es el padre común de todos los hombres, pero que adopta como especialmente suyos a los mejores.

28. En general, con respecto a los bárbaros era altivo y obraba como quien está firmemente convencido de tener nacimiento y filiación divinos, mientras que con los griegos mostraba moderación y tiento en la deificación propia. *2* Sólo una vez, cuando escribe a los atenienses sobre Samos, declara: «Yo no os habría dado esta ciudad libre e ilustre; pero conservadla, ya que la recibisteis de quien era entonces el dueño y se llama-

ba mi padre», refiriéndose a Filipo[114]. *3* Más tarde, herido por el impacto de una flecha, que le causaba grandes dolores, dijo:

«Esto, amigos, que brota es sangre y no
el icor que fluye en los bienaventurados dioses»[115]

4 Y una vez que, cuando se produjo un potente trueno y todos se quedaran aterrados, el filósofo Anaxarco, que estaba presente, le dijo: «¿No podrías hacer algo semejante tú, que eres hijo de Zeus?», él se echó a reír y dijo: «No, pues no quiero asustar a mis amigos, como me propones tú, que desprecias mi cena porque ves que sobre las mesas hay pescados, no cabezas de sátrapas.» *5* Pues, en realidad, se cuenta que Anaxarco pronunció la frase citada más arriba cierta vez que el rey había enviado a Hefestión unos pescaditos, como menospreciando e ironizando sobre los que se exponen a grandes fatigas y peligros por afán de notoriedad, sin que, en su opinión, obtengan por eso en el goce de placeres y disfrutes nada o muy poco más que los demás. *6* En todo caso, Alejandro, por lo que se acaba de decir, es evidente que no se dejó seducir ni estaba engreído por su pretendida divinidad, sino que utilizaba esta creencia como instrumento para dominar a los demás.

29. Cuando regresó a Fenicia de Egipto, celebró en honor de los dioses sacrificios y procesiones y organizó certámenes de coros ditirámbicos y trágicos, que resultaron brillantes no sólo por la magnificencia de los preparativos, sino también por las rivalidades de los concursantes[116]. *2* Pues quienes

---

[114] Tras la batalla de Queronea, en virtud de la paz de Demades, Filipo había dejado a los atenienses sus cleruquías, entre las que estaba la de Samos. La anécdota debe de datarse en el 324, cuando Alejandro ordenó a las ciudades griegas permitir el regreso de los exiliados. Diodoro, XVIII 8, 7, dice expresamente que los clerucos atenienses de Samos no abandonaron la isla.
[115] *Ilíada*, 5.340. Se refiere a una herida sufrida en el Indo, en el asedio de Masaga, capital de los asacenos, en el año 327.
[116] Los certámenes tuvieron lugar en Tiro, y ya antes se habían celebrado otros en Cilicia y Egipto. Estos descansos con celebraciones marcan fases distintas de la expedición. Así, en este momento el Mediterráneo oriental quedaba bajo el poder de Alejandro, tras la conquista de Fenicia y Egipto.

corrieron con los gastos de los coros fueron los reyes de Chipre, igual que en Atenas hacen aquellos de cada tribu a quienes les toca en suerte, y compitieron entre sí con extraordinaria emulación[117]. *3* Nicocreonte, rey de Salamina, y Pasícrates, de Solos, fueron los que pusieron más empeño en la disputa del premio, pues les había correspondido a ellos por sorteo actuar como coregos de los más célebres actores: Pasícrates de Atenodoro, y Nicocreonte de Tésalo, por quien tenía un gran interés el propio Alejandro[118]. *4* Sin embargo, no dejó traslucir estas preferencias antes de haberse proclamado en la votación la victoria de Atenodoro. Pero, al parecer, dijo entonces al salir que elogiaba a los jueces, pero que él con gusto habría dejado una parte de su reino con tal de no ver a Tésalo vencido. *5* Y cuando Atenodoro, multado por los atenienses por no haberse presentado al certamen de las Dionisias, pidió al rey que escribiera una carta intercediendo en su favor, éste, en lugar de hacer lo que le pedía, envió de su parte el dinero de la multa. *6* Cuando Licón de Escarfia, que tenía gran éxito en el teatro, intercaló en la comedia que representaba un verso que contenía la petición de diez talentos, Alejandro se echó a reír y se los dio.

7 Darío le envió una carta y amigos[119] para pedirle que aceptara diez mil talentos por los cautivos, todo el territorio más acá del Éufrates y una de sus hijas como esposa, y se convirtiera en amigo y aliado suyo. Alejandro se lo comunicó a

---

[117] En Tiro esperaban a Alejandro embajadas de Quíos, Atenas y Rodas; a los rodios les quitó la guarnición macedonia y a los atenienses les concedió la liberación de los mercenarios apresados en la batalla del río Gránico, condenados a trabajos forzados en Macedonia. Conviene resaltar que sólo les liberó cuando tras la conquista de Tiro la flota griega no podía causarle problemas. Por lo demás, premiaba así a los atenienses por no haberse unido a la revuelta de Memnón y a la revolución de Agis, rey de Esparta.

[118] Para Tésalo, cfr. 10, 2-4. Atenodoro había vencido en las Dionisias de 342 y se había unido a Alejandro en Egipto. En 324 actuó durante las fiestas de las bodas de Susa.

[119] Esta embajada es, probablemente, la que envió Darío durante el asedio de Tiro, aunque Plutarco la data durante su segunda visita a Tiro. El contenido de la respuesta de Alejandro a Parmenión indica que como muy tarde en 332 Alejandro tenía el propósito de sustituir la monarquía de Darío por la macedonia.

los compañeros; *8* y cuando Parmenión dijo: «Yo, si fuera Alejandro, aceptaría esas condiciones», replicó Alejandro: «También yo, por Zeus, si fuera Parmenión.» *9* Y escribió a Darío diciéndole que si se presentaba ante él, obtendría un trato lleno de generosidad, pero si no, iba a marchar ya a su encuentro[120].

30. Pronto se arrepintió, sin embargo, cuando la mujer de Darío murió de parto; y su congoja era evidente, porque se veía privado de una ocasión nada despreciable para manifestar su bondad. Dio sepultura, pues, a esta mujer, sin escatimar ninguna prodigalidad. *2* Un eunuco de los sirvientes de cámara que habían sido capturados con las mujeres, de nombre Tireo, escapó del campamento, huyó a caballo para unirse a Darío y allí le cuenta la muerte de su mujer. *3* El rey, golpeándose la cabeza y prorrumpiendo en gemidos, exclamó: «¡Ay, cómo es el genio de los persas[121], si la mujer y hermana del rey no sólo debe ser cautiva en vida, sino también, ya difunta, tiene que yacer privada de un funeral real!» *4* El sirviente de cámara le interrumpió, diciendo: «Mi rey, por lo que hace al funeral y a todos los honores debidos, en nada puedes culpar al perverso genio de los persas. *5* Pues ni a mi dueña, Estatira, en vida, ni a tu madre ni a tus hijos les faltó ningún bien u honor de los que antes disfrutaban, más que el de ver tu luz ¡que ojalá vuelva a hacer refulgir con brillo el señor Oromasdes!, ni tras su muerte fue privada de ningún homenaje; incluso se la ha honrado con las lágrimas de los enemigos. *6* Pues tan benigno es Alejandro tras la victoria, como terrible en el combate.» *7* Al oír Darío esto, la turbación y la

---

[120] La anécdota, que muestra por primera vez de manera desfavorable a Parmenión, pone de relieve quizá el choque entre la generación de los generales de época de Filipo, que sólo tienen como objetivo ampliar el reino macedonio, y Alejandro, que ya persigue conquistar todo el imperio persa. Éste podría ser el primer enfrentamiento entre Alejandro y el pensamiento macedonio que seguía la tradición heredada de Filipo.

[121] La traducción trata de reflejar el principio malo de la religión de Zoroastro, al que se refiere Plutarco (cfr. *Moralia*, 369 d; 1026 b). Oromasdes es el principio bueno.

pena le condujeron a inauditas sospechas. Llevó al eunuco al fondo de la tienda *8* y le dijo: «A menos que también tú te hayas pasado a los macedonios junto con la fortuna de los persas, y si todavía yo, Darío, sigo siendo tu dueño, dime, por el respeto debido a la gran luz de Mitras y a la diestra de tu rey: ¿no estaré llorando la menor de las desgracias de Estatira? ¿No habremos sufrido males más lamentables mientras ella vivía, y no habríamos sido desgraciados con más honor si hubiéramos caído ante el cruel y salvaje enemigo? *9* ¿Pues qué relaciones honestas puede tener un hombre joven con la mujer de su enemigo, hasta llegar incluso a tributarle grandes honores?» *10* Todavía estaba hablando, cuando Tireo se arrojó a sus pies mientras suplicaba que mirara lo que decía, que no injuriara a Alejandro ni ultrajara a su difunta hermana y mujer ni se quitara a sí mismo el mayor consuelo de su derrota, la creencia de que le había vencido un hombre superior a la naturaleza humana, y que, por el contrario, admirara a Alejandro, porque tenía que estar seguro de que éste había dado mayor prueba de continencia con las mujeres persas que de valor con los persas. *11* Al mismo tiempo, mientras el sirviente de cámara, en confirmación de sus palabras, removía juramentos escalofriantes y hablaba del dominio de sí mismo de Alejandro y de su grandeza de ánimo en todo momento, Darío salió donde estaban sus compañeros y, extendiendo los brazos al cielo, pronunció esta plegaria: *12* «Dioses tutelares de mi familia y de mi reino, concededme, sobre todo, os lo ruego, restablecer el imperio de los persas y legarlo en las condiciones de prosperidad en que lo heredé, para poder devolver a Alejandro como vencedor los favores que de él obtuve cuando fui derrotado, favores que recibí en lo que más quiero; *13* pero, en caso de que haya llegado ese tiempo fatídico de pagar nuestra deuda a Némesis y a la Fortuna cambiante y de poner fin a la grandeza de los persas, ojalá ningún hombre se siente en el trono de Ciro más que Alejandro.» *14* Esto es lo que dice la mayoría de los autores que sucedió y se dijo entonces.

31. Alejandro, después de someter a su dominio todo el país de la parte de acá del Éufrates, partió al encuentro de Darío, que, a su vez, descendía del interior con un ejército de un

millón de hombres[122]. *2* Y uno de los compañeros le cuenta, como ocurrencia digna de risa, que los criados, por divertirse, se han repartido en dos bandos, y que hay un general y jefe de cada uno de ellos: uno llamado por ellos mismos Alejandro, y otro, Darío. *3* Habían comenzado a tirarse terrones en una escaramuza, después a luchar a puñetazos, y finalmente la contienda se había acalorado con la rivalidad y habían llegado a las piedras y a los palos. Le explicó además que, como eran muchos, había costado trabajo apaciguarlos. *4* Al oír esto, mandó a los jefes enfrentarse en duelo singular y él mismo armó a Alejandro, y Filotas a Darío. El ejército fue espectador interesado, porque tomaba lo que sucediese en él como una especie de agüero para el futuro. *5* Tras un violento combate, venció el que llamaban Alejandro y recibió por premio doce aldeas y la facultad de usar traje persa. Esto es, en fin, lo que Eratóstenes narra.

6 La gran batalla contra Darío no tuvo lugar en Arbela, como escribe la mayoría, sino en Gaugamela. *7* Dicen que este término significa «casa del camello», porque, cuando uno de los antiguos reyes escapó de sus enemigos a lomos de un camello de carreras, estableció al animal allí y asignó ciertas aldeas y rentas para su cuidado[123].

8 Se produjo un eclipse de luna en el mes de Boedromión, al principio de los misterios en Atenas, y cuando la undécima noche desde el eclipse, los ejércitos se encontraron a la vista[124], Darío tenía sus fuerzas formadas con las armas e iba re-

---

[122] Las cifras de combatientes son propagandísticas. A finales de julio de 331 Alejandro llegó a Tápsaco, por donde cruzó el Éufrates. Los persas creían que de allí se dirigiría a Babilonia. Entretanto, había estallado en Grecia la revolución del rey espartano Agis III, a quien Antípatro, poco antes de la batalla de Gaugamela, derrotó en Megalópolis con ayuda de los refuerzos que le había enviado Alejandro. Hasta mediados del año siguiente, cuando Alejandro iba a salir de Persépolis, no recibió noticias de esta victoria, circunstancia que explica ciertas acciones de Alejandro en los meses siguientes.

[123] Parece que Aristobulo y Ptolomeo afirmaban que la batalla tuvo lugar en Gaugamela, término que, al parecer, significa 'el lugar donde pace el camello'. Fue Darío I quien, según Estrabón, XVI 1, 3, llegó allí huyendo.

[124] El eclipse tuvo lugar el 20 de septiembre. La batalla se data el 1.º de octubre de 331.

corriendo las filas a la luz de las antorchas. *9* Alejandro, sin embargo, mientras los macedonios descansaban, pasó la noche delante de su tienda con el adivino Aristandro, practicando ciertas ceremonias secretas y haciendo un sacrificio al Miedo. *10* Los más veteranos de sus compañeros y, en particular, Parmenión, como toda la llanura entre el Nífato y los montes Gordianos se divisaba iluminada con las hogueras bárbaras, al tiempo que un confuso tumulto de voces y un rumor sordo devolvía sus ecos desde el campamento como si procediera de un inmenso mar, *11* estaban llenos de admiración ante tal multitud y se decían unos a otros que sería grande y ardua tarea repeler tan enorme turbamulta, si trababan combate a plena luz del día. Por ello, cuando el rey terminó los sacrificios, se acercaron a él y trataron de persuadirle para que iniciara el ataque contra los enemigos por la noche y ocultara entre la oscuridad lo que resultaba más temible en la inminente batalla. *12* Él respondió con aquella célebre sentencia: «Yo no robo la victoria.» A algunos les pareció que la respuesta que les había dado era pueril y pretenciosa, si se tomaba a broma un peligro tan grave; *13* otros, en cambio, lo atribuyeron a su confianza en el presente y a su tino correcto en el juicio del futuro, porque no quería dar a Darío la excusa, si era derrotado, de recobrar energías para una nueva tentativa, culpando de su derrota a la noche y la oscuridad, igual que había achacado la anterior a los montes, los desfiladeros y el mar; *14* pues juzgaba con acierto que no sería por falta de armas y hombres por lo que Darío desistiría de hacer la guerra, cuando podía sacar recursos de un poderío tan enorme y un territorio tan vasto, sino cuando perdiera el ánimo y la esperanza, convencido de su inferioridad por una derrota evidente e incontestable.

32. Cuando éstos se retiraron, se dice que, acostado bajo la tienda, cayó el resto de la noche en un sueño tan profundo, en contra de lo habitual, que los generales se quedaron extrañados cuando al alba fueron a reunirse con él y tuvieron que dar por su cuenta, en primer lugar, la orden de que los soldados tomaran el desayuno; *2* que, a continuación, como el tiempo apremiaba, entró Parmenión y, en pie al lado de la cama, le llamó dos o tres veces por su nombre; y que, cuando en-

tonces se despertó, le preguntó qué le pasaba para dormir con ese sueño propio de un vencedor y no de un hombre que estaba a punto de librar la más importante batalla. *3* Y cuentan que Alejandro respondió, sonriendo: «¿Pues qué? ¿No te parece que ya es una victoria el vernos libres de andar de un lado a otro y de perseguir en un país vasto y asolado a Darío, que rehúye la batalla?» *4* Pero no sólo antes de la batalla, sino también en pleno peligro, se mostró grande y resuelto en sus cálculos y pleno de confianza en sí mismo.

5 Pues el combate tuvo recaídas y tambaleos en el ala izquierda, que es donde se encontraba Parmenión, cuando la caballería bactriana cargó contra los macedonios con gran ímpetu y violencia, y Mazeo destacó, desbordando la falange, tropas de caballería que atacaran a los que custodiaban los bagajes[125]. *6* Por esto, confundido por ambos ataques, Parmenión envió a Alejandro mensajeros que le informaran de que iba a perderse el campo y el bagaje, a menos que enviara con toda urgencia de la vanguardia potentes refuerzos a la retaguardia. *7* Dio la coincidencia de que en ese preciso momento Alejandro daba a los suyos la señal de ataque. Cuando escuchó las noticias de parte de Parmenión, dijo que había perdido el juicio y no estaba en sus cabales y que su turbación le hacía olvidar que, en caso de victoria, se apoderarían de los bagajes enemigos, además de conservar los propios, y que, en caso de sufrir la derrota, no había que preocuparse ni de las riquezas ni de los esclavos, sino sólo de cómo lograr una muerte noble y gloriosa luchando. *8* Luego de enviar esta respuesta a Parmenión, se caló el casco; el resto del equipo ya se lo había puesto antes de salir de la tienda: por debajo, una túni-

---

[125] La caballería bactriana ocupaba el ala izquierda al mando del sátrapa Beso; en el centro estaban los persas con Darío, que, como en Iso, estaba detrás del centro, rodeado por su guardia de lanceros persas y soldados griegos; a la derecha, bajo las órdenes de Mazeo, estaban situados los medos, armenios, capadocios, partos y otros. Los relatos más detallados de la batalla se encuentran en Arriano, III 11-15; Diodoro, XVII 57-61; Quinto Curcio, IV 13-16. Mazeo, sátrapa de Siria y Babilonia, huyó tras la batalla a Babilonia, ciudad que entregó a Alejandro, quien le confirmó el mando de la satrapía. En el bando macedonio, Parmenión ocupaba el mando del ala izquierda, que debía desempeñar el papel defensivo habitual, mientras el ataque lo protagonizaba Alejandro en el ala derecha.

ca siciliana con ceñidor y encima una doble coraza de lino procedente del botín de Iso. *9* El casco era de hierro, pero refulgía como plata pura; era obra de Teófilo y tenía ensamblada un gorguera, igualmente de hierro, con incrustaciones de piedras preciosas. *10* Tenía una espada admirable por su temple y ligereza, obsequio del rey de Citio[126]; la espada era el arma que solía llevar casi siempre en las batallas. *11* Llevaba abrochada a los hombros una capa de factura más primorosa que el resto de su equipo; era, en efecto, obra del antiguo Helicón y regalo de la ciudad de Rodas como homenaje[127] y también solía llevarla en las batallas. *12* Mientras fue recorriendo a la grupa las tropas, ocupado en hacer algún ajuste, arengar a los soldados, darles instrucciones o pasar revista, iba con otro caballo, porque quería reservar a Bucéfalo, que ya tenía bastante edad; pero se lo trajeron cuando ya iba a entrar en acción y, nada más cambiar de montura, comenzó el ataque.

33. A quienes más arengó en esta ocasión fue a los tesalios y a los demás griegos, y cuando éstos corroboraron con sus gritos sus ansias de que los condujera contra los bárbaros, se cambió la lanza a la mano izquierda, y con la derecha invocó a los dioses, suplicándoles, según afirma Calístenes, que si realmente había nacido de la estirpe de Zeus, defendiera y diera fuerzas a los griegos. *2* El adivino Aristandro, que cabalgaba a su lado con un manto blanco y una corona de oro, les señaló un águila que avanzaba con ellos planeando sobre la cabeza de Alejandro y enfilaba su vuelo recta hacia los enemigos. *3* Esta aparición infundió más aliento aún a los que la veían y como consecuencia de los estímulos y exhortaciones que se daban unos a otros la falange se lanzó en encrespado oleaje a continuación de la caballería, que cargaba a

---

[126] Ciudad de Chipre.
[127] Rodas se había rendido a Alejandro durante el asedio de Tiro y le había enviado algunos barcos de guerra que colaboraron en la conquista de la ciudad. Había conservado un régimen oligárquico, aunque Alejandro solía imponer regímenes democráticos en las ciudades griegas conquistadas, siguiendo la política contraria de los persas, pero se había visto forzada a recibir una guarnición macedonia.

galope contra los enemigos. *4* Antes de entablar combate las primeras filas, los bárbaros se replegaron y se produjo una gran persecución, en la que Alejandro trataba de empujar a los vencidos hacia el centro, donde estaba Darío. *5* En efecto, lo había divisado de lejos a través de las tropas colocadas delante y en el fondo del escuadrón real, donde era bien visible un hombre alto y hermoso, de pie sobre un elevado carro y defendido por una coraza de numerosos y brillantes jinetes, enrolados en columnas muy apretadas en torno del carro y prestos a recibir a los enemigos. *6* Pero Alejandro, terrible cuando se le veía de cerca, según iba echando a los que huían sobre los que permanecían en sus puestos, provocó el pánico y dispersó a la mayoría. *7* Los mejores y más valerosos, luchando hasta la muerte delante del rey y cayendo unos encima de otros, constituían un obstáculo para la persecución, porque se enredaban a los soldados y a los caballos y forcejeaban con ellos en sus últimas convulsiones. *8* Darío entonces, con toda clase de peligros delante de los ojos y con las fuerzas colocadas delante que venían tambaleándose a caer sobre él, como no era nada fácil girar el carro y abrirse un paso para salir con él a través de la masa, pues las ruedas estaban atascadas en enmarañada confusión con los cuerpos caídos y los caballos, casi apresados y a punto de quedar sepultados por un montón de cadáveres, se encabritaban y llenaban de pánico al auriga, abandona el carro y las armas y se dio a la fuga montado, según dicen, en una yegua recién parida. *9* No parece que hubiera podido escapar entonces, si no hubiera sido porque volvieron a venir otros jinetes de parte de Parmenión a llamar a Alejandro en su ayuda, porque allí todavía se mantenían firmes considerables fuerzas y los enemigos no retrocedían. *10* En general, se acusa, en efecto, a Parmenión de haber estado en aquella batalla lento y desidioso, bien porque la vejez le había relajado ya algo sus bríos, bien porque, según declara Calístenes, la arbitrariedad y la arrogancia del poder de Alejandro hubieran suscitado su pesar y su envidia[128].

---

[128] Calístenes parece haber sido el responsable del desfavorable retrato de Parmenión. Como Calístenes, a quien Plutarco parece seguir en este pasaje, escribía lo que Alejandro deseaba, ésta debe de ser la versión oficial que Alejan-

11 Sea como sea, el caso es que Alejandro, disgustado entonces por la llamada, en vez de explicar la verdad a sus soldados, simuló estar ya harto de la matanza y, como ya era de noche, dio la señal de retirada. Cuando cabalgaba hacia la parte que creía en peligro, oyó de camino que los enemigos habían sido derrotados por completo y huían.

34. Éste es el desenlace que tuvo aquella batalla. El imperio de los persas parecía estar completamente destruido, y Alejandro, proclamado rey de Asia, ofreció a los dioses espléndidos sacrificios y obsequió a sus amigos con riquezas, casas y jerarquías. *2* Con la idea de granjearse el favor de los griegos, les escribió diciendo que todas las tiranías estaban derrocadas y que ahora se gobernaran según sus propias leyes. Invitaba en particular a los plateenses a reconstruir su ciudad, porque sus antepasados habían ofrecido a los griegos su territorio para luchar por la libertad[129]. *3* Envió también a los crotoniatas a Italia una parte del botín para honrar la buena disposición y el valor del atleta Faílo, que, en época de las guerras médicas, en lugar de desinteresarse por la suerte de los griegos como los demás italianos, había navegado a Salamina con un barco equipado a sus expensas, para tomar parte en el peligro[130]. ¡Tan propicio era a toda forma de virtud y tan buen guardián personal de las bellas acciones![131].

---

dro deseaba difundir. Es, pues, probable que tras la muerte de Parmenión (narrada en 49, 3) la versión de Calístenes se creara y divulgara para contrarrestar la reacción hostil que su asesinato debió de producir. Parmenión debía de tener entonces ya más de setenta años.

[129] Se refiere a las ciudades griegas de Asia Menor, y la proclamación tuvo lugar en 328. En el territorio de Platea se libró la batalla campal contra el ejército persa en el 479 a.C. La ciudad de Platea, aliada de Atenas en la guerra del Peloponeso, fue destruida en el 427, restaurada en el 386 y vuelta a destruir por los tebanos, sus enemigos seculares, en el 373. Filipo II había prometido restablecerla tras la batalla de Queronea, pero en el 335 no debía de estarlo aún, porque los aliados de la liga de Corinto, tras la destrucción de Tebas, acuerdan reconstruir y fortificar Orcómeno y Platea.

[130] La historia de Faílo está contada en Heródoto, VIII 47.

[131] Los motivos de Alejandro eran menos desinteresados de lo que supone el bienintencionado Plutarco. Como el rey de Esparta, Agis, podía causar dificultades en Grecia, estaba interesado en marcar su posición como jefe de la liga de Corinto. Al llamar la atención sobre la relación de su victoria con la antigua de Platea y Salamina, trataba de subrayar el carácter panhelénico de la guerra.

35. Cuando se adentró en Babilonia, que enseguida se sometió entera a él[132], lo que más le maravilló fue en Adiabene la sima de donde brota constantemente fuego como de una fuente y el caudal de petróleo, que es tan abundante que forma una laguna no lejos de la sima. *2* El petróleo se parece en casi todo al asfalto, pero es tan sensible al fuego, que incluso antes de tocarlo la llama se inflama mediante la propia radiación de la luz y a menudo abrasa el aire que hay entre ambos. *3* Como muestra de su naturaleza y propiedades, los bárbaros rociaron con unas gotas de este líquido la calleja que conducía a la residencia del rey; luego se colocaron en un extremo y aplicaron las lámparas a los lugares humedecidos (y ya era de noche). *4* Apenas prendieron las primeras gotas, la propagación duró un momento imperceptible: con la rapidez del pensamiento llegó hasta el otro extremo, y la calleja quedó convertida en un ininterrumpido reguero de fuego[133].

5 Había entre el personal dedicado al servicio del rey para el ungüento y el baño un ateniense llamado Atenófanes, que, además, solía distraerle el espíritu con entretenimientos adecuados. *6* Éste, un día en que estaba en la sala de baño al lado de Alejandro un joven esclavo de valor despreciable y aspecto ridículo, pero que cantaba con gracia y se llamaba Estéfano, *7* dice: «¿Quieres, mi rey, que hagamos en Estéfano una prueba del líquido? Si prende en él y no se apaga, con toda seguridad estaría yo dispuesto a declarar que su poder es irresistible y espantoso.» *8* Y como además el jovencito se prestó de bastante buena gana para el experimento, nada más embadurnarle y tocarle con el fuego, su cuerpo entero empezó a arrojar tales llamaradas y el fuego lo devoraba por completo, de

---

[132] Alejandro había perseguido a Darío hasta Arbela, donde capturó los bagajes de Darío, que había huido a Media con la esperanza de reclutar un nuevo ejército y librar más adelante otra batalla. Desde Arbela Alejandro siguió la ruta principal hasta Babilonia, adonde llegó en noviembre de 331. Allí, siguiendo su política habitual, explotó los sentimientos antipersas restaurando un templo de Marduk derribado en otro tiempo por Jerjes. Con el dinero obtenido en Babilonia, envió fondos a Antípatro, pues Alejandro aún no conocía la victoria obtenida por éste ante Agis. Esta circunstancia explica probablemente que Alejandro, en lugar de perseguir a Darío, prefiriese ir a Babilonia.

[133] Ya Heródoto, VI 119, había señalado la presencia de petróleo en Irán.

manera que Alejandro se llenó de apuro y temor. *9* Y si no hubiera sido porque por suerte había allí muchos con cántaros de agua en las manos para el baño, el muchacho se habría abrasado al propagarse el fuego, antes que se le diera auxilio. E incluso así, se vieron entonces muy apurados para apagar el cuerpo del chico, que era una pura llama por entero y que como consecuecia de ello quedó en un penoso estado.

10 Con razón, pues, probablemente, ciertos autores, al tratar de salvar el mito ajustándolo a la realidad, afirman que ésta era la droga de Medea, con la que ungió la guirnalda y el peplo de los que se habla en la tragedia[134]. *11* Pues el fuego no salió de ellos mismos ni empezó a alumbrar sin causa; por el contrario, cuando colocaron al lado fuego fue cuando se produjo la rápida atracción de la llama y la combustión imperceptible a los sentidos. *12* En efecto, los rayos y las emanaciones del fuego, cuando proceden de cierta distancia, no derraman sobre la mayoría de los cuerpos más que luz y calor; pero en el caso de los que poseen sequedad porosa o humedad grasienta y suficiente, se amontonan y estallan en furiosas llamas, modificando al instante su materia. *13* El origen del petróleo ha dado lugar a numerosas discusiones [...]. O si más bien la sustancia húmeda, que sirve de combustible de la llama, brota de la tierra gracias a su naturaleza grasa e ignífera. *14* De hecho, el suelo de Babilonia es tan ardiente, que los granos de cebada con frecuencia saltan del suelo y palpitan, como si aquellos lugares tuvieran pulsaciones a causa del calor, y los habitantes duermen sobre odres llenos de agua en las canículas[135]. *15* Hárpalo, que se quedó como gobernador del país y era muy aficionado a embellecer con plantas griegas los palacios reales y los paseos, consiguió aclimatar todas excepto la hiedra, que la tierra no toleró y echó siempre a perder, porque la planta no soportaba la mezcla entre el ardor del suelo y la necesidad de frescor que tiene siempre la hiedra. *16* Di-

---

[134] Se refiere a la *Medea* de Eurípides. La interpretación quizá partía de la semejanza fónica entre los nombres de Medea y Media.
[135] La misma anécdota en *Moralia*, 648 c, donde se dice que está tomada de Teofrasto (*Historia de las plantas*, IV 4).

gresiones como ésta, si no exceden la medida, quizá las disculparían mejor los que siempre están malhumorados[136].

36. Cuando Alejandro conquistó Susa, capturó en el palacio real cuarenta mil talentos de moneda acuñada y una cantidad incalculable de mobiliario y riquezas[137]. *2* Allí dicen que también se encontraron cinco mil talentos de púrpura de Hermíone, que aunque estaba guardada desde hacía ciento noventa años[138], conservaba el color todavía fresco y vivo. *3* La causa de ello dicen que es que el tinte de las telas de púrpura se da con miel, y el de las blancas con aceite blanco; pues también en estas últimas, aun teniendo el mismo tiempo, se ve el lustre puro y reluciente. *4* También cuenta Dinón[139] que los reyes de Persia mandaban traer agua del Nilo y del Istro y la depositaban con las demás riquezas en la cámara del tesoro, como para certificar la grandeza de su imperio y el dominio universal[140].

37. Persia era difícil de invadir por la aspereza del terreno y estaba custodiada por los persas de la más alta nobleza (Darío se había dado a la fuga). Pero le condujo, haciéndole dar un rodeo no grande, un guía, un individuo bilingüe, hijo de

---

[136] Las digresiones de Plutarco en las *Vidas* suelen tener un carácter científico o semicientífico, cfr., por ejemplo, *Coriolano*, 11; *Emilio*, 14; *Nicias*, 23. Plutarco suele disculparse o justificar su relevancia, como en *Dión*, 21.

[137] Alejandro había permanecido en Babilonia algo más de un mes; luego marchó al este hacia Susa, adonde llegó tras tres semanas de viaje. Susa se había entregado a un emisario enviado por Alejandro tras la batalla de Gaugamela. En Babilonia, donde había dejado como sátrapa a Mazeo, había inaugurado su política de cooperación con la nobleza persa, actuando como heredero de la monarquía persa. Igualmente, en Babilonia había introducido reformas en la organización de su ejército.

[138] Desde el comienzo del reinado de Darío I en 521. Hermíone, ciudad de Argólide, era famosa por la calidad de su púrpura.

[139] Padre del historiador Clitarco, que había escrito *Persica*, historia de los imperios del Este, en varios libros. Plutarco había utilizado esta obra para corregir y complementar las indicaciones de Ctesias en la elaboración de la biografía de *Artajerjes*.

[140] El imperio persa heredó de los asirios y babilonios la pretensión del dominio universal y no reconocía ningún poder superior.

padre licio y madre persa[141]. *2* Esto es lo que dicen que, cuando Alejandro aún era niño, profetizó la pitia, cuando predijo que un licio sería el guía de Alejandro en su ruta contra los persas [...][142].

3 Allí tuvo lugar una gran matanza de prisioneros. El propio Alejandro escribe que dio orden de degollar a estos hombres, porque consideraba que eso era lo que le interesaba. *4* Se dice que encontró una cantidad de moneda acuñada tan grande como la de Susa y que para llevarse el mobiliario y el resto de las riquezas necesitó diez mil yuntas de acémilas y cinco mil camellos[143]. *5* Al ver una estatua colosal de Jerjes, que por descuido había derribado la multitud que se empujaba para entrar en el palacio real, se detuvo y dijo a la estatua, como si hablara con una persona viva: «¿Pasaré de largo y te dejaré caída en venganza de tu expedición contra los griegos, o te levantaré en pago por la grandeza de ánimo y valor que mostraste las demás veces?» Finalmente, tras permanecer largo tiempo ensimismado y en silencio al lado de la estatua, pasó de largo. *6* Se quedó allí cuatro meses, con la intención de que los soldados se recuperaran, pues además estaban en invierno[144].

---

[141] Alejandro envió las tropas pesadas y bagajes al mando de Parmenión por la ruta principal de Susa a Persépolis, mientras él se internaba en las montañas con un grupo selecto de tropas. Las puertas persas estaban custodiadas por un gran ejército al mando de Ariobarzanes, sátrapa de Persia. Alejandro, temeroso de un ataque frontal, se retiró unos kilómetros al oeste y allí un prisionero le condujo por una ruta difícil a una posición al norte de los persas. Ariobarzanes, al verse superado en su posición, huyó a Media con los jinetes en busca de Darío. Estos hechos son de enero de 330.

[142] El relato de la toma de Persépolis ha desaparecido en la laguna del texto transmitido. El saqueo de Persépolis muestra que Alejandro quería utilizar esa conquista como instrumento político, como había hecho en el caso de la destrucción de Tebas. Persépolis no era una ciudad, sino un conjunto de palacios persas (en cuyos restos arqueológicos se han podido apreciar las huellas del fuego) y constituía el símbolo de la autoridad persa sobre Asia.

[143] Parmenión recibió la orden de llevar el tesoro persa a Ecbatana y ponerlo a disposición de Hárpalo. El tesoro debió de servir para financiar las campañas de Afganistán y la India. La puesta en circulación por parte de Alejandro de los grandes tesoros persas contribuyó al enriquecimiento griego en la época de sus conquistas.

[144] Alejandro llegó a Persépolis en febrero de 330. Se detuvo en Persépolis para dar un descanso al ejército hasta recibir noticias del paradero de Da-

7 Se dice que cuando se sentó por primera vez bajo el dosel de oro en el trono real, el corintio Demarato, que era favorable a él y amigo de Alejandro como lo había sido de su padre, se puso a llorar con llanto senil y dijo que de qué gran placer se habían visto privados los griegos que habían muerto antes de ver a Alejandro sentado en el trono de Darío.

38. A continuación, cuando se disponía a emprender la marcha contra Darío, sucedió que, entregado en cierta ocasión a la diversión y a la bebida con sus compañeros, llegó hasta el extremo de acceder a que asistieran mujeres a la fiesta con sus amantes y a que bebieran en su compañía. *2* Entre éstas, la más famosa era Taide[145], cortesana de Ptolomeo, el que luego fue rey, que era natural de Ática y tenía habilidad tanto para dirigir halagos de buen gusto a Alejandro, como para divertirle. En esta ocasión, la bebida la impulsó a decir cosas que, si bien cuadraban con el carácter de su patria, eran, sin embargo, superiores a lo que su condición le permitía. *3* Dijo, en efecto, que la recompensa de las fatigas sufridas recorriendo Asia la recibía aquel día en que disfrutaba los lujos del suntuoso palacio real persa; *4* pero que más gusto todavía le daría incendiar en compañía de un cortejo festivo la morada de Jerjes[146], que había quemado toda Atenas y ser ella misma la que le prendiera fuego ante la mirada del rey, para que entre todos los hombres se extendiera la voz de que las mujeres que acompañaron a Alejandro habían vengado Grecia e impuesto a los persas un castigo más severo que aquellos almirantes y generales de infantería. *5* Estas palabras suscitaron aplausos y aclamaciones, y los compañeros de Alejandro le exhortaron a porfía, hasta que el rey se dejó arrastrar por ellos, dio un salto y se puso a la cabeza de la comitiva con una corona y una antorcha. *6* Las demás le siguieron bailando y gri-

---

río para comenzar su persecución. Durante su estancia, le llegaron noticias de la victoria de Antípatro sobre Agis en Grecia.

[145] Famosa cortesana que dio nombre a una comedia de Alexis. Tuvo tres hijos de Ptolomeo, el posterior rey de Egipto.

[146] Darío había trazado el plan general de Persépolis, pero su forma final fue obra de Jerjes.

tando, y rodearon el palacio, mientras los restantes macedonios que se enteraban acudían corriendo con antorchas, contentos; *7* y es que tenían la esperanza de que quemar y destruir el palacio real constituía una prueba de que el rey tenía la intención de regresar a su país y no quedarse a vivir entre los bárbaros. *8* Unos dicen que así es como se produjo el incendio, pero otros, que fue premeditado; sea cual sea la verdad, en lo que todos están de acuerdo es en que enseguida se arrepintió y mandó extinguirlo[147].

39. Dadivosísimo por naturaleza[148], esta cualidad se fue incrementando a medida que crecía su poder; a esta virtud se añadía la amabilidad, que es lo único con lo que los que dan se ganan una verdadera gratitud. *2* Mencionaré unos pocos ejemplos. Aristón, jefe de los peonios[149], tras matar a un enemigo, dijo a Alejandro, mostrándole la cabeza: «Este regalo, oh rey, vale entre nosotros una copa de oro.» Alejandro se echó a reír y dijo: «Sí, vacía; pero yo te la voy a dar llena de vino puro, después de beber a tu salud.» *3* Un soldado raso macedonio llevaba una mula cargada de oro capturado al rey; como la acémila estaba agotada, él mismo cogió la carga y comenzó a llevarla a cuestas. Viéndolo el rey agobiado de fatiga e informado del incidente, le dijo cuando iba a depositar el fardo: «No desfallezcas; prosigue aún tu camino y llévate eso a tu tienda para ti.» *4* En general, se disgustaba más con los que no aceptaban sus regalos que con los que se los pedían.

---

[147] Arriano y Estrabón, cuyas fuentes son, respectivamente, Ptolomeo y Aristobulo, dicen que el incendio fue para castigar a los persas por haber destruido los templos griegos durante la invasión de Jerjes en el año 480. Si ésta fue la causa, la intención de Alejandro debía de ser la de afirmar el carácter panhelénico de su expedición militar, quizá porque no conociera aún el resultado de la guerra en Grecia. Persépolis era el símbolo del poder persa en Asia; con el incendio Alejandro quería dar una prueba de que este poder estaba destruido. Además, a mediados de 330, Alejandro creía que aún tendría que combatir de nuevo contra Darío.
[148] En los capítulos 39-42, Plutarco reúne anécdotas sobre diferentes aspectos del carácter de Alejandro. En 42, 5, prosigue la narración.
[149] Los peonios, pueblo fronterizo de Macedonia, formaban un cuerpo de caballería ligera que participó en las tres grandes batallas.

Así, escribió a Foción[150] una carta para decirle que no le tendría en adelante por amigo si seguía rechazando sus regalos. *5* Y a Serapión, uno de los muchachitos que jugaban con él a la pelota, no le daba nada porque nada le pedía. Un día, pues, en que Serapión participaba en el juego de pelota, no lanzaba la pelota más que a otros hasta que el rey le dijo: «¿Y a mí no me la das?» «No, porque no me la pides», respondió Serapión. Ante esto, Alejandro se echó a reír y le dio muchos regalos. *6* Una vez parecía estar muy enfadado con Proteas, uno de los que hacían de bufón, y no sin gracia, en los ratos de bromas y bebida. Como sus amigos intercedían por él, que además estaba llorando, dijo que se reconciliaba. Proteas le dijo entonces: «Pues bien, mi rey, dame primero algo en prenda.» Y él ordenó que le dieran cinco talentos. *7* A propósito de las riquezas que repartía entre sus amigos y la guardia personal, qué gran orgullo les inspiraban estos regalos queda patente por una carta que le escribió Olimpíade, en la que dice: «Beneficia a tus amigos y dales honores, pero hazlo de otra manera; ahora haces a todos reyes por igual y les procuras muchos amigos, mientras tú te quedas solo.» *8* Numerosas cartas semejantes le escribió Olimpíade, pero él las guardaba en secreto, excepto una sola vez en que Hefestión estaba leyendo con él, como acostumbraba, una carta desatada; Alejandro no se lo impidió, pero se quitó el anillo y le puso el sello en la boca. *9* Mazeo, que había sido el personaje más influyente en la corte de Darío, tenía un hijo al frente de una satrapía; Alejandro le ofreció una segunda aún mayor. Pero él rehusó el ofrecimiento, diciendo: «Oh rey, antes no había nada más que un Darío, pero ahora tú has hecho a muchos Alejandros.» *10* A Parmenión le regaló la mansión de Bagoas[151], en la que se dice que se encontraron vestidos magníficos por valor de mil talentos. *11* A Antípatro le escribió con la orden de tomar guardias personales, porque sospechaba de

---

[150] Político y general ateniense (402-318), partidario de un acuerdo con los macedonios, de quien Plutarco ha escrito la biografía.
[151] El eunuco que envenenó a Artajerjes III Oco en 338 y a su hijo Arses dos años después. Murió envenenado por Darío III, a quien había hecho rey.

un atentado contra él[152]. *12* Obsequiaba a su madre y le enviaba muchos regalos, pero no la permitía inmiscuirse en sus asuntos ni intervenir en el mando del ejército; ella se lo reprochaba, pero él toleraba con dulzura su mal humor. *13* Excepto una sola vez que, cuando Antípatro le escribió una extensa carta contra ella, dijo después de leerla que Antípatro ignoraba que una sola lágrima de una madre borra diez mil cartas.

40. Como veía a los que le rodeaban entregados por completo a un lujo exorbitante y portarse con vulgaridad en su género de vida y en sus despilfarros, hasta el punto de que, por ejemplo, Hagnón de Teos llevaba en las botas de soldado tachuelas de plata, Leonato había hecho que le trajeran de Egipto en muchos camellos arena para los ejercicios gimnásticos, Filotas tenía para la caza redes de cien estadios de largo[153] y, en general, iban a darse friegas y al baño, ungidos con más mirra que antes aceite y llevaban siempre a su alrededor masajistas y criados de cámara, *2* Alejandro les reprendió con afabilidad y modos de filósofo, afirmando que le extrañaba que personas que habían combatido en tantas y tan importantes batallas hubieran olvidado que dormían ahora con más gusto los que habían abrumado de fatigas a los otros que los que se habían dejado rendir por el esfuerzo, y no vieran, al comparar su propia vida con la de los persas, que lo más servil es darse a la molicie, y lo más regio soportar la fatiga. *3* «¿Cómo se puede —les decía— cuidar personalmente el caballo o ejercitarse con esmero en la lanza o el casco, cuando se ha dejado que las manos pierdan la costumbre de tocar un cuerpo tan mimado?» «¿No sabéis —añadía— que el grado máximo de nuestra victoria es no hacer lo mismo que los derrotados?» *4* Seguía esforzándose él personalmente incluso más en los ejercicios militares y en la caza, dándose malos ratos y exponiéndose a riesgos, hasta el punto de que un embajador laconio que se encontraba cerca en el momento en que derribaba un gran león, le dijo: «Muy bien, Alejandro, has luchado con el león por la realeza.» *5* Crátero ofreció esta cacería en Del-

---

[152] Por parte de Olimpíade, cfr. *Moralia*, 180 d; Arriano, VII 12, 5-7.
[153] Alrededor de 18 kilómetros.

fos, lugar para el que hizo estatuas de bronce del león, los perros, el rey en lucha con el león y él mismo acudiendo en su auxilio. De estas estatuas, unas las modeló Lisipo y otras Leócares[154].

41. Por tanto, Alejandro se exponía a riesgos por entrenarse y, de paso, incitar a los demás a la virtud. Pero sus amigos, que, corrompidos por la riqueza y el boato, querían vivir en adelante entregados a la molicie y la ociosidad, soportaban con disgusto las correrías errantes y las expediciones militares y llegaron así poco a poco a criticarle y a hablar mal de él. *2* Él al principio adoptaba ante esto una actitud sumamente moderada y decía que la carga de un rey es hacer bien y oír hablar mal de sí. *3* Incluso los más mínimos sucesos de sus amigos constituían por su parte pruebas de su gran aprecio y estima. Voy a citar unos pocos ejemplos. *4* A Peucestas[155] le escribió echándole en cara haber escrito a los demás y no habérselo comunicado a él cuando sufrió la mordedura de un oso. «Por lo menos ahora —le dice— escríbeme qué tal estás y dime si algunos de los compañeros de caza te abandonaron, para darles un castigo.» *5* A Hefestión, ausente por ciertos asuntos, le escribió para decirle que cuando estaban entretenidos en la caza de un icneumón, Crátero se había caído al tropezar con la jabalina de Perdicas y se había hecho una herida en los muslos. *6* Cuando Peucestas se curó de una enfermedad, Alejandro escribió a Alexipo, el médico, dándole las gracias. Durante una enfermedad de Crátero, tuvo una visión en sueños que le indujo a hacer personalmente sacrificios por su amigo y a ordenarle hacerlos también él. *7* Escribió también al médico Pausanias, que quería dar una dosis de eléboro a

---

[154] Crátero fue asesinado en el otoño de 321 antes de llevar a cabo su proyecto, que dedicó su hijo, también llamado Crátero. Para Lisipo, cfr. *supra*, 4, 1. Leócares hizo estatuas de Amintas, Filipo, Olimpíade y Alejandro para el Filipeion de Olimpia.
[155] Fue primero oficial de los hipaspistas y llegó a ser sátrapa de Persia. Por salvar la vida a Alejandro (cfr. *infra*, 63) se le otorgó una corona y se le designó guardián personal de Alejandro. El incidente que aquí se menciona debe de datarse en el 324 o 323, después de estar ya en su satrapía.

Crátero, para manifestarle su inquietud y darle instrucciones sobre el modo de administrar la medicina. *8* A los primeros que le comunicaron la huida y la fuga de Hárpalo[156], Efialtes y Ciso, los arrestó, porque pensaba que era una calumnia. *9* Y cuando, al repatriar a los soldados inútiles y veteranos a sus casas, Euríloco de Egas se incluyó a sí mismo en la lista de los enfermos, y luego, al descubrirse tras ciertas pesquisas que no tenía ningún mal, confesó que estaba enamorado de Telesipa y quería acompañarla en su viaje por mar, le preguntó de qué condición era esta mujer. *10* Al oír que era una cortesana de condición libre, dijo: «Pues, Euríloco, me tienes a mí para ayudarte en tu amor. Mira a ver cómo podemos convencer con palabras o regalos a Telesipa, ya que es hija de personas libres»[157].

42. Es de admirar que tuviera tiempo para descender a tales detalles en sus cartas a los amigos: escribe en ellas cosas como dar orden de buscar a un esclavo de Seleuco[158] que había huido a Cilicia; elogiar a Peucestas por haber aprehendido a Nicón, un esclavo de Crátero, y a Megabizo[159], a propósito de un criado que se había refugiado en el santuario, recomendarle que si es posible le invite a salir y le aprese fuera del lugar sagrado, pero que no lo toque dentro del santuario. *2* También se dice que al principio, cuando juzgaba las causas capitales, se tapaba un oído con la mano mientras hablaba el acusador, para conservarlo puro y sin prejuicios en favor del reo. *3* Pero después, el gran número de acusaciones le provocó la exasperación, porque, a través de las verdaderas, las fal-

---

[156] Hárpalo desertó dos veces: en 333 y en 324.
[157] Plutarco cuenta la anécdota de Telesipa también en *Moralia*, 180 f-181 a, y en 339 c-d.
[158] El futuro rey y fundador de la dinastía seléucida. No es mencionado en la expedición de Alejandro hasta 326, cuando manda a los hipaspistas contra Poro y es llamado compañero. En las bodas de Susa se casó con la hija de Espitámenes, el más duro adversario de Alejandro en Bactria y, a diferencia de la mayoría de los demás macedonios casados entonces, no repudió a su esposa tras la muerte de Alejandro.
[159] Aunque el nombre es de origen persa, se trata de un nativo de Éfeso que contribuyó a terminar el templo de Atenea Políade en Éfeso, dedicado por Alejandro en el 334.

sas se abrían paso y ganaban crédito. *4* El que se hablara mal de él era lo que, sobre todo, le sacaba de sus cabales y le hacía duro e inexorable, porque tenía en más aprecio la fama que la vida y el reino.

5 Marchaba entonces al encuentro de Darío con intención de presentar nuevas batallas[160]; pero al oír que Beso lo había apresado, licenció a los tesalios y los envió a la patria, entregándoles dos mil talentos de regalo, además de las soldadas[161]. *6* Pero como la persecución había sido penosa y larga, pues en once días había cabalgado tres mil trescientos estadios[162], la mayoría estaba desfallecida, sobre todo por la falta de agua. *7* Allí se encontró con unos macedonios que traían del río odres de agua a lomos de mulas. Nada más ver a Alejandro, en mal estado por la sed, ya a mediodía, llenaron un casco y se lo acercaron. *8* Él les preguntó para quiénes lo transportaban: «Para nuestros hijos —dijeron—; pero con tal de que tú vivas, ya tendremos otros, aunque perdamos éstos.» *9* Al oír esto, cogió el casco en las manos; pero al mirar alrededor y observar a todos los jinetes que le rodeaban con las cabezas vueltas y mirándole, se lo devolvió sin beber y les dio las gracias por su ofrecimiento, diciendo: «Si sólo yo bebo, éstos perderán todo su ánimo.» *10* Los jinetes entonces, al contemplar su fortaleza y grandeza de ánimo, prorrumpieron en gritos, animándole a que los condujera adelante, y fustigaron sus caballos: no podían consentir la fatiga, la sed ni, en una palabra, ser mortales, mientras tuvieran un rey como el que tenían.

---

[160] Aquí termina la digresión sobre el carácter de Alejandro. Los acontecimientos mencionados ahora se datan a principios de junio de 330. Plutarco omite la estancia de Alejandro en Pasargadas, donde estaba la tumba de Darío I. Entretanto, Darío III había huido a Media y reunido en Ecbatana un ejército. Pero, tras ciertos intentos de resistencia, decidió huir a Bactria por Ragas (cerca de la actual Teherán) y las llamadas puertas del Caspio.

[161] Alejandro no preveía la resistencia que iba a encontrar. Por otro lado, los aliados griegos, una vez enterado Alejandro de la victoria de Antípatro, no cumplían ningún fin, aunque la mayoría de los dos mil jinetes se reenganchó. Todo esto se localiza en las llamadas puertas del Caspio.

[162] Cerca de 600 kilómetros.

43. El ardor de todos era semejante, pero dicen que sólo sesenta llegaron al campamento de los enemigos[163]. *2* Allí pasaron por encima de mucha plata y oro tirados en el suelo, dejaron atrás muchos carros con mujeres y niños que iban errantes sin cocheros y trataron de alcanzar a los primeros, entre quienes pensaban que estaba Darío. *3* Al fin lo descubren, después de mucho buscar, con el cuerpo cubierto de numerosas heridas de dardos y tumbado en una carreta, a punto de expirar. Sin embargo aún pudo pedir de beber y, después de haber tomado un trago de agua fresca, dijo a Polístrato, el que se la había dado: *4* «Buen hombre, esto ha sido el colmo de mi desgracia: recibir un favor y no poder devolverlo. Pero Alejandro te pagará el servicio, y a Alejandro los dioses, por la clemencia que ha tenido con mi madre, mi mujer y mis hijos. A él, por mediación tuya, le doy mi diestra.» Tras estas palabras y luego de coger la mano a Polístrato, expiró.

5 Cuando Alejandro llegó después, se echó de ver su dolor por el suceso; se desató la clámide, se la echó sobre el cuerpo y lo cubrió. *6* A Beso, cuando más tarde lo encontró[164], lo descuartizó: doblaron hasta juntar dos árboles enhiestos, le ataron a cada uno de ambos los miembros y luego, al soltar los dos árboles, como se enderezaron con fuerza, cada uno se quedó con los miembros que estaban atados a él. *7* Pero por el momento envió a su madre el cadáver de Darío, vestido con los ornamentos reales, y admitió a su hermano Exatres en el grupo de los compañeros[165].

---
[163] Como en las puertas del Caspio había encontrado resistencia, se había visto obligado a enviar a Ceno, yerno de Parmenión, con un destacamento en busca de provisiones. Sin embargo, enterado de que Darío había sido hecho prisionero por Nabarzanes y Beso, partió sin aguardar a Ceno. Entretanto, el grueso del ejército le seguía al mando de Crátero.
[164] Tras el asesinato de Darío, Beso huyó a Bactria, donde asumió la tiara, símbolo de la realeza, y tomó el nombre de Artajerjes. Como no consiguió detener el avance de Alejandro devastando el país al norte del Hindu Kush, atravesó el río Oxo y entró en Sogdiana, donde sus partidarios se dispersaron. En el verano de 329 fue arrestado por los señores sogdianos Espitámenes y Datafernes, que le entregaron a Alejandro.
[165] Alejandro envió el cadáver de Darío a Persépolis, para que fuera enterrado en la tumba real. Exatres es el primer oriental ascendido a tan alto rango. En la gran fiesta nupcial de Susa, una hija de éste contrajo matrimonio con Crátero.

44. Él mismo descendió a Hircania con lo más selecto de sus tropas[166]. Allí vio un golfo marino[167] que no parecía inferior al Ponto, pero que tenía las aguas más dulces que cualquier otro mar; no pudo enterarse de nada seguro acerca de esta extensión de agua, pero se figuró que lo más probable era que fuese un desbordamiento del lago Meótide[168]. 2 Con todo, a los físicos no se les ocultó la verdad: muchos años antes de la expedición de Alejandro han observado que de los cuatro golfos que penetran en el continente desde el mar exterior éste es el más septentrional, el que recibe indistintamente los nombres de mar Hircanio y Caspio[169]. 3 Allí, unos bárbaros cayeron por sorpresa sobre los que llevaban su caballo Bucéfalo y se lo quitaron. 4 Él se irritó mucho y envió un heraldo que pregonara la amenaza de que mataría a todos con sus mujeres y niños, si no le restituían el caballo. 5 Pero cuando vinieron a traerle el caballo y entregarle las ciudades, trató a todos con generosidad y pagó el rescate del caballo a los que se lo habían recuperado.

---

[166] En Hircania se había refugiado Nabarzanes con mercenarios griegos. En Hecatómpilo, cruce de varias rutas y, por tanto, lugar apropiado para centro de aprovisionamiento, Alejandro dividió sus tropas en tres cuerpos: Erigio marchó con el bagaje por la ruta principal hacia Zadracarta; Crátero contra los tapurios, y él mismo, con las tropas más ligeras y por la ruta más difícil, cruzó los montes que daban acceso a la llanura limítrofe con el Caspio.

[167] El mar Caspio. Ya Hecateo había pensado que era un golfo del Océano que circundaba la tierra. Heródoto, I 202 s., había rechazado implícitamente esta idea al sostener que era un lago, cuya correcta descripción está en Aristóteles, *Meteorología*, 354 a. Alejandro debía considerar ciertas las afirmaciones de Aristóteles, pero tras descubrir que el golfo Pérsico parecía ser un golfo, comenzó a dudar de las ideas de Aristóteles y planeó una expedición para descubrir si el Caspio era un lago o estaba en conexión con el Océano. Patrocles, que exploró el Caspio en 284-283, llegó a la conclusión de que era un golfo del Océano. Eratóstenes aceptó la teoría, que así se convirtió en general y admitida (cfr. Estrabón, II 74; XI 509). El geógrafo Claudio Ptolomeo restableció la verdad en el siglo II d.C., pero la idea de que era un golfo del Océano prevaleció hasta el siglo XIV. Plutarco reproduce ideas de su tiempo.

[168] El mar de Azov.

[169] Según la teoría imperante en época de Plutarco, original de Eratóstenes, aunque en parte ya sostenida por los geógrafos jonios, sobre todo Hecateo (cfr. Estrabón, II 5, 18), los golfos del Océano que circunda la tierra son, además del Caspio, el pérsico, el arábigo (mar Rojo) y el Mediterráneo.

45. Desde allí[170] levantó el campo y fue al país de los partos, donde se detuvo a descansar. Fue entonces la primera vez que se vistió con ropa bárbara[171], bien porque quisiera acomodarse a las costumbres locales, porque para conciliarse a los hombres son importantes la convivencia y la adaptación a los hábitos del país, bien porque estuviera haciendo una experiencia furtiva para introducir la postración entre los macedonios, acostumbrándolos poco a poco a tolerar el cambio y el nuevo género de vida que él adoptaba. *2* No obstante, no adoptó por completo aquella famosa vestimenta de los medos, tan bárbara y rara, pues no se puso ni los calzones largos ni el caftán ni la tiara e hizo una mezcla bastante juiciosa entre la de los persas y la de los medos, no tan fastuosa como aquélla, pero más majestuosa que ésta. *3* Al principio, la usaba para recibir en audiencia a los bárbaros y en casa con los compañeros, pero luego se le veía así en público, cuando salía a caballo o daba audiencias. *4* Y éste era un espectáculo desagradable para los macedonios, que, sin embargo, como admiraban los demás méritos suyos, creían que había que disculpar algunos de sus gustos y afanes de notoriedad. *5* Y es que aunque, además de todas las heridas anteriores, hacía poco que había recibido un flechazo en la pierna, que se la había roto y hecho perder el hueso de la tibia[172], y a pesar de que también una piedra le había golpeado en el cuello con tanta fuerza, que una nube se extendió sobre sus ojos y los oscureció durante no poco tiempo, no dejaba de exponerse sin reservas a los peligros[173]; e incluso al vadear el río Orexates,

---

[170] Desde Zadracarta capital de Hircania, donde Alejandro se había detenido medio mes después de la expedición contra los mardios.

[171] Es una medida para ganarse a los pueblos conquistados y asegurarse la cooperación de la nobleza persa. La fuente de Plutarco en este pasaje es, probablemente, Eratóstenes, a quien cita en *Moralia*, 330 a, al narrar este mismo detalle.

[172] La herida tuvo lugar en el río Jaxartes en el verano de 329. Una relación de las heridas sufridas por Alejandro se encuentra en *Moralia*, 327 a-b, 341 a-c, cfr. 344 c-d.

[173] La herida fue durante la conquista de Cirópolis, que se había rebelado y puesto a las órdenes de Espitámenes y a la que había asediado Crátero (otoño de 329). Durante el asedio, Espitámenes había aprovechado la ausencia de los macedonios para conquistar Maracanda.

que él pensaba que era el Tanais, puso en fuga a los escitas y los persiguió durante cien estadios, a pesar de las molestias de la disentería[174].

46. Allí[175] fue donde la Amazona vino a verlo, según dice la mayoría de los autores, entre los que están Clitarco, Policlito, Onesícrito, Antígenes e Istro. *2* Por el contrario, Aristobulo y Cares, el introductor de embajadores, además de Hecateo de Eretria, Ptolomeo, Anticlides, Filón de Tebas, Filipo de Teangela, Filipo de Calcis y Duris de Samos, dicen que esta visita es pura ficción[176]. *3* El testimonio de Alejandro parece favorecer a estos últimos. Pues en una carta dirigida a Antípatro, en la que narra todo con detalle, dice que el escita le ofreció su hija en matrimonio, pero no hace ninguna mención de la Amazona[177]. *4* Se dice que mucho tiempo después Onesícrito estaba leyendo a Lisímaco, ya rey[178], su libro cuarto, en el que se trata de la Amazona, y que Lisímaco, sonriendo serenamente, le preguntó: «¿Y dónde estaba yo entonces?» *5* Ahora bien, tanto si se da crédito a este relato como si se desconfía de él, la admiración por Alejandro no podría aumentar ni disminuir.

47. Temiendo que los macedonios renunciasen a proseguir la expedición, dejó que se quedara el grueso de las tropas y, con sólo las más escogidas en Hircania, veinte mil infantes y tres mil jinetes, se ganó su adhesión diciéndoles que en ese momento los bárbaros les tenían miedo porque los tenían

---

[174] Al recibir la noticia de que los escitas y masagetas habían derribado los trabajos que se llevaban a cabo para la fundación de una ciudad junto al río Jaxartes, marchó allí dejando dos mil hombres contra Espitámenes. En tres semanas se construyó la ciudad de Alejandría *Escháte* ('la más lejana'). Su persecución de los escitas tenía el objeto de crear una zona de nadie que impidiera sus ataques contra la recién fundada ciudad.

[175] En Zadracarta, donde organizó juegos y de donde partió a fines del verano de 330.

[176] Los autores mencionados son, con la excepción de Istro de Pafos, autor de recopilaciones de antigüedades y colecciones de materiales extraídos de la literatura clásica, historiadores de Alejandro.

[177] Alejandro recibió esta embajada escita cuando estaba en Sogdiana.

[178] Lisímaco tomó el título de rey en el 305.

cara a cara, pero que si se limitaban a llenar de confusión Asia y luego irse, enseguida los atacarían como a mujeres[179]. *2* No obstante, dio permiso para irse a los que quisieran, aunque dejaba constancia de que en el momento de conquistar el mundo habitado para los macedonios se quedaba abandonado con los amigos y los que estaban dispuestos a seguir la expedición. *3* Esto es casi literalmente lo que está escrito en una carta dirigida a Antípatro, en la que añade que al decir esto todos estallaron en gritos para que los llevara a cualquier sitio de la tierra que quisiera. *4* Después del éxito obtenido en esta prueba, ya no resultó difícil atraerse al grueso del ejército, que le siguió sin dificultad.

5 Así también seguía asimilándose todavía más a las gentes del país en sus hábitos de vida, al tiempo que introducía a aquéllos en las costumbres macedonias, pues consideraba que con la mezcla y la unión de ambos pueblos, logradas más por vías pacíficas que por la violencia, sus intereses quedarían firmemente establecidos, ahora que partía para tan largo viaje. *6* Ésta es también la razón de que escogiera treinta mil niños y mandara enseñarles griego y darles educación militar macedonia, poniendo a muchos instructores a cargo de ellos. *7* En lo que se refiere a Roxana, cuya belleza y lozanía había visto en un coro mientras bebía después de cenar, obró por amor y, al tiempo, le parecía que el matrimonio con ella encajaba bien con los planes trazados[180]. *8* Los bárbaros, en efecto, ganaron confianza por la unión de este matrimonio, y el afecto que sentían por Alejandro llegó a ser extraordinario, porque, tras haber sido la persona de más templanza en los asuntos amorosos, ni siquiera entonces se atrevió a tocar a la única

---

[179] La ocasión para la arenga es la creencia de los macedonios de que, una vez muerto Darío, no era necesario proseguir la campaña. Alejandro no juzgaba necesario perseguir a Beso, que todavía no se había proclamado rey, y pretendía ser reconocido como rey de Persia en las satrapías orientales.

[180] Roxana era hija de Oxiartes, barón de Bactria, y fue capturada en la roca Sogdiana en el 327. En todas las fuentes antiguas se señala que las razones amorosas predominaron sobre las políticas (aunque, de hecho, quedaba así vinculado a la nobleza de las satrapías orientales). El matrimonio con Roxana significó el alejamiento de Barsine, hija de Artabazo, que dio a Alejandro por estas fechas un hijo llamado Heracles.

mujer de la que había quedado prendado, antes de contraer nupcias legales.

9 Y como veía que, entre sus más íntimos amigos, Hefestión[181] celebraba su proceder y cambiaba con él su modo de vestir, mientras que Crátero[182] permanecía fiel a las costumbres de la patria, se servía de aquél para tratar con los bárbaros y de éste en su trato con los griegos y macedonios. 10 En una palabra, al uno le tenía un gran cariño y al otro una gran estima; pensaba, y así lo decía siempre, que Hefestión era amigo de Alejandro, y Crátero amigo del rey. 11 De ahí que ambos se tenían un profundo rencor mutuo y chocaban con frecuencia. Hubo incluso una vez en la India en que llegaron a las manos y desenvainaron las espadas. Y en el momento en que los amigos de cada uno acudían en socorro del uno o del otro, Alejandro llegó a caballo y empezó a reprender públicamente a Hefestión, llamándolo pasmado y loco, si no era consciente de que no era nada si se le separaba de Alejandro; pero en privado también riñó a Crátero con severidad. 12 Y luego de reunirlos y reconciliarlos, juró por Amón y los demás dioses que ellos eran los hombres a quienes más quería; pero que si se enteraba de que volvían a discutir, mataría a los dos o, al menos, al que hubiera empezado la riña. A partir de entonces se cuenta que ni siquiera en broma se dijeron ni se hicieron nada uno contra el otro.

48. Filotas, hijo de Parmenión[183], gozaba de gran consideración entre los macedonios; y, de hecho, tenía fama de va-

---

[181] De la carrera militar de Hefestión no se sabe nada hasta la batalla de Gaugamela. Tras la muerte de Filotas recibió el encargo, junto con Clito, de mandar la caballería de los compañeros. Su ascensión se produce por su amistad personal con Alejandro y sus actuaciones militares en Bactria, Sogdiana e India. En el 324 fue nombrado quiliarco, cargo máximo después de Alejandro, y en Susa contrajo nupcias con Dripétide, hermana de Estatira (cfr. 70).

[182] Tras la muerte de Parmenión, Crátero era lugarteniente de Alejandro. Había comenzado la expedición como jefe de un batallón, pero ya en Iso y Gaugamela mandaba la infantería del ala izquierda. En el 324 se encargó del regreso de los veteranos macedonios a su patria y de reemplazar a Antípatro en Macedonia (cfr. 71, 8). Murió el 321 en batalla contra Éumenes.

[183] Era el hijo mayor de Parmenión y hermano de Nicanor y Héctor, y estaba unido por matrimonio a las familias más importantes de Macedonia.

liente y esforzado, además de generoso y amigo de los amigos, como nadie después del propio Alejandro. *2* Pues bien, se cuenta que una vez que uno de sus amigos íntimos le pidió dinero mandó que se le diera y que cuando el administrador le dijo que no tenía, respondió: «¿Qué dices? ¿No tienes ni una copa ni un manto?» *3* Pero, hinchado de orgullo, lleno de arrogancia por sus inmensas riquezas y con unas atenciones a su cuerpo y un género de vida hirientes para lo que corresponde a un particular, como ya en ese momento sus suntuosidades y altivez estaban lejos de toda medida y no hacían otra cosa que remedar sin ninguna gracia lo grosero y vil, despertaba sospechas y envidias, hasta el punto de que incluso Parmenión llegó una vez a decirle: «¡Hijo mío, hazte un poco peor!» *4* Se daba además la circunstancia de que el propio Alejandro llevaba muchísimo tiempo oyendo hablar mal de él. En efecto, cuando capturaron las riquezas de Damasco, tras la derrota de Darío en Cilicia, se encontraba entre los numerosos cautivos llevados al campamento una mujer, natural de Pidna de notable belleza, que se llamaba Antígona[184]. Correspondió ésta a Filotas. *5* Y como joven que al hablar con su amada a causa del vino se va de la lengua con muchas chulerías y fanfarronadas de soldado, se atribuía a sí mismo y a su padre las acciones más importantes, y a Alejandro lo trataba de mozalbete que gracias a ellos había cosechado el renombre de su imperio. *6* La mujer expuso estas conversaciones a uno de sus amigos, y éste, como es natural, a otro, hasta que llegaron a oídos de Crátero, que cogió a la señora y se la presentó en secreto a Alejandro. *7* Éste la escuchó y le mandó continuar sus visitas a Filotas y venir a contarle todo de lo que se enterara por él.

49. Filotas ignoraba la trampa que le habían tendido y continuaba las relaciones con Antígona, mientras seguía profiriendo, ya por encono ya por jactancia, muchas palabras y

---

Mandaba la caballería de los compañeros desde el principio de la expedición. La muerte de Filotas tuvo lugar en el otoño de 330.
[184] Algunos otros detalles sobre Antígona en *Moralia,* 339 d-f.

expresiones inadecuadas contra el rey. *2* Alejandro, a pesar de la fuerza de las pruebas que recaían contra Filotas, aguantó en silencio y se contuvo, bien por la confianza en el afecto que Parmenión[185] le profesaba, bien por el temor que le inspiraban la reputación e influencia de padre e hijo.

3 En esa época[186], un macedonio procedente de Calestra llamado Limno, que conspiraba contra Alejandro, intentó comprometer a un cierto Nicómaco, del que estaba enamorado, para que participara en la empresa. *4* Pero éste no aceptó y reveló la intentona a su hermano Cebalino, que fue a ver a Filotas y le pidió que los introdujera ante Alejandro, porque tenían que entrevistarse con él para un asunto urgente y de gran importancia. *5* Pero Filotas, por alguna razón que no se ha averiguado, no los hizo pasar, con el pretexto de que el rey estaba ocupado con otros asuntos más importantes. Y esto lo hizo dos veces. *6* Ellos sospecharon de Filotas y se dirigieron a otro, por medio del cual fueron conducidos a presencia de Alejandro. En primer lugar, revelaron la conspiración de Limno y luego fueron insinuando con suavidad que Filotas no les había hecho caso las dos veces que se habían entrevistado con él. *7* Esto es lo que más exasperó a Alejandro; y como el enviado a arrestar a Limno lo había tenido que matar, porque se había resistido, tratando de evitar que lo apresaran, Alejandro quedó todavía más confuso, dándose cuenta de que habían desaparecido las pruebas de la conspiración. *8* La cólera del rey contra Filotas no hizo más que arrastrar a los que lo odiaban desde antiguo, que ya se atrevieron a decir en público que era una ligereza por parte del rey pensar que Limno, un individuo de Calestra, tuviera la osadía suficiente para emprender por sí solo un atentado, *9* que éste era un ayudante o, mejor, un simple instrumento enviado desde una autoridad superior y que había que buscar la conspiración en aquellas personas que más interés tenían en que estuviera oculta. *10* Y en

---

[185] Parmenión, entretanto, se había quedado en Ecbatana con la delicada misión de guardar la espalda a Alejandro en su marcha hacia el este y procurarle provisiones y refuerzos.

[186] En el otoño de 330 en Frada (luego llamada *Prophthasía*, 'Anticipación', en alusión al complot descubierto) en Drangiana.

cuanto el rey prestó oídos a tales palabras y sospechas, empezaron a lanzar un montón de acusaciones contra Filotas. *11* En consecuencia, lo prendieron y sometieron a interrogatorio. Los compañeros asistieron a las torturas, y Alejandro escuchó todo detrás de una cortina descorrida. *12* Y fue entonces cuando afirman que Alejandro exclamó, al oír las voces y súplicas con las que Filotas trataba de conmover y apiadar a Hefestión: «¿Y siendo, Filotas, tan flojo y cobarde, intentaste una acción tan grande?»

13 Tras la muerte de Filotas, envió al punto a Media a unos hombres que dieran muerte a Parmenión, el hombre que había colaborado en muchas de las conquistas de Filipo, el único de los amigos de Alejandro de más edad o el que más le había incitado a pasar a Asia y el que, de los tres hijos que tenía, ya había visto la muerte de dos en el curso de la expedición y en ese momento compartía la del tercero.

14 Estos sucesos hicieron a Alejandro temible a ojos de muchos de sus amigos, y sobre todo a Antípatro, que envió en secreto emisarios a los etolios para darles y tomar de ellos garantías[187]. *15* En efecto, los etolios tenían miedo a Alejandro por la destrucción de la ciudad de los eníades, sobre la que, cuando se enteró, Alejandro dijo que a los etolios no les impondrían castigo los hijos de los eníades, sino él mismo.

50. No mucho después[188] tuvo también lugar el asunto de Clito, que, a juzgar por el simple relato de los hechos, fue más salvaje que el de Filotas; *2* sin embargo, si se reflexiona y tenemos en cuenta además la causa y las circunstancias, descubrimos que esta acción no fue premeditada, sino producto de una desgracia del rey, cuya cólera y embriaguez no fueron sino el pretexto del que se sirvió el mal hado de Clito. Los hechos sucedieron de la siguiente manera[189]. *3* Llegaron unas personas del mar trayendo frutos de la cosecha de Grecia al

---

[187] Poco antes había sido ejecutado también Alejandro Linceste, yerno de Antípatro y posible candidato al trono.
[188] En el verano de 328 en la ciudad de Maracanda, en Sogdiana.
[189] La narración de Plutarco, la más rica en detalles de nuestras fuentes, debe de proceder de Cares.

rey; éste, maravillado de su frescor y calidad, llamó a Clito con intención de enseñárselos e invitarle a tomar parte. *4* Coincidía que él estaba haciendo un sacrificio, que dejó para ponerse en camino; y tres de los carneros, sobre los que ya se habían derramado las libaciones para el sacrificio, le siguieron. *5* Enterado el rey, se lo comunicó a los adivinos Aristandro y Cleómenes de Laconia, que declararon que era un mal presagio. Dio orden de hacer enseguida un sacrificio expiatorio en favor de Clito, *6* pues, además, dos días antes había tenido en sueños una extraña visión: había soñado que Clito, con ropas negras, estaba sentado con los hijos de Parmenión, todos ellos muertos. *7* No obstante, Clito, en vez de hacer antes el sacrificio expiatorio, se fue enseguida a cenar con el rey, que había hecho un sacrificio a los Dioscuros[190]. *8* Después de beber con juvenil animación, estaban cantando poemas de un tal Pránico o, al decir de algunos, de Pierión, compuestos para burlarse y reírse de los generales recientemente derrotados por los bárbaros[191]. *9* Los más viejos se enfadaron y empezaron a insultar al poeta y al que cantaba, mientras que Alejandro y los que lo rodeaban atendían con agrado a su exposición y le mandaban seguir. Entonces, Clito, que ya estaba borracho y tenía un carácter áspero y obstinado en sus enfados, mostró su extrema irritación y dijo que, en presencia de bárbaros y enemigos, no estaba bien injuriar a los macedonios, que eran mucho mejores que los que se reían de ellos, a pesar de aquella desgracia. *10* Alejandro declaró que Clito no hacía más que defenderse a sí mismo al invocar el nombre de desgracia para lo que era cobardía. *11* Entonces Clito se levantó y dijo: «Pues, sin embargo, esta cobardía te salvó a ti, el hijo

---

[190] Ese día era tradicional celebrar un sacrificio en honor de Dioniso. Al reemplazar a Dioniso por los Dioscuros, Alejandro añadía un motivo más de venganza contra el dios, cfr. *supra*, 13, 2.

[191] A fines del 329, Alejandro había enviado tropas al encuentro de Espitámenes, que estaba asediando Maracanda. En parte por la división del mando y, sobre todo, por la capacidad militar de Espitámenes, habían sido derrotadas. Estos hechos revelan la situación indecisa en la lucha contra Espitámenes. Clito, tras la muerte de Filotas, estaba al mando de una parte de la caballería de los compañeros e iba a hacerse cargo de la satrapía de Bactria, que luego fue otorgada a Amintas.

de los dioses, cuando tenías la espalda a merced de la espada de Espitrídates, y sólo gracias a la sangre de los macedonios y a estas heridas te has vuelto tan importante como para convertirte en hijo de Amón, renunciando a Filipo.»

51. Exasperado, respondió Alejandro: «¿Pero es que tú, mala cabeza, te crees que diciendo sin parar esas cosas de mí y provocando la sublevación de los macedonios te vas a quedar tan contento?» 2 «Tampoco ahora —replicó— tenemos motivo de estar contentos, oh Alejandro, cuando son ésos los pagos que recibimos por nuestras fatigas; al contrario, por dichosos tenemos a los que ya han muerto antes de ver a los macedonios apaleados con bastones medos y obligados a solicitar a los persas audiencia con nuestro rey.» 3 Al oír estas atrevidas palabras de Clito, los que rodeaban a Alejandro se levantaron contra él y lo insultaron, mientras los más ancianos trataban de apaciguar el alboroto. 4 Alejandro se volvió a Jenódoco de Cardia y a Artemio de Colofón y dijo: «¿No os parece que los griegos que viven entre los macedonios son como semidioses entre bestias?» 5 Pero Clito, en lugar de ceder, mandó a Alejandro que dijera lo que quisiera, pero a todos, o que no invitara a cenar a hombres que son libres y pueden hablar con franqueza y convivir con bárbaros y esclavos que se postren ante su ceñidor persa y su túnica enteramente blanca. Alejandro, incapaz ya de reprimir la cólera, le tiró una manzana que había sobre la mesa, con la que le dio un golpe, y echó mano para buscar el puñal. 6 Pero como Aristófanes, un miembro de su guardia personal, se había anticipado a quitárselo sin que se diera cuenta y los demás le rodearon y suplicaron, Alejandro se levantó de un salto y comenzó a gritar en macedonio, llamando a los hipaspistas, acción que en él era señal de una gran confusión. Luego mandó al trompeta dar la señal de alarma y le dio un puñetazo porque le parecía que se hacía el remolón y no quería obedecer. 7 Más tarde, este hombre fue muy celebrado, porque había sido el máximo responsable de evitar que cundiera la confusión en el campamento. 8 En cuanto a Clito, que seguía sin calmarse, sus amigos con grandes esfuerzos lo sacaron a empujones de la sala. Pero él volvió a entrar por otra puerta, recitando hasta

el final, con el mismo desprecio que impertinencia, estos versos yámbicos de la *Andrómaca* de Eurípides[192]:

«¡Ay de mí, qué mala costumbre reina en Grecia!»

9 Alejandro entonces cogió a uno de los guardias la lanza y, mientras Clito venía a su encuentro apartando la cortina que había delante de la puerta, le atraviesa con ella de parte a parte. *10* Cayó Clito con un gemido y un bramido de dolor y en ese preciso instante se le pasó al rey la ira. *11* Al volver en sí y ver a los amigos parados de pie y sin voz, se adelantó a extraer la lanza del cadáver y se disponía a asestarse un golpe en su propio cuello, cuando se lo impidieron; los guardias de escolta le cogieron las manos y se lo llevaron por la fuerza al dormitorio.

52. Pasó la noche llorando amargamente y, como al día siguiente, perdida ya la voz a fuerza de gritar y lamentarse, seguía acostado, sólo profiriendo profundos gemidos, sus amigos, alarmados de su silencio, forzaron la puerta y entraron. *2* Pero no quiso atender a las palabras de nadie, excepto a las del adivino Aristandro, que le recordó la visión que había tenido acerca de Clito y el presagio que indicaba que estos sucesos estaban dispuestos hacía tiempo por el destino. Entonces pareció calmarse.

3 Por esto, hicieron pasar al filósofo Calístenes, pariente de Aristóteles, y al abderita Anaxarco. *4* De ellos, Calístenes intentaba aliviar su pena con tacto y dulzura, empleando insinuaciones y rodeos para no despertar su dolor, mientras que Anaxarco, que había tomado desde el principio un camino muy personal en la filosofía y había adquirido fama de mirar con desdén y despreciar a sus colegas, nada más entrar se puso a gritar: *5* «¡Ahí está Alejandro, en quien el mundo tiene ahora puesta la mirada! Pero él está postrado en tierra llorando como un esclavo, temeroso de la ley y la censura de los

---

[192] Verso 693. La cita sólo se comprende si se toman en cuenta también los siguientes versos, en los que se deplora lo injusto que es que el general, que no es más que una lanza entre muchas, gane todos los honores en las victorias de su ejército.

hombres, el que debería ser para ellos la ley y la pauta de la justicia, porque ha vencido para ejercer su imperio y dominar, no para ser esclavo y estar dominado por una vana opinión.» *6* «¿No sabes —le decía— que Zeus tiene sentadas a su lado como asesoras a Justicia y a Temis, para que todo lo que ejecute el que domina sea justo y legal?» *7* Sirviéndose de argumentos semejantes, Anaxarco alivió el pesar del rey, pero hizo su carácter en muchos aspectos más vanidoso y menos sujeto a la ley. Consiguió así que Alejandro se ajustara maravillosamente a sus propias inclinaciones y que además maldijera del trato con Calístenes, quien, por lo demás, no le resultaba nada grato por su austeridad.

8 Cuentan que una vez, durante una cena, en una conversación sobre los climas y la temperatura de la atmósfera, Calístenes participaba de la opinión de los que sostenían que allí hacía más frío y los inviernos eran más crudos que en Grecia y que, como Anaxarco se oponía y porfiaba en la opinión contraria, dijo: *9* «Sin embargo, a ti te es forzoso reconocer que aquí hace más frío que allí, porque allí pasabas el invierno con un capote raído, mientras que aquí te recuestas a cenar abrigado con tres buenas mantas.» Esta respuesta terminó de aguzar el rencor de Anaxarco contra Calístenes.

53. También los demás sofistas y aduladores sufrían viendo a Calístenes, que era objeto del interés de los jóvenes a causa de su elocuencia y que agradaba todavía más a los más viejos por su conducta disciplinada, respetable, independiente y que confirmaba el supuesto motivo de la ausencia de su ciudad, porque se había unido a Alejandro en el interior de Asia con la ambición de restituir a sus conciudadanos y restaurar su patria[193]. *2* Además de ser objeto de envidia a causa de su reputación, ofrecía también algunos pretextos a sus detractores: rechazaba la mayoría de las veces las invitaciones, y cuando asistía a una reunión, con su adustez y silencio daba la impresión de estar disgustado y no sentirse a gusto con los demás. Por eso, Alejandro llegó incluso a decir de él:

---

[193] Olinto, de donde era Calístenes, había sido destruida por Filipo en el 347.

«Odio al filósofo que no es sabio para sí mismo»[194].

3 Cuentan que en cierta ocasión en que había muchos invitados a cenar, Calístenes fue requerido, cuando le llegó el turno y tenía la copa en la mano, para pronunciar un elogio de los macedonios y que trató el tema con tal chorro de elocuencia, que, puestos en pie, le aplaudieron y le arrojaron coronas; *4* y que Alejandro entonces dijo que, según Eurípides[195], cuando se toma para los discursos

«buenos temas, no es tarea difícil hablar bien».

«Pero muéstranos —siguió diciendo— tu capacidad, haciendo un discurso de acusación contra los macedonios, para que aprendan sus defectos y mejoren.» *5* Y así, Calístenes, vuelto a la palinodia, pronunció con entera franqueza contra los macedonios un largo discurso, en el que declaró que la discordia entre los griegos había sido la causa del engrandecimiento y poderío de Filipo y dijo:

«en tiempo de sedición hasta el malvado obtiene honores»[196].

6 Esto infundió un odio amargo y profundo en los macedonios, y Alejandro dijo que Calístenes había hecho una exhibición, no de habilidad, sino de ojeriza contra los macedonios.

54. Esto es, pues, lo que Hermipo[197] afirma que Estrebo, el lector de Calístenes, relató a Aristóteles, y añade que Calístenes, consciente de la hostilidad del rey, le dijo dos o tres veces según se iba:

---

[194] Eurípides, frag. 905, Nauck.
[195] *Bacantes*, 266 s.
[196] Hexámetro de autor desconocido, que constituye una de las citas favoritas de Plutarco *(Moralia*, 479 a; *Nicias*, 11, 3; *Sila*, 39, 3).
[197] Hermipo de Esmirna, biógrafo de fines del siglo III a.C., fue discípulo de Calímaco, pero sufrió influencia de la escuela peripatética. Escribió una gran obra titulada *Vidas de los que brillaron por su instrucción,* en la que trataba sobre filósofos, escritores, legisladores, etc., que fue usada por Plutarco como fuente de algunas *Vidas*.

«También murió Patroclo, que era mucho mejor que tú»[198].

2 Por tanto, Aristóteles no parece haber hablado a la ligera, cuando dijo que Calístenes era diestro y grande con la palabra, pero no tenía juicio. *3* Sin embargo, al rechazar de manera enérgica y propia de un filósofo la postración[199] y ser el único que contaba en público lo que indignaba en secreto a todos los macedonios mejores y de más edad, es verdad que libró a los griegos de una enorme vergüenza y a Alejandro de una mayor aún, disuadiéndole de imponer la postración, pero se buscó su propia ruina, porque parecía que se lo imponía al rey por la fuerza más que por la convicción. *4* Cares de Mitilene cuenta que una vez en un banquete, Alejandro, después de beber, tendió la copa a uno de sus amigos, y que éste, tomándola, primero se levantó, se acercó al hogar y, después de beber, primero se postró y a continuación besó a Alejandro y se volvió a recostar. *5* Seguidamente, todos fueron haciendo lo mismo uno por uno, pero Calístenes, que cogió la copa en un momento en que el rey no prestaba atención porque estaba conversando con Hefestión, se acercó después de beber a darle un beso. *6* Demetrio, el llamado Fidón, dijo: «No le beses, mi rey; que es el único que no se ha postrado ante ti.» Alejandro entonces se apartó para evitar el beso, y Calístenes dijo en voz alta: «Pues bueno, me voy con un beso de menos.»

55. Como esta hostilidad iba en aumento, primero se dio crédito a Hefestión, que decía que Calístenes, después de haberse comprometido con él a realizar la postración, había fal-

---

[198] *Ilíada*, 21.107.
[199] La acción de la postración, a cuyo rechazo está ligada la muerte de Calístenes, hasta entonces historiador oficial de Alejandro y encargado de ensalzar su figura y dar un contenido panhelénico a su expedición, consistía en llevarse la mano derecha a la boca y arrodillarse. No era un acto de culto, sino una práctica social. Pero como los griegos sólo hacían este gesto ante los dioses, pensaron que el rey persa era adorado por sus súbditos, y que Alejandro pretendía lo mismo de los macedonios. En realidad, Alejandro trataba de introducir uniformidad en el protocolo de la corte y, en todo caso, prescindir de este gesto ante los persas habría supuesto no considerarse el verdadero rey.

tado a su palabra. *2* Luego fueron los Lisímacos y Hagnones quienes la emprendieron con él, empeñados en que el sofista iba por ahí jactándose de haber derrocado la tiranía y en que los jóvenes se congregaban corriendo a su alrededor y lo veneraban como al único hombre libre entre tantas decenas de millares. *3* Por eso, cuando Hermolao y sus compañeros que habían conspirado contra Alejandro[200] fueron descubiertos, se juzgaron verosímiles las acusaciones que sus detractores hicieron contra él en el sentido de que a uno que le proponía la pregunta de cómo llegar a ser el hombre más ilustre le había respondido: «Asesinando al hombre más ilustre», *4* y que a Hermolao, para estimularle a cometer el crimen, le había mandado no tener miedo de la cama de oro[201] y tener presente que a quien iba a agredir era a un hombre que ya había padecido enfermedades y heridas. *5* Aun así, ninguno de los cómplices de Hermolao declaró contra Calístenes, ni siquiera en el tormento más extremo. *6* Por el contrario, el propio Alejandro, en una carta escrita poco después a Crátero, Átalo y Alcetas, afirma que los pajes, sometidos a tortura, habían confesado que ellos eran los autores y que no había ningún otro cómplice. *7* Sin embargo, más tarde, en una carta dirigida a Antípatro, inculpa también a Calístenes y dice: «Los pajes han sido lapidados por los macedonios, pero al sofista lo voy a castigar yo mismo, igual que a los que lo han enviado de allí y a los que acogen en las ciudades a quienes conspiran contra mí.» En estas palabras revela con claridad sus intenciones contra Aristóteles[202]; de hecho, con él era con quien se había educado Calístenes por razón de parentesco, pues era hijo de Hero, prima hermana de Aristóteles. *8* Sobre la muerte de Calístenes, unos dicen que fue ahorcado por orden de Alejandro; otros, que murió de enfermedad, encadenado con grilletes; y Cares cuenta que después del arresto estuvo encadenado durante siete meses en espera de ser juzgado ante el consejo[203] en

---

[200] La conjuración llamada de los pajes tuvo lugar en el 327.
[201] En la que se acostaría Alejandro en su calidad de Gran Rey.
[202] Desde 335 Aristóteles vivía en Atenas.
[203] El consejo de la liga de Corinto, ante el que sería el juicio por haber atentado contra el jefe de la liga, Alejandro.

presencia de Aristóteles, pero que en los mismos días en que Alejandro fue herido en la India murió de obesidad y de mal de piojos.

56. Esto, sin embargo, sucedió más tarde[204]. Demarato de Corinto, aunque ya era muy viejo, estaba ansioso por unirse a Alejandro e ir con él a Asia. Al verlo, dijo que los griegos que habían muerto antes de ver a Alejandro sentado en el trono de Darío habían quedado privados de una enorme alegría. 2 No obstante, no pudo gozar mucho tiempo más del afecto que el rey le profesaba, pues murió de agotamiento. Fue objeto de unos funerales grandiosos, y el ejército levantó en su honor un túmulo de enorme perímetro y de ochenta codos de altura[205]. Sus restos los trasladó hasta el mar una cuadriga espléndidamente engalanada.

57. Cuando se disponía a invadir la India[206], como veía el ejército entorpecido ya por la gran cantidad de botín y con poca capacidad de movimiento, al amanecer y con las carretas ya listas, pegó fuego primero a las suyas y a las de los compañeros y a continuación mandó también quemar las de los macedonios. 2 Esta decisión resultó más dura que la acción y más difícil que la propia ejecución: sólo a unos pocos entristeció; la mayoría repartía, entre aclamaciones y gritos de entu-

---

[204] Calístenes murió ahorcado, según Arriano, a fines de 327, después de comenzada la expedición a la India.
[205] Alrededor de 35 m.
[206] Salió de Bactria a fines de la primavera del 327. El ejército con el que partió a la India difería bastante del de años anteriores. En Bactria y Sogdiana, se quedaron al mando de Amintas muchos veteranos griegos y macedonios, sustituidos por iranios, cuyos jinetes ligeros le serían más útiles en las comarcas montañosas. Hubo también cambios en los mandos. Tras la muerte de Clito, el mando de la guardia de Alejandro lo ejercía él mismo; las unidades de caballería estaban mandadas por Hefestión, Perdicas, Crátero y Ceno. Los hipaspistas tenían a su frente a Seleuco. El uso de las sarisas fue limitado, por su inutilidad en las zonas montañosas. En cuanto a los motivos de su expedición a la India, el principal era cerrar el círculo de su reino con lo que creían que era la península india, cruzada por el Indo y limítrofe con el Océano. Desconocían el Ganges y pensaban que había comunicación entre el Nilo y el Indo, ya que ambos tenían cocodrilos en sus orillas.

siasmo lo que era imprescindible con los que carecían de ello y quemaba por completo o destruía con sus propias manos lo que era superfluo. Esta actitud llenó a Alejandro de arrojo y resolución. *3* Era ya entonces temible e implacable en el castigo de los culpables. Así, a cierto Menandro, uno de los compañeros, a quien había puesto al mando de una guarnición, lo mató por no querer quedarse allí, y a Orsódates, uno de los bárbaros sublevados, lo asaeteó personalmente.

4 Sucedió que una oveja parió un cordero que tenía alrededor de la cabeza lo que, por la forma y el color, parecía una tiara con testículos a ambos lados de ella. Horrorizado Alejandro del presagio, hizo que lo purificasen los babilonios que llevaba consigo habitualmente para esta clase de menesteres y, en conversación con los amigos, les dijo que no era por él, sino por ellos por quienes se había sobresaltado, porque tenía miedo de que, si él faltaba, la divinidad hiciera recaer el poder en un individuo sin nobleza ni valor. *5* Sin embargo, una buena señal que sobrevino borró su desaliento: un macedonio llamado Próxeno, destinado al mando de los guardias de la impedimenta real, cuando estaba excavando el terreno para la tienda del rey junto al río Oxo[207], descubrió un manantial de un líquido untuoso y grasiento. *6* Una vez achicado el primer chorro, empezó a brotar un líquido puro y transparente que no parecía diferenciarse del aceite ni por el olor ni por el sabor y que tenía exactamente su mismo brillo y untuosidad, y eso que esta región no producía olivares. *7* En realidad, se dice que también el propio Oxo tiene el agua tan suave, que deja la piel de los que se bañan en él brillante de grasa. *8* A pesar de todo, Alejandro recibió una alegría extraordinaria, como es evidente por una carta dirigida a Antípatro, en la que atribuye este hecho a uno de los más grandes favores recibi-

---

[207] En la primavera del 328 en la frontera entre Bactria y Sogdiana. Alejandro cruzó entonces por segunda vez el río Oxo hacia el norte, para sofocar definitivamente la rebelión en Sogdiana. Espitámenes, enterado de que Alejandro operaba de nuevo por Sogdiana y de que había dejado fuerzas escasas en Bactria, partió con su ejército de jinetes, compuesto sobre todo de masagetas escitas, hacia el sur para entrar en Bactria y atacar a Alejandro por la espalda. Es la época del asesinato de Clito.

dos por él de la divinidad. *9* Los adivinos consideraron el prodigio como un signo de una expedición gloriosa, aunque laboriosa y ardua; pues la divinidad ha otorgado a los hombres el aceite como alivio de las fatigas[208].

58. Realmente, muchos peligros le amenazaron en las batallas y tuvo que afrontar graves heridas, pero lo que causó la mayor mortandad en el ejército fueron la penuria de víveres y los rigores del clima. *2* En cuanto a él, que se vanagloriaba de sobrepasar la fortuna con la audacia y el poder con el valor, pensaba que nada es inconquistable para los audaces ni nada seguro para los cobardes. *3* Se cuenta que en el asedio de la roca de Sisimitres[209], que era abrupta e inaccesible, viendo el desaliento de sus soldados, preguntó a Oxiartes[210] cómo era el carácter de Sisimitres. *4* Y como Oxiartes contestó que era el hombre más cobarde del mundo, declaró: «Me estás diciendo que podemos conquistar la roca, pues el que manda en ella no es firme.» Y, en efecto, la tomó amedrentando a Sisimitres. *5* Cuando iba a atacar otra, igualmente abrupta, arengó a los macedonios más jóvenes y, en particular, a uno que se llamaba Alejandro, a quien se dirigió y dijo: «Pero tú debes obrar con valentía especial por el nombre que tienes.» El joven cayó luchando valerosamente, hecho que causó al rey un extraordinario dolor. *6* En cierta ocasión en que los macedonios dudaban en avanzar contra una ciudad llamada Nisa[211], en cuyas

---

[208] Con el que se ungían al acabar las faenas. La expresión es reminiscencia de Platón, *Menéxeno*, 238 a.

[209] Tras la derrota de Espitámenes a manos de Ceno y su asesinato por los masagetas, que así esperaban verse libres de los ataques de Alejandro, la única resistencia que restaba era la de los señores locales del este de Sogdiana. Había sobre todo dos lugares fortificados que aprovechaban colinas rocosas y aisladas: el de Ariamazes y el de Sisimitres. La fecha de la conquista de ambos es, probablemente, la primavera de 327. En la roca de Ariamazes fue capturada Roxana, cuya boda con Alejandro se celebró en la roca de Sisimitres según el rito local.

[210] Padre de Roxana, miembro de la nobleza de Bactria y antiguo partidario de Beso.

[211] Situada entre los ríos Cofén (Cabul) e Indo, y de la que se decía que había sido fundada por Dioniso. Los hechos que se relatan en lo que resta de este capítulo se desarrollan en el verano de 327, en lo que en la actualidad es el norte de Afganistán y Pakistán.

cercanías había un profundo río, se detuvo en la orilla y dijo: «¿Por qué, miserable de mí, no he aprendido a nadar?» Y con el escudo ya embrazado, hizo el intento de vadearlo [...]. *7* Y cuando, tras detener la batalla, se presentaron ante él unos emisarios de los asediados a rogarle la paz, les llenó de pánico en primer lugar el verlo desarreglado y con las armas; y luego, cuando uno le trajo un cojín, mandó al más anciano, que se llamaba Acufis, cogerlo y sentarse sobre él. *8* Admirado de su afabilidad y humanidad, Acufis le preguntó qué condiciones exigía para que fuesen amigos suyos. *9* Alejandro dijo: «Que te nombren a ti gobernador y que nos envíen a nosotros los cien hombres mejores.» Acufis se echó a reír y dijo: «Pero gobernaré mejor, mi rey, si te envío a los peores que a los mejores.»

59. Se cuenta que Taxiles[212] dominaba una parte de la India no inferior a Egipto en tamaño[213], abundante en pastos y fértil como las que más, y que como era un hombre sensato, saludó a Alejandro y le dijo: *2* «¿Qué necesidad tenemos de guerras y batallas entre nosotros, Alejandro, si tú no has venido ni para quitarnos el agua ni el alimento necesario, que es lo único por lo que se ven forzados a combatir los hombres

---

[212] Monarca del reino de Taxila, situado entre el Indo y el Hidaspes. Cerca de la moderna ciudad de Rawalpindi, era el principal establecimiento de la enseñanza hindú en el norte de la India. Taxiles era el título oficial del rey, cuyo nombre es Omphis en la transcripción latina. Cuando Alejandro se encontraba aún en Sogdiana, Taxiles había enviado emisarios a ofrecerle su rendición, para conseguir la alianza de Alejandro y su ayuda contra los reyes vecinos Poro y Abisares, rey de Cachemira, y había ayudado a Hefestión, que seguía una ruta diferente de la de Alejandro, a cruzar el Indo. Abisares envió embajadores a Taxila con regalos para Alejandro, pero Poro inició la guerra. Así, Alejandro pudo ver que la siguiente meta era atravesar el río Hidaspes, frontera entre Taxiles y Poro. En Taxila reorganizó y reforzó la caballería mediante la introducción de iranios. Los elefantes de guerra fueron puestos a cargo de Taxiles, que tomaba también parte en la expedición contra Poro. Ceno recibió el encargo de regresar al Indo, desmontar los barcos con los que se había formado un puente para atravesarlo y traerlos por tierra hasta el Hidaspes.

[213] Hasta ese momento los griegos sólo conocían las informaciones de Ctesias, inexactas y teñidas de tintes novelescos. La fuente de estas informaciones geográficas debe de ser Onesícrito.

juiciosos? *3* En cuanto a las demás cosas que llaman riquezas y posesiones, si yo soy superior, estoy dispuesto a hacerte bien y darte; y si soy inferior, no rehúso tener agradecimiento, si obtengo buen trato de tu parte.» *4* Complacido, pues, Alejandro le tendió la mano derecha y dijo: «¿Acaso crees que nuestra entrevista transcurrirá sin batalla después de tales palabras y gentilezas? Pero tú en ella no llevarás la mejor parte, pues yo contenderé contigo y te venceré en nuestra contienda a fuerza de favores, para impedir que tu generosidad sea superior a la mía.» *5* Y obteniendo numerosos obsequios y regalando más aún, terminó por brindarle mil talentos de moneda acuñada, cosa que dolió vivamente a sus amigos, pero que hizo que muchos de los bárbaros se mostraran más pacíficos con él.

6 Sin embargo, como los indios más belicosos acudían como mercenarios a las ciudades y las defendían valerosamente, causando muchos daños a Alejandro, éste pactó con ellos en una ciudad y, cuando se retiraban, los sorprendió en el camino y los mató a todos[214]. *7* Este hecho es como una mancha en las acciones guerreras de Alejandro, que en todas las demás ocasiones combatió con lealtad y siguió la conducta propia de un rey.

8 No menores dificultades que éstos le causaron los filósofos infamando a los reyes que se habían unido a él y sublevando a los pueblos libres. Por eso es por lo que mandó ahorcar a muchos de ellos[215].

60. En cuanto a la campaña contra Poro[216], él mismo cuenta en las cartas cómo se desarrollaron los hechos[217]. Dice,

---

[214] El incidente tuvo lugar en el país de los asacenos, durante el asedio de la ciudad de Masaga. Mientras Hefestión seguía el curso del río Cabul hasta su desembocadura en el Indo, donde tenía que hacer un puente de barcos, Alejandro marchó algo más al norte hacia el Indo, para proteger el flanco de su ejército.

[215] Los bramanes, que parecen haber sido el alma de la resistencia contra el invasor, apoyados en las creencias religiosas, secundaron las revueltas de Musicano y de Sambo.

[216] Poro es un étnico y designa al 'señor de Paurava'.

[217] La batalla tuvo lugar en junio de 326. El Hidaspes es un afluente del Acesines, que, a su vez, lo es del Indo. El gran caudal del río se debía a las lluvias monzónicas.

en efecto, que el Hidaspes fluía entre los dos campamentos y que Poro había situado los elefantes enfrente y guardaba constantemente el paso del río. *2* Añade Alejandro que él hacía todos los días mucho ruido y alboroto en el campamento, para habituar a los bárbaros a no alarmarse, *3* y que una noche tormentosa y sin luna, cogió una parte de la infantería y a los jinetes más selectos y, avanzando hasta estar lejos de los enemigos, pasó a una isla no grande. *4* Allí, en medio de una lluvia torrencial con muchos relámpagos y rayos que se abatían sobre sus tropas, aunque veía que algunos perecían y morían abrasados por los rayos, se echó al agua desde la isla y llegó a la orilla opuesta. *5* El Hidaspes, que a consecuencia de la tormenta bajaba revuelto y en crecida, hizo una enorme brecha por donde se precipitaba una gran parte de la corriente. Alejandro dice también que ellos se encontraban en medio, sobre un suelo nada firme, porque era resbaladizo y sufría continuos desprendimientos. *6* Y en ese momento cuenta que él dijo: «¡Atenienses!, ¿podríais creer a qué peligros me expongo por merecer vuestras alabanzas?» Esto es al menos lo que Onesícrito relata. *7* Y el propio Alejandro afirma que abandonando las lanchas atravesaron la brecha llevando las armas con el agua que les empapaba hasta el pecho y que, después de vadearlo, se adelantó a la infantería con los jinetes por un espacio de veinte estadios, calculando que si los enemigos los acometían con la caballería, los derrotaría fácilmente, y que si ponían en movimiento su falange, su infantería tendría tiempo suficiente para reunirse antes con él. Y una de estas dos posibilidades es la que sucedió: *8* a los mil jinetes y sesenta carros que se le enfrentaron los puso en fuga y capturó todos los carros y dio muerte a cuatrocientos jinetes. *9* Y continúa el relato de Alejandro diciendo que Poro, al darse cuenta de que era el propio Alejandro quien había atravesado el río, marchó a su encuentro con todo el ejército salvo las tropas que había dejado para que obstaculizaran el paso a los demás macedonios, *10* que Alejandro, por temor de los elefantes y del gran número de los enemigos, lo que hizo fue cargar contra su ala izquierda y ordenar a Ceno atacar contra la derecha, *11* y que al producirse la huida de ambas alas, los enemigos, a medida que iban siendo rechazados por la fuerza, se retiraban y se iban reagrupando junto a los elefantes, con lo que la batalla ya se hizo general, y sólo después de grandes esfuerzos los adversarios renunciaron a ella en la octava hora. Esto es, en definitiva, lo que el propio protagonista de la batalla ha relatado en sus cartas.

12 La mayor parte de los historiadores está de acuerdo en que Poro sobrepasaba en un palmo los cuatro codos de altura[218], y que por la talla y la corpulencia de su cuerpo guardaba prácticamente la misma proporción con el elefante que un jinete con su caballo. Y eso que el elefante era enorme. *13* Una inteligencia y un cuidado de su rey maravillosos manifestó el animal: mientras su dueño estuvo en posesión de todas sus fuerzas, lo defendió con valor y rechazó a todos los que lo acometían, y cuando se dio cuenta de que desfallecía por la gran cantidad de dardos y heridas, temeroso de que se escurriera y cayera, se echó al suelo y se arrodilló con suavidad y luego fue cogiendo con la trompa cada una de las flechas que tenía en el cuerpo y se las fue extrayendo con cuidado. *14* Cuando a Poro, ya preso, Alejandro le preguntó cómo quería que le tratase, éste le respondió: «Como a un rey.» Volvió a preguntarle si quería añadir algo. «Todo —dijo— está comprendido en "como un rey".» *15* No sólo le concedió seguir gobernando sobre su reino con el título de sátrapa, sino que añadió a esto, después de subyugar a los pueblos independientes, un territorio en el que había, según dicen, quince tribus, cinco mil ciudades dignas de consideración y muchísimas aldeas. *16* Asimismo cuentan que nombró sátrapa a Filipo, uno de los compañeros, de otro territorio tres veces mayor[219].

61. De resultas de la batalla contra Poro murió también Bucéfalo, pero no de inmediato, sino más tarde, cuando, según dice la mayoría, se le estaba curando de las heridas; pero según Onesícrito, en el extremo de la fatiga por la vejez, pues murió a los treinta años. *2* Alejandro lo sintió profundamen-

---

[218] Casi dos metros, según las medidas áticas.
[219] En el 325 Filipo fue asesinado por sus propios mercenarios, y Taxiles y Eudemo recibieron el encargo de administrar la satrapía temporalmente.

te, porque consideraba que había perdido ni más ni menos que un familiar y un amigo. Fundó una ciudad en su honor a orillas del Hidaspes, a la que dio el nombre de Bucefalia[220]. *3* Dicen que también cuando perdió un perro llamado Peritas, que él había criado y al que tenía un gran cariño, fundó una ciudad con su nombre. Esto dice Sotión que se lo oyó a Potamón de Lesbos[221].

62. A los macedonios, sin embargo, el combate contra Poro les enfrió los ánimos y les contuvo en su proyecto de internarse aún más en la India[222]. *2* Pues como a éste lo habían rechazado a costa de grandes esfuerzos, y eso que sólo les había hecho frente con veinte mil infantes y dos mil jinetes, se opusieron con firmeza a Alejandro, que quería incluso forzarlos a cruzar el río Ganges, del que se habían enterado de que tenía treinta y dos estadios de anchura y cien brazas de profundidad y cuya ribera opuesta estaba cubierta de multitudes de armas, caballos y elefantes[223]. *3* Se decía entre ellos, en efecto, que ochenta mil jinetes, doscientos mil infantes, ocho mil carros y seis mil elefantes de combate los aguardaban a las órdenes de los reyes de los gandaritas y de los pre-

---

[220] Tras la victoria frente a Poro, Alejandro fundó Bucefalia en la orilla derecha del Hidaspes, y Nicea, donde el ejército permaneció un mes descansando, en la ribera izquierda.

[221] Sotión fue un escritor de la escuela peripatética. Potamón era un famoso rétor de Mitilene, que actuó en embajadas ante César y Augusto y murió a comienzos del reinado de Tiberio (14-37). Escribió numerosas obras históricas incluida una *Sobre Alejandro Magno*, pero sólo quedan fragmentos.

[222] Alejandro creía que ya no encontraría resistencia fuerte y decidió seguir avanzando hacia el este, llevando consigo sólo fuerzas escogidas. Entretanto, Crátero retrocedió al Hidaspes con la orden de edificar las nuevas ciudades y aumentar la flota. Ceno fue dejado en el cruce del río Acesines para ocuparse de las provisiones, y Poro fue enviado a traer tropas de refuerzo de su reino. Estas medidas muestran que Alejandro estaba encontrando mayor oposición que la esperada; a ello se añadía la dificultad de las lluvias monzónicas y el error ya patente de las anteriores concepciones geográficas.

[223] Unos cinco kilómetros y medio de anchura y 175 metros de profundidad. Además, dos príncipes indios de la cuenca del Hidraotes les habían informado de que el Ganges se encontraba a doce días de marcha, circunstancia que eliminaba toda posibilidad de llegar al Océano por la ruta oriental en pocos días de camino.

sios[224]. *4* Y no había exageración en eso, pues Sandrocoto[225], que fue rey no mucho después, obsequió a Seleuco con quinientos elefantes e invadió la India, que sometió entera, con un ejército de seiscientos mil hombres. *5* Al principio, de desánimo y rabia, Alejandro se recluyó en su tienda y se quedó allí acostado, sin reconocerles ningún agradecimiento por las hazañas precedentes a menos que cruzara el Ganges y considerando la retirada confesión de derrota. *6* Pero como sus amigos con consejos adecuados al momento y sus soldados con lamentos y gritos, parados ante la puerta, le suplicaban, su rigor se quebrantó y levantó el campamento, no sin antes haber maquinado muchos recursos engañosos e ingeniosos para dejar muestras de su gloria: *7* así, mandó hacer armas, pesebres de caballos y bocados mayores y más pesados que lo normal y los dejó allí abandonados y dispersos por el suelo. *8* Edificó para los dioses altares, que todavía en la actualidad veneran los reyes de los presios cuando cruzan el río y acuden allí y sobre los que celebran sacrificios a la manera de los griegos. *9* Sandrocoto, que era todavía un muchacho, vio al propio Alejandro, y se dice que más tarde repetía con frecuencia que no había faltado nada para que Alejandro conquistara el país por el odio y el desprecio que todos sentían por el rey a causa de su perversidad y su bajo origen[226].

63. De allí partió Alejandro a ver el mar exterior y, luego de construir numerosos transbordadores con remos y balsas, fue bajando sin prisa, siguiendo el curso de los ríos[227]. *2* Pero

---

[224] Pueblos al este del río Beas y a orillas del Ganges, respectivamente.

[225] Transcripción griega de Chandragupta, fundador de la dinastía Maurya y rey del norte de la India. El regalo que hizo a Seleuco tuvo lugar probablemente en el 304, y los elefantes de los que se habla (cuyo número debe de ser exagerado) desempeñaron un papel decisivo en la derrota de Antígono y Demetrio en Ipso en el año 301. La ascensión de Chandragupta al trono se suele datar en el 322.

[226] Sandrocoto se refería al último rey de la dinastía Nanda, a propósito del cual Diodoro, *Biblioteca histórica*, XVII 93, cuenta que su padre, un mísero barbero, había usurpado el trono con ayuda de la reina, a la que había seducido.

[227] Alejandro accedió a los deseos de los soldados y regresó al Hidaspes, donde reedificó Bucefalia, dañada por las lluvias. De allí partió hacia el Índico a principios de noviembre de 326. Crátero y Hefestión, al mando de una parte de la caballería, iban por las riberas inspeccionando el terreno.

la navegación no era inactiva ni pacífica, pues iba sometiendo todo el país, desembarcando y entrando en las ciudades. Entre los llamados malios[228], de los que dicen que son los más belicosos de los indios, faltó poco para que lo despedazaran. 3 En efecto, había obligado a los enemigos con una lluvia de dardos a irse de la muralla y dispersarse, y había sido el primero en ascender a la muralla por una escala que habían puesto, pero cuando la escala se rompió y él empezó a recibir desde abajo impactos de los bárbaros, que resistían a lo largo del muro, aunque estaba prácticamente solo, se agachó y se dejó caer en medio de los enemigos, con la fortuna de que quedó en pie. 4 Al blandir las armas, les pareció a los bárbaros que se movía delante de él un espectro resplandeciente, 5 por lo que al principio huyeron y se dispersaron. Pero cuando vieron que no era más que él con un par de hipaspistas, unos volvieron a la carga y le herían cuerpo a cuerpo a través de la armadura con espadas y lanzas a pesar de su resistencia; 6 y hubo uno que se detuvo un poco más lejos y le disparó con el arco una flecha con tal energía y violencia, que le atravesó la coraza y se le clavó en los huesos junto a la tetilla. 7 Como su cuerpo vaciló a consecuencia del golpe y se tambaleó, el que le había disparado sacó la cimitarra bárbara y corrió hacia él, pero Peucestas y Limneo se interpusieron. 8 Ambos resultaron heridos: Limneo murió, pero Peucestas resistió y Alejandro mató al bárbaro. 9 Después de recibir muchas heridas y golpeado finalmente con un mazo en el cuello, se apoyó en el muro con la mirada puesta en los enemigos. 10 Congregados entre tanto los macedonios a su alrededor, lo cogieron inconsciente ya de lo que sucedía en torno suyo y lo llevaron a la tienda. 11 Al momento se difundió entre el ejército el rumor de que había muerto. Con dificultad y tras arduos esfuerzos serraron el dardo, que era de madera, y una vez que le desataron la coraza a duras penas igualmente, se pusieron a extraer la punta, que había penetrado en una de las costillas.

---

[228] Tribu independiente que habitaba en la margen oriental del Hidaspes (actual Jhelum), al norte de su confluencia con el Indo y al sur de la confluencia con el Acesines.

12 Se dice que ésta tenía tres dedos de ancho y cuatro de largo. Por eso es por lo que los desmayos le llevaron a las puertas de la muerte mientras se la extraían, pero, finalmente, recobró el sentido. *13* Tras escapar del peligro, aunque todavía seguía débil y durante mucho tiempo tuvo que mantenerse a régimen y con cuidados, como se enteró de que los macedonios alborotaban fuera y estaban ansiosos por verlo, cogió un manto y salió. *14* Y después de hacer un sacrificio a los dioses, volvió a embarcar y continuó el viaje, durante el que sojuzgó muchas regiones y grandes ciudades.

64. De los gimnosofistas, cogió a los diez máximos instigadores de la sublevación de Sabas, responsables de muchísimos males para los macedonios y que tenían fama de ser hábiles por sus respuestas y por la concisión de ellas, y les propuso cuestiones insolubles, advirtiéndoles que mataría al primero que no respondiera correctamente, y así a continuación al siguiente. Al más anciano lo mandó actuar como juez[229]. *2* Pues bien, preguntado el primero si creía que los vivos eran más que los muertos, dijo que los vivos eran más, pues los muertos ya no existen. *3* Al segundo, cuál cría mayores animales, la tierra o el mar, y dijo que la tierra, pues el mar es una parte de ella. *4* Al tercero, cuál es el animal más astuto, y dijo que aquel que todavía no conoce el hombre. *5* Preguntado el cuarto con qué objeto había impulsado a Sabas a sublevarse, respondió que porque quería que viviera con honra o que muriera con honra. *6* Al quinto le preguntó qué creía que era anterior, el día o la noche, y dijo que el día por un solo día. *7* Ante la extrañeza del rey, prosiguió éste diciendo que las preguntas insolubles *8* por fuerza debían recibir respuestas insolubles. Pasando, pues, al sexto, le preguntó cómo puede uno hacerse amar más; si siendo el más poderoso, dijo,

---

[229] La revuelta de Sabas es histórica. Había sido nombrado sátrapa en la India, pero al enterarse de que su enemigo Musicano había sido confirmado en su reino había huido cruzando el Indo. El episodio es del año 325. El encuentro de Alejandro con los bramanes pudo ser una ficción, pero se encuentra también en la novela de Alejandro de Pseudo-Calístenes, y existen papiros desde el 100 a.C. que recogen la tradición.

uno no se hace temer. *9* De los tres restantes, al que le preguntó cómo un hombre puede convertirse en dios, dijo que si hiciera lo que es imposible de realizar para el hombre. *10* Al que le preguntó sobre qué es más fuerte, la vida o la muerte, respondió que la vida, que es capaz de soportar tan grandes males. *11* Al último le preguntó hasta cuándo está bien que el hombre viva, y le respondió que mientras no crea que morir es mejor que vivir. *12* Volviéndose entonces al juez, le mandó pronunciar sentencia. Éste declaró que unos habían respondido peor que otros: «Entonces —dijo— tú vas a ser el primero en morir por haber respondido así.» «No, mi rey —respondió—, a no ser que tú hayas mentido al afirmar que matarías al primero que haya dado la peor respuesta.»

65. Alejandro, pues, los dejó ir tras obsequiarlos. Luego envió a Onesícrito a que rogara que vinieran ante él los que tenían más fama y vivían tranquilamente apartados de los demás[230]. *2* Onesícrito era un filósofo de la escuela de Diógenes el cínico. Y dice que Cálano le mandó en tono muy insolente y áspero quitarse la túnica[231] y atender desnudo a sus palabras, y que, si no lo hacía así, no dialogaría con él, aunque viniera de parte de Zeus; *3* pero que Dándamis era más afable y, tras escucharle hasta el final sus palabras sobre Sócrates, Pitágoras y Diógenes, dijo que, a su modo de ver, estos hombres habían poseído buenas dotes naturales, pero que habían vivido con un respeto excesivo por las leyes. *4* Otros afirman que Dándamis se limitó a decir sólo lo siguiente: «¿Para qué has venido aquí, Alejandro, recorriendo tan largo camino?» *5* Sin embargo, Taxiles persuadió a Cálano para que fuera a presencia de Alejandro. El verdadero nombre de Cálano era Esfines; pero como saludaba a aquellos con quienes se encontraba diciéndoles en lengua india *calé,* en lugar de «salud», los griegos le dieron el nombre de Cálano. *6* Éste es de quien se dice que propuso a Alejandro el modelo de gobierno: extendió en el suelo en medio de la concurrencia un pellejo seco y rígido y

---

[230] El episodio tuvo lugar cerca de Taxila en el año 326.
[231] Onesícrito iba vestido con la clámide macedonia y las botas altas de campaña. Los gimnosofistas, uno de los cuales era Cálano, iban desnudos.

pisó uno de los extremos; oprimida la piel en aquel punto, se levantó por las demás partes. *7* Y fue haciendo lo mismo por todo el contorno y mostraba el resultado cada vez que la oprimía, hasta que, de pie en el centro, detuvo el movimiento de la piel y la dejó entera quieta. *8* La imagen trataba de ser una demostración de la necesidad de que Alejandro hiciera sentir el peso de su poder en el centro sobre todo, sin apartarse de él mucho.

66. El descenso a través de los ríos hasta el mar consumió siete meses de duración[232]. Cuando penetró con la flota en el océano, salió a alta mar en dirección a una isla que él mismo llamó Escilustis y que otros denominan Psitulcis[233]. *2* Desembarcó allí, hizo un sacrificio a los dioses y examinó la naturaleza del mar, así como la parte de la costa que era accesible. Luego, después de pedir a los dioses que ningún hombre después de él sobrepasara los límites de su expedición, emprendió el regreso. *3* Ordenó a la flota hacer un periplo, conservando siempre a mano derecha la India, y nombró comandante a Nearco y primer piloto a Onesícrito[234]. *4* Y él marchó por tierra a través del país de los oritas, donde se vio reducido a la escasez más agobiante y perdió tan gran número de hombres, que regresó de la India con menos de la cuarta parte de las fuerzas de combate[235]. *5* Y eso que eran ciento veinte mil

---

[232] Salió de Bucefalia en noviembre de 326 y llegó a Pátala, en el delta del Indo, en julio de 325. Alejandro permaneció en Pátala hasta fines de agosto, ocupado en la construcción de un puerto y una dársena y en los preparativos del viaje de Nearco, que debía ir con la flota mientras Alejandro seguía el mismo camino por tierra.

[233] El objeto de Alejandro era cerciorarse de que había llegado al mar, frontera natural de su reino, con lo que la expedición terminaba y comenzaba el regreso.

[234] Onesícrito, que luego compuso una historia de la expedición de Alejandro, fue el piloto de la nave real durante el descenso del Indo. El plan era que la flota se reuniera con Alejandro en la desembocadura del Éufrates o en el estrecho de Ormuz.

[235] El desastre, descrito en todas las fuentes de la expedición de Alejandro, tuvo lugar en el desierto de Gedrosia, no en el país de los oritas. Según afirmaba Nearco en el *Periplo* que compuso recordando su navegación, Alejandro escogió esta ruta no sólo para dar ayuda a la flota con provisiones y agua, sino también para superar a Ciro y Semíramis, de quienes se decía que habían su-

los infantes, y quince mil las tropas de caballería[236]. *6* Graves enfermedades, un mal régimen alimenticio, calores tórridos y, sobre todo, el hambre hicieron perecer a la mayoría, que avanzaba por un territorio estéril, habitado por gentes que llevaban una existencia miserable y que poseían algo de ganado lanar de mala raza, que, como se alimentaba de peces marinos, tenía una carne horrible y maloliente. *7* Tras atravesar, pues, esta región con grandes fatigas en sesenta días, nada más entrar en Gedrosia, al punto tuvo de sobra gracias a las provisiones de las que le abastecieron los sátrapas y reyes más próximos[237].

67. Tras restablecer, pues, allí a sus tropas, recorrió Carmania durante siete días en festivos cortejos[238]. *2* A él lo transportaban con lentitud ocho caballos, con sus compañeros sobre un estrado claveteado a una tarima rectangular elevada y bien visible, entregado día y noche a continuos banquetes. *3* Tras él venía un inmenso número de carros, cubiertos unos con toldos de púrpura y telas bordadas, y sombreados otros con ramas de árboles siempre frescas y verdosas, que conducían a los demás amigos y oficiales coronados y bebiendo. *4* No se podía ver ni un escudo ni un casco ni una sarisa; sólo había copas, cuernos para beber y vasos tericleos, con los que a lo largo de todo el camino los soldados extraían el vino de grandes cántaros y vasijas, y bebían brindando unos a la salud de

---

frido un desastre al intentar cruzar el desierto con sus ejércitos. Alejandro, pues, trataba de recuperar su reputación (dañada en el Hífasis cuando se vio obligado a regresar) mediante una hazaña sobrehumana.

[236] La cifra debe de ser exagerada, porque a la India había partido con unos cincuenta mil hombres; además, una parte se quedó en el delta del Indo, otra iba con Nearco en la flota y otra, antes de llegar al delta del Indo, había seguido otra ruta interior, a las órdenes de Crátero.

[237] Las dificultades acabaron al llegar a Pura, capital de Gedrosia, adonde llegó en noviembre de 325, dos meses después de haber salido del país de los oritas. Entretanto la flota, de la que no se conocían noticias, se daba por perdida, hecho que explica la inusitada alegría de Alejandro cuando tuvo noticias de Nearco.

[238] Imitando la procesión triunfal de Dioniso tras su victoria sobre los indios. Poco después de llegar a Pura, se unió a Alejandro el contingente que había regresado por otra ruta con Crátero.

los otros, bien mientras andaban y caminaban, bien recostados como a la mesa. *5* Mucha música de zampoñas y flautas, cantos acompañados de lira y coros báquicos de mujeres dominaban todos los alrededores. *6* Y al movimiento desordenado y errabundo de este viaje se unían en comparsa juegos y bromas de licencia báquica, como si estuviera presente el propio dios y fuera él quien escoltara este alborozado cortejo. *7* Y cuando llegó al palacio real de Gedrosia[239], de nuevo dio un descanso al ejército para que terminara de recuperarse con nuevas reuniones y festejos. *8* Se cuenta que presenció borracho certámenes de coros, y que su amado Bagoas, que participaba en un coro, resultó vencedor y, ataviado con la ropa del escenario, atravesó el teatro y se sentó a su lado; y que, al verlo los macedonios, estuvieron aplaudiendo y gritando que le besara, hasta que él lo abrazó y le dio un apasionado beso[240].

68. Allí se unieron a él Nearco y los suyos, tras subir desde el litoral[241]. Alejandro se alegró y, luego de escuchar el relato de su navegación, concibió el plan de navegar él mismo con una gran escuadra Éufrates abajo, bordear luego Arabia y Libia y penetrar por las columnas de Hércules en el mar interior. *2* Construyó barcos de todas clases en Tápsaco y de todas partes se congregaron marinos y pilotos. *3* Pero la penosa expedición por el interior, la herida en el país de los malios y las pérdidas de tropas, que se decía que habían sido considerables, suscitaron dudas sobre su salud, y el resultado es que excitaron sublevaciones en los pueblos sometidos y provocaron en los generales y sátrapas muchas injusticias, actos de codicia y afanes de rebelión; en una palabra, la agitación y la inestabilidad recorrieron todo el país[242].

---

[239] Error por Carmania.
[240] En Hircania Bagoas entró a formar parte del séquito de Alejandro. Era un eunuco de rara belleza en la flor de la edad, que había sido amante de Darío.
[241] En Ormuz, donde había desembarcado, Nearco se enteró por casualidad de que Alejandro se encontraba a cinco días de camino. La alegría de Alejandro es porque ya había dado por perdidos a los integrantes de la flota.
[242] En general, los sátrapas habían sido leales, pero, por ejemplo, Astaspes, sátrapa de Carmania, que no le había llevado ayuda a Gedrosia, fue sustituido por el macedonio Tlepólemo.

4 También en este momento, Olimpíade y Cleopatra se sublevaron contra Antípatro y se distribuyeron el poder, Olimpíade haciéndose cargo de Epiro, y Cleopatra de Macedonia[243]. *5* Al enterarse de esto, Alejandro dijo que su madre había elegido mejor, pues los macedonios no tolerarían que una mujer reinara sobre ellos. *6* Por eso envió de nuevo a Nearco al mar, decidido a cubrir la costa entera de ciudades, mientras él bajaba por tierra y castigaba a los gobernadores rebeldes[244]. *7* De los hijos de Abulites[245], a uno que se llamaba Oxiartes lo mató personalmente atravesándolo de parte a parte con una sarisa, y como Abulites no le había proporcionado ninguno de los víveres necesarios y, en vez de eso, se había limitado a hacerle llegar tres mil talentos de moneda acuñada, mandó que echaran el dinero a los caballos; y como éstos no lo probaron, dijo: «¿Para qué nos sirven entonces tus provisiones?», y encerró a Abulites.

69. En Persia, lo primero que hizo fue dar a las mujeres dinero, siguiendo la costumbre de los reyes, que, cada vez que llegaban a Persia, daban a cada una una moneda de oro. *2* Por esto es por lo que dicen que algunos iban a Persia raras veces, y que Oco ni siquiera una vez, exiliándose así de su propia patria por tacañería.

3 Luego, al descubrir la tumba de Ciro violada, mató al culpable, aunque el autor del delito había sido uno de Pela y no de los menos notables, llamado Pulámaco[246]. *4* Cuando leyó

---

[243] Ya desde el 331, tras una disputa con Antípatro, Olimpíade se había retirado a Epiro, donde reinaba Alejandro Moloso, hermano y yerno de Olimpíade por estar casado con Cleopatra. Pero este Alejandro murió en Italia, y Olimpíade apartó del poder a Cleopatra, que regresó a Macedonia. Alejandro, tras una derrota de Antípatro en Tracia en 325-324, le relevó de sus funciones y encargó a Crátero velar por su trono en Macedonia.

[244] Nearco debía bordear la costa del golfo Pérsico, remontar el Pasitigris hasta Susa y reunirse allí con Alejandro. Mientras tanto, Hefestión con el grueso del ejército debía dirigirse directamente a Susa por una ruta más al sur.

[245] Abulites era sátrapa de Susiana, y su hijo de Paretacena. Estos acontecimientos tuvieron lugar entre diciembre de 325 y enero de 324 en Pasargadas.

[246] La tumba estaba en Pasargadas, de donde se dirigió a Persépolis en enero del 324.

el epitafio, lo mandó grabar debajo con caracteres griegos. La inscripción era la siguiente: «Buen hombre, quienquiera que seas y vengas de donde vengas, pues que vendrás lo sé, yo soy Ciro, el que adquirió el imperio para los persas. No codicies esta poca tierra que cubre mi cuerpo.» *5* El contenido de esta inscripción afectó profundamente a Alejandro y le hizo reflexionar sobre la incertidumbre e inestabilidad de la condición humana.

6 Fue entonces cuando Cálano, que sufría del estómago desde hacía no mucho tiempo, pidió que le levantaran una pira. Se dirigió a ella a caballo y, luego de hacer plegarias y libaciones por sí mismo y ofrendar las primicias de sus cabellos, subió a ella y estrechó la mano a los macedonios presentes; a continuación, exhortó a éstos a que pasaran aquel día con regocijo y se emborracharan con el rey y declaró que a este último lo vería poco tiempo después en Babilonia. *7* Tras decir esto, se acostó y se tapó, y no se movió cuando el fuego se le fue acercando; por el contrario, manteniendo la misma postura con la que se había acostado, se inmoló en sacrificio favorable, según el hábito tradicional de los sabios de aquel país. *8* Esto mismo hizo muchos años después otro indio que se encontraba en Atenas con César[247], y todavía en la actualidad se muestra allí la tumba llamada del indio.

70. De regreso de la pira, Alejandro reunió para una cena a muchos de sus amigos y oficiales y propuso un concurso para ver quién bebía más cantidad de vino puro cuyo premio era una corona. *2* El que más bebió fue Prómaco, que llegó hasta las cuatro medidas[248]. Obtuvo el premio de la victoria, una corona de un talento de valor, pero no sobrevivió más que tres días. De los demás, según dice Cares, murieron cuarenta y uno después de beber, a consecuencia de un frío glacial que les acometió por la embriaguez.

---

[247] En una embajada procedente del rey indio, Poro, que Augusto recibió en Atenas en el 20 a.C.
[248] Alrededor de trece litros.

3 Cuando celebró en Susa las bodas de sus compañeros[249], él mismo tomó por esposa a la hija de Darío, Estatira[250], y fue distribuyendo las más nobles mujeres para los más nobles de los suyos. Ofreció un banquete de bodas en honor de éstos y de todos los macedonios que ya se habían casado antes, en el que dicen que, a pesar de ser nueve mil los invitados al festín, a cada uno se le obsequió con copa de oro para las libaciones. Dispuso todo lo demás con extraordinaria brillantez y, en concreto, pagó personalmente a los acreedores las deudas contraídas por sus soldados, siendo en total el gasto de diez mil talentos menos ciento treinta[251]. *4* Antígenes el tuerto hizo la trampa de inscribirse como un deudor más y, como presentó ante la banca donde se hacía el pago a un pretendido acreedor, se le libró el dinero, pero luego se descubrió la mentira y el rey, irritado, le expulsó de la corte y le relevó del mando. *5* Era Antígenes un soldado brillante en las batallas: todavía joven, cuando, durante el asedio de Perinto por Filipo[252], se le clavó un proyectil de catapulta en el ojo, no consintió que le extrajeran el dardo los que pretendían hacerlo ni desistió del combate hasta haber rechazado a los enemigos en su acometida y encerrarlos en sus murallas. *6* Con enorme pesar, pues, soportó entonces la afrenta y era evidente que el dolor y la desesperación le iban a llevar a quitarse la vida. Temiendo esto, el rey aplacó su ira y le autorizó a quedarse con el dinero.

---

[249] En la primavera del 324 se reunieron Nearco y la flota, Hefestión con el grueso del ejército y Alejandro. Allí se dispuso un largo periodo de descanso y comenzaron las medidas más importantes para la organización del reino. Reorganizó también los mandos supremos y nombró a Hefestión jefe de la guardia, cargo que en el imperio persa solía ser otorgado al sucesor o heredero.

[250] Y a Parisátide, la hija menor de Artajerjes III Oco. Roxana seguía siendo esposa suya, según la poligamia habitual en el imperio persa. A Hefestión le dio como esposa la segunda hija de Darío, Dripétide.

[251] La fiesta nupcial se desarrolló durante cinco días de abril del 324; su objetivo político era la fusión entre ambos pueblos. Noventa y dos compañeros de Alejandro contrajeron nupcias, que se deshicieron en la mayoría de los casos poco después de la muerte de Alejandro, con algunas notables excepciones como el matrimonio de Seleuco con la hija de Espitámenes.

[252] Verano del 340. El episodio de Antígenes está narrado en *Moralia*, 339 b-d.

71. Aquellos treinta mil niños que Alejandro había dejado para que se ejercitaran e instruyeran se habían convertido en hombres de cuerpo valeroso y aspecto excelente y además daban pruebas en los entrenamientos de una destreza y agilidad extraordinarias. Su grado de preparación llenaba de satisfacción a Alejandro, pero a los macedonios les producía disgusto y temor de que el rey les tuviera a ellos mismos en menor consideración. *2* Por eso, cuando licenció y mandó embarcar a los enfermos y mutilados, los macedonios proclamaron que era un insulto y un ultraje, después de haberse valido de aquellos hombres para todos los servicios, desecharlos ahora vergonzosamente y arrojarlos a sus patrias con sus padres, siendo así que no los había enrolado como ahora estaban[253]. *3* En consecuencia, le dijeron que dejara a todos y que considerase inútiles a todos los macedonios, teniendo como tenía a aquellos jovencitos bailarines de la pírrica[254], con quienes podía ir a conquistar el orbe. *4* Esta actitud indignó a Alejandro, que, en su cólera, los cubrió de insultos y expulsó y encomendó a los persas su seguridad y nombró entre éstos a sus guardias y maceros. *5* Los macedonios, al verlo escoltado por esa gente, mientras que a ellos se les rechazaba e insultaba, se sintieron humillados, pero, después de deliberar, descubrieron que habían estado a punto de volverse locos de celos y cólera. *6* Finalmente, recobraron el juicio y se encaminaron a la tienda del rey sin armas y con la simple túnica, entregándose a su voluntad entre gritos y gemidos y diciéndole que los tratara como a malvados y desagradecidos. *7* Él no los recibió, aunque ya se había ablandado; pero ellos, en vez de retirarse, aguantaron así durante dos días con sus noches, asediándole con sus lamentaciones e invocándole como soberano absoluto. *8* Al tercer día salió y, al contemplarlos abatidos y dignos de piedad, estuvo llorando un buen rato; luego, tras censurarlos con blandura y dirigirse a ellos con tono amistoso, licenció a los inútiles, obsequiándolos con largueza y escribiendo

---

[253] Plutarco parece localizar el motín en Susa, adonde habían sido conducidos los jóvenes persas llamados epígonos; pero fue en Opis, al norte de Babilonia, a orillas del Tigris.

[254] Danza guerrera. Estos jóvenes no tenían experiencia militar.

a Antípatro con las instrucciones precisas para que en todos los concursos y espectáculos teatrales tuvieran asiento preeminente y se sentaran en primera fila coronados[255], y dio una pensión a los hijos de los fallecidos que habían quedado huérfanos.

72. Cuando llegó a Ecbatana de Media[256] y ordenó los asuntos más urgentes de la administración, volvió a ocuparse de las representaciones teatrales y las concentraciones festivas, con motivo de la llegada a su presencia de tres mil artistas procedentes de Grecia. *2* Ocurrió en aquellos días que a Hefestión le dio la fiebre; y como no aguantaba, como buen joven y militar, un régimen severo, y además Glauco, su médico, se había ido al teatro, se puso a almorzar y devoró un gallo cocido y se bebió hasta la última gota una enorme jarra de vino de esas donde se pone a refrescar. El resultado es que comenzó a sentirse mal y poco después murió. *3* Esta desgracia causó a Alejandro un dolor que ninguna reflexión pudo aliviar. De inmediato, mandó cortar las crines a todos los caballos y mulos en señal de duelo, derribó las almenas de las ciudades del contorno, crucificó al desdichado médico e hizo que cesaran las flautas y toda clase de músicas en el ejército durante mucho tiempo, hasta que llegó una profecía de parte de Amón, recomendando honrar a Hefestión y hacerle sacrificios como a un héroe[257]. *4* Sirviéndose de la guerra como consuelo de su dolor, partió como de cacería o a una batida de hombres con perros y sometió la tribu de los coseos[258], degollando a todos

---

[255] Eran unos diez mil, y el encargado de conducirlos era Crátero con Poliperconte como lugarteniente, que, además, debía reemplazar a Antípatro en sus funciones. Durante su estancia en Susa promulgó solemnemente la libertad de todas las ciudades griegas y el retorno de todos los exiliados a sus lugares de procedencia. La proclamación fue en los juegos olímpicos celebrados en el 324.

[256] A fines de verano del 324.

[257] Perdicas había sido el encargado de consultar el oráculo. El cargo de quiliarco que ocupaba Hefestión ya nunca fue cubierto.

[258] Tribu de bandidos que vivía en las montañas al sur de Ecbatana. Habían conservado su independencia de los reyes persas, de quienes recibían tributo. Normalmente abandonaban sus aldeas cuando eran atacados, pero Alejandro les sorprendió con su ataque durante el invierno.

los que estaban en edad militar. Dio a esta acción el nombre de sacrificio en honor del héroe Hefestión. *5* El monumento funerario, la tumba y la decoración correspondiente tenía pensado llevarlos a cabo con una suma de diez mil talentos, pero tenía también planeado sobrepasar el gasto con la elaboración artística y la grandiosidad de la edificación y por eso al arquitecto que más echó en falta fue a Estasícrates, que hacía gala en sus innovaciones de cierta magnificencia, osadía y boato. *6* Éste fue, en efecto, el que afirmó en una entrevista que había tenido con Alejandro que de todos los montes era el Atos de Tracia el que mejor se prestaba para esculpir en él una figura humana y adquirir una forma muy semejante; *7* y que si se lo mandaba, convertiría el Atos en la más perdurable y preclara de sus estatuas, pues le representaría con una ciudad de diez mil habitantes en la mano izquierda y vertiendo con la derecha en libación el generoso caudal de un río que desembocara en el mar. *8* Alejandro había declinado este ofrecimiento, pero en ese momento se ocupaba en poner toda su habilidad para inventar e imaginar con sus arquitectos ingenios mucho más inauditos y costosos que éstos.

73. Iba avanzando en dirección a Babilonia[259], cuando Nearco, que había llegado en su segundo viaje hasta el Éufrates navegando desde el gran mar, dijo que se había encontrado con unos caldeos que aconsejaban a Alejandro mantenerse lejos de Babilonia[260]. *2* Él no hizo caso y siguió su marcha. Cuando estaba cerca de las murallas, he aquí que ve muchos cuervos que disputaban y se golpeaban entre sí, algunos de los cuales cayeron a su lado. *3* Recibió luego una denuncia contra Apolodoro, general de Babilonia, en el sentido de que había hecho un sacrificio para conocer el futuro de Alejandro, y llamó al adivino Pitágoras. *4* Éste no negó el hecho y, al preguntarle Alejandro sobre el estado de las víctimas, él dijo que el hígado estaba sin lóbulos. «¡Ay, grave es ese presagio!», exclamó Alejandro. *5* Y no le hizo ningún mal a Pitágo-

---

[259] Primavera del 323.
[260] Astrólogos que predecían el futuro mediante un método basado en la observación de los astros.

ras, pero le pesó no haber hecho caso a Nearco y, por eso, consumió la mayor parte del tiempo acampado fuera de Babilonia y navegando por el Éufrates. *6* Muchos eran los presagios que le inquietaban: al león más grande y hermoso que criaba lo agredió un asno doméstico y lo mató de una coz. *7* En cierta ocasión en que se había desvestido para ungirse y jugaba a la pelota, los jóvenes que jugaban con él, llegado el momento de coger de nuevo la ropa, ven a un individuo sentado en el trono, en silencio y revestido con la diadema y la ropa del rey. *8.* Le preguntaron quién era, pero él permaneció un buen rato sin pronunciar palabra; y cuando, por fin, recobró a duras penas el juicio dijo que se llamaba Dionisio y que era natural de Mesenia; que le habían traído del mar allí por una acusación y un juicio y había estado mucho tiempo entre grilletes; *9* pero que hacía poco que Sérapis se le había aparecido, quitado las cadenas, traído aquí y ordenado que cogiera la ropa y la diadema y se sentara en el trono y se mantuviera callado.

74. Al oír Alejandro esto, hizo desaparecer al individuo según aconsejaban los adivinos. Pero él estaba desanimado, desconfiaba ya del favor divino y sospechaba de sus amigos.
2 Sobre todo tenía miedo de Antípatro[261] y sus hijos; de ellos, Yolas era primer escanciador, y Casandro, que había venido recientemente, al ver a unos bárbaros postrarse ante él, como se había criado a la griega y antes no había visto nada semejante, había estallado en carcajadas. *3* Alejandro se enfadó y, agarrándole del pelo con violencia con ambas manos, le golpeó la cabeza contra la pared. *4* En otra ocasión en que Casandro trataba de decir algo a los que acusaban a Antípatro, le interrumpió con malos modos, diciéndole: «¿Qué dices? ¿Que unos hombres han venido recorriendo tan largo camino sin haber sufrido ninguna injusticia, sólo por calumniar?» *5* Casandro replicó que eso precisamente era una prueba de que estaban diciendo una calumnia: haber venido

---

[261] Había quedado relevado de sus funciones el año anterior y había recibido el encargo de traer reclutas macedonios a Asia.

tan lejos de donde estaba quien los podía refutar. Alejandro entonces se echó a reír y dijo: «Aquí están aquellos sofismas de los discípulos de Aristóteles, igualmente ingeniosos para argüir a favor que contra algo; pero os lamentaréis si se demuestra que habéis hecho a estos hombres el más mínimo agravio.» *6* En resumidas cuentas, dicen que el miedo que infundió a Casandro era tan terrible y que quedó impreso en su alma de modo tan indeleble, que, mucho tiempo después, cuando ya era rey de los macedonios y dominaba Grecia, una vez que paseaba por Delfos e iba contemplando estatuas, al aparecer de repente una efigie de Alejandro, se llevó tal susto, que el cuerpo le comenzó a temblar y estremecerse de manera convulsiva y sólo a duras penas logró recuperarse del mareo que le produjo la visión[262].

75. El caso es que Alejandro, como ya entonces se había rendido a las señales divinas y tenía una mente propicia a inquietarse y aterrorizarse por cualquier cosa, no había nada de insólito y extraño por insignificante que fuera que no considerara prodigio y presagio. El palacio real estaba lleno de sacrificadores, purificadores, adivinos <y gentes que llenaban de sandeces y miedo a Alejandro>. *2* Horrible es ciertamente la incredulidad y el desprecio de las señales divinas, pero también es espantosa la superstición[263], que, como el agua, se filtra siempre hacia las partes más bajas [...].

3 No obstante, cuando le trajeron de parte del dios los oráculos sobre Hefestión, puso término a su duelo y de nuevo se entregó a los sacrificios y a la bebida. *4* Ofreció a Nearco un espléndido banquete y, a continuación, después de bañarse, según solía hacer, iba a acostarse, pero a instancias de Medio fue a casa de éste para participar en una fiesta[264]. *5* Después de

---

[262] Casandro tomó el título de rey de Macedonia en el 305 y murió el 298. El recuerdo quizá estaba consignado en los archivos de Delfos.
[263] Tema al que Plutarco ha dedicado un tratado, *Moralia*, 164-171 f, en el que sostiene que es peor que el ateísmo.
[264] Medio era de Larisa y debió de acompañar a Alejandro como amigo personal, ya que no hay mención de que desempeñara cargos militares. En el 323 gozaba del favor de Alejandro y era llamado por sus enemigos el primero de sus aduladores. Pero luego fue acusado de haber tomado parte en el supuesto asesinato de Alejandro.

beber allí durante toda esa noche y el día siguiente, comenzó a tener fiebre. Y eso no fue porque hubiera bebido hasta apurarla la copa de Hércules ni porque le hubiera dado un agudo dolor repentino en la espalda, como si le hubieran clavado una lanza: ésas son cosas que ciertos autores creyeron necesario escribir, como si estuvieran inventando un desenlace trágico y patético para un gran drama. *6* Aristobulo, en cambio, dice que, como le había dado una fiebre muy alta y tenía mucha sed, bebió vino y que entonces se puso a delirar, hasta que murió el treinta del mes de Desio[265].

76. En el diario[266] se escribe lo siguiente acerca de su enfermedad: El dieciocho del mes de Desio se acostó en el cuarto de baño a causa de la fiebre. *2* Al día siguiente, después de bañarse, se mudó a su habitación y pasó el día jugando a los dados con Medio. Luego se bañó ya tarde y, después de hacer un sacrificio a los dioses, cenó y por la noche tuvo fiebre. *3* El día veinte, después de bañarse, volvió a hacer el sacrificio habitual; después se acostó en el cuarto de baño y pasó el día con Nearco y sus oficiales, escuchándoles lo que contaban de su viaje y del gran mar. *4* El veintiuno hizo lo mismo, pero la temperatura le subió más y pasó muy mala noche. Al día siguiente, la fiebre fue muy alta. *5* Le cambiaron de sitio y estaba acostado junto a la piscina grande cuando estuvo conversando con sus oficiales sobre las unidades vacantes de mando y les encomendó que las proveyeran con personas de condición probada. *6* El veinticuatro, con una fiebre muy alta, hizo que lo levantaran y lo llevaran para hacer un sacrificio; mandó a los principales jefes quedarse en palacio y a los taxiarcos y pentacosiarcos[267] pasar la noche fuera. *7* Trasladado al palacio real del otro lado del río, el día veinticinco durmió poco,

---

[265] El mes de Desio tenía veintinueve días, cfr. 16, 2. La aparente contradicción se debe a que Aristobulo, siguiendo la práctica griega, tomaba las siete de la tarde como el principio del día siguiente. La muerte tuvo lugar el 10 de junio del 323.
[266] Acerca del diario, cfr. nota 97. La narración de Plutarco coincide con la de Arriano, VII 25, 1 ss., que también menciona el diario como su fuente.
[267] Nombres de jefes de unidades militares.

mientras la fiebre continuaba sin ceder; cuando sus oficiales entraron, ya estaba sin voz y lo mismo sucedió el día veintiséis. *8* Por eso, los macedonios, creyendo que había muerto, acudieron a las puertas gritando y estuvieron amenazando a los compañeros, hasta que los forzaron a abrírselas. Y una vez abiertas las puertas todos uno a uno, con sólo la túnica, fueron desfilando ante el lecho. *9* Ese día, Pitón, Seleuco y otros fueron enviados al santuario de Sérapis para preguntar si trasladaban allí a Alejandro. El oráculo del dios respondió que lo dejaran en el lugar en que estaba. El veintiocho al anochecer murió.

77. La mayor parte de estos hechos se relata así literalmente en los diarios.

2 Sospechas de envenenamiento no tuvo nadie en ese momento, pero cinco años después dicen que, como resultado de una denuncia, Olimpíade dio muerte a muchas personas y esparció al viento las cenizas de Yolas, ya muerto por entonces, bajo la acusación de haberle servido un veneno en el vaso[268]. *3* Los que pretenden que Aristóteles aconsejó a Antípatro la realización del crimen y, sobre todo, que por mediación de él se le suministró el veneno citan el relato de cierto Hagnótemis, que decía que se lo había oído decir al rey Antígono[269]; *4* cuentan también que el veneno era agua fría y helada, procedente de una roca que hay en Nonácride[270], que recogen como rocío menudo y depositan en una pezuña de burro. Y es que no se puede guardar en ningún otro recipiente, porque los hace añicos a causa de su frialdad y su carácter punzante. *5* La mayoría de los autores, sin embargo, es de la opinión de que esa historia del envenenamiento es, en resumidas cuentas, una pura invención. Una prueba nada insignificante para ellos es que durante las disputas de los generales, que se prolongaron durante muchos días, el cadáver permaneció sin cuidados en un paraje caluroso y asfixiante, pero no

---

[268] Su hermano Casandro se tomó más tarde venganza y en el 316 hizo lo mismo con Olimpíade después de asesinarla.
[269] Que tomó el título de rey en el 306 y murió en Ipso en 301.
[270] Ciudad de Arcadia, en el centro del Peloponeso.

ofreció ninguna señal de esta clase de muerte; por el contrario, se conservó puro y fresco[271].

6 Roxana se encontraba encinta[272], y por eso gozaba del respeto de los macedonios; pero como sentía celos por Estatira, la engañó con una carta mentirosa, para que viniera con ella. Y cuando consiguió atraerla con su hermana[273], las mató y tiró los cadáveres a un pozo que luego cegó. Todo ello lo hizo con la complicidad y colaboración de Pérdicas[274]. 7 Éste enseguida alcanzó la máxima autoridad; arrastraba a su lado, como personaje mudo que escoltaba su real majestad, a Arrideo, hijo de una mujer oscura y mediocre llamada Filina. Además, Arrideo no tenía el juicio en sus cabales a causa de una enfermedad, que no es que le hubiese venido de modo congénito ni sin causa justificada: 8 incluso dicen que en su infancia revelaba un carácter amable y nada innoble, pero que después Olimpíade[275] le hizo enfermar con brebajes, hasta que le hizo perder la razón[276].

---

[271] Los generales, con la ayuda de la caballería, deseaban que el hijo nonato de Roxana, si resultaba ser niño, fuera proclamado rey; la infantería, al mando de Meleagro, escogió a Arrideo como rey y le dio el nombre de Filipo III. Finalmente, se llegó a un compromiso para que ambos compartieran el trono.

[272] En agosto dio a luz a un niño a quien se le dio el nombre de Alejandro.

[273] A Estatira y a Dripétide, casada con Hefestión en las nupcias de Susa.

[274] Tras la muerte de Hefestión y la partida de Crátero a Macedonia, era el jefe de la caballería de los compañeros. Había recibido de Alejandro en el lecho de muerte el sello real, lo que le hacía quiliarco oficialmente.

[275] La acusación forma parte de la propaganda de Casandro.

[276] Es posible que se haya perdido el final de la *Vida de Alejandro,* así como el comienzo de la de César. A juzgar por lo que sucede en otras biografías de Plutarco resulta improbable que haya mencionado estos detalles acerca de Arrideo y, en cambio, no diga nada sobre el destino posterior de Roxana y Olimpíade; cfr., no obstante, la nota 1 a la *Vida de César.*

César

Todas las fuentes mencionadas por Plutarco en la *Vida de César* son latinas, si se exceptúa a Estrabón, a quien sólo menciona a propósito de ciertos presagios que antecedieron y anunciaron el asesinato del dictador en las idus de marzo del 44 a.C. En efecto, Plutarco parece haber utilizado en la composición de esta biografía, a juzgar por sus citas, los *Comentarios* del propio César sobre la guerra de las Galias y la guerra civil, la biografía de César escrita por su oficial y colaborador Gayo Opio, los pasajes correspondientes de la *Historia de Roma desde su fundación* de Tito Livio (no conservados más que en la epítome de Floro) y las *Historias* de Asinio Polión (75 a.C.-4 o 5 d.C.), que trataban la época de la guerra civil desde el 60 hasta el 35 a.C., además de la obra, griega probablemente, de Cicerón, *Sobre el consulado,* y la historia analítica de Tanusio Gémino. De todas ellas sólo se conservan los *Comentarios* de César. Por esa razón, no es posible valorar en qué medida Plutarco ha conocido y utilizado cada una de ellas. El hecho de que toda la documentación citada sea latina nos enfrenta con un problema general. Como el propio Plutarco afirma en la *Vida de Demóstenes,* 2, 2, el biógrafo de Queronea empezó en época avanzada de su vida a familiarizarse con el latín y nunca logró un conocimiento profundo de esta lengua. Esta circunstancia explica, por un lado, los errores e inexactitudes de detalle que contiene, por ejemplo, la *Vida de César,* como la datación de la captura de César por los piratas rodios y otros puntos menores. Pero, sobre todo, su menor familiaridad con las fuentes latinas explica que el tratamiento de la figura de César parezca carecer de la originalidad y profundidad en la interpretación de las que hace gala Plutarco en la mayoría de las *Vidas*. Bien es verdad que las características más notables del carácter de César, la ambición, el cálculo, la grandeza heroica, la magnanimidad y la clemencia, la facilidad para granjearse la voluntad de los soldados y la actividad continua que se sobrepone a todas las fatigas, resultan evidentes de sus propias acciones, y éste es el objetivo que perseguía Plutarco; pero estos rasgos son materia común en el enjuiciamiento del carácter de César. La vida escrita por Plutarco sigue en términos generales el desarrollo cronológico, interrumpido sólo de vez en cuando por capítulos que ilustran con anécdotas diversas facetas de la personalidad biografiada, a diferencia del orden temático que se observa, por ejemplo, en el César de Suetonio, *Vida de los doce Césares,* que no sigue el orden cronológico, sino el temático.

Ciertos hechos que se observan en esta *Vida* son característicos de la personalidad de su autor. Ante todo, su carácter optimista y esencialmente amable y bienintencionado, que le permite dar una visión favorable tanto de César como de sus asesinos, tratar con benevolencia y respeto a César, a Catón de Útica y a Pompeyo, considerar que las guerras civiles de fines de la república en Roma son producto de la degeneración y el decaimiento moral, cosa que llevaba inevitablemente a la monarquía, y atribuir las más altas virtudes tanto a los personajes que iban a favor del curso de la historia, como a los que se oponían a esta evolución del acontecer histórico. En segundo lugar, su interés constante por los ritos y la religión romana, como ya documentan sus *Explicaciones romanas (Moralia,* 263 d-291 c); movido por esta afición, Plutarco da ciertas noticias sobre las ceremonias del culto de la Buena Diosa a propósito del escándalo de Clodio, y sobre las Lupercales. Igualmente, el interés de Plutarco por los presagios y las formas de adivinación le impulsa a mencionar varios signos y profecías a lo largo de esta biografía. Estas noticias que Plutarco reúne son muestra de su interés por los hechos sobrenaturales y la religión. En tercer lugar, típica de la biografía de Plutarco es la concentración del relato en el personaje biografiado, cosa que lleva prácticamente al olvido de las condiciones políticas y sociales en las que se desenvuelve el personaje. Este rasgo es muy notable en la *Vida de César,* en la que hechos como la conjuración de Catilina, las medidas políticas durante el primer consulado de César, la entrevista de Luca, etc., no son apenas comprensibles en todas sus implicaciones con el solo relato de Plutarco, más sugestivo que descriptivo. Para comprender este proceder de Plutarco no hay que olvidar que la biografía da por conocida la historia, y que Plutarco escribía fundamentalmente para la aristocracia media grecorromana de la época, a la que pretende educar con sus ejemplos morales con vistas a la actuación política, como sucede en los *Consejos políticos.*

Ciertas afirmaciones y la narración de algunas anécdotas obedecen a la intención de revelar paralelismos entre Alejandro y César. De ello se deduce que el autor ha seleccionado de la amplia documentación de la que disponía aquellos hechos que ha considerado más adecuados para introducir temas y elementos recurrentes en los personajes que comparaba. Plutarco no se ha limitado a resumir las informaciones que conocía acerca de César, sino que ha omitido o abreviado algunas y ha puesto de relieve aquellas otras que le permitieran establecer semejanzas más notables con Alejandro. Así se explica, por ejemplo, que relate los proyectos irrealizados de César, y que, en cambio, omita o resuma otros hechos militares como el asedio de Marsella, dos campañas en la guerra de las Galias o la campaña en España contra Afranio y Varrón.

La comparación entre Alejandro y César, si es que Plutarco llegó a escribirla, se ha perdido. Pero en este caso al menos, Plutarco no debió de tener ninguna duda acerca de lo adecuado que era enfrentar la vida de César con la de Alejandro. Ambos eran los conquistadores más sobresalientes de la antigüedad y manifestaron en su última época parecida tendencia a la divinización y a la identificación con el monarca persa y con los helenísticos, respectivamente; por lo demás, ciertos rasgos que Plutarco atribuye al carácter de César podrían haber sido aplicados a lo que el biógrafo afirma de Alejandro. Aparte de estas similitudes, Plutarco ha tenido buen cuidado de reforzar los parecidos de César y Alejandro. La diferencia más notable entre ambos es la clemencia de César con sus enemigos, frente a la actuación de Alejandro en los casos de Clito, Calístenes y Filotas. Por todo ello, es fácil imaginar cuál fue el tenor de la comparación de Alejandro y César que pudo haber escrito Plutarco.

Bibliografía

G. Julio César, *Guerra de las Galias*. Puede consultarse con texto latino en la edición con traducción de V. García Yebra e H. Escolar, Madrid, 1986² y en la traducción de J. Goya Muniain y M. Balbuena, Barcelona, 1962.

— *Memorias de la guerra civil*, I-II, ed. y trad. S. Mariner Bigorra, Madrid, 1959 y 1961.

Suetonio, *Vidas de los Césares*, edición de V. Picón, Madrid, 1998.

W. Shakespeare, *Julio César*, ed. y trad. de Á.-L. Pujante, Madrid, 1990.

Carcopino, J., *Julio César*, trad. esp., Madrid, 1974.

Gelzer, M., *Caesar, Politic and Statesman*, trad. ingl., Oxford, 1968.

Julio César.

CÉSAR

1. A Cornelia, hija de Cinna, que ejerció el poder absoluto, como Sila cuando se hizo dueño de la situación no pudo ni con promesas ni con amenazas arrancarla de César, le confiscó la dote[1]. *2* La causa de la enemistad de César con Sila era su parentesco con Mario. Pues Mario el mayor estaba casado con Julia, hermana del padre de César, y de ella había nacido Mario el joven, que era así primo hermano de César[2]. *3* Aunque al principio, por la multitud de asesinatos y a causa de sus ocupaciones, no había sido objeto de la atención de Sila, no se conformó con eso, sino que se presentó ante el pueblo como candidato al sacerdocio cuando todavía no era más que un joven de corta edad[3]; pero con su oposición secreta Sila lo-

---

[1] La biografía comienza con datos del año 82 a.C., cuando César tenía diecisiete años. Como los hechos relativos a la infancia y a la educación de los personajes biografiados suelen ocupar un lugar señalado en las *Vidas* de Plutarco, se ha supuesto que falta el comienzo de la *Vida de César*, así como el final de la de Alejandro. No obstante, la biografía de César escrita por Suetonio comienza prácticamente en el mismo momento. César nació, según la hipótesis más común, el 13 de julio del 100 a.C. L. Cornelio Cinna gobernó Roma como tirano tras la muerte de Mario en el 86, hasta su propia muerte en el 84. Sila fue dictador desde el 82 hasta el 79, en que se retiró. Cornelia murió, al parecer, en el 69, tras quince años de matrimonio con César.

[2] El matrimonio de Mario con la tía paterna de César está mencionado en *Mario*, 6, 4. Cinna era del mismo partido antisenatorial que Mario.

[3] El sacerdocio al que aspiraba César era el de Júpiter *(flamen Dialis)*. Es probable que la presentación de su candidatura a este sacerdocio fuera una medida de los partidarios de Mario para protegerle de Sila, pero César, aconsejado por su madre, Aurelia, contrajo matrimonio con Cosutia, cuya ascendencia

gró que fracasara su candidatura. *4* Además, éste planeaba con otros eliminarlo, y a algunos que le decían que no tenía razón en querer matar a un muchacho de esta edad, él les aseguró que no tenían juicio si no veían en este muchacho a muchos Marios. *5* Llegadas a oídos de César estas expresiones, fue a ocultarse entre los sabinos y allí estuvo bastante tiempo vagando de un sitio para otro. *6* Pero una vez que a causa de una enfermedad le trasladaban de noche de una casa a otra, se tropieza con unos soldados de Sila que estaban registrando aquellos parajes y arrestando a los escondidos. *7* Sobornando a Cornelio, su jefe, con dos talentos, fue dejado en libertad y bajó de inmediato a la costa y se hizo a la mar en dirección a Bitinia para ir ante el rey Nicomedes[4]. *8* Tras pasar en su compañía no mucho tiempo, se embarcó y se fue, pero es capturado cerca de la isla de Farmacusa por piratas, dueños ya entonces del mar gracias a sus grandes flotas y a sus innumerables barcos[5].

2. En primer lugar, cuando le exigieron por su rescate veinte talentos, se echó a reír burlándose de ellos por no saber a quién habían cogido y él mismo prometió darles cincuenta. *2* Después, cuando envió a cada uno de sus compañeros, a uno a una ciudad y a otro a otra, a procurarse el dinero, a pesar de haberse quedado entre los cilicios, los hombres más asesinos de todos, con sólo un amigo[6] y dos criados, los trata-

---

plebeya impedía que estuviera casada con un *flamen Dialis*. De este modo conseguía no ser nombrado definitivamente para el sacerdocio, cosa que le habría alejado de la política.

[4] En realidad, se presentó como voluntario ante el propretor de Asia, M. Minucio Termo, para hacer sus primeras armas. Éste le encomendó la misión de hacer traer del reino de Bitinia los navíos de guerra que Roma había reclamado al rey Nicomedes. César consiguió con tal facilidad la entrega de los barcos, que sus enemigos en Roma difundieron, al tiempo que el apodo de 'reina de Bitinia', la especie de que lo había logrado a cambio de favores inconfesables concedidos a Nicomedes IV.

[5] Farmacusa es una pequeña isla situada al sudoeste de Mileto. Plutarco se refiere a la piratería que por entonces infestaba el Mediterráneo y que fue eliminada por Pompeyo en el año 67. La captura de los piratas no parece haber sido cuando la sitúa Plutarco, sino en el invierno del 75-74, cuando se dirigía a Rodas tras el proceso de Dolabela.

[6] Que era médico, según Suetonio, *César*, 4, 2; 74, 1. La crueldad de los piratas cilicios es mencionada por Plutarco en *Sertorio*, 7, 5; *Pompeyo*, 28, 1; *Craso*, 7, 5.

ba con tal desprecio, que siempre que iba a acostarse les daba recado con la orden de que estuvieran callados. *3* Durante treinta y ocho días, como si en vez de estar vigilado estuvieran dándole escolta, participó en sus juegos y ejercicios sin el menor miedo. *4* Escribía poemas y discursos y los utilizaba como auditorio, y a los que no se los elogiaban los llamaba cara a cara ignorantes y bárbaros, y entre risas muchas veces los amenazó con ahorcarlos. Ellos estaban divertidos y atribuían esta franqueza a una especie de ingenuidad y broma. *5* Y cuando llevaron de Mileto el rescate y, tras dárselo, quedó en libertad, al punto equipó embarcaciones y zarpó del puerto de Mileto contra los piratas. Los sorprendió anclados todavía junto a la isla y se apoderó de la mayoría. *6* El dinero lo consideró botín, y luego de dejar a los hombres en prisión en Pérgamo, él se encaminó a ver a Junco, el gobernador de Asia[7], a quien, a su juicio, le correspondía en su calidad de pretor castigar a los capturados. *7* Pero como él miraba con ojos de envidia el tesoro, que no era pequeño, y sobre los cautivos declaró que examinaría la cuestión con tranquilidad, César lo mandó a paseo y regresó a Pérgamo, y sacando a todos los piratas los crucificó, como les había predicho muchas veces en la isla, con apariencias de broma.

3. A continuación, cuando ya el poder de Sila se extinguía, llamado por los amigos de Roma, se embarcó a Rodas para asistir a las lecciones de Apolonio, hijo de Molón, de quien también Cicerón había sido discípulo y que enseñaba retórica con brillantez y tenía fama de ser hombre de carácter moderado[8]. *2* Se dice que César tenía excelentes cualidades innatas para la elocuencia política y que había ejercitado estos talentos con tal avidez, que si tenía sin discusión el segundo lugar *3* es porque había renunciado al primero para consagrar mejor sus esfuerzos en ser el primero en el poder y en las armas, no habiendo llegado al grado de perfección oratoria al que su naturaleza le destinaba por las expediciones militares y

---

[7] Propretor de Asia en el 75-74.
[8] El viaje a Rodas desde Roma lo efectuó en el invierno del 75-74. Cicerón, *Bruto*, 261, da un juicio acerca de la oratoria de César.

la actuación política con la que adquirió el imperio. *4* Él mismo en todo caso más tarde, en el escrito de réplica contra Cicerón a propósito de Catón[9], solicita en su propio favor que no se parangone el discurso de un militar con la elocuencia de un orador poseedor de excelentes dotes naturales y que además ha tenido mucho ocio para consagrarse a ello.

4. Al regresar de Grecia a Roma, acusó a Dolabela de cohecho en su provincia, y muchas ciudades de Grecia depusieron testimonio en su favor[10]. *2* Ciertamente Dolabela fue absuelto en el juicio, pero César, con la intención de compensar los desvelos de Grecia por él, actuó como abogado defensor suyo en la causa seguida contra Publio Antonio por soborno ante Marco Luculo, pretor de Macedonia[11]. *3* Y tanto hizo valer su fuerza, que Antonio apeló a los tribunos de la plebe, alegando que no tenía igualdad de condiciones en Grecia contra los griegos. *4* En Roma grande era su popularidad, que empezó a brillar de pronto gracias a su elocuencia en las defensas judiciales, y grande era la simpatía que por su amabilidad en los apretones de manos y en las conversaciones se había ganado de parte de los conciudadanos, a quienes sabía halagar con una habilidad impropia de su edad. *5* Tenía también, gracias a los banquetes, la mesa y, en general, el esplendor de su régimen de vida, cierta influencia política que poco a poco iba creciendo. *6* Los que al principio la envidiaban, creyendo que en cuanto sus gastos faltaran su influencia desaparecería, no se inquietaban de verla florecer entre el pueblo. *7* Y se dieron cuenta tarde, cuando ya era grande y difícil de hacer retroceder y caminaba recta hacia una revolución to-

---

[9] Cfr. *infra*, 54, 3-6.
[10] César no se había unido al desatinado intento revolucionario contra el senado protagonizado por el cónsul del 78 M. Emilio Lépido, pero, tras la muerte de éste en el verano del 77, consideró que sus aspiraciones políticas podían aumentar si se oponía a los miembros más conservadores del partido senatorial, del que formaba parte Cornelio Dolabela, cónsul en el 81, como partidario de Sila que era, y procónsul en Macedonia.
[11] El juicio tuvo lugar en el 76 y se celebró ante Marco Luculo, pretor peregrino en Roma, contra Gayo Antonio Híbrida, futuro cónsul en el 63 con Cicerón.

tal del estado, de que no hay que considerar insignificante ninguna empresa cuando está en sus comienzos, porque no hay ninguna a la que la continuidad no haga pronto grande, cuando a consecuencia del desprecio que se siente por ella se aprovecha de que no se le impida el progreso. *8* En todo caso, el primero que pareció recelar de él y temer el aspecto sereno de esta política, como el del mar, y el que comprendió perfectamente la sagacidad de su carácter, oculta bajo la amabilidad y el tenor risueño, fue Cicerón, que decía que en todos sus proyectos y acciones políticas veía una intención tiránica: *9* «Pero —añadía—, cuando veo su cabellera dispuesta con tanto esmero y a él rascándose la cabeza con un solo dedo, ya no me parece que este hombre haya podido concebir en su mente un crimen de tal magnitud como el aniquilamiento de la constitución romana»[12]. Esto, sin embargo, fue más tarde.

5. La primera prueba de simpatía del pueblo hacia él la recibió cuando en porfía con Gayo Popilio por el tribunado militar recibió el primero la proclamación[13]; *2* la segunda y más manifiesta, cuando a la muerte de Julia, la mujer de Mario, como sobrino suyo que era, pronunció en el foro un brillante elogio y en el traslado fúnebre se atrevió a exponer retratos de los Marios, que entonces era la primera vez que se veían después del gobierno de Sila, ya que Mario y sus partidarios habían sido declarados enemigos públicos[14]. *3* Pues aunque algunos clamaron contra César por eso, la plebe replicó haciéndose eco de forma extraordinaria, acogiendo con sus aplausos y muestras de admiración a quien como del Hades, al cabo de mucho tiempo, restituía a la ciudad los hono-

---

[12] Hasta qué punto es verdad la tesis tradicional de que la actividad política de César estuvo gobernada desde sus comienzos por la firme y racional ambición de alcanzar el gobierno absoluto de Roma es algo que no puede ser afirmado o negado con seguridad.

[13] César había regresado a Roma de Bitinia en el 78, tras la muerte de Sila, y había partido hacia Rodas en el 75, siendo apresado por los piratas en el curso del viaje. En el año 73 César regresó a Roma, y la elección como tribuno militar debió de tener lugar en aquel año o en el siguiente.

[14] En el año 68. La finalidad política de esta acción por parte del yerno de Cinna y sobrino de Mario es evidente.

res de Mario. *4* Era tradicional entre los romanos pronunciar discursos fúnebres en honor de las mujeres más ancianas, pero, si bien en el caso de las jóvenes no existía esta costumbre, César fue el primero que pronunció un discurso a la muerte de su esposa. *5* Esto le reportó cierta popularidad y contribuyó, junto con la compasión, a que se ganara los favores de la mayoría como hombre tierno y lleno de carácter. *6* Tras los funerales de su mujer, partió a Hispania como cuestor en compañía de Vetus, uno de los pretores[15], a quien durante toda la vida siempre tuvo gran veneración y a cuyo hijo él, a su vez, cuando fue pretor, hizo cuestor. *7* Cuando terminó de desempeñar esta magistratura, contrajo terceras[16] nupcias con Pompeya, cuando ya tenía de Cornelia una hija, más tarde desposada con Pompeyo el Grande.

8 Como era pródigo en sus gastos y parecía intercambiar una gloria breve y efímera por grandes dispendios, aunque en realidad no hacía más que comprar lo más importante a costa de muy poco, se dice que antes de acceder a ninguna magistratura se había endeudado en mil trescientos talentos. *9* Cuando nombrado intendente a cargo de la vía Apia, gastó grandes sumas de su dinero particular aparte del público, y en su actuación como edil[17] preparó trescientas veinte parejas de gladiadores, y con sus restantes dispendios y prodigalidades

---

[15] Propretor de Hispania Ulterior en el 68. En calidad de cuestor, César ingresa entonces en el senado.

[16] Antes de su matrimonio con Cornelia había estado casado o quizá sólo prometido con Cosutia. Pompeya era hija de Q. Pompeyo Rufo, cónsul en el 88, y de Cornelia, hija de Sisa, y fue esposa de César hasta el 61. Julia, la hija de César y Cornelia, se casó con Pompeyo en el 59, año del primer consulado de César. Es probable que César, al menos, apoyara en el senado la ley Gabinia, en virtud de la cual se concedía a Pompeyo el mando absoluto durante tres años y la facultad de nombrar legados para intentar acabar con la piratería, que llegaba ya a Ostia y amenazaba con provocar el hambre en Italia, a juzgar por el reciente matrimonio con Pompeya, que le unía a la familia de Pompeyo y Sila, cfr. *Pompeyo*, 25, 8.

[17] El nombramiento como *curator viae Appiae* fue en el 67, y el de *aedilis curulis* en el 65, cargo que le facilitaba la organización de juegos de gladiadores en honor de su padre. Durante este año trató de obtener, sin resultado, una magistratura extraordinaria, con la misión de cumplir las previsiones testamentarias de Ptolomeo XI de Egipto y convertir este país en provincia de Roma.

en lo referente a espectáculos teatrales, procesiones y banquetes oscureció las ambiciosas munificencias de sus predecesores, dispuso al pueblo tan favorablemente hacia él, que cada uno buscaba nuevas magistraturas y renovados honores con los que recompensarle.

6. Existían en la ciudad dos partidos: el de Sila, que tenía gran poder, y el de Mario, que por entonces estaba acurrucado de miedo y disperso, en una situación completamente humillada. Con el propósito de volver a fortalecer a este último y atraérselo, en el momento en que sus derroches como edil se encontraban en su apogeo, mandó hacer en secreto estatuas de Mario y Victorias portadoras de trofeos, que de noche llevó al Capitolio y erigió allí. 2 A la mañana siguiente, los que las contemplaron refulgentes por entero de oro y elaboradas con primoroso arte (las inscripciones ponían de manifiesto sus éxitos conseguidos sobre los cimbros) quedaron presas de estupor ante la osadía de la persona que las había ofrendado, sobre cuya identidad no existía la menor duda, y el rumor, que no tardó en difundirse, congregó a todas las gentes ante tal espectáculo. 3 Unos gritaban que era a la tiranía a lo que César aspiraba con esta política, al restablecer honores enterrados por leyes y decretos, y que esto era una prueba para tantear al pueblo, ya previamente ablandado, para ver si se dejaba domesticar por sus prodigalidades y le permitía entregarse a esta clase de juegos y perniciosas novedades. 4 Por el contrario, los partidarios de Mario, dándose alientos unos a otros, aparecieron de repente en número extraordinario y llenaron el Capitolio de aplausos. 5 A muchos incluso, al contemplar la figura de Mario, se les saltaban lágrimas de alegría y ensalzaban con grandes elogios a César, el único hombre de todos, en su opinión, digno del parentesco que le unía a Mario. 6 Reunido el senado para tratar este asunto, Catulo Lutacio[18], el varón más celebrado de los romanos por entonces, se

---

[18] Q. Lutacio Catulo, *princeps senatus*, había sido cónsul en año 78 junto con M. Emilio Lépido. Su carácter íntegro y su lealtad al senado eran bien conocidos.

levantó y acusó a César, pronunciando además aquella frase tan recordada, que decía: «Ya no es con minas, sino con máquinas de guerra como César trata de conquistar el estado.» *7* Pero como César, en su defensa contra esta acusación, logró convencer al senado, sus admiradores se exaltaron todavía más y le animaban a no ceder en sus propósitos ante nadie, pues con la voluntad del pueblo superaría a todos y sobre todos lograría la primacía.

7. Entretanto, muerto Metelo, el pontífice máximo, aunque para el sacerdocio, cargo que era muy disputado, se presentaban Isáurico y Catulo, personajes muy notables y que tenían gran influencia en el senado, no les dejó el camino libre César, sino que bajó ante el pueblo y presentó contra ellos su candidatura[19]. *2* Como la contienda aparecía igualada, Catulo, más asustado ante la incertidumbre del resultado dada su más alta categoría, envió recado a César para convencerle de que desistiera de sus aspiraciones al precio de una gran cantidad de dinero. Pero él tomando en préstamo una suma todavía mayor declaró que sostendría la lucha hasta el final. *3* Llegado el día de la elección, y cuando su madre salió a despedirle a la puerta de la casa no sin lágrimas, él la abrazó y le dijo: «Madre, hoy verás a tu hijo sumo pontífice o desterrado»[20]. *4* Y tras el desarrollo de la votación y la contienda, resultó vencedor, hecho que al senado y a los aristócratas infundió el miedo de que fuera a impulsar al pueblo a todo género de audacias.

---

[19] Q. Cecilio Metelo Pío, cónsul en el 80 y sumo pontífice desde el 73, murió en el 63. Según la legislación de Sila, la elección se hacía por cooptación del colegio pontifical; pero el tribuno T. Labieno, a instigación de César, presentó una ley que restituía al pueblo la designación de sumo pontífice, que se haría convocando a votación sólo a 17 tribus previamente elegidas a suerte. Esto obligaba a los candidatos a buscar sus votos no sólo entre 18 tribus con cuyo voto se podía conseguir la mayoría, sino en las 35 tribus, porque se desconocía cuáles iban a votar. Por otra parte, el cargo era generalmente la culminación de una alta carrera política, no el modo de escalar puestos para quien no había sido más que edil: en efecto, Catulo era el *princeps senatus*, e Isáurico, cónsul en el 79, debía este nombre a su triunfo obtenido sobre los isaurios, pueblo de Asia Menor.

[20] Por el endeudamiento a causa de los gastos electorales.

5 Por eso, Pisón[21] y Catulo culpaban a Cicerón de haber sido indulgente con César cuando éste había dado pie a que le prendieran en el asunto de Catilina. 6 Pues Catilina, que había proyectado no sólo alterar la constitución, sino también destruir toda autoridad y trastornar el régimen entero, aunque personalmente había sido desterrado sucumbiendo ante unas pruebas menores antes de que se descubrieran sus últimas intenciones, había dejado en la ciudad a Léntulo y Cetego como sucesores al frente de la conjuración[22]. 7 Si a

---

[21] Cónsul en el 67, había sido acusado de concusión en el 63 por César a su regreso de Galia Narbonense, provincia donde había ejercido su mando consular.

[22] Los hechos a los que alude Plutarco son los de la conjuración de Catilina en septiembre del 63, tras su reciente derrota en las elecciones a cónsul, cargo al que se presentaba por cuarta vez. Cicerón, informado de los planes de los conjurados mediante una delación, dio noticia al senado de los preparativos de la conjuración, pero no logró que se aprobara ninguna moción contra ellos. En octubre, tras conocer Cicerón, cónsul durante ese año, las cartas anónimas enviadas a él y a varios de sus amigos, invitándoles a abandonar Roma ante el inminente estallido de desórdenes, así como la revuelta en Etruria, el senado concedió a los cónsules los poderes especiales que se les otorgaban mediante el *senatus consultum ultimum*. Pero Cicerón, en lugar de hacer uso de los poderes conferidos, se limitó a organizar la resistencia fuera de Roma. Entretanto, L. Emilio Paulo emprendió contra Catilina una acción judicial, en virtud de la cual éste quedó retenido en casa de un amigo. En la noche del 6 de noviembre, Catilina decide marchar a Etruria a ponerse al mando de las tropas sublevadas de Manlio, tras haber encargado a sus cómplices el asesinato de Cicerón esa misma noche. Cicerón, no obstante, impidió la entrada de los conjurados en su casa enterado de sus intenciones y al día siguiente pronuncia la primera Catilinaria. La segunda fue pronunciada tras la salida de Catilina de Roma. Poco después, Catilina fue proclamado *hostis publicus*. Las pruebas que seguía buscando Cicerón de los planes de los conjurados las obtuvo gracias a los alóbroges, a quienes los miembros de la conspiración habían ofrecido su ayuda contra los publicanos y recolectores de impuestos en caso de que triunfara la sublevación. Los alóbroges habían llegado a Roma para presentar sus quejas contra los gobernadores de Galia Narbonense y, en concreto, contra L. Murena, cónsul designado para el año 62, a quien el mes de noviembre Cicerón había defendido en juicio contra la acusación presentada por Catón el Joven por corrupción electoral en la campaña para las elecciones a cónsul. Los alóbroges, por instigación de Tito Volturcio, amigo de Cicerón, exigieron a los conjurados ofrecerles por escrito sus promesas; éstos, sin sospechar, accedieron, y cuando los alóbroges regresaban de Roma, fueron detenidos y se les incautaron las pruebas escritas de la conjuración. En la sesión del senado del 5 de diciembre, Cicerón, dueño ya de la prueba de la conjuración,

éstos César les dio algo de ánimos y poder en secreto, es cosa incierta, pero el caso es que en el senado, cuando se demostró fehacientemente su culpabilidad, y Cicerón, en su calidad de cónsul, fue preguntando a cada senador su opinión sobre el castigo, todos los demás, hasta que llegó el turno de César, dictaminaron la muerte; *8* pero César, levantándose, expuso un discurso muy meditado con el argumento de que matar sin juicio a unos hombres distinguidos por su categoría y linaje no le parecía que fuera conforme a los usos tradicionales ni justo, a menos que hubiera sido un caso de extrema necesidad, *9* y que si los custodiaban encerrados en las ciudades de Italia que el propio Cicerón escogiera, hasta que Catilina fuese sojuzgado por completo, más tarde, en paz y con tranquilidad, el senado tendría la oportunidad de emitir su veredicto sobre cada uno de ellos[23].

8. Tan humanitario pareció este criterio y tan eficaz resultó el discurso pronunciado en su apoyo, que no sólo los que se levantaron después de él se adhirieron a su propuesta, sino que incluso muchos de los que habían intervenido antes de él se retractaron de las opiniones expresadas y se pasaron a la que él había emitido[24], hasta que el turno llegó a Catón y a Catulo. *2* Éstos se opusieron con vehemencia y Catón incluso llegó a introducir en su discurso sospechas contra él y a en-

---

presentó todos sus detalles en la tercera Catilinaria. Durante el día anterior se habían propagado rumores de que los libertos de Léntulo, cónsul del 71, y Cetego preparaban un asalto armado para liberar a los prisioneros, acusados de complicidad en la conjuración. César, como en el proceso contra Rabirio, a quien pocos meses antes había defendido Cicerón, consideraba que no se debía dar muerte a ningún ciudadano romano si no era mediante la previa aprobación de los comicios.

[23] El primero en dar su opinión había sido Décimo Junio Silano, cónsul designado para el 62 junto a Lucio Licinio Murena. En esta sesión Cicerón pronunció la cuarta Catilinaria, que no obtuvo ningún resultado por la propia confusión con que estaba redactada, probablemente con objeto de hacer recaer sobre el senado una posible condena a muerte y apartar de sí la responsabilidad de la condena a la que estaba facultado por el *senatus consultum ultimum*.

[24] D. Junio Silano se encontraba entre los que cambiaron de criterio, cfr. *Cicerón*, 21, 3; *Catón el Menor*, 22, 6; Suetonio, *César*, 14.

frentársele con firmeza. Los individuos fueron entregados al verdugo para darles muerte, y alrededor de César, en el momento de salir del senado, se congregaron corriendo muchos de los jóvenes que entonces custodiaban a Cicerón y levantaron sobre él sus espadas desnudas. 3 Pero se dice que Curión le tapó con la toga y le sacó a hurtadillas, y que el propio Cicerón, cuando los jóvenes le consultaron con la mirada, les dijo que no con la cabeza, bien por temor a la plebe, bien por considerar el asesinato totalmente injusto e ilegal[25]. 4 Esto, sin embargo, no sé cómo Cicerón, si era verdad, dejó de escribirlo en su *Del consulado*[26]. Pero lo cierto es que más tarde se le culpó de no haber aprovechado de la mejor manera la ocasión que entonces se le ofreció contra César y de haberse acobardado ante el pueblo, que protegía a César de manera extraordinaria. 5 Pocos días después, César entró en el senado y trató de defenderse de las sospechas que recaían sobre él, pero se tropezó con abucheos hostiles. Como la sesión del senado duraba más tiempo del acostumbrado, la plebe acudió entre gritos y rodeó el congreso, exigiendo a su héroe y reclamando que lo soltaran.

6 Por eso también Catón, temeroso sobre todo de una revolución de los indigentes, que eran los que alimentaban el fuego de toda la plebe por tener sus esperanzas depositadas en César, convenció al senado de que se les distribuyera un suministro de trigo mensual, 7 a consecuencia del cual se añadieron a los restantes gastos siete millones y medio de dracmas por año[27]; sin embargo, esta medida política fue con toda

---

[25] La guardia encargada de la protección de Cicerón es mencionada también por Salustio, *Catilina*, 49, 4; Suetonio, *César*, 14, 4.

[26] Probablemente, Plutarco leyó el tratado en prosa griego que compuso Cicerón, no el poema latino que redactó en tres libros sobre su actuación durante su consulado.

[27] La misma cantidad es mencionada en *Catón el Menor*, 26, 1-2. Los sucesos corresponden a los primeros días del año 62, cuando Q. Metelo Nepote, tribuno de la plebe y partidario fervoroso de Pompeyo, propuso el regreso inmediato de éste para restablecer el orden del estado. Catón se opuso a este nuevo peligro de afirmación de la monarquía en Roma frente al senado, en caso de que Pompeyo recibiera tal encargo, y para ganarse la benevolencia de la plebe unió al decreto en que se denunciaba la ilegalidad de la propuesta de Metelo, un segundo decreto que extendía el número de beneficiarios de las

evidencia lo que apagó el gran pánico del momento, y además quebró y disipó en el momento oportuno la mayor parte de la influencia de César, a punto de ser pretor y hacerse más temible a causa del cargo[28].

9. De la pretura, no obstante, no resultó ninguna alteración política, pero se produjo un incidente desagradable para César en su casa. 2 Publio Clodio era un hombre de linaje patricio y notable por su riqueza y elocuencia, pero en insolencia y audacia no estaba detrás de ninguno de los que eran célebres por su depravación[29]. 3 Estaba éste enamorado de Pompeya, la mujer de César, que tampoco era insensible a esta pasión[30]; pero la vigilancia de las habitaciones de las mujeres era rigurosa, y la madre de César, Aurelia, mujer prudente, les hacía la cita difícil y arriesgada con la custodia que ejercía constantemente sobre la recién casada[31].

4 Los romanos tienen una divinidad que llaman la Buena Diosa, como los griegos, que la denominan Mujeril; los frigios, que la reivindican como propia, afirman que es la madre del rey Midas, mientras que los romanos dicen que es una ninfa dríade, esposa de Fauno, y los griegos, que una de las

---

distribuciones gratuitas de grano. El senado suspendió en sus magistraturas a Metelo Nepote y a César, recién nombrado pretor, atribuyéndoles la culpa de los desórdenes. Nepote huyó de Roma con la amenaza de que sería vengado por Pompeyo, mientras que César se recluyó en su casa, actitud que le valió para recuperar sus privilegios unos días después.

[28] César era pretor designado para el 62 junto con M. Bíbulo, su posterior colega también en el consulado del 59. Ya entonces, ante el inminente regreso a Roma de Pompeyo, vencedor en la guerra contra Mitridates, César había tratado de granjearse el favor de Pompeyo: lo primero que propuso en su pretura fue que se adjudicara a Pompeyo la restauración del Capitolio (destruido en el incendio del año 83), cosa que, desde la muerte de Sila, estaba reservada para el *princeps senatus*, Q. Lutacio Catulo, en su calidad de cónsul del año 78. La propuesta de César no fue aceptada, pero éste logró su objetivo.

[29] El suceso al que se refiere ahora Plutarco tuvo lugar en diciembre del 62, cuando Clodio era cuestor designado.

[30] Por lo demás, en esta época parece que César era uno de los amantes de Mucia, la tercera esposa de Pompeyo. Éste la había repudiado unos meses antes con el consiguiente enajenamiento de los Metelos, medio hermanos de Mucia, y había llegado a Roma en las fechas del escándalo de Clodio.

[31] Hacía seis años que César estaba casado con la nieta de Sila.

madres de Dioniso, la que no se puede nombrar. 5 Por eso, cuando las mujeres celebran su fiesta, cubren el techo de las tiendas con sarmientos de vides, y una serpiente sagrada, según la leyenda, es colocada al lado de la diosa. 6 No se permite que ningún varón entre ni esté en la casa mientras se celebran los ritos religiosos, y son las propias mujeres las que por sí mismas ejecutan en las ceremonias, según se dice, muchos ritos parecidos a los misterios órficos. 7 Por tanto, cuando llega la época de la festividad, el varón, sea cónsul o pretor, se marcha, al igual que todas las personas de sexo masculino de la casa, y la mujer se hace cargo de la casa y la arregla. 8 Los ritos más importantes se realizan por la noche, y con la fiesta nocturna se mezcla la diversión, en la que la música tiene una gran parte.

10. Como ese año Pompeya celebraba esta fiesta, Clodio, que todavía era imberbe y por esa razón creía que pasaría inadvertido, cogió las ropas y los utensilios de una tañedora de arpa y se dirigió allí, parecido en su aspecto a una mujer joven. 2 Encontró las puertas abiertas, y una criada que era cómplice suya le introdujo sin ningún riesgo, pero como ella echó a correr por delante para advertir a Pompeya y pasó un rato, Clodio, que no tuvo la paciencia de quedarse en el sitio donde le habían dejado y que se había puesto a vagabundear por la casa, siendo como era grande[32], rehuyendo las luces, se tropezó con una sirvienta de Aurelia, que, creyendo que hablaban de mujer a mujer, le invitó a ejecutar una danza. Y como él no quiso, ella le fue arrastrando hasta el centro de la habitación y le preguntó quién y de dónde era. 3 Y al decir Clodio que estaba aguardando a la criada favorita *(hábra)* de Pompeya, que precisamente se llamaba así[33], el timbre de la voz le delató. Al punto, la sirvienta echó a correr con un chillido hacia la luz y la concurrencia, gritando que había visto a un hombre. Las mujeres se sobresaltaron, y Aurelia primero hizo cesar las ceremonias de la diosa y ocultar los objetos sa-

---

[32] La *domus publica* donde residía César en su calidad de sumo pontífice.
[33] *Hábra* quiere decir 'sierva favorita'. La criada se llamaría Habra o Aura.

grados, y luego mandó cerrar las puertas con llave y fue recorriendo la casa a la luz de las lámparas en busca de Clodio. *4* Se le encuentra refugiado en la habitación de la joven criada con cuya ayuda había entrado y, una vez reconocido, las mujeres lo expulsan por la puerta. *5* El asunto, incluso esa misma noche, las mujeres, nada más salir, se lo contaron a sus maridos, y al día siguiente corrió por la ciudad la voz de que Clodio había cometido un sacrilegio y debía una reparación no sólo a los que había ultrajado, sino también al estado y a los dioses. *6* En consecuencia, uno de los tribunos de la plebe presentó denuncia contra Clodio por impiedad, y se unieron contra él los más influyentes miembros del senado, atestiguando en su contra otros horribles actos de depravación y, en particular, el incesto con su hermana, que había estado casada con Luculo[34]. *7* Pero los esfuerzos de éstos tropezaron con la oposición del pueblo, que defendió a Clodio y le prestó gran utilidad ante los jueces, asustados y temerosos de la masa. *8* César repudió enseguida a Pompeya, y cuando fue citado al juicio como testigo, declaró no conocer ninguna de las imputaciones expresadas contra Clodio. *9* Y cuando, ante el carácter sorprendente de esta declaración, el acusador le preguntó: «¿Entonces, cómo es que has repudiado a tu mujer?», respondió: «Porque estimé que mi mujer ni siquiera debe estar bajo sospecha.» *10* Esta contestación, unos dicen que César la dio porque así es como pensaba; y otros, que por congraciarse con la plebe, decidida firmemente a salvar a Clodio. *11* Sea como sea, el caso es que Clodio queda absuelto de la acusación[35] porque la mayoría de los jueces dio su ve-

---

[34] Fue el pretor Q. Cornificio quien presentó el asunto en el senado. El cónsul M. Pupio Pisón, amigo de Pompeyo, intentó echar tierra sobre el asunto, pero su colega Mesala y Catón, temerosos de las ansias de poder monárquico de Pompeyo, pusieron todo su empeño en que se decretase que había habido sacrilegio, porque querían enemistar a César con Clodio y, de paso, arrojar un nuevo motivo de descrédito contra Pompeyo. La actitud de Cicerón en el asunto fue confusa, pero, al final, al destruir una coartada que exoneraba a Clodio, se atrajo sobre sí su odio mortal. El principal acusador contra Clodio fue L. Cornelio Léntulo Crus, cónsul en el año 49.
[35] En *Cicerón*, 29, 3, Plutarco indica que el resultado fue de 31 votos absolutorios por 25 condenatorios. El proceso tuvo lugar en mayo del 61.

redicto con letras cuyo autor era irreconocible, para no correr riesgos ante la muchedumbre por haber dado un voto condenatorio ni perder su reputación entre los aristócratas por haberlo absuelto.

11. Inmediatamente después de la pretura, César recibió Hispania en el sorteo de provincia[36]. Como le resultaba muy difícil llegar a un arreglo con los acreedores, que le importunaban con sus exigencias y reclamaciones antes de partir, recurrió a Craso, que era el más rico de los romanos y necesitaba además la pujante fuerza y la energía de César para su política de enfrentamiento con Pompeyo. *2* Aceptó Craso encargarse de los acreedores más molestos e implacables y le avaló por una cantidad de ochocientos treinta talentos. César entonces partió a la provincia.

3 Se cuenta que al atravesar los Alpes y pasar por un pequeño poblado bárbaro, habitado por muy pocas personas y de aspecto miserable, sus compañeros dijeron entre risas y bromas: «¿Habrá también aquí rivalidades por los cargos, contiendas por los primeros puestos y envidias mutuas entre los poderosos?»; *4* y que César les respondió en serio, diciendo: «Más querría yo ser el primero entre éstos que el segundo entre los romanos.» *5* Del mismo modo, dicen que en Hispania en otra ocasión en que tenía tiempo libre, mientras leía una obra sobre Alejandro, se quedó mucho rato ensimismado y luego incluso terminó por echarse a llorar. *6* Y ante la extrañeza de los amigos, que le preguntaron la causa, respondió: «¿No os parece digno de dolor que Alejandro, a la edad que yo tengo, fuera ya rey de tan inmensos territorios, y yo, en cambio, no haya realizado aún nada brillante?»[37].

12. Nada más poner pie en Hispania, desplegó tal actividad, que en pocos días reclutó diez cohortes además de las veinte que había antes, y luego emprendió una campaña con-

---

[36] La Hispania Ulterior, donde ya había desempeñado el cargo de cuestor en el 68.

[37] La anécdota se data durante la cuestura de César cuando tenía 32 años, según Suetonio, *César*, 7, 1; y Dión Casio, XXXVII 52, 2.

[185]

tra galaicos y lusitanos, los derrotó y avanzó hasta el mar exterior sometiendo tribus que antes no obedecían a los romanos. *2* Tras disponer bien los asuntos de la guerra, no administró peor los de la paz, estableciendo la concordia entre las ciudades y, sobre todo, calmando las diferencias entre deudores y acreedores. *3* En efecto, ordenó que de las rentas obtenidas por las personas endeudadas, cada año dos tercios revirtiesen al prestamista y que el dueño dispusiese del resto, hasta que de este modo quedase satisfecho el crédito. *4* Gracias a estas medidas logró la estima general y se marchó de la provincia habiéndose hecho él rico, habiendo dado provecho a los soldados con las campañas militares y tras haber recibido de ellos el título de general en jefe[38].

13. Como los que pretendían el triunfo tenían que permanecer fuera de la ciudad, y los aspirantes al consulado tenían que estar presentes en Roma para presentar la candidatura, viéndose en semejante situación contradictoria, y ya que había llegado justo para los comicios consulares, envió recado al senado solicitando que se le concediera presentar su candidatura para el consulado por mediación de sus amigos en ausencia suya. *2* Catón al principio se hizo fuerte contra esta pretensión con el apoyo de la ley, pero más tarde, cuando vio que eran muchos los que César se había ganado para su causa, trató de dar largas al asunto y consumió un día entero en el uso de la palabra. Entonces César decidió renunciar al triunfo y aferrarse al consulado. *3* Se presentó al punto en la ciudad y se metió en una maniobra política que engañó por completo a todo el mundo excepto a Catón; esta maniobra fue la reconciliación de Pompeyo y Craso, los personajes más poderosos en el estado[39]. *4* Al reunirlos César en la amis-

---

[38] Regresó a Roma en junio del 60, antes de la llegada de su sucesor.

[39] Plutarco se refiere al acuerdo secreto entre Pompeyo, Craso y César. El acuerdo se logró a fines del 60, pero se mantuvo en secreto hasta el 59, cuando la política de César desde el consulado hizo patente la existencia de un acuerdo. Los motivos que impulsaron a los tres integrantes a sellar el pacto se pueden resumir así: para César, la consecución del consulado; para Pompeyo, la necesidad de ratificar en bloque sus actos durante las campañas de Asia,

tad, lejos de sus anteriores diferencias, y congregar en su propia persona el poderío de ambos, bajo una acción que recibió el nombre de generosidad ocultó un cambio en el gobierno del estado. *5* Pues no es verdad, como la mayoría cree, que fueran las diferencias entre César y Pompeyo lo que provocó las guerras civiles, sino más bien su amistad, porque al principio se unieron para el derrocamiento de la aristocracia y sólo fue más tarde cuando se enemistaron uno y otro. *6* Catón, que había vaticinado con frecuencia lo que acabaría por suceder, no obtuvo otro resultado en ese momento que el de adquirir fama de persona hosca y metomentodo, pero, a la postre, la de consejero prudente, aunque desafortunado[40].

14. Sin embargo, César, como escoltado entre la amistad de Craso y la de Pompeyo, presentó su candidatura al consulado. *2* Y en cuanto fue brillantemente proclamado junto con Calpurnio Bíbulo y tomó posesión de su cargo, comenzó a proponer leyes, adecuadas no ya a un cónsul, sino al más audaz tribuno de la plebe, introduciendo, para placer de la mayoría, propuestas sobre distribuciones de lotes de tierra para veteranos y repartos de fincas[41]. *3* Como los nobles se opusieron en el senado, él, que desde hacía tiempo andaba buscando un pretexto, estalló en gritos y juramentos, diciendo que se le arrojaba contra su voluntad en manos del pueblo, al que se vería forzado a halagar a causa de la insolencia y la dureza del senado, y de un salto salió y se dirigió a la asamblea de la plebe. *4* Y haciéndose escoltar de un lado por Craso y de otro

---

aunque el senado exigía el examen minucioso de cada uno de ellos, y la prometida distribución de tierras a los veteranos de sus campañas militares; para Craso, las apetencias de que el senado otorgara a los publicanos la recaudación de los impuestos en la provincia de Asia; y los tres, en suma, derrotar al senado, que trataba de mantener su poder.

[40] Cfr. *Catón el Menor*, 31, 7-33; *Pompeyo*, 47, 1-4; *Luculo*, 42, 6.

[41] La cronología de la legislación del consulado de César en el 59 es controvertida. Aquí Plutarco alude a la primera ley agraria, votada en marzo del 59, en cumplimiento de las promesas dadas a Pompeyo para dar tierras a sus veteranos de guerra. En el propio mes de marzo rebaja en un tercio las sumas que los recaudadores de impuestos debían abonar al tesoro público, actuando en beneficio de Craso y los representantes del orden ecuestre, y ratifica la actuación de Pompeyo en Asia.

por Pompeyo, preguntó a la multitud si aprobaba las leyes. Ellos respondieron que las aprobaban, y él les exhortó a prestarle socorro con la espada contra quienes amenazaban resistirse. 5 Ellos lo prometieron, y Pompeyo incluso añadió que vendría a oponerse a las espadas con la espada y trayendo el escudo. 6 Con esta actitud se enajenó a los aristócratas, que creyeron oír, no una voz digna del respeto con que le rodeaban ni conforme al acatamiento debido al senado, sino enloquecida y llena de arrogancia juvenil; pero el pueblo quedó encantado.

7 César pretendía apropiarse todavía más del poder de Pompeyo con maniobras solapadas: tenía una hija, Julia, prometida a Servilio Cepión; pues se la prometió a Pompeyo[42] y declaró que a Servilio le daría la de Pompeyo, que tampoco estaba libre de compromiso, pues ya estaba concertada con Fausto, el hijo de Sila[43]. 8 Poco después, César se casó con Calpurnia, hija de Pisón, a quien hizo elegir cónsul para el año siguiente[44]. También entonces presentó su más enérgica protesta Catón, que clamaba que era intolerable que se prostituyera la autoridad pública mediante matrimonios y que utilizasen mujeres para promocionarse unos a otros en provincias, ejércitos y poderes. 9 El colega de César en el consulado, Bíbulo, como oponiéndose a las leyes no obtenía ningún resultado efectivo, sino que con frecuencia corría el riesgo de morir con Catón en el foro, se encerró en su casa y allí pasó el tiempo del consulado[45]. 10 Pompeyo, nada más casar-

---

[42] Éste era el cuarto matrimonio de Pompeyo (cfr. *Pompeyo,* 47, 6; Suetonio, *César,* 50, 2) y provocó la estupefacción general, porque poco antes había repudiado a Mucia, amante, entre otros, de César.

[43] No obstante, Pompeya se casó con Fausto, cfr. *Pompeyo,* 81, 3; Dión Casio, XLII 13, 3.

[44] El colega habría de ser A. Gabinio; las provincias proconsulares que les quedaron asignadas eran Siria y Macedonia, ambas capaces de producir abundantes riquezas para los procónsules.

[45] Primero Bíbulo atacaba a César en edictos y panfletos, luego adoptó tácticas de obstrucción a propósito de la *lex Iulia Agraria;* pero como no consiguió nada, se encerró en casa diciendo que observaba el cielo para tomar auspicios. Sin embargo, los auspicios tenían que ser tomados de manera reglamentaria para invalidar las decisiones del otro cónsul; por eso, César los ignoraba (cfr. Suetonio, *César,* 10, 1; 20, 2; *Pompeyo,* 48, 1).

se, llenó el foro de armas, y ratificó las leyes con el pueblo y otorgó a César la Galia Cisalpina y toda la Transalpina, además de Iliria, con cuatro legiones, durante un quinquenio[46]. *11* A Catón, que intentó oponerse a estas medidas, César lo llevó a la cárcel, creyendo que apelaría a los tribunos de la plebe. *12* Pero como Catón echó a andar sin pronunciar palabra, viendo César que no sólo los más poderosos lo llevaban a mal, sino que incluso la plebe, por respeto a la virtud de Catón, le seguía en silencio y con muestras de abatimiento, solicitó personalmente en secreto a uno de los tribunos de la plebe que soltara a Catón[47]. *13* De los restantes senadores, muy pocos eran los que se reunían con él en el senado y los demás manifestaban su reprobación no asistiendo a las sesiones. *14* Considio, uno de los más viejos, le dijo que no concurrían por miedo a las armas y a los soldados, y César le respondió: «¿Entonces, por qué no te quedas tú también en casa por temor a eso?» *15* Considio replicó: «Porque mi vejez me hace no tener miedo: lo poco de vida que todavía me queda no exige muchos cuidados.» *16* El acto político más vergonzoso de los que tuvieron lugar entonces durante el consulado de César fue, en opinión general, la elección como tribuno de la plebe de aquel Clodio que había transgredido las leyes del matrimonio y el secreto de las fiestas nocturnas. *17* Fue elegido con el propósito de destruir a Cicerón, y César no partió a unirse con el ejército antes de ha-

---

[46] Cfr. Suetonio, *César*, 22, 2. Durante el año anterior, el senado, para reducir la importacia del mando proconsular que correspondía a César en caso de resultar elegido cónsul, había aprobado las leyes Sempronia y Cornelia, que regulaban el reparto de las promagistraturas, y había declarado que las provincias proconsulares para el año 58 serían los «Bosques» y los «Senderos». Vatinio propuso la anulación de este decreto y la asignación a César de Galia Cisalpina e Iliria con tres legiones y un periodo excepcional de cinco años. Catón se opuso, pero, ante la repentina muerte de Q. Metelo Céler, gobernador de la Galia Narbonense, se le confirió además la Galia Cisalpina y una cuarta legión.

[47] En *Catón el Menor*, 32, Plutarco narra la detención de Catón a propósito de su oposición y de la de Bíbulo a la aprobación de la ley agraria primera de César.

ber derribado a Cicerón con ayuda de Clodio y haberlo expulsado de Italia[48].

15. Esto es, en conclusión, lo que cuentan que sucedió antes de sus campañas en Galia. *2* La época de las guerras que sostuvo a continuación y de las campañas militares con las que sometió Galia, como si hubiera adoptado otro principio y se hubiera internado en el camino de otro género de vida y unos intereses radicalmente nuevos, le reveló como un guerrero y un caudillo no inferior a ninguno de los que han sido más admirados por su jefatura y más grandes. *3* Por el contrario, si se le compara con los Fabios, los Escipiones, los Metelos y los de su época o los que vivieron un poco antes de él: Sila, Mario, los dos Luculos[49] o incluso el propio Pompeyo, cuya gloria se elevaba hasta el cielo y florecía entonces gracias a la rica variedad de sus talentos para la guerra, *4* las hazañas de César sobrepasan al uno por la dificultad de los parajes en los que guerreó, al otro por la enorme extensión de terreno que ganó, al otro por el gran número y la fuerza de los enemigos a los que derrotó, al otro por lo insólito y las perfidias de las tribus que supo conciliarse con su trato, al otro por la mo-

---

[48] Cfr. *Cicerón*, 30-2; *Catón el Menor*, 33, 6. Cicerón partió de Roma el 20 de marzo del 58. César había ofrecido primero un puesto a Cicerón en la Galia, que éste no había aceptado. Clodio, convertido en plebeyo gracias a la actuación de César como sumo pontífice y de Pompeyo como augur, para poder presentarse a la elección de tribuno de la plebe, nada más entrar en el desempeño de su cargo propuso una ley por la que se expulsaba a cualquiera que hubiera condenado a muerte sin juicio a un ciudadano romano. También Clodio trató de desembarazarse de Catón, que fue enviado como procuestor propretor a anunciar la anexión de Chipre, conseguida con la excusa de que el rey Ptolomeo había socorrido a los piratas. Ptolomeo se suicidó y Chipre quedó unida a la provincia de Cilicia. Además, Clodio comenzó a perseguir a Pompeyo, quizá como agente de César y Craso, y aquel tuvo que organizar una banda que se le opusiera al mando de T. Anio Milón. Pompeyo vio entonces que el exilio de Cicerón le perjudicaba y consiguió que se aprobara su retorno, que tuvo lugar en agosto del 57. Como prueba de gratitud a Pompeyo, Cicerón propuso que se le encargara del aprovisionamiento de trigo con *imperium* proconsular por cinco años.

[49] L. Licinio Luculo, de quien Plutarco ha escrito la vida, tenía un hermano llamado Marco (cfr. *Luculo* 1, 8-9; 37, 1), que había sido lugarteniente de Sila (cfr. *Sila*, 24, 14 y 17) y procónsul en Macedonia.

deración y clemencia con los apresados, al otro por los regalos y favores concedidos a sus compañeros de armas, 5 y a todos por haber peleado en el mayor número de batallas y haber dado muerte al mayor número de adversarios. Pues en ni siquiera diez años que duró la guerra de las Galias, conquistó por la fuerza más de ochocientas ciudades, sometió trescientos pueblos y, habiéndose enfrentado en diferentes ocasiones a un total de tres millones de enemigos, dio muerte en batalla a un millón y capturó presos a otros tantos.

16. La devoción y la buena disposición de los soldados hacia él era tanta, que incluso quienes no se habían distinguido en nada de los demás en las restantes campañas se comportaban como invencibles e irresistibles a cualquier peligro en defensa de la gloria de César. 2 Así obró, por una parte, Acilio[50], que en la batalla naval próxima a Marsella, tras haber abordado una nave enemiga, recibió un golpe de espada que le cortó el brazo derecho, pero no soltó el escudo que tenía en la izquierda, sino que, golpeando con él los rostros de los enemigos, puso en fuga a todos y se apoderó de la nave. 3 Por otra parte, también Casio Esceva[51], que en la batalla de Dirraquio, aunque le habían sacado el ojo de un flechazo, tenía el hombro atravesado por una jabalina y el muslo por otra, y en el escudo había recibido ciento treinta impactos de dardos, llamó a los enemigos como si fuera a rendirse; 4 y en el momento en que dos de ellos se aproximaron, al uno le partió el hombro con la espada, al otro le golpeó en la cara y le puso en fuga, y él logró salvarse de modo definitivo gracias a sus camaradas que lo rodearon. 5 En Bretaña, una vez que los enemigos atacaron a los primeros centuriones de la fila, que se habían metido en un paraje pantanoso y lleno de agua, un soldado, en presencia de César, que observaba personalmen-

---

[50] La historia es narrada también por Suetonio, *César*, 68, 4. Cuando Marsella fue asediada en el 49, a comienzos de la guerra civil, hubo dos batallas navales mencionadas en César, *Guerra civil*, I 56-8; II 4-7.

[51] La batalla tuvo lugar en junio del 48 (cfr. *infra*, 39). El episodio es mencionado por César, *Guerra civil*, III 53, 3-5; Suetonio, *César*, 68, 4; Lucano, *Farsalia*, VI 144-262.

te el combate, se lanzó en medio de los agresores y, tras hacer ostentación de numerosas y conspicuas proezas de audacia, salvó a los centuriones, porque los bárbaros huyeron, *6* y él, al pasar con dificultad después de todos, se arrojó a una corriente cenagosa y a duras penas consiguió atravesarla, unas veces nadando y otras caminando, pero sin el escudo. *7* Admirados, los que estaban en torno de César se acercaron a recibirle con vítores y gritos de alegría, pero él, completamente cabizbajo y con los ojos llenos de lágrimas, cayó a los pies de César pidiéndole perdón por haber abandonado el escudo[52]. *8* En África, cuando Escipión se apoderó de un barco de César en el que navegaba Granio Petrón, cuestor designado, tomó a los restantes como botín, y al cuestor le dijo que le concedía la salvación. *9* Pero él respondió que los soldados de César no estaban acostumbrados a recibir la salvación, sino a darla, y se dio muerte clavándose la espada[53].

17. El propio César fomentaba y estimulaba semejantes acciones de valor y de ambición de gloria, primero con los favores y honores que otorgaba sin escatimar, dejando patente que la riqueza obtenida de las guerras no la acumulaba para su lujo particular ni para sus placeres personales, sino que estaba reservada bajo su custodia como recompensa común de la valentía, y que él participaba de la riqueza en la medida en que podía hacer regalos a los soldados que lo merecían; en segundo lugar, con su exponerse de buen grado a cualquier peligro y no rehusar ninguna fatiga. *2* Su desprecio del riesgo no les llamaba la atención a causa de su afán de gloria; era su resistencia a la fatiga, que parecía soportar con una perseverancia por encima de su capacidad física, lo que los dejaba atónitos, ya que, aun siendo delgado de constitución, de piel blanca y delicada, y sujeto a frecuentes dolores de cabeza y a crisis de epilepsia (en Córdoba, según se dice, fue la primera vez que le atacó esta enfermedad)[54], *3* no consideraba su debili-

---

[52] Las dos campañas de César en Bretaña (relatadas en *Guerra de las Galias,* IV 20-36; V 8-23) fueron en los años 55 y 54.
[53] El episodio pertenece al año 47 durante la guerra africana.
[54] En el año 49, cfr. *Guerra civil,* II 19, a comienzos de la guerra civil.

dad corporal pretexto para una vida muelle, sino las campañas militares terapéutica de la debilidad corporal, y era con interminables caminatas, con una dieta frugal y con la costumbre continua de dormir a la intemperie y aguantar una vida de privaciones como combatía por alejar la enfermedad y conservaba el cuerpo difícil de conquistar. *4* Dormía la mayor parte de las veces en vehículos o literas, convirtiendo el reposo en actividad, y de día iba a las guarniciones, ciudades y atrincheramientos, sin tener en su compañía más que a un criado sentado a su lado, de esos que están acostumbrados a tomar notas al dictado durante el viaje y detrás de él un solo soldado haciendo guardia de pie con la espada. *5* Viajaba con tanta diligencia, que la primera vez que partió de Roma llegó al Ródano en ocho días[55]. *6* Montar a caballo le resultaba muy fácil desde niño, pues estaba acostumbrado a cabalgar a galope tendido con las manos echadas atrás y cruzadas a la espalda. *7* En aquella campaña se ejercitó además en dictar cartas según iba montado y en dar ocupación al mismo tiempo a dos escribientes o, como Opio[56] afirma, incluso a más. *8* También se cuenta que César fue el primero al que se le ocurrió comunicarse con sus amigos por carta, cuando a causa del gran número de sus ocupaciones y la extensión de la ciudad no había oportunidad para aguardar a una entrevista personal para resolver los asuntos urgentes. *9* De su carácter fácil de contentar en cuanto a la comida, consideran una prueba lo siguiente: en cierta ocasión en que le había invitado a cenar en Milán Valerio León, que tenía con él vínculos de hospitalidad, sirvió espárragos aliñados con aceite de perfume, en lugar de con aceite de oliva; él se los comió con toda tranquilidad y a los amigos que se quejaban les increpó y les dijo: *10* «A quienes no les gusten basta con que no los prueben, y el que reprende semejante rusticidad, ése sí que es un rústico.» *11* Una vez en que yendo de camino una tor-

---

[55] Las mismas cualidades de César son relatadas por Suetonio, *César*, 57. El viaje en ocho días hasta el Ródano lo efectuó en marzo del 58 (cfr. *Guerra de las Galias*, I 7, 1).

[56] Amigo y colaborador de César, autor de una biografía suya, de donde Plutarco ha debido de extraer el presente capítulo.

menta le obligó a refugiarse en la cabaña de un hombre pobre, como halló que no había más que una única habitación en la que a duras penas cabía una sola persona, diciendo a sus amigos que los lugares honoríficos había que cedérselos a las personas más importantes, pero los necesarios a los más débiles, mandó a Opio acostarse en el cuarto; y él con los demás durmió bajo el socarrén de la puerta.

18. La primera de las guerras en las Galias[57] le enfrentó contra los helvecios y los tigurinos, que, después de prender fuego a sus doce ciudades y cuatrocientas aldeas, avanzaron a través de la Galia sometida a los romanos, como ya antes habían hecho cimbros y teutones, a quienes no parecían inferiores en audacia y en todo caso eran parecidos en número, porque en total eran trescientos mil, y ciento noventa mil las fuerzas combatientes. *2* De éstos, a los tigurinos no fue él personalmente, sino Labieno, enviado por él, quien los destrozó junto al río Saona. Los helvecios le atacaron por sorpresa cuando iba de camino con el ejército a una ciudad amiga, pero apresuró la marcha y se refugió en una posición fuerte. *3* Allí reunió sus fuerzas y las dispuso en orden de batalla; cuando le trajeron un caballo, declaró: «Éste me servirá después de la victoria para la persecución; ahora caminemos contra los enemigos», y partió a pie y emprendió el ataque. *4* Después de mucho tiempo y dificultades, rechazó a las tropas combatientes, pero fue alrededor de las carretas y la empalizada donde soportó más penalidades, porque allí no sólo fueron los hombres los que resistieron y combatieron, sino también sus hijos y mujeres, que se defendieron hasta la muerte y

---

[57] El presente capítulo resume los hechos narrados en *Guerra de las Galias*, I 2-29, aunque las cifras que da César son diferentes. Los acontecimientos que habían dado lugar a la intervención de los romanos habían sido así: los secuanos, en guerra con los eduos, llamaron en su ayuda a Ariovisto con los suevos, que cruzaron el Rin y vencieron a los eduos. Pero los suevos se establecieron en Alsacia en contra de lo pactado, y eduos y secuanos llamaron en su auxilio a Roma. El senado, no obstante, no había acudido a la llamada de auxilio de los galos e incluso dos años después Ariovisto había sido reconocido como amigo de Roma, medida que quizá trataba de causar un aplazamiento al inevitable enfrentamiento futuro.

se dejaron despedazar juntos, de modo que la batalla apenas terminó a media noche. *5* A la gloriosa acción de esta victoria añadió una mayor todavía: reunir a los bárbaros supervivientes que habían escapado de la batalla, que eran más de cien mil, y obligarlos a volver a hacerse cargo del país que habían abandonado y de las ciudades que habían destruido. *6* Tomó esta medida por miedo de que los germanos atravesasen el río y ocupasen esta región ahora desierta.

19. La segunda campaña la llevó a cabo contra los germanos abiertamente en defensa de los galos, y eso que antes había hecho reconocer en Roma a su rey Ariovisto como aliado[58]. *2* Pero es que eran unos vecinos insoportables para los pueblos sometidos a César, y se veía que en cuanto se les presentase una oportunidad no se quedarían tranquilos en sus posesiones actuales, sino que invadirían y ocuparían la Galia. *3* Viendo a sus oficiales amedrentados, sobre todo a los más distinguidos y jóvenes, que habían partido en su compañía con la esperanza de aprovechar la expedición de César para llevar una vida de lujo y enriquecerse, los convocó en asamblea y les dijo que se marcharan y no corrieran riesgo contra su voluntad, estando como estaban en esa situación de cobardía y pereza. *4* Y declaró que él personalmente tomaría consigo sólo la décima legión y se encaminaría contra los bárbaros, ya que ni iba a combatir contra enemigos más poderosos que los cimbros ni él era peor general que Mario. *5* A continuación, la décima legión envió delegados para reconocerle su agradecimiento, mientras los demás reprochaban a sus oficiales y, llenos de ardor e ímpetu, todos por completo le siguieron muchos días de camino, hasta acampar a doscientos estadios de los enemigos. *6* Hubo ante la propia llegada cierto quebranto en la audacia de Ariovisto. *7* Pues el que atacasen los romanos, de quienes los germanos pensaban que cuando ellos los atacasen no resistirían, como no se lo esperaba Ariovisto, se quedó maravillado de la osadía de César y vio tam-

---

[58] El reconocimiento de Ariovisto tuvo lugar durante el consulado de César. Esta campaña también se desarrolló durante el año 58.

bién la turbación que producía en su ejército. *8* Todavía más los debilitaron los vaticinios de sus sacerdotisas, que adivinaban el porvenir dirigiendo sus miradas a los remolinos de los ríos y extrayendo indicios de los torbellinos y chapoteos de la corriente de agua, y no les permitían ofrecer batalla antes que volviese la luna nueva[59]. *9* A César, informado de estos detalles y que veía a los germanos tranquilos, le pareció que estaba bien entablar combate mientras estaban en ese estado de desaliento antes que permanecer quieto aguardando el momento que ellos consideraran oportuno. *10* Y con las incursiones que lanzó contra los parapetos y las colinas sobre las que estaban acampados los fue provocando y excitando hasta impulsarlos a bajar la colina, presos de cólera, para presentar batalla campal. *11* Tras haberlos puesto brillantemente en fuga, los persiguió cuatrocientos estadios hasta el Rin y llenó toda esta llanura de cadáveres y despojos. *12* Ariovisto se adelantó con unos pocos y atravesó el Rin; el número de cadáveres dicen que llegó a ochenta mil.

20. Después de llevar a cabo esta campaña, dejó sus tropas en territorio de los secuanos para que pasaran allí el invierno, y él, deseoso de atender a los asuntos de Roma, bajó a la región de Galia en torno del Po, que formaba parte de la provincia que se le había otorgado. En efecto, el río llamado Rubicón divide la Galia situada al sur de los Alpes del resto de Italia. *2* Durante su estancia allí, procuró ganarse el fervor popular; eran muchos los que venían a su presencia, y él a cada uno le daba lo que quería y a todos despachaba unas veces teniendo ya de él lo que deseaban, y otras veces con la esperanza de tenerlo pronto. *3* Y todo el resto del tiempo de la expedición logró que Pompeyo no advirtiese que alternativamente sojuzgaba a los enemigos con las armas de los ciudadanos y conquistaba y sometía a los ciudadanos con las riquezas capturadas a los enemigos.

4 Cuando se enteró de que los belgas, que eran los más poderosos de los celtas y habitaban la tercera parte de la Galia

---

[59] César, *Guerra de las Galias,* I 50, 4-5, no dice nada acerca do los métodos adivinatorios de estas sacerdotisas. La batalla fue cerca de Cernay.

entera, se habían sublevado y habían congregado en armas muchas decenas de miles de hombres, dio la vuelta y al punto regresó a gran velocidad[60]. *5* Y cayendo sobre los enemigos que habían saqueado el territorio de los galos aliados de Roma, puso en fuga a los que estaban más agrupados y reunían un número mayor tras un combate en el que se portaron de manera ignominiosa y causó tan gran mortandad que incluso lagunas y ríos profundos se hicieron vadeables para los romanos por el número de cadáveres que en ellos había. *6* Y de los pueblos sublevados, todos los que habitaban las riberas del océano se pasaron a su bando sin combatir, y sólo tuvo que emprender una expedición contra los mas salvajes y belicosos habitantes de esta región, los nervios, *7* que, establecidos en espesos encinares donde habitaban, tras depositar familias y posesiones en lo más profundo del bosque, lo más lejos posible de los enemigos, cayeron de repente en número de sesenta mil sobre César, cuando estaba haciendo una empalizada y en el momento en que menos se esperaba una batalla, y pusieron en fuga a la caballería y rodearon a la duodécima y a la séptima legión, de las que mataron a todos los centuriones. *8* Y si no hubiera sido porque César, arrebatando un escudo y abriéndose paso entre los que combatían delante de él, arremetió contra los bárbaros, y porque la décima bajó de las alturas a la carrera al ver el peligro en el que él se encontraba y cortó en dos las filas enemigas, parece que nadie habría sobrevivido. *9* Ahora bien, gracias a la audacia de César, a pesar de combatir en la batalla por encima de sus fuerzas, según se dice, ni aun así logran hacer huir a los nervios y los abaten allí mismo mientras pelean; *10* quinientos se dice que se salvaron de los sesenta mil que eran, y sólo tres senadores de cuatrocientos.

21. Informado el senado de estos éxitos, decretó quince días de fiesta en los que harían sacrificios a los dioses y se suspendería toda actividad; por ninguna otra victoria anterior habían decretado tantos días de fiesta. *2* Y es que el peli-

---

[60] Los sucesos se refieren al año 57, cfr. *Guerra de las Galias*, II 1-28.

gro había parecido enorme por haber sido tantas tribus a la vez las que se habían rebelado, y como era César el que había vencido, la simpatía que el pueblo le tenía hacía la victoria más brillante.

3 Y él, después de arreglar la situación en la Galia, volvió a pasar el invierno en la región del Po, para ocuparse de sus intereses en Roma[61]. *4* No sólo los candidatos a las magistraturas, utilizando los fondos que él les suministraba y corrompiendo al pueblo con el dinero que de él recibían, eran proclamados y ponían en ejecución todo lo que contribuyera a incrementar su poderío, *5* sino que, además, la mayor parte de los personajes más notables y elevados se reunió con él en Luca: Pompeyo y Craso, Apio, gobernador de Cerdeña, y Nepote, procónsul de España, de modo que llegaron a coincidir allí ciento veinte lictores y más de doscientos senadores. *6* Celebraron una conferencia en la que tomaron las siguientes decisiones: Pompeyo y Craso tenían que ser nombrados cónsules, y a César le darían dinero y otro quinquenio de mando, *7* cosa que pareció a las personas sensatas la mayor sinrazón. Pues los que recibían tan grandes cantidades de dinero de César, como si éste no tuviera, trataban de convencer a los senadores de que se lo otorgaran o, mejor, los forzaban, y ellos deploraban lo que estaban concediendo con sus votos[62]. *8* Y es que Catón no estaba presente, pues lo habían enviado adrede

---

[61] El invierno de 57-56.
[62] En abril del 56, Cicerón propuso la discusión de la ley agraria de César del año 59, por mediación del tribuno P. Rutilio Lupo. Por el mismo tiempo, L. Domicio Ahenobarbo, enemigo irreconciliable de César y futuro candidato al consulado para el año 55, anunció que si resultaba elegido derogaría el mando concedido a César en las Galias y le haría regresar de inmediato a Roma. César, que aún estaba en Roma y no había iniciado su campaña en Galia, llamó a Craso, y ambos concertaron una entrevista con Pompeyo en Luca. En la entrevista decidieron continuar trabajando juntos. Pompeyo y Craso serían elegidos cónsules para el 55 y obtendrían durante varios años y con legiones, respectivamente, las dos provincias de la península Ibérica y Siria, a condición de que se concediese a César una prórroga en su mandato hasta principios del 49. El pacto favorecía a César, porque conseguiría alejar de Roma a los otros compañeros de convenio y, por otro lado, no daría ocasión a Pompeyo de obtener glorias militares en la península, prácticamente ya pacificada, y embarcaría a Craso en una expedición ardua y costosa.

a una misión a Chipre, y Favonio, que era partidario de Catón, como no conseguía ningún resultado con su oposición, se precipitó por la puerta fuera del senado y presentó sus protestas ante la muchedumbre. 9 Pero nadie le hizo caso: unos por respeto a Pompeyo y Craso, y los más por complacer a César y porque vivían con la esperanza de sus favores, todos se mantuvieron tranquilos.

22. Al regresar de nuevo César con las fuerzas que estaban en Galia, encuentra el país presa de una gran guerra[63], porque dos grandes tribus germánicas acababan de atravesar el Rin en busca de tierras que conquistar: usípetes llaman a los unos y ténteros a los otros. 2 Sobre la batalla que hubo contra ellos, César ha escrito en los *Comentarios*[64] que los bárbaros, al tiempo que le enviaban embajadores en el curso de una tregua, le atacaron en el camino y que pusieron en fuga a sus jinetes, que eran cinco mil, con ochocientos de los enemigos, porque lo cogieron de sorpresa; 3 y a continuación, que enviaron a otros ante él para volver a engañarle, a quienes él retuvo, y que condujo al ejército contra los bárbaros, considerando estupidez la lealtad con personas tan desleales y traidoras a los pactos. 4 Sin embargo, Tanusio[65] dice que Catón, cuando el senado decretó fiestas y sacrificios para celebrar la victoria, manifestó la opinión de que había que entregar a César a los bárbaros, para purificar la ciudad de la violación de la tregua y hacer recaer la maldición sobre el culpable. 5 De los que habían atravesado el Rin, las tropas destrozadas fueron cuatrocientas mil, y a los pocos que volvieron a cruzar de regreso el río los acogieron los sugambros, una tribu germánica.

---

[63] Los acontecimientos a los que se refiere a continuación Plutarco son del año 55 y están narrados en *Guerra de las Galias,* IV 1-16. Plutarco ha omitido la campaña del año 56 expuesta en el libro III de la *Guerra de las Galias* de César.
[64] IV 11-13. La batalla tuvo lugar probablemente en los alrededores de Xanten.
[65] Tanusio Gémino, historiador de fines de la época republicana, daba la versión según la cual César rompió la tregua y atacó a traición el campamento de estos pueblos.

6 Y tomando este hecho como motivo de represalia contra ellos, César, que, por otro lado, también aspiraba a la gloria de ser el primer hombre en atravesar el Rin con un ejército, tendió un puente sobre el río, aunque era muy ancho y, particularmente en aquella época del año, tenía un caudal desbordado, impetuoso y en crecida, y a pesar de que con los palos y troncos que arrastraba corriente abajo producía sacudidas y violentos choques contra los soportes del puente. *7* Pero amortiguando la fuerza de éstos con grandes postes de madera clavados de un lado a otro del vado y refrenando así la corriente que se lanzaba contra la construcción que unía ambas orillas, hizo el alarde de mostrar un espectáculo superior a todo lo que se pueda creer: un puente acabado en diez días[66].

23. Y haciendo pasar a sus tropas sin que nadie osara presentarle resistencia, porque incluso los suevos, el pueblo más poderoso de los germanos, se habían retirado con sus enseres a profundas y boscosas hondonadas, tras incendiar el territorio enemigo y dar seguridades a los que siempre habían abrazado la causa de los romanos, regresó de nuevo a Galia, después de haber pasado dieciocho días en Germania.

2 La expedición militar contra los britanos se ganó la celebridad por su audacia; pues fue el primero en poner pie con una flota en el Océano occidental y en navegar por el mar Atlántico transportando un ejército para emprender la guerra. *3* Esta isla, de cuya existencia se desconfiaba a causa de la extensión que se le atribuía y que había dado lugar a numerosas disputas entre gran cantidad de escritores para quienes sólo era un nombre y una palabra inventada para un país que no existía ni había existido nunca, al aplicarse a dominarla, hizo avanzar el poder de los romanos más allá del mundo conocido. *4* Dos veces[67] hizo la travesía con los barcos hacia la isla

---

[66] Según César, *Guerra de las Galias*, IV 17, 10, los bárbaros echaban troncos a la corriente para dificultar la construcción del puente.

[67] En el otoño del 55 y en julio del 54, cfr. *Guerra de las Galias*, IV 20-36. Es probable que la excusa para intervenir en Bretaña fuera la acusación de que los bretones habían prestado auxilio a los galos rebeldes. César no parece haber

desde las costas de Galia que hay frente a ella y, tras causar en numerosas batallas más daños a los enemigos que provecho a sus soldados (pues nada había que mereciera la pena coger y llevarse de aquellos individuos, pobres y de vida miserable), puso fin a la guerra, pero no de la manera que pretendía; a pesar de todo al menos zarpó de la isla después de haber obtenido rehenes de su rey y haberles impuesto un tributo.

5 En el momento en que iba a hacer la travesía, le llegan cartas de sus amigos de Roma dándole a conocer el fallecimiento de su hija, muerta de parto en casa de Pompeyo[68]. 6 Grande fue el dolor que afligió a Pompeyo, y grande también el de César; y sus amigos se llenaron de turbación, sabedores de que el parentesco que conservaba en paz y concordia el estado, gravemente enfermo en todo lo demás, quedaba roto; y es que, además, la criatura sobrevivió unos pocos días a la madre y no tardó tampoco en morir. 7 El cuerpo de Julia, a pesar de la oposición de los tribunos de la plebe, la plebe lo levantó y llevó al Campo de Marte, y allí yace tras haber recibido las honras fúnebres.

24. Como César se había visto obligado a distribuir sus ya grandes fuerzas en muchos campamentos de invierno[69] y él se había dirigido a Italia, según tenía por costumbre, estalló de nuevo la rebelión en todos los pueblos galos. Grandes ejércitos que iban de un lado a otro trataban de destruir los campamentos de invierno y atacaban las empalizadas de los romanos. 2 El grupo más numeroso y potente de los insurrectos, al mando de Ambiórix, aniquiló a Cota y Titurio con sus

---

guardado propósitos de conquista ni en Germania ni en Bretaña. El producto de las subastas del botín de guerra impulsó a César a comprar costosos terrenos en Roma para levantar el foro que lleva su nombre.

[68] La muerte sobrevino en septiembre del 54 y fue uno de los hechos que enfriaron las relaciones entre Pompeyo, que, a pesar de los veintitrés años de diferencia con su esposa, había vivido feliz con ella, y César, que había instituido herederos universales de sus bienes a su hija única y a su yerno.

[69] En los comienzos del invierno del 54-53, César contaba con ocho legiones, que había dispersado a causa de la penuria de trigo producida por la sequía.

campamentos[70], *3* y la legión que mandaba Cicerón[71] la rodearon y asediaron sesenta mil hombres y poco faltó para que la tomaran al asalto, porque todos los soldados estaban ya heridos y se defendieron con arrojo superior a sus fuerzas. *4* Cuando anunciaron estas noticias a César, que estaba lejos[72], enseguida retrocedió y, tras reunir un total de siete mil hombres, avanzó a marchas forzadas para liberar a Cicerón del asedio. *5* No pasó inadvertida su llegada a los sitiadores, que le salieron al encuentro con objeto de apoderarse de él, menospreciando sus débiles efectivos. *6* Pero él, usando de engaños, siempre se les escapaba y tomando una posición apropiada para combatir con pocos contra muchos establece un campamento fortificado. Mantuvo a los suyos apartados de todo tipo de combate y los obligó a levantar una empalizada de mayor altura y a cerrar las puertas con un muro como si estuvieran temerosos, infundiendo con esta estratagema en los enemigos el desprecio de las fuerzas de César, *7* hasta que, envalentonados, le atacaron dispersos, y entonces hizo una salida, los puso en fuga y aniquiló a muchos de ellos[73].

25. Esta victoria apaciguó las numerosas rebeliones de los galos de estas regiones, pero también sus idas y venidas a todos los sitios durante el invierno y su esmerada atención a las insurrecciones. *2* Además, le llegaron de Italia tres legiones en sustitución de las tropas perdidas: Pompeyo le prestó dos de las que estaban a sus órdenes, y una estaba recién alistada de la Galia Cisalpina[74].

---

[70] El desastre del campamento de Adatua (cerca de Lieja) se encuentra narrado por César, *Guerra de las Galias*, V 26-37. Los eburones, al mando de Ambiórix, los aniquilaron en una emboscada, después de haberlos hecho abandonar las empalizadas con la promesa de que les permitirían la retirada.

[71] Quinto Tulio Cicerón, hermano del orador, que pasaba el invierno con su legión en el territorio de los nervios, al oeste de los eburones, fue atacado a fines del año 54, cfr. *Guerra de las Galias*, V 38-45.

[72] César ya había salido de Samaróbriva (Amiens) para dirigirse a Italia, como era su costumbre.

[73] Plutarco resume fielmente los acontecimientos contados por César, *Guerra de las Galias*, V 45-52.

[74] Pompeyo sólo prestó una legión a César, aunque, además, dio todas las facilidades a los legados de César para que reclutaran dos más en la Galia Ci-

3 Pero, lejos de estas regiones, los gérmenes de la mayor y más peligrosa de las guerras de allí[75], arrojados hacía tiempo en secreto y fomentados entre los pueblos más belicosos por los personajes más poderosos, empezaron a manifestarse, fortalecidos, por un lado, con una juventud en edad militar numerosa y congregada de todas partes en armas, y, por otro, con grandes riquezas reunidas en un tesoro común, ciudades fortificadas y territorios de difícil acceso. *4* Además, como entonces era la estación de invierno, los ríos helados, los encinares cubiertos de nieve, las llanuras transformadas en lagunas por los torrentes y, por unos sitios, los senderos imposibles de adivinar a causa del espesor de la nieve y, por otros sitios, la total incertidumbre de la ruta entre marismas y corrientes desbordadas parecían hacer para César completamente inaccesibles las posiciones de los rebeldes. *5* Habían hecho defección muchas tribus; a la cabeza estaban los arvernos y los carnutos, y la autoridad suprema para dirigir la guerra la tenía por elección Vercingétorix, a cuyo padre habían matado los galos, sospechoso de querer convertirse en tirano.

26. Éste, pues, repartiendo sus fuerzas en muchas divisiones y poniendo a muchos jefes al frente de ellas, iba ganando para su causa todo el territorio del contorno hasta los pueblos situados a orillas del Saona, con el propósito de levantar en armas la Galia entera ahora que ya se estaba formando en Roma un partido contra César. *2* Cosa que si hubiera hecho un poco más tarde, cuando César se metió en la guerra civil, no habrían sido los temores que se adueñaron de Italia más ligeros que los causados por los cimbros. *3* Ahora bien, César, que tenía fama de saber sacar el máximo partido de todos los sucesos para la guerra y que, sobre todo, tenía el genio de aprovechar las oportunidades que se presentaban, nada más enterarse de la sublevación, levantó el campo y se puso en

---

salpina. A continuación, Plutarco omite toda mención sobre la campaña del año 53.

[75] La sublevación general de los pueblos galos en el año 52 (narrada por César en el libro VII de la *Guerra de las Galias*) comenzó en el territorio de los carnutos y arvernos, al sur del Sena, en Galia central.

marcha, poniendo de manifiesto ante los bárbaros, por el propio itinerario que siguió y por la energía y la rapidez de su marcha en medio de un invierno tan crudo, que un ejército venía a su encuentro irresistible e invencible. *4* Pues donde les parecía inverosímil que se hubiera internado un mensajero o un correo de parte de él, si no era después de mucho tiempo, allí se le empezó a ver a él con todo el ejército, talando sus tierras, desmantelando sus posiciones fortificadas, sometiendo ciudades y acogiendo a los que se pasaban a su bando, *5* hasta que entró en guerra contra él la tribu de los eduos, que, a pesar de que siempre se habían proclamado hermanos de los romanos y habían recibido de ellos sobresalientes muestras de honor, al unirse entonces a los insurrectos, provocaron gran desánimo en el ejército de César. *6* Por eso se trasladó de allí y atravesó el territorio de los lingones con la intención de entrar en contacto con los secuanos, pueblo amigo situado delante de Italia frente al resto de Galias[76]. *7* Allí, cuando los enemigos le atacaron y rodearon con muchas decenas de millares, se lanzó a trabar una batalla decisiva y arremetiendo con todas sus tropas obtuvo la victoria, aunque, para sojuzgar a los bárbaros, necesitó mucho tiempo y tuvo que causar gran carnicería. *8* Incluso parece que al principio tuvo algún descalabro, pues los arvernos enseñan un puñal colgado junto a un templo, del que dicen que es un despojo de César. Al verlo él tiempo después, se sonrió y, aunque los amigos le dijeron que lo quitara, no se lo permitió, por considerar que era un objeto sagrado.

27. No obstante, la mayoría de los que entonces lograron escapar fueron a refugiarse con el rey a la ciudad de Alesia[77]. *2* A César, durante el asedio de esta ciudad, que pasaba por ser inexpugnable por la altura de sus murallas y la multitud de sus defensores, le sobreviene de fuera un peligro mayor que

---

[76] Los secuanos habitaban entre el Saona y el Jura y llegaban hasta el Ródano, límite con la provincia romana.
[77] El asedio de la fortaleza de Alesia, llevado a cabo gracias a la experta ingeniería militar romana, duró desde julio hasta septiembre del 52.

todo lo que se pueda decir. *3* Las fuerzas más poderosas que había en Galia, congregadas de todas las tribus, llegaron en armas a Alesia, en número de trescientos mil[78]; *4* y los efectivos combatientes dentro de la ciudad no eran menos de ciento setenta mil, de suerte que César, sorprendido y sitiado en medio de tan numerosos ejércitos, se vio obligado a levantar dos muros, uno frente a la ciudad y otro del lado de los que acababan de llegar, sabedor de que si sus fuerzas se reunían, su suerte estaría completamente perdida. *5* Por muchas razones, por tanto, es lógico que el riesgo que corrió junto a Alesia ganara la fama: ninguno de sus anteriores combates le ofreció hazañas de audacia y pericia semejantes; pero lo que más habría que admirar es que César consiguió que los de la ciudad no se enterasen de su batalla y de su éxito contra tantas decenas de miles como eran los de fuera; y más admirable todavía fue que tampoco se enteraran los romanos que vigilaban el muro que miraba a la ciudad. *6* Pues no se enteraron de la victoria hasta que oyeron los gemidos procedentes de Alesia de los hombres y los golpes de pecho de las mujeres, que contemplaban por el otro lado muchos escudos guarnecidos de plata y oro, muchas corazas empapadas de sangre y, además, copas y tiendas galas transportadas por los romanos a su campamento. *7* Con tal rapidez un ejército tan numeroso desapareció, y se desvaneció igual que un fantasma o un sueño porque la mayoría cayó en la batalla. *8* Los que dominaban Alesia, tras haber causado no pocos males a César y a ellos mismos, terminaron por rendirse. *9* El general en jefe de todo el ejército, Vercingétorix, tomó sus más bellas armas, enjaezó ricamente su caballo y salió por las puertas de la muralla cabalgando. *10* Y después de caracolear en círculo alrededor de César, que estaba sentado, saltó del caballo, arrojó al suelo la armadura y, sentándose a los pies de César, se quedó quieto, hasta que éste le entregó a quienes lo custodiaran para la celebración del triunfo[79].

---

[78] Plutarco redondea las cifras dadas por César, *Guerra de las Galias,* VII 76, 3: doscientos cuarenta mil infantes y ocho mil jinetes.

[79] Plutarco tampoco menciona la campaña del año 51, correspondiente al libro VIII de la *Guerra de las Galias,* redactado por el oficial de César, A. Hircio.

28. Hacía tiempo que César tenía decidido acabar con Pompeyo, como, sin duda, éste tenía decidido acabar con aquél. Pues tras la muerte entre los partos de Craso[80], que era el único que podía ser tercero en discordia entre ambos, no le restaba al uno, para ser el más grande, más que acabar con el que lo era, y al otro, para evitar que le sucediera eso, anticiparse y aniquilar al que temía. 2 Pero a Pompeyo este temor sólo le había asaltado desde poco antes, pues hasta entonces no había hecho caso de César, convencido de que no sería tarea difícil volver a eliminar a quien él mismo había elevado. 3 Por su parte, César, que desde el principio se había propuesto este objetivo y que, como un atleta, se había mantenido lejos de ambos contrincantes a gran distancia y se había estado entrenando en las guerras de Galia, había ejercitado a sus tropas hasta hacerlas aguerridas y había ido aumentando su gloria, encumbrándose mediante sus proezas hasta una posición comparable a la de los éxitos de Pompeyo, 4 al acecho de los pretextos que unas veces le proporcionaba el propio Pompeyo[81] y otras veces las circunstancias y el desgobierno que había en Roma, donde, por culpa de la mala política, los que aspiraban a los cargos colocaban descaradamente en medio mesas de banqueros y sobornaban vergonzosamente a las masas y donde el pueblo, convertido en mercenario, bajaba al foro y competía en favor de quien le hubiera pagado, pero no con votos, sino con arcos, espadas y hondas[82]. 5 Con frecuencia

---

[80] En junio del 53, tras la batalla desastrosa de Carras, cfr. *Craso*, 23-31.

[81] Pompeyo no había partido en el 54 a ocupar su mando proconsular en España, había retrasado las elecciones de cónsules para el 53 y había apoyado sólo en apariencia los candidatos favorables a César. En el año 53, Pompeyo había contraído matrimonio con Cornelia, hija de Metelo Escipión y viuda de P. Craso, muerto en Carras.

[82] Los desórdenes callejeros en Roma habían impedido la celebración de las elecciones consulares para el 52. A comienzos de ese mismo año, las bandas de Milón habían asesinado a Clodio, y el senado se había visto forzado a nombrar un *interrex*, M. Emilio Lépido, que en compañía de los tribunos y el procónsul Pompeyo se encargaría de restablecer el orden en Roma. Éste reclutó soldados en la Cisalpina y llegó a las puertas de Roma. El senado consintió en nombrar cónsul a Pompeyo para ese año sin colega (cfr. *Pompeyo*, 54, 3 ss.). Pompeyo manifestó su intención de castigar rápidamente a Milón, nombró los jurados y en abril comenzó el juicio, en el que Cicerón, asustado arte las

tomaron las decisiones mancillando la tribuna con sangre y cadáveres y dejaron la ciudad sumida en la anarquía, como barco a la deriva sin timonel, de modo que las personas sensatas se daban por contentas si en nada peor para ellos que la simple monarquía desembocaba la situación desde una demencia tan enorme y una borrasca tan grave. 6 Muchos había que incluso tenían ya la osadía de decir en público que no había curación para el estado si no era con la monarquía, y que este remedio había que darse por satisfecho con que lo aplicara el más clemente de los médicos, aludiendo veladamente así a Pompeyo. 7 Pero como él, aunque de palabra se las daba de rehusar tal honor, de hecho perseguía más que todo el modo de ser proclamado dictador, Catón y sus partidarios se ponen de acuerdo y convencen al senado de que le nombren cónsul único, para evitar que arrancase por la fuerza el nombramiento de dictador y se conformase con una monarquía más legitima. 8 Además, prorrogaron con un decreto el periodo de su gobierno en las provincias; pues tenía dos: Hispania y África entera, las cuales administraba enviando emisarios y manteniendo ejércitos, por los que recibía del tesoro público mil talentos anuales.

29. A raíz de esto, César envió emisarios solicitando el consulado y una prórroga semejante en sus propios mandos provinciales[83]. Al principio, Pompeyo guardó silencio, pero se opusieron Marcelo y Léntulo, que, por otra parte, aborrecían

---

tropas que llenaban el lugar, pronunció una débil defensa que no evitó el veredicto de pena capital contra Milón. Éste, no obstante, había huido a Marsella. A partir de entonces, Pompeyo intentó mediante senadoconsultos desposeer a César de su mando proconsular y su ejército, hizo elegir cónsul colega a Metelo Escipión, su nuevo suegro, y se aseguró el mando en España hasta el 45.

[83] César había solicitado una prórroga en su mandato hasta fines del año 49, pero Marco Claudio Marcelo, cónsul en el 51 junto con Servio Sulpicio Rufo, sostuvo ante el senado que, en previsión del fin de las hostilidades en Galia, había que nombrar un sucesor para César a partir del 1 de marzo del 50 y no tener en cuenta el privilegio de presentarse a un segundo consulado estando ausente de Roma. A otra propuesta envenenada del cónsul Gayo Claudio Marcelo, cónsul en el 50, para que, previo nombramiento de su sucesor en Galia, las idus de noviembre fueran el término del mandato de César, G. Escribonio Curión opuso su veto tribunicio (cfr. *Pompeyo*, 56, 1-3).

a César, pero que, no obstante, añadieron a su necesaria respuesta actos en absoluto necesarios, con objeto de humillarle y ultrajarle. *2* Pues a los habitantes de Nueva Como, colonia recientemente fundada por César en Galia, los despojaron de la ciudadanía; y Marcelo, cónsul entonces, a uno de los senadores de allí, que había venido a Roma, le torturó con varas, diciéndole además que le aplicaba este castigo como prueba de que no era romano y ordenándole que se lo mostrara a César cuando regresara. *3* Después del consulado de Marcelo[84], cuando ya César permitió a todos los que intervenían en la política extraer en abundancia dinero del pozo de las riquezas acumuladas en Galia y cuando a Curión, tribuno de la plebe, le liberó de sus abundantes préstamos y a Paulo, que era cónsul, le dio mil quinientos talentos, con los que, entre otras cosas, éste añadió a los ornatos del foro un monumento célebre, la basílica edificada en el lugar de la Fulvia, *4* Pompeyo, entonces, temeroso de la confabulación contra él, empezó ya a actuar a las claras, tanto personalmente como por mediación de sus amigos, para que se nombrara un sucesor para César en sus cargos y le envió recado reclamándole los soldados que le había prestado para las campañas militares en Galia. César se los remite, tras gratificar a cada hombre con doscientas cincuenta dracmas[85]. *5* Los oficiales que trajeron estas tropas a Pompeyo esparcieron entre las masas habladurías nada buenas ni benévolas a propósito de César y echaron a perder al propio Pompeyo metiéndole vanas esperanzas y haciéndole creer que el ejército de César ansiaba tenerlo por jefe y que si su situación en Roma tenía dificultades por la envidia que gangrenaba la política, sus fuerzas de allí estaban enteramente a su disposición y no hacía falta más que pusiesen pie en Italia para que estuviesen de inmediato a sus órdenes: tan insoportable se les había hecho César con sus permanentes

---

[84] Es decir, en el año 50.
[85] Al llegar a Roma malas noticias sobre la situación en Siria, el senado votó el envío de dos legiones, una de César y otra de Pompeyo, para hacer frente a la situación en Oriente. Pompeyo entregó la que había prestado a César (cfr. *supra* 25, 2). En realidad, estas tropas no llegaron a salir de Italia ante la mejora de la situación en Siria.

campañas militares y tan sospechoso por el miedo que les daban sus aspiraciones a la monarquía. *6* Con estas cosas, Pompeyo se iba llenando de engreimiento y se despreocupaba de procurarse soldados, convencido de que no tenía nada que temer, y se hacía la ilusión de que derrotaba a César con los discursos y resoluciones políticas que hacía decretar contra él. *7* Pero César no se preocupaba de esto en absoluto e incluso se cuenta que uno de los centuriones llegados a Roma de parte suya, cuando, estando delante de la curia, se le informó de que el senado no concedía a César una prórroga en su mando, exclamó: «¡Bueno, pues ésta se lo dará!», al tiempo que golpeaba con la mano la empuñadura de la espada.

30. No obstante, la pretensión de César tenía una evidente apariencia de justicia; pues hacía la propuesta de deponer él las armas y que una vez que Pompeyo hiciese lo mismo, ambos, convertidos en simples ciudadanos particulares, procurasen granjearse los favores de los ciudadanos, en la convicción de que quitarle a él las tropas y confirmar a Pompeyo en el mando de las que tenía era *2* desacreditar al uno y preparar la tiranía del otro. Al presentar Curión esta propuesta en nombre de César ante la plebe, hubo aplausos manifiestos y hubo también quienes le arrojaron flores y coronas como a un atleta[86]. *3* Por su parte, Antonio, que era tribuno de la plebe[87], dio a conocer a la multitud una carta recibida de César

---

[86] Entretanto, César se encontraba en su campamento de invierno en Rávena. Los hechos corresponden a la sesión del senado celebrada el 1 de diciembre del 50. Gayo Claudio Marcelo desencadenó un ataque contra Curión, cuyos poderes tribunicios estaban a punto de expirar, y contra César, a quien acusaba de proyectar la tiranía. A continuación propuso a los senadores que se pronunciaran sobre dos cuestiones: ¿había que nombrar un sucesor para César? Y: ¿había que desposeer a Pompeyo de su mando? A la primera respondieron con una afirmación unánime y a la segunda la mayoría fue negativa. Curión entonces propuso una tercera cuestión: ¿no sería mejor desposeer a ambos? El resultado de la votación fue favorable por gran mayoría a la propuesta de Curión, pero fue vetada. Al día siguiente, Marcelo pidió a Pompeyo que asumiera el mando de las tropas en Italia. Pompeyo, tras ciertas vacilaciones, aceptó el encargo.

[87] César había conseguido con facilidad su elección como tribuno de la plebe para el año 49.

en favor de esta propuesta y la leyó a pesar de la oposición de los cónsules. *4* En el senado, Escipión, suegro de Pompeyo, introdujo la moción de que se declarase enemigo público a César, si no deponía las armas en el día fijado. *5* Al preguntar los cónsules si el senado opinaba que Pompeyo debía licenciar a sus soldados y, a continuación, si opinaba lo mismo en cuanto a César, a la primera propuesta se adhirieron muy pocos, mientras que a la segunda todos menos unos pocos. Y cuando Antonio y sus partidarios exigieron, a su vez, que ambos dimitieran del mando, todos unánimemente asintieron a esta proposición. *6* Pero como Escipión se opuso radicalmente y el cónsul Léntulo[88] gritó que lo que hacía falta contra un pirata eran armas, no votos, entonces se levantó la sesión, y los senadores se cambiaron de vestido en señal de duelo a causa de esta disensión.

31. Y cuando llegaron cartas de parte de César que parecían ofrecer propuestas más moderadas, pues accedía a dejar todo lo demás, con tal que se le concediera la Galia Cisalpina e Iliria con dos legiones, hasta presentarse al segundo consulado, también el orador Cicerón, recientemente llegado de Cilicia, negoció una conciliación y fue ablandando a Pompeyo, que consentía en todo lo demás, con la excepción de los soldados. *2* Y Cicerón trataba de convencer a los amigos de César de que transigiesen y se conformaran con las provincias mencionadas y seis mil soldados solamente, y aunque Pompeyo se dejó doblegar y aceptó estas condiciones, Léntulo, que era cónsul, no sólo no lo admitió, sino que cubrió de insultos y expulsó ignominiosamente del senado a Antonio y a Curión, *3* proporcionando así él mismo a César la excusa más aparente y de la que más se valió para excitar los ánimos de los soldados, poniendo ante ellos de manifiesto que hombres notables y magistrados habían tenido que huir en un carruaje de alquiler con ropas de esclavos: pues así es

---

[88] Cónsul para el año 49 en compañía de Gayo Claudio Marcelo, primo hermano de su homónimo antecesor y hermano de Marco Claudio Marcelo, cónsul en el año 51.

como por miedo se habían disfrazado para escapar en secreto de Roma[89].

32. Había con él no más de trescientos jinetes y cinco mil infantes; pues el resto del ejército, que se había quedado al otro lado de los Alpes, lo iban a traer los oficiales enviados con esa misión[90]. *2* Pero viendo que el comienzo de la empresa y el ataque que iniciaba no requerían por el momento muchos brazos y que más bien había que acometerlo aprovechando la estupefacción que produciría su audacia y la rapidez en sacar partido de la ocasión, pues sería más fácil asustarlos con la sorpresa que reducirlos por la fuerza atacando después de hacer preparativos militares, *3* a los oficiales y centuriones les ordenó que sólo con espadas, sin las restantes armas, ocuparan Arímino, una gran ciudad de Galia[91], evitando lo más posible asesinatos y tumultos y puso a Hortensio al cargo de las fuerzas. *4* Mientras tanto, él pasó el día[92] a la vista de todo el mundo y presidió como espectador unos ejercicios de gladiadores. Poco antes del crepúsculo, se bañó y arregló, después pasó a la sala de los hombres y tras compartir unos breves instantes con los invitados a la cena, cuando se estaba ya haciendo de noche, se levantó y salió, luego de haber dado muestras de amistad a todos los comensales y rogarles que le aguardaran, como si fuera a regresar. Con antelación, había convenido con unos pocos amigos en que le siguieran, pero no yendo todos por el mismo sitio, sino uno por un camino y otro por otro. *5* Él montó en un carruaje de alquiler y se puso en marcha, primero por otro camino; luego giró en dirección a Arímino. Cuando llegaba al río que delimita la Galia Cisalpina separándola de Italia, que se llama Ru-

---

[89] Cicerón había llegado a Roma de Cilicia el 4 de enero del 49; Marco Antonio, Curión y Q. Casio huyeron de Roma el día 7 del mismo mes.
[90] En aquel momento sólo tenía con él una legión: había dejado cuatro en territorio de los belgas al mando de Trebonio, y otras tantas en el territorio de los eduos al mando de Fabio.
[91] Arímino (Rímini) no estaba lejos de la frontera que separaba Galia Cisalpina de Italia. Q. Hortensio era el hijo del célebre orador Q. Hortensio Hortalo.
[92] El 11 de enero del 49.

bicón, comenzó a reflexionar; *6* a medida que se aproximaba al peligro y la cabeza le iba dando vueltas ante la grandeza y osadía de su empresa, disminuía cada vez más la carrera y, finalmente, deteniendo del todo su camino, sopesó en silencio consigo mismo muchas resoluciones diferentes, cambió de decisión en uno y otro sentido, y su determinación giró entonces en muchísimas direcciones. *7* Compartió también con sus amigos presentes, entre los que se encontraba Asinio Polión[93], sus numerosas dudas, calculando cuán enormes desgracias inauguraría para todos los hombres el cruzar el río y qué grande sería la memoria de esta acción para la posteridad. *8* Finalmente, como si se dejara llevar por un irrefrenable impulso irracional hacia el futuro y tras pronunciar esta frase que se ha convertido en preludio común para quienes se arrojan en avatares dificultosos y audaces: «¡La suerte está echada!»[94], se lanzó con resolución a vadear el río y, marchando ya en adelante a galope, penetró en Arímino antes del amanecer y la ocupó. *9* Se cuenta que la noche anterior a cruzar el río tuvo un sueño abominable, en el que le pareció que se unía con su propia madre en comercio impronunciable[95].

33. Tras la toma de Arímino, como si la guerra hubiera abierto anchas puertas a toda tierra y mar y como si al tiempo que los límites de la provincia se hubieran conculcado las leyes de la ciudad, no se habría pensado que eran, como otras veces, los hombres y mujeres quienes, presas de pánico, iban de un lado a otro de Italia, sino que eran las propias ciudades las que se levantaban y se lanzaban a la fuga unas a través de otras, *2* y que a Roma, como desbordada por las corrientes torrenciales de masas que huían desde los alrededores y se refugiaban allí, como ni estaba presta a obedecer a magistrado al-

---

[93] Había nacido el año 76 y murió el 4 o 5 d.C. Escribió tragedias y una historia de las guerras civiles, que ha servido como fuente a Plutarco y a Apiano, en la que reprochaba a César no haber contado la verdad (César, por ejemplo, no habla del paso del Rubicón).

[94] En *Pompeyo*, 60, 4, Plutarco precisa que César pronunció la famosa frase en griego.

[95] Suetonio, *César*, 7, 2, data este sueño en la época en que era cuestor y se encontraba en Cádiz.

guno ni se dejaba contener por ningúna razón, poco le faltó para volcar y arruinarse a sí misma en tan terrible marejada y oleaje. *3* Sentimientos encontrados y violentas agitaciones se adueñaron de todos los lugares: ni siquiera los que se alegraban se mantenían en calma, pues, como se encontraban a cada paso en esta gran ciudad con los que estaban aterrorizados y asustados y mostraban con insolencia sus esperanzas para el porvenir, se producían disputas. *4* Al propio Pompeyo, ya desconcertado, unos por un lado y otros por otro le llenaban de turbación: a ojos de unos, él era el responsable por haber engrandecido a César contra sí mismo y contra la autoridad constituida; y otros le echaban la culpa por haber dejado a Léntulo ultrajar a César en el momento en que éste hacía concesiones y proponía compromisos razonables. *5* Favonio le increpaba a que golpease la tierra con el pie, porque Pompeyo, jactándose en cierta ocasión ante el senado, no había permitido que los senadores intervinieran en nada ni se ocuparan de los preparativos para la guerra, pues, en cuanto atacase, él no tendría más que dar una patada en el suelo para llenar Italia de ejércitos[96]. *6* No obstante, incluso en ese momento, Pompeyo aventajaba a César en número de tropas. Pero nadie le permitió seguir sus propios planes y, bajo el peso de muchas noticias, mentiras y miedos, como si la guerra ya fuera inminente y se hubiera apoderado de todo, cediendo y dejándose arrastrar por el arrebato general, decreta el estado de guerra y abandona la ciudad, tras dar la orden de que le acompañara el senado y no se quedara nadie de los que habían elegido la patria y la libertad, en lugar de la tiranía[97].

---

[96] Cfr. 41, 3. Favonio era amigo y partidario de Catón, había sido tribuno de la plebe en el 60 y en ese año era pretor; cfr. *Pompeyo*, 57, 5.

[97] Tras unas negociaciones infructuosas para buscar la paz, en Roma se produjo el pánico cuando llegaron fugitivos de las ciudades del Piceno en la costa del Adriático, que anunciaban que César las había tomado. Sin saber aún las tropas que en esos momentos tenía César, decidieron trasladarse a Capua, donde estaban acantonadas las dos legiones destinadas a partir hacia Siria. La proclamación del estado de guerra y el éxodo de los nobles tuvieron lugar el 17 y 18 de enero del 49.

34. Los cónsules huyeron sin celebrar siquiera el sacrificio que legalmente hay que hacer antes de partir. Y huía también la mayoría de los senadores, tras haber cogido lo que caía en sus manos de sus propiedades, a modo de rapiña de lo ajeno. *2* Hubo quienes, a pesar de haber abrazado con fuerza antes el partido de César, perdieron entonces la cabeza por el pánico y se dejaron arrastrar sin ninguna necesidad por la corriente de aquel arrebato. *3* Pero el espectáculo más lamentable era el de la ciudad, que, al sobrevenir tan enorme temporal, iba a la deriva como nave guiada por pilotos desesperados que la dejan vagar a la ventura. *4* Pero por muy lamentable que fuera este éxodo[98], las personas consideraban el exilio patria gracias a Pompeyo, y Roma la abandonaron como campamento de César, dándose el caso de que incluso Labieno, *5* un hombre de los más amigos de César, que había sido legado suyo y había combatido en su compañía con singular denuedo en todas las guerras de Galia, le abandonó entonces y se pasó al partido de Pompeyo; pero, a pesar de ello, César le remitió sus riquezas y enseres. *6* César marchó contra Domicio[99], que, al mando de treinta cohortes, ocupaba Corfinio, y acampó en sus cercanías. Domicio, dándose por perdido, pidió a su médico, que era un esclavo, un veneno y cogiendo la pócima que éste le dio la bebió con intención de suicidarse.

---

[98] El plan de Pompeyo, cuyas fuerzas estaban limitadas a los reclutas en curso de movilización, las guarniciones dispersas en la península italiana y las dos legiones de Capua, era no comprometer la ciudad de Roma en una defensa al azar; con ello desatendía la importancia moral y estratégica de abandonar Roma, pero esperaba, quizá ya desde finales de enero, trasladar el escenario de la guerra a Oriente y alejar a César de sus bases en las Galias, para agotar sus fuerzas en una persecución inacabable, mientras las legiones de España avanzaban desde el oeste y reconquistaban Galia y la península italiana. No obstante, la coalición de nobles que seguía a Pompeyo mostró nula unidad de criterio por las ambiciones personales.

[99] L. Domicio Ahenobarbo había sido cónsul en el 54 y estaba nombrado como gobernador de la Galia para suceder a César. En realidad, fue él quien destrozó los planes de Pompeyo, porque, como no estaba subordinado a Pompeyo, se obstinó en detener a César en Corfinio, capital de los pelignos en Italia central. Domicio estaba confiado con los 4.000 soldados que acababa de reclutar, pero la adición de estas fuerzas a las de César desequilibró la balanza de fuerzas en Italia. César inició el bloqueo de Corfinio el 15 de febrero, en el momento en que ya disponía de seis legiones.

7 Pero al enterarse poco después de que César había tratado a los presos con admirable generosidad, se echó a llorar por su propia muerte y se culpaba de haber tomado una determinación tan precipitada. *8* Pero cuando el médico le reanimó al decirle que lo que había bebido era un somnífero, no un veneno letal, se levantó lleno de alegría y se dirigió ante César y tras darle la mano se pasó a continuación a Pompeyo. *9* La llegada de estas noticias a Roma reconfortaba los ánimos de las gentes y algunos que habían huido regresaron.

35. César se hizo cargo de las tropas de Domicio y anticipándose se apropió de todas las demás que eran reclutadas para Pompeyo en las ciudades. Tras reunir así un numeroso ejército que le hacía temible, marchó contra el propio Pompeyo. *2* Pero éste no aguardó el ataque, sino que, huyendo a Brindisi, primero envió a los cónsules a Dirraquio con tropas y, poco después, él mismo, cuando ya llegaba César en su busca, se hizo a la mar, como se pondrá de relieve punto por punto en el relato que escribiremos sobre él[100]. *3* César quería ir de inmediato en su persecución, pero, como carecía de naves, regresó a Roma. En sesenta días se había convertido en dueño de toda Italia sin una gota de sangre.

4 Como encontró la ciudad más calmada de lo que esperaba y a muchos miembros del senado en ella, entabló con éstos conversaciones equitativas y generosas, invitándoles a enviar ante Pompeyo una delegación para llegar a unos acuerdos convenientes[101]. *5* Pero nadie le hizo caso, bien por temor a Pompeyo, a quien habían abandonado, bien porque consideraran que César no era sincero y sólo estaba usando palabras de bella apariencia.

---

[100] *Pompeyo*, 62, 2-6. Los cónsules Gayo Claudio Marcelo y Lucio Cornelio Léntulo Crus partieron de Brindisi el 4 de marzo del 49 con treinta cohortes hacia Dirraquio (= Durazzo), en la costa oriental del Adriático. César había llegado a Brindisi el 4 de marzo, y Pompeyo embarcó el día 17 del mismo mes. Durante estos días hubo un nuevo intento de paz, pero tampoco se llegó a un acuerdo.

[101] La sesión del senado tuvo lugar el día 1 de abril, fuera de Roma, lo que permitió a César arengar a los senadores sin despojarse de sus armas e insignias.

6 Y como el tribuno de la plebe Metelo le impedía tomar dinero de los depósitos públicos e interponía la prohibición de ciertas leyes, manifestó que el momento de las armas no era el mismo que el de las leyes: *7* «Tú, si estás descontento con lo que sucede, retírate ahora mismo sin ponerte como obstáculo: la guerra no tiene nada que ver con la franqueza de palabra; cuando haya un convenio y yo deponga las armas, entonces podrás presentarte y hablar al pueblo. *8* Y digo esto —prosiguió— haciendo dejación de mis derechos, pues eres mío y me pertenecéis tanto tú como todos los sublevados contra mí a los que he capturado.» *9* Tras decir esto a Metelo, se encaminó en dirección a las puertas del erario. Como no aparecían las llaves, mandó a buscar a unos herreros y les ordenó echar abajo las puertas. *10* Como Marcelo volvió a oponerse entre las aprobaciones de ciertas personas, él elevó el tono de voz y le amenazó con matarlo si no dejaba de importunarle: «Y esto —afirmó—, jovencito, no ignoras que para mí es más difícil de decir que de hacer.» *11* Estas palabras hicieron que entonces Marcelo se marchara asustado y que, en adelante, se le suministrara con facilidad y prontitud todo lo que requería para la guerra[102].

36. Marchó con el ejército a Hispania[103], decidido, en primer lugar, a expulsar de allí a Afranio y Varrón[104], legados de Pompeyo, y, tras haber sometido a su dominio las fuerzas de

---

[102] Dejó el mando de Italia a Emilio Lépido, el futuro triúnviro, y a Marco Antonio. Al propio tiempo envió a Curión a ocupar Sicilia (de donde Catón huyó para unirse a Pompeyo) y África, donde el gobernador P. Acio Varón, ayudado por el rey númida Juba, le derrotó y dio muerte.

[103] Nada más pasar los Alpes se encontró con la oposición de Marsella, próspera colonia a la que la conquista de las Galias por César condenaba a la decadencia económica.

[104] Lucio Afranio había sido cónsul en el 60; era adicto partidario de Pompeyo, que le había propuesto para el consulado del 60 con objeto de que aprobase la gestión de éste en Oriente y para impedir que resultara elegido Q. Cecilio Metelo Céler, de cuya hermana, Mucia, Pompeyo acababa de divorciarse. La campaña electoral había sido escandalosa, pero, finalmente, fueron elegidos tanto Metelo como el antiguo legado de Pompeyo. M. Terencio Varrón es el gran erudito, del que se conservan parte de su tratado *Sobre la lengua latina* y los tres libros *Sobre la agricultura*. También se encontraba en España al frente de las tropas pompeyanas M. Petreyo, el vencedor de Catilina en el 62.

allí y las provincias, a avanzar entonces contra Pompeyo, sin dejar a su espalda a ningún enemigo. *2* Corrió riesgos con frecuencia, tanto por su propia vida en emboscadas, como por su ejército, a causa, sobre todo, del hambre; pero no cesó en su empeño de perseguir, retar y acorralar con empalizadas a sus adversarios, hasta que se adueñó a viva fuerza de los campamentos y de las tropas. Los oficiales de ellas se hicieron a la fuga y marcharon a unirse a Pompeyo[105].

37. De regreso a Roma, su suegro Pisón exhortó a César a enviar una delegación a Pompeyo para tratar una reconciliación, pero Isáurico[106] se opuso por complacer a César. *2* Elegido dictador por el senado[107], restituyó a los exiliados, rehabilitó en sus derechos civiles a los hijos de los que habían caído en desgracia en época de Sila y alivió a los deudores con una especie de cancelación de los intereses de sus deudas, pero otras medidas políticas de esta clase que emprendió no fueron muchas, pues, al cabo de once días, dimitió del mando único, se proclamó cónsul a sí mismo y a Servilio Isáurico y continuó la campaña militar. *3* Avanzando a marchas forzadas, se adelantó en el camino a las restantes fuerzas y con sólo seiscientos jinetes elegidos y cinco legiones, cuando ya era el solsticio de invierno, a comienzos del mes de enero, que equivaldría al de Posideón entre los atenienses, soltó amarras y se hizo a la mar[108]. *4* Tras atravesar el Jónico, conquista Orico y Apolonia y despachó de nuevo los barcos con rumbo a Brindisi en busca de los soldados que se habían quedado rezaga-

---

[105] Plutarco resume las operaciones militares cerca de Lérida, en el valle del Segre (César, *Guerra civil*, I 34-37; II 1-22) de mayo a agosto, y las de Córdoba y Cádiz contra Varrón en septiembre del 49. A comienzos de octubre de nuevo se dirigía a Marsella, donde había dejado encargado del asedio a Trebonio con tres legiones.

[106] Acerca de Pisón, cfr. *supra*, 14, 8. P. Servilio Isáurico era hijo del que había optado al cargo de sumo pontífice con César, cfr. 7, 1. A mediados de diciembre del 49 fue elegido cónsul para el 48 junto con César.

[107] Lépido, en su calidad de pretor, no había obtenido permiso para celebrar las elecciones consulares para el 48; a falta de eso, presentó una ley nombrando dictador a César. Los once días que permaneció en Roma César como dictador fueron del mes de diciembre.

[108] El 4 de enero del 48, según Plutarco, *Pompeyo*, 65, 4.

dos en el viaje por tierra. 5 Éstos, mientras estuvieron de camino, como ya habían pasado la plenitud física y estaban desesperados por la multitud de fatigas padecidas, echaban las culpas a César: 6 «¿Adónde y a qué confín nos va a llevar este hombre a dejarnos, después de hacernos dar vueltas de aquí allá y usarnos como instrumentos inútiles e inertes? También el hierro se mella con los golpes, y después de tanto tiempo hay que tener alguna clase de miramientos con el escudo y la coraza. 7 ¿Ni siquiera por nuestras heridas se da cuenta César de que manda en seres humanos y de que hemos nacido para soportar y sufrir sólo penalidades humanas? La estación de las borrascas y la época de los vientos en el mar ni siquiera a un dios le es posible violentarlos. Sin embargo, ése se expone como si fuera el fugitivo, no el perseguidor de los enemigos.» 8 Entre tales habladurías, iban haciendo con lentitud el camino a Brindisi. Pero cuando, al llegar, se encontraron con que César había zarpado, cambiaron de actitud al momento y empezaron a maldecirse a sí mismos, llamándose traidores de su general en jefe, y maldecían también a sus oficiales por no haberlos apremiado en el viaje. 9 Y sentados sobre los promontorios de la costa, con la vista puesta en el mar y en dirección del Epiro, trataban de otear las naves en las que iban a hacer la travesía para unirse a César[109].

38. En Apolonia, César, como tenía fuerzas que no eran de consideración para entablar batalla y las de Italia se estaban retrasando[110], en semejante apuro y estado de ansiedad, tomó una terrible determinación: a ocultas de todos se embarcó en

---

[109] Este episodio se refiere probablemente al motín de Placencia (noviembre del 49, antes de su entrada en Roma y su proclamación como dictador).

[110] Durante su estancia en Roma se había hecho elegir cónsul para el 48 y, dueño ya de la autoridad que le confería la magistratura del estado, comenzó la guerra contra Pompeyo. En realidad, transcurrieron más de dos meses entre la llegada de César a Iliria y la de Marco Antonio, que llegó a fines de marzo del 48 conduciendo las cinco legiones que había dejado en Brindisi. La causa de esta demora era que Bíbulo, al mando de la flota pompeyana, había interceptado los transportes de César cuando regresaban a Brindisi a recoger a Marco Antonio y los bloquearon dentro del puerto. César desconocía la causa del retraso.

un barco de carga de sólo doce remos de largo y zarpó rumbo a Brindisi, a pesar de que el mar estaba rodeado de enemigos con enormes flotas. *2* De noche, pues, se puso por encima ropas de esclavo, embarcó y echándose en un rincón como un pasajero sin importancia se quedó quieto. *3* Y como la corriente del río Aoo arrastraba la nave hacia el mar, la brisa matinal que solía mantener la bonanza a esa hora por la desembocadura, al retirar mar adentro el oleaje, la había extinguido un viento marino que había soplado con fuerza por la noche. *4* El río se embraveció contra la pleamar y en la dirección opuesta del oleaje, se encrespó y se veía obligado a recular en su corriente con gran estruendo y ásperos remolinos, de modo que para el timonel era imposible forzar el paso. Por eso, mandó a los marineros virar para retroceder río arriba. *5* Al darse cuenta, César se da a conocer y cogiendo de la mano al timonel, estupefacto ante lo que veía, le dijo: «Adelante, buen hombre, atrévete y no tengas ningún temor. A César es a quien llevas, y la fortuna de César navega contigo.» *6* Al punto los marinos se olvidaron del temporal y, aplicándose a los remos, intentaron con todo denuedo abrirse paso por la fuerza a través del río. Mas como era imposible, tras haber tragado gran cantidad de agua de mar y arriesgado la propia vida, condescendió mal de su grado con el timonel en virar. *7* Al regresar río arriba, sus soldados salieron en tropel a su encuentro, quejosos y muy dolidos de que no estuviera convencido de que sería capaz de obtener la victoria sólo con ellos, y de que se inquietara y expusiera su vida por las tropas ausentes, como si no tuviera confianza en las presentes.

39. Después Antonio arribó trayendo las tropas de Brindisi. Alentado con esto, César provocaba el ataque de Pompeyo, instalado en una buena posición y suficientemente avituallado por tierra y por mar, mientras que él, que ya al principio distaba de encontrarse en la abundancia, más tarde se vio violentamente oprimido por la carencia de víveres. *2* Sus soldados cortaban cierta raíz que amasaban con leche y se la llevaban a la boca; e incluso una vez moldearon panes con ella y corriendo hasta los puestos avanzados de los enemigos los arrojaban dentro de la trinchera y se los lanzaban al otro lado

de ella, al tiempo que les decían que mientras la tierra produjera tales raíces no dejarían de tener sitiado a Pompeyo. *3* Sin embargo, éste no permitió que ni los panes ni estas expresiones se divulgasen y llegasen a la masa; pues sus soldados estaban desanimados y temían la ferocidad y el carácter implacable de sus enemigos, como si tuvieran que vérselas con fieras salvajes.

4 Había constantes escaramuzas alrededor de las empalizadas de Pompeyo y en todas ellas César llevó la mejor parte, excepto en una en la que, al producirse una desbandada general, a punto estuvo de perder el campamento. *5* Pues ante la acometida de Pompeyo, nadie permaneció en su puesto, y los fosos se fueron llenando de soldados agonizantes, y en sus propias empalizadas y muros del contorno caían los hombres, rechazados hasta allí en desbandada. *6* César salió a su encuentro y trató de hacer volver a los fugitivos, pero no consiguió nada; agarraba las insignias, pero los que las llevaban las tiraban al suelo, hasta el punto de que los enemigos capturaron treinta y dos y al propio César le faltó poco para morir. *7* Pues cuando echó la mano a un hombre alto y corpulento que pasó huyendo a su lado y le mandó quedarse en su puesto y volver cara contra los enemigos, él, enloquecido ante el peligro, levantó la espada para golpearle, pero se adelantó el escudero de César y le cortó el hombro de un tajo. *8* Y tan desesperada llegó a juzgar su situación, que cuando Pompeyo, por precaución o por azar, en lugar de coronar aquella gran acción hasta rematarla, se retiró contentándose con encerrar a los fugitivos en su empalizada, César dijo a sus amigos según regresaba: «Hoy la victoria habría estado en manos de los enemigos, si hubieran tenido a quien supiera vencer.» *9* Y él, luego de entrar en la tienda y acostarse, pasó aquella noche, que fue la más triste de su vida, perdido en reflexiones sin salida, culpándose de la mala estrategia que había seguido, porque, teniendo a su alcance una región fértil y las opulentas ciudades de Macedonia y Tesalia, había dejado de desviar allí la guerra y se había asentado en ese sitio junto al mar, siendo así que los enemigos tenían la superioridad naval, con la consecuencia de que más bien era él el asediado por el hambre que el sitiador por las armas.

10 Agitado así y angustiado ante los apuros y la dificultad de la situación, levantó el campo con la decisión de avanzar a Macedonia contra Escipión[111]; *11* pues o bien atraería a Pompeyo a una región donde tuviera que combatir sin tener las mismas facilidades para recibir abastecimientos desde el mar o acabaría con Escipión si Pompeyo lo dejaba solo.

40. Esta retirada llenó de optimismo al ejército de Pompeyo y a sus oficiales, que le instaban a no perder contacto con César, como si ya estuviera derrotado y fugitivo. *2* Pues el propio Pompeyo tenía prevenciones a la hora de afrontar el riesgo de una batalla en la que se aventuraban cosas tan importantes y, como estaba excelentemente provisto de todo para una guerra larga, se proponía desgastar y marchitar progresivamente el vigor de los enemigos, que a su juicio duraría poco. *3* Pues las tropas más aguerridas de las fuerzas de César tenían experiencia y audacia irresistible para los combates, pero en las marchas y en las acampadas, en las guardias de los muros y en las vigilias durante la noche, sucumbían a la fatiga a causa de la edad y tenían el cuerpo pesado para las fatigas, porque iban perdiendo su arrojo por la debilidad física. *4* Además, se dijo por entonces que una enfermedad contagiosa, que había tenido su origen en lo inaudito de su alimentación, se estaba propagando por el ejército de César; y lo esencial es que, como ni estaba sobrado de dinero ni disponía de víveres, daba la impresión de que en breve tiempo se disolvería por sí mismo.

41. Éstas eran las razones por las que Pompeyo no quería presentar batalla. El único que aprobaba su proceder, por el deseo de ahorrar vidas de ciudadanos, era Catón, que, incluso al ver que los enemigos caídos en la batalla ascendían al número de mil, se había marchado de allí cubriéndose la cabeza y envuelto en lágrimas. *2* Pero todos los demás maldecían a Pompeyo por rehuir el combate y le incitaban llamándole Agamenón y rey de reyes, como dando a entender que

---

[111] Metelo Escipión, suegro de Pompeyo, conducía dos legiones desde Siria en ayuda de su yerno.

no quería deponer el mando absoluto y que estaba muy contento de que tan importantes jefes dependieran de él y vinieran a verlo a su tienda. *3* Favonio[112], que cometía la locura de dárselas de hablar con la misma franqueza que Catón, se lamentaba de que si ese año no les era posible saborear los higos de Túsculo sería por el afán de mandar que tenía Pompeyo. *4* Y Afranio, recién llegado de Hispania, donde había dirigido mal la guerra y a quien se acusaba de haber traicionado al ejército por dinero, preguntaba por qué no combatían contra ese mercader que acababa de comprarle aquellas provincias. *5* Impulsado por todo esto, Pompeyo, contra su voluntad, avanzó para presentar batalla y marchó en persecución de César.

6 Éste cumplió con dificultades la primera fase de la marcha, porque nadie le ponía a la venta provisiones, ya que todos le menospreciaban por su reciente derrota. *7* Pero cuando conquistó Gonfos, ciudad de Tesalia, no sólo tuvo para dar alimento al ejército, sino que además los liberó de la enfermedad de un modo bien paradójico: los soldados encontraron vino en abundancia y, al beber sin límites y entregarse a continuación a festines y orgías báquicas a lo largo de la ruta después de la borrachera, la modificación y alteración en su constitución física causaron el efecto de rechazar y apartar el mal que les aquejaba.

42. Y cuando ambos penetraron en el territorio de Farsalia y establecieron allí sus campamentos, Pompeyo echó marcha atrás en sus propósitos y volvió a sus planes anteriores, tanto más cuanto que había tenido unas apariciones y una visión en sueños que no auspiciaban nada bueno: soñó que se veía en el teatro aplaudido por los romanos[113]. *2* Pero los que lo rodeaban estaban tan confiados y tenían tal presunción de victoria, que Domicio, Espinter y Escipión comenzaron a disputarse el cargo de sumo pontífice de César, porfiando acalo-

---

[112] Favonio estaba en Macedonia con Escipión, cfr. *Guerra civil*, III 63, 3; 57, 5.

[113] El teatro edificado a expensas de Pompeyo en el campo de Marte, que había sido dedicado en el 55 durante su segundo consulado.

radamente entre sí, y muchos enviaron a Roma a quienes alquilaran y se anticiparan a ocupar casas adecuadas para alojar a cónsules y pretores, dando por supuesto que obtendrían estos cargos nada más acabar la guerra. *3* Los más impacientes por entrar en batalla eran los jinetes, soberbiamente ataviados con los destellos de sus armas, el entrenamiento de sus caballos y la prestancia de su figura física, y orgullosos además por su número, pues eran siete mil contra los mil de César. *4* Tampoco el número de los infantes era parejo, porque cuarenta y cinco mil se desplegaban en orden de batalla contra veintidós mil.

43. César reunió a sus soldados y empezó por decirles que estaba cerca Cornificio, que le traía dos legiones, y que otras quince cohortes al mando de Caleno se hallaban acuarteladas en los alrededores de Mégara y Atenas[114]. Luego les preguntó si preferían aguardarlos o correr ellos por sí solos el riesgo de la batalla. *2* Ellos prorrumpieron en gritos, pidiéndole que no esperara, y que se las ingeniara e ideara una estrategia para entrar cuanto antes en combate con los enemigos. *3* Al proceder a la lustración de las fuerzas, nada más inmolar la primera víctima, el adivino le explicó que dos días después se libraría la batalla decisiva con los enemigos. *4* Y al preguntarle César si además veía en las víctimas alguna buena señal sobre el resultado, declaró: «Tú eres quien mejor podría hallar una respuesta para tu propia pregunta: los dioses revelan un gran cambio y un giro total de la situación actual; de modo que si crees que en este momento te encuentras en buen estado, debes aguardar la peor parte, y si ahora crees que es malo, el mejor»[115]. *5* La noche precedente a la batalla, mientras inspeccionaba los puestos de guardia a eso de medianoche, se vio en el cielo una luminaria que al sobrepasar el campamen-

---

[114] El cuestor Q. Cornificio había sido enviado con el *imperium* de propretor a Iliria, donde se encontraba todavía después de la batalla de Farsalia. Q. Fufio Caleno, legado de César y cónsul en el 47, tenía como misión hacerse con el control de Acaya, para lo que había partido con quince cohortes.

[115] Aparte de la inferioridad numérica del ejército, César ocupaba una posición menos favorable y más baja que la de Pompeyo.

to de César se hizo resplandeciente y brillante, y luego pareció caer en el de Pompeyo. *6* Durante la vigilia del alba, también notaron que se producía un terror pánico entre los enemigos. *7* Sin embargo, César no esperaba que la batalla tuviera lugar aquel día y empezó a levantar el campo como para encaminarse a Escotusa[116].

44. Y cuando, con las tiendas ya desmontadas, los espías llegaron a caballo ante él, anunciando que los enemigos estaban bajando para librar batalla, lleno de alegría y después de dirigir una plegaria a los dioses, desplegó la infantería en orden de batalla, dividiéndola en formación triple. *2* Al mando de los de en medio puso a Domicio Calvino, y de las alas, Antonio mandaba una, y él se hizo cargo de la derecha, donde iba a combatir con la legión décima[117]. *3* Viendo que enfrente de aquella parte estaba formada la caballería de los enemigos, temeroso de la brillantez y el número de estas tropas, mandó a seis cohortes de la última línea dar un rodeo sin que los enemigos lo viesen y acercarse a él, y las colocó detrás del ala derecha, dándoles instrucciones de lo que tenían que hacer cuando la caballería enemiga cargara. *4* Por su parte, Pompeyo tenía el mando de una de las alas, Domicio de la izquierda, y en el centro mandaba Escipión, el suegro de Pompeyo[118]. *5* Toda la caballería ejercía su peso sobre la izquierda, para envolver la derecha de los enemigos y provocar una huida manifiesta por donde se encontraba el propio general en jefe; *6* pues cualquiera que fuera la profundidad de la falange

---

[116] La luminaria también es mencionada por Plutarco en *Pompeyo,* 68, 3. César no hace alusión a nada semejante. La batalla de Farsalia tuvo lugar el día 9 de agosto del 48.

[117] Ésta y la legión XII eran las mejores de César, razón por la que estaban situadas en su ala derecha. En la izquierda, la ribera escarpada del río Enipeo impedía a los dos ejércitos una maniobra de envolvimiento del enemigo. El ala izquierda del ejército pompeyano, situada frente al propio César, estaba al mando de Labieno, antiguo lugarteniente de César en las Galias. La narración más detallada de la batalla se encuentra en César, *Guerra civil,* III 86-99.

[118] La misma disposición de los jefes pompeyanos da Plutarco en *Pompeyo,* 69, 1. El orden indicado por Plutarco no coincide con lo que dice César, *Guerra civil,* III 88.

de infantería, creían que ninguna podría resistir, sino que toda la formación en el bando contrario quedaría destrozada y hecha añicos en cuanto se produjera la carga de tan gran número de jinetes.

7 Y cuando ambos iban a dar la señal de ataque, Pompeyo mandó que la infantería aguardara la carga de los enemigos, firme, con las armas en posición de descanso y a la espera, hasta que se hallaran a tiro de jabalina. *8* César afirma[119] que Pompeyo se equivocó también en esto, al ignorar que la colisión que se hace a la carrera y con el ímpetu al principio de la batalla añade violencia a los golpes y colabora en inflamar el ánimo, que se reaviva gracias al choque.

9 En el momento en que iba a poner en movimiento a la infantería y ya avanzaba para entrar en acción, al primero que ve César es a uno de los centuriones, un hombre leal a él y experimentado en los combates, alentando a sus subordinados e incitándoles a porfiar en valor. *10* Le llamó en voz alta por su nombre y le dijo: «¿Qué esperanzas tenemos, Gayo Crasinio, y cómo estamos de coraje?» Crasinio, extendiendo la diestra y dando grandes voces, exclamó: «Venceremos brillantemente, César; y a mí, hoy, vivo o muerto, me elogiarás.» *11* Tras decir esto, acomete el primero a los enemigos a la carrera, empujando consigo a los ciento veinte soldados a sus órdenes. *12* Y después de hacer añicos a los de la primera fila, avanzar adelante entre gran matanza y abrirse un paso a viva fuerza, su progresión queda cortada cuando le clavan por la boca una espada con tal violencia, que la punta le sobresale por la nuca.

45. Mientras la infantería luchaba y se batía así por el centro, la caballería de Pompeyo se lanzó impetuosamente desde el ala, desplegando sus escuadrones para envolver el ala derecha de César. *2* Pero antes del encuentro, las cohortes salen corriendo del lado de César, y en lugar de utilizar las jabalinas como armas arrojadizas, según era su costumbre, o de golpear de cerca los muslos o las pantorrillas de los enemigos, asestan

---

[119] *Guerra civil*, III 92, 4-5.

sus golpes a los ojos y los hieren en la cara, pues éstas eran las instrucciones que César les había dado para que hicieran, *3* con la esperanza de que estos hombres, que no se habían enfrentado muchas veces a guerras y heridas, como jóvenes y vanidosos de su prestancia y lozanía que eran, sería esta clase de lanzadas las que más temerían y peor soportarían en su puesto de batalla, por miedo del peligro del momento y de la humillación vergonzosa para el futuro. *4* Y esto es lo que precisamente sucedió, pues no aguantaban las jabalinas con las puntas dirigidas hacia arriba ni tenían osadía suficiente para ver el hierro ante sus ojos, sino que volvían la cara o se la tapaban para protegerla de peligro. *5* Finalmente, tras llenar así de confusión sus propias filas, giraron y se dieron a la fuga, echando a perder del modo más ignominioso la totalidad del ejército. *6* Pues al punto, los que habían logrado la victoria sobre éstos fueron rodeando a la infantería y, cayendo sobre ella por la espalda, la destrozaron. *7* Pompeyo, cuando divisó desde la otra ala a los jinetes diseminados en desbandada, ya no fue el mismo ni se acordó de que era Pompeyo Magno; semejante en todo a una persona privada de juicio por la divinidad o presa de estupefacción por una derrota divina, se retiró a su tienda sin pronunciar palabra y se quedó sentado aguardando el desarrollo de los acontecimientos, hasta que, una vez producida la desbandada general, los enemigos asaltaron la empalizada y trabaron combate con los que la custodiaban. *8* Entonces, como si recobrara el conocimiento, estas palabras, según afirman, son las únicas que emitió: «¡De modo que hasta el campamento!»; luego se quitó el traje de campaña y las insignias de general, se lo cambió por unas ropas adecuadas a un fugitivo y salió en secreto. *9* Ahora bien, con qué vicisitudes se encontró después, cómo se entregó a los egipcios y fue asesinado por ellos, lo indicamos en su biografía[120].

46. César, cuando estuvo dentro de la empalizada de Pompeyo y vio los cadáveres de los enemigos que ya yacían y a los hombres a los que todavía estaban dando muerte, exha-

---

[120] *Pompeyo,* 73 ss.

ló un sollozo y dijo: «Ellos lo han querido; a un extremo de necesidad me han llevado que yo, Gayo César, que culminé con éxito las mayores guerras, si hubiera licenciado mis ejércitos, habría resultado condenado.» *2* Asinio Polión afirma que César pronunció estas palabras en latín en aquella oportunidad, y que él las ha escrito en griego; *3* y añade que de los muertos la mayoría resultaron ser criados aniquilados en la toma del campamento y que de los soldados no cayeron más de seis mil. *4* De los capturados vivos, la mayoría la incorporó César a sus legiones; e incluso a muchos de los personajes notables les concedió el perdón. Entre ellos se encontraba Bruto, el que más tarde le asesinó, por quien se cuenta que César estuvo muy angustiado mientras no apareció y que, cuando regresó a salvo y se presentó ante él, se llevó una alegría extraordinaria[121].

47. De las muchas señales que hubo de la victoria, la más notable es la que cuentan que se produjo en Trales. *2* En el santuario de la Victoria se erigía una estatua de César; el suelo de alrededor, compacto ya por naturaleza, estaba enlosado por encima con piedra dura, pero de él dicen que brotó una palma junto a la base de la estatua. *3* En Padua, Gayo Cornelio, personaje célebre por sus dotes adivinatorias y compatriota y pariente del historiador Livio, coincidió que aquel día estaba sentado para observar el vuelo de las aves. *4* Y en primer lugar, según afirma Livio[122], conoció el momento de la batalla, y a los que estaban allí les dijo que en ese instante se estaba decidiendo el asunto y los hombres estaban entrando en acción. *5* De nuevo volvió a la inspección y tras haber inspeccionado las señales saltó, gritando con entusiasmo: «¡Eres el vencedor, César!» *6* Y ante el estupor de los que allí se encontraban, quitándose la corona de la cabeza, declaró bajo ju-

---

[121] M. Junio Bruto era hijo de Servilia, que había sido amante de César, cfr. *Bruto*, 6, 1-2. La clemencia de César, frente a las actuaciones de Mario y Sila, se hizo proverbial, y pocos años más tarde en Roma fue dedicado un templo a la clemencia de César.

[122] La parte de la obra de Tito Livio que narraba estos hechos no se ha conservado; sólo han llegado a nosotros las períocas y el resumen de Floro.

ramento que no se la volvería a poner hasta que los hechos atestiguaran en favor de su arte. Livio asegura que esto fue así.

48. Después de ofrecer la libertad como presente de la victoria al pueblo de los tesalios, César emprendió la persecución de Pompeyo[123]. Al tomar tierra en Asia, dio la libertad a los cnidios por complacer a Teopompo, autor de una recopilación de mitos, y perdonó a todos los habitantes de Asia un tercio de los tributos. 2 Habiendo arribado a Alejandría, muerto ya Pompeyo, dio la espalda a Teódoto, cuando éste le presentaba la cabeza de Pompeyo y, al recibir su sello, se echó a llorar[124]. 3 Y a todos los compañeros y partidarios de Pompeyo, que, en su errar por el país, habían sido apresados por el rey, los trató con generosidad y se los atrajo. 4 Escribió a sus amigos a Roma, diciéndoles que la mayor y más grata satisfacción que le había reportado la victoria era salvar a algunos de los conciudadanos que habían hecho la guerra contra él en todo momento.

5 En cuanto a la guerra de allí, unos dicen que no era necesaria y que emprendió sólo por amor a Cleopatra esta campaña, que no le dio ninguna gloria y estuvo erizada de peligros. Otros echan la culpa a los ministros reales y, en particular, al eunuco Potino, el más influyente de ellos, que, tras haber asesinado recientemente a Pompeyo y expulsado a Cleopatra, tramaba ahora secretas conspiraciones contra César. 6 Por esto es por lo que afirman que a partir de entonces César comenzó a pasar las noches bebiendo para velar por su seguridad personal. Por otra parte, incluso en público Potino se ha-

---

[123] Tesalia ya había sido declarada libre por Flaminio en el 196 a.C.; sólo fue la pequeña localidad de Fársalo la que fue proclamada libre por César. Entretanto, Pompeyo había huido primero a Lesbos, donde se encontraban su esposa y su hijo, y de allí a Egipto.

[124] Los egipcios habían prometido ayuda a Pompeyo, pero al llegar éste allí lo mataron, calculando que llevar la guerra a Egipto sería una desgracia y que favorecer al derrotado sería correr riesgos innecesarios ante el vencedor. Teódoto de Quíos era un rétor y estaba encargado de la educación del joven rey Ptolomeo XIII, hermano y marido de Cleopatra. César llegó a Egipto tres días después de la muerte de Pompeyo, a fines de septiembre del 48, e hizo enterrar la cabeza de su enemigo cerca de Pelusio, donde edificó un pequeño templo en honor de Némesis.

bía hecho intolerable y hacía y decía muchas cosas odiosas y ultrajantes contra César: *7* a los soldados les entregaba raciones del trigo peor y más rancio y les mandaba aguantarse y contentarse con ello, porque estaban comiendo de lo ajeno; y para las cenas utilizaba vajilla de madera y de barro con el pretexto de que toda la de oro y plata la tenía César en prenda de una deuda. *8* En efecto, el padre de quien entonces reinaba[125] debía a César diecisiete millones y medio de dracmas, de las que César había perdonado los siete millones y medio a sus hijos, y en este momento reclamaba el pago de los diez millones restantes para el mantenimiento del ejército. *9* Y como Potino le decía que ahora se marchara y se ocupara de los asuntos importantes y que más tarde recibiría el importe junto con su agradecimiento, César respondió que lo que menos falta le hacía eran consejeros egipcios y en secreto mandó a buscar fuera del país a Cleopatra[126].

49. Cleopatra, tomando consigo sólo a uno de sus amigos, el siciliano Apolodoro, embarcó en un pequeño esquife y arribó al palacio cuando ya se estaba haciendo de noche. *2* Y no habiendo otro medio de pasar inadvertida, se metió en un saco para guardar ropa de cama y se extendió en su interior todo lo larga que era. Apolodoro ató con una correa el saco y entró con él por la puerta hasta donde estaba César. *3* Se cuenta que ésta fue la primera treta por la que César se dejó cautivar por Cleopatra, a quien encontró encantadora, y que, prendado de su trato y gracia, la reconcilió con su hermano para que compartiera con él el reino. *4* Después, en un banquete que había reunido a todos para esta reconciliación, un criado de César, el barbero, una persona que por su carác-

---

[125] El padre era Ptolomeo XII Auletes, muerto en el 51, que había vivido muchos años en Roma y había sido restablecido en el trono por Gabinio en el 55. Para que los romanos le apoyaran y reconocieran sus derechos, se había comprometido por fuertes sumas con sus protectores, entre los que se encontraba César, cuya aspiración a intervenir en Egipto databa de antiguo.

[126] Cleopatra había sido desterrada meses antes por Potino. Cleopatra, hermana y esposa de Ptolomeo XIII, tenía veinte años, y su hermano trece.

ter medroso, en lo que sobrepasaba a todo el mundo, no dejaba nada sin examinar, aplicaba la oreja a todo y curioseaba todo, se enteró de una conspiración tramada contra César por el general Aquilas y el eunuco Potino. *5* César la descubrió, rodeó de guardias la sala de los hombres donde se celebraba el banquete y dio muerte a Potino. Pero Aquilas, que huyó al campamento, suscita contra él una guerra dura y difícil de conducir, en la que César tuvo que defenderse con poquísimas tropas contra una ciudad y unas fuerzas tan enormes. *6* El primer riesgo que corrió en ella fue el quedar privado de agua, pues las tuberías fueron tapiadas por los enemigos; el segundo fue que, amenazado de verse interceptado de la flota, se vio obligado a rechazar el peligro mediante el fuego, que, al propagarse desde los arsenales, destruyó la gran biblioteca[127]; *7* y el tercero fue que cuando se trabó batalla junto a Faro saltó de la escollera a un esquife para ir en socorro de sus tropas combatientes y, como los egipcios acudían de todas partes con sus barcos a atacarle, se arrojó al mar y a duras penas y con dificultades escapó a nado. *8* Fue entonces cuando se cuenta que no abandonó los muchos papeles de notas que llevaba, aunque le estaban disparando y se hundía en el agua, y que fue nadando con un brazo mientras con el otro mantenía las notas en alto por encima del nivel del mar. En cuanto al esquife, no tardó en hundirse[128]. *9* Finalmente, cuando el rey se incorporó a las tropas enemigas, marchó contra él, entabló batalla y le venció; muchos cayeron y al propio rey se le dio por desaparecido. *10* A continuación, dejó como reina de Egipto a Cleopatra, que poco después dio a luz de él un hijo a quien los alejandrinos llamaron Cesarión, y partió a Siria[129].

---

[127] César prefirió incendiar su flota, de la que estaba a punto de apoderarse Aquilas. El fuego se propagó con tal violencia que devoró unos almacenes de grano y desde allí pasó a la famosa biblioteca de Alejandría, el museo creado por los Ptolomeos. Los sucesos corresponden a los últimos meses del año 48.
[128] El detalle de estos sucesos está narrado en la *Guerra Alejandrina*, obra que forma parte del *corpus* de las de César. Véase, además, Lucano, *Farsalia*, X 505 ss.; Suetonio, *César*, 64; Dión Casio, XLII 40, 2-4.
[129] La derrota y muerte de Ptolomeo XIII, al que el propio César, después de haberlo retenido como rehén, había liberado, tuvo lugar ya a fines de marzo del 47. Tras esta victoria junto al Nilo, casó a Cleopatra con su hermano

50. De allí se trasladó a Asia, donde se enteró de que Domicio, derrotado por Farnaces, hijo de Mitridates, había huido del Ponto con unos pocos y de que Farnaces, insaciable en la explotación de la victoria, ocupaba tanto Bitinia como Capadocia, amenazaba la llamada Pequeña Armenia y sublevaba en aquella región a todos los reyes y tetrarcas. *2* Al punto, pues, emprendió la marcha contra este individuo con tres legiones, trabó con él una gran batalla en las cercanías de la ciudad de Zela[130] y a él lo expulsó fugitivo del Ponto y aniquiló por completo su ejército. *3* Al anunciar la rapidez y celeridad de esta batalla a Macio, uno de sus amigos que estaba en Roma, escribió estas tres palabras: «Vine, vi, vencí.» *4* En latín, estas palabras, al tener la misma terminación, tienen gran expresividad por su concisión.

51. A continuación, hizo la travesía rumbo a Italia y subió a Roma a fines del año para el que había sido elegido dictador por segunda vez[131], cargo que hasta entonces nunca había sido anual. Para el año siguiente se le designó cónsul[132]. *2* Y fue objeto de murmuración porque, cuando los soldados

---

menor, de trece años, Ptolomeo XIV, y entregó a la pareja la monarquía de Egipto, consciente de que habría sido una imprudencia incorporar el país del Nilo como provincia del imperio de Roma. No obstante, la autoridad real descansaba en César, que había entronizado a los reyes y era amante de Cleopatra. Tras haber remontado el Nilo en barco con Cleopatra y luego de dejar en Egipto tres legiones que custodiaran el país, partió rápidamente a fines de junio del 47 hacia Asia, para sofocar la revuelta de Farnaces.

[130] La ciudad de Zela, al sur del mar Negro, tenía aún sobre sí el recuerdo de la derrota sufrida por Valerio Triario, legado de Luculo, ante Mitridates, padre de Farnaces, en el 67 a.C. César obtuvo la victoria el 2 de agosto del 47, sólo cinco días después de haber llegado al Ponto. A continuación, partió hacia Italia después de recorrer Asia y dejar como gobernador de aquellas provincias a Domicio Calvino.

[131] La segunda dictadura se le confirió tras la batalla de Farsalia y la recibió en Alejandría en los meses finales del año 48. Marco Antonio controlaba Roma en su calidad de *magister equitum* del dictador. Tras una breve escala en Atenas, llegó a Roma en octubre del 47, año para el que no habían nombrado cónsules.

[132] Su colega en el consulado del 46 era M. Emilio Lépido.

se amotinaron y dieron muerte a dos antiguos pretores, Cosconio y Galba, la única pena que les impuso fue llamarlos ciudadanos en lugar de soldados y porque distribuyó a cada hombre mil dracmas y lotes de tierra en una gran parte de Italia. *3* Se le criticaba también la loca conducta de Dolabela, la codicia de Macio, las borracheras de Antonio, que, además, registraba todos los enseres de la casa de Pompeyo y la hacía transformar, porque no la consideraba suficiente para él. Por todo esto, los romanos estaban indignados. *4* César no ignoraba estas acciones ni las aprobaba, pero, a causa de sus proyectos de gobierno, se veía obligado a emplear tales colaboradores.

52. Como Catón y Escipión habían huido a África después de la batalla en Farsalia y allí, con el auxilio que les prestó el rey Juba, habían congregado un número de tropas considerable, César decidió emprender una campaña contra ellos. *2* Hacia el solsticio de invierno[133], tras pasar a Sicilia y con objeto de cortar de raíz toda esperanza que pudieran tener sus oficiales de un retraso o una demora, clavó su tienda sobre la playa y en cuanto se levantó viento favorable, embarcó y se hizo a la mar con tres mil infantes y unos pocos jinetes[134]. *3* Tras hacerlos desembarcar[135], volvió a zarpar en secreto, preocupado por el grueso de sus fuerzas, se encontró con ellos cuando ya estaban en el mar y condujo a todos al campamento. *4* Informado de que los enemigos estaban

---

[133] Diciembre del 47. El ejército africano senatorial estaba compuesto por las tropas del rey Juba de Numidia, antiguo enemigo de César y vencedor de Curión en el 49, y las de Metelo Escipión, que tenía como legado a Labieno, formadas en su mayoría por medio de levas obligatorias en África.

[134] Aunque César tenía el dominio sobre el mar, no contaba con suficientes barcos de transporte; por eso, su plan era emprender una invasión progresiva y escalonada. César había partido de Lilibeo en Sicilia con tropas más abundantes, pero, deseoso de guardar el secreto de sus intenciones para establecer una cabeza de puente por sorpresa, sólo había indicado a los capitanes de los barcos que siguieran su rumbo; sin embargo, muchos le perdieron por las tormentas.

[135] El relato más pormenorizado de la campaña en África es la *Guerra africana*, compuesta por algún oficial de César.

envalentonados por cierto antiguo oráculo, según el cual correspondía al linaje de los Escipiones ejercer su dominio siempre sobre Libia, es difícil de decir si en broma y por burlarse de Escipión, el general de los enemigos, o si por poner de su lado el augurio, tomándoselo en serio, 5 como había en su ejército un individuo, por lo demás despreciable e insignificante, pero que era de la casa de los Africanos y se llamaba Escipión Salvito, lo ponía al frente en las batallas, como si fuera el jefe del ejército; y es que con frecuencia César se veía obligado a tomar contacto con los enemigos y a buscar el combate. 6 Pues ni había trigo en abundancia para los hombres ni forraje para las acémilas y se veían forzados a mantener los caballos con algas marinas, que lavaban para quitar la sal y mezclaban con un poco de grama como condimento. 7 Pues los númidas, que hacían constantes incursiones en gran número y con rapidez, eran dueños del territorio. Y una vez que los jinetes de César no estaban de servicio, pues se encontraba con ellos un libio que estaba haciendo una exhibición de baile y de solo de flauta dignos de admiración, estaban ellos sentados disfrutando del espectáculo y habían encomendado el cuidado de los caballos a los mozos, cuando, de repente, los enemigos los rodearon y atacaron y a unos los matan allí mismo y penetraron con los que se dirigían en desbandada al campamento y lo invadieron. 8 Y si no hubiera sido porque César en persona y, junto con César, Asinio Polión contuvieron la fuga acudiendo en su auxilio desde la empalizada, la suerte de la guerra habría quedado perdida. 9 Y hubo otra batalla en la que los enemigos llevaron la mejor parte, en la que al producirse el choque de ambas líneas, se cuenta que César agarró del cuello al portaestandarte, que venía huyendo, y le dijo: «Allí están los enemigos.»

53. Estos prolegómenos alentaron a Escipión a buscar una decisión en batalla campal. Dejando entonces aparte a Afranio y a Juba, acampados a corta distancia entre sí, se puso a levantar una fortificación para su campamento por encima de una laguna cerca de la ciudad de Tapso, para que les sirviera a todos de base de operaciones para una batalla y de refu-

gio. *2* Mientras él atendía estos trabajos, César atravesó con inimaginable celeridad unos parajes boscosos que tenían salidas insospechadas, y rodeó a unos y atacó a otros de cara. *3* Y poniéndolos en fuga, aprovechó la ocasión y el ir a favor de la corriente de la fortuna, y gracias a ésta en el mismo ataque capturó el campamento de Afranio y, al huir Juba, saqueó el de los númidas. *4* Dueño de tres campamentos en una pequeña fracción de un único día[136] y tras haber aniquilado a cincuenta mil enemigos, no perdió ni siquiera a cincuenta de las tropas propias. *5* Esto es lo que unos autores relatan sobre aquella batalla; mas otros declaran que él no estuvo presente en la acción y que en el momento en que estaba formando al ejército y tomando las disposiciones necesarias para el combate, sufrió un ataque de su enfermedad crónica, *6* y que en cuanto notó que le comenzaba el acceso, antes que el dolor le perturbara y se adueñara por completo de sus sentidos, ya convulsionados, hizo que le condujeran a una de las torres próximas y pasó allí el tiempo descansando. *7* De los excónsules y expretores que escaparon de la batalla, unos se suicidaron al ser apresados y a muchos los mató César, después de apresarlos.

54. Ansioso de prender vivo a Catón, partió a marchas forzadas hacia Útica; pues éste, como custodiaba aquella ciudad, no había tomado parte en el combate. *2* Y cuando se le informó de que Catón se había dado muerte[137], quedó notoriamente afligido, aunque no se sabe por qué. El caso es que dijo: «Catón, me duele tu muerte, igual que a ti te ha dolido que yo te salvara.» *3* Sin embargo, el discurso escrito más tarde por César contra Catón, ya muerto, no parece constituir una prueba de que tuviera hacia él disposición clemente y favorable a la conciliación. ¿Cómo habría perdonado cuando estaba vivo a aquel contra quien, cuando ya era insensible, vertió tanta bilis? *4* Sin embargo, de la indulgencia con la que trató a Cicerón, a Bruto y a innumerables otros de los que ha-

---

[136] El 6 de abril del 46 tuvo lugar la batalla de Tapso.
[137] El sobrecogedor relato del suicidio de Catón, llamado a partir de entonces de Útica, se encuentra en Plutarco, *Catón el Menor*, 68-72.

bían hecho la guerra contra él deducen que igualmente aquel discurso no lo compuso por odio, sino por su honor político, a causa de lo siguiente. *5* Había escrito Cicerón un encomio de Catón al que puso por título *Catón;* el libro tuvo gran éxito entre muchas personas, como era de esperar de una obra compuesta por el más elocuente de los oradores y dedicada al más brillante tema. *6* Esto molestó a César, que consideraba acusación contra sí mismo el elogio de quien había muerto por su culpa. Por eso escribió otra obra reuniendo muchos cargos diversos contra Catón. El libro tiene por título *Anticatón,* y cada una de las dos obras tiene muchos fervientes entusiastas a causa de César y de Catón.

55. Cuando regresó de África a Roma[138], primero pronunció ante el pueblo un discurso de exaltación de la victoria, en el que dijo que había subyugado territorios tan inmensos como para procurar cada año al erario público doscientos mil medimnos áticos de trigo y tres millones de libras de aceite[139]. *2* A continuación celebró sus triunfos: el galo, el egipcio, el póntico y el africano; este último, no por Escipión, sino por el rey Juba. *3* En el triunfo que se celebró en aquella ocasión, desfiló en el cortejo Juba, hijo de aquel rey, que aún era un niño muy pequeño, y su captura fue para él la suma de la felicidad, porque, de bárbaro y númida que era, terminó por convertirse y contarse entre los más eruditos historiadores griegos[140].

4 Después de los triunfos, obsequió a sus soldados con grandes gratificaciones y se captó la simpatía del pueblo

---

[138] Llegó el 25 de julio del 46, después de haberse demorado cierto tiempo en Cerdeña. Entretanto, desde que en primavera llegaron a Roma las noticias de su victoria, se le concedieron nuevos honores: los nombramientos de *praefectus morum* por tres años y de dictador por tercera vez para los siguientes diez años.

[139] Las cantidades corresponden, respectivamente, a diez millones y medio de hectolitros de trigo y un millón de kilos de aceite.

[140] El futuro Juba II tenía en el 46 cinco años de edad. Escribió una *Historia de Roma* que Plutarco cita con frecuencia de modo elogioso. Por estos meses tuvo lugar el perdón de César a M. Marcelo y Q. Ligario, cuya defensa había pronunciado Cicerón.

con festines y espectáculos. Ofreció un banquete a todos a la vez en veintidós mil triclinios y presentó espectáculos de gladiadores y naumaquias en honor de su hija Julia, fallecida ya hacía tiempo[141].

5 Cuando tras los espectáculos se hizo un censo, en lugar de los trescientos veinte mil ciudadanos que había en el anterior, se contaron ciento cincuenta mil en total. *6* ¡Tan enormes pérdidas había producido la guerra civil y tan gran parte del pueblo había aniquilado, y eso sin tener en cuenta las desgracias que asolaron el resto de Italia y las provincias![142].

56. Tras la realización de estos actos, designado cónsul por cuarta vez[143], fue a Hispania en campaña militar contra los hijos de Pompeyo, que, a pesar de su juventud, habían reunido un ejército de número extraordinario y exhibido una audacia para el mando tan considerable, que pusieron a César en un peligro extremo. *2* La gran batalla se libró en las inmediaciones de la ciudad de Munda[144], y en ella César, al ver que sus soldados eran objeto de una fuerte presión ante la que ofrecían sólo débil resistencia, fue recorriendo las filas de la infantería, mientras gritaba que si no tenían nada de vergüenza lo cogiesen y lo entregasen en manos de aquellos mozalbetes. *3* A duras penas y con mucho esfuerzo logró rechazar a los enemigos; de ellos mató a más de treinta mil, y de los suyos perdió a mil, los más valientes. *4* Al retirarse después de la batalla, dijo a sus amigos que muchas veces había luchado por la victoria, pero que ésta era la primera vez que había combatido por su vida. *5* El día que obtuvo esta victoria fue el de la fiesta de las Dionisias, el mismo en el que se dice que Pompeyo Magno había partido para la guerra. Entre medias,

---

[141] Cfr. 23, 5. En cada triclinio se recostaban tres personas.
[142] En realidad, el censo consistía en una revisión de las listas de ciudadanos beneficiarios de las distribuciones gratuitas de grano, cfr. Suetonio, *César*, 41, 3.
[143] Para el año 45 fue elegido cónsul sin colega en las elecciones consulares presididas por su colega del año anterior y *magister equitum* M. Emilio Lépido.
[144] El 17 de marzo del 45.

había transcurrido un intervalo de cuatro años[145]. 6 De los hijos de Pompeyo, el más joven logró escapar, y del mayor, pocos días después, Didio le trajo la cabeza[146].

7 Ésta es la última guerra en la que combatió César. El triunfo celebrado por ella[147] afligió a los romanos como ningún otro; pues como no había derrotado a caudillos extranjeros ni a reyes bárbaros, sino que eran los hijos y la estirpe del varón mejor de los romanos, víctima de los avatares de la fortuna, a quienes había aniquilado, no estaba bien organizar un cortejo triunfal por lo que eran desgracias de la patria y vanagloriarse por acciones cuya única defensa, ante los dioses como ante los hombres, era el haber sido ejecutadas por necesidad, y eso sin haber enviado previamente ni mensajero ni cartas oficiales para anunciar su victoria en las guerras civiles, y habiendo rechazado, por el contrario, la gloria de tales acciones por pudor.

57. No obstante, con la cabeza inclinada ante la fortuna de César, aceptando el yugo y considerando la monarquía respiro de las guerras civiles y de las desgracias, le designaron dictador por vida[148]. Esto era una reconocida tiranía, porque a la exención de rendición de cuentas la monarquía unía la perpetuidad. 2 Cicerón fue quien propuso al senado los primeros honores que se le dispensarían, cuya magnitud no excedía de ninguna manera los límites de la condición humana, pero otros fueron añadiendo exceso sobre exceso y rivalizando entre sí, hasta que consiguieron hacer a César odioso e insopor-

---

[145] El día de la fiesta en honor de Dioniso (llamado *Líber* entre los romanos), las *Liberalia*, era el 17 de marzo. En el año 49 Pompeyo había salido de Roma el 17 de enero y de Brindisi el 17 de marzo. El senado, al recibir las noticias de la victoria en Munda (Montilla), le otorgó el título de *liberator*.

[146] En el momento de la batalla, Sexto seguía defendiendo la ciudad de Córdoba; al enterarse de la derrota de su hermano huyó. Cneo Pompeyo logró huir y se embarcó en Carteya (cerca de Algeciras), pero C. Didio, almirante de la flota de César, le persiguió, destruyó sus barcos y le capturó en una gruta cerca de Lauro. La cabeza del derrotado le fue llevada a César a Híspalis el 12 de abril, según narra el *Bellum Hispaniense*, 37-39.

[147] En octubre del 45.

[148] Esta decisión del senado fue tomada el 14 de febrero del 44.

table incluso para los más moderados por el volumen y el carácter inaudito de los homenajes que decretaban. *3* Existe la opinión de que en ellos compitieron no menos que los aduladores los que aborrecían a César, a fin de tener contra él el mayor número posible de pretextos y para aparentar atacarle con las acusaciones más graves. *4* Pues, por lo demás, una vez llegadas a término las guerras civiles, la conducta de César fue irreprochable, y el santuario de la Clemencia no parecen haberlo decretado en su honor sin razón, como prueba de gratitud por su moderación. *5* Pues, de hecho, perdonó a muchos de los que habían hecho la guerra contra él y a algunos les dio por añadidura magistraturas y honores, como a Bruto y a Casio, que fueron ambos pretores[149]. *6* Y no se despreocupó de las estatuas de Pompeyo que habían sido echadas abajo, sino que las volvió a erigir[150], a propósito de lo cual Cicerón llegó a decir que César, al poner en pie las estatuas de Pompeyo, no hacía más que fijar bien las propias. *7* Sus amigos le instaban a proveerse de una guardia personal y muchos se ofrecían para este cometido, pero él no lo aceptó, porque decía que mejor era morir una vez que estar siempre con esa amenaza. *8* Convencido de que la simpatía era la más bella, al tiempo que la más segura, guardia con la que se podía rodear, trataba de volver a captarse el favor del pueblo con banquetes y distribuciones de grano, y a la soldadesca con establecimientos de colonias, de las que las más señaladas fueron Cartago y Corinto, en ambas de las cuales coincidió que su anterior demolición y, en ese momento, su restauración tuvieron lugar en la misma época y al mismo tiempo.

58. De los personajes más influyentes, prometió a unos consulados y preturas para el futuro, consoló a otros con diversos honores y dignidades y a todos hizo concebir esperanzas, para conseguir su sumisión voluntaria. *2* Así, cuando mu-

---

[149] Para el año 44 Bruto fue nombrado pretor urbano, y Casio pretor peregrino. Para este mismo año, además, César era cónsul, aparte de dictador, con Marco Antonio como colega en el consulado.
[150] Habían sido quitadas de la tribuna de los oradores *(rostra)* tras la batalla de Farsalia.

rió el cónsul Máximo la víspera del fin de su magistratura, designó cónsul para el único día que aún quedaba a Caninio Rebilo. *3* Fue a propósito de éste, al parecer, cuando Cicerón dijo, en el momento en que muchos iban a felicitarle y acompañarle en cortejo: «Apresurémonos, no sea que nuestro hombre salga del consulado antes que lleguemos»[151].

4 Sus continuos éxitos no desviaron la ambición de César ni su afán congénito por acometer grandes obras al mero disfrute de los logros obtenidos con su esfuerzo, sino que constituían incentivo y aliciente para el futuro, que engendraban en él proyectos de empresas cada vez mayores y ansias de renovada gloria, como si ya estuviera saciado de la presente. *5* Esta pasión no era otra cosa que emulación consigo mismo, igual que si hubiera otro con quien competir y una especie de rivalidad entre lo ya hecho y lo que iba a hacer. *6* Proyectaba y preparaba una expedición contra los partos[152] y, tras someter a éstos y atravesar Hircania a lo largo del mar Caspio y del Cáucaso para rodear el Ponto, invadir Escitia, *7* luego recorrer los países vecinos a Germania y Germania misma, para regresar por fin a través de las Galias a Italia, y cerrar así el círculo del imperio de Roma, limitado en todo su contorno por el Océano. *8* Entre medias de estos proyectos de guerra, se proponía excavar el istmo de Corinto abriendo un paso, empresa que puso en manos de Anieno, y recoger el Tíber nada más salir de la ciudad en un profundo canal, desviarlo hacia Circeo y hacerlo desembocar en el mar cerca de Terracina, proporcionando un ingenio seguro y sencillo para los comerciantes que frecuentaban Roma. *9* Además de esto, planeaba dar una salida a las aguas de las marismas que había en los alrededores de Pomecio y Secia y convertirlas en una llanura cultivable para decenas de miles de personas, oponer mediante diques una barrera a la mar en la zona más próxima a Roma y,

---

[151] Q. Fabio Máximo, nombrado cónsul *suffectus* con C. Trebonio el 1.º de octubre del 45, murió el día 31 de diciembre por la mañana. A propósito de este cónsul, Cicerón dice también en una carta, *Ad fam.* VII 30, que su celo fue magnífico, porque no durmió ni un instante durante su consulado.

[152] La duración proyectada de esta expedición era de tres años y debería comenzar el 18 de marzo del 44.

tras limpiar la costa de Ostia de los obstáculos escondidos que hacían difícil el amarre, construir allí puertos y dársenas adecuadas para tan intenso tráfico marítimo[153]. Éstos eran los proyectos que tenía en preparación.

59. La reforma del calendario y la rectificación de la desigualdad en el cómputo del tiempo, sabiamente meditadas y llevadas a cabo por César, ofrecieron una preciosa utilidad[154]. *2* Pues no sólo en los tiempos muy antiguos la relación que utilizaban los romanos entre los periodos de los meses y el año resultaba tan confusa que los sacrificios y las fiestas, al ir desfasándose poco a poco, caían en las estaciones contrarias a las fechas primitivas, *3* sino que sobre el año solar de entonces nadie comprendía absolutamente nada de esto,

---

[153] La creación del puerto artificial en Ostia fue llevada a cabo cien años más tarde por el emperador Claudio. El drenaje de las marismas Pontinas, situadas al sur de Roma y cerca de la vía Apia, fue llevado a cabo en época de Augusto, aunque, al decir de Vitrubio, las obras fueron insuficientes. Tras varias reformas de estas obras en la antigüedad, la realización definitiva se ha hecho ya en el siglo xx.

[154] La omisión de los meses intercalares, que servían para adecuar el calendario a las estaciones, había creado una situación de extrema confusión entre el 51 y el 46. Entre noviembre y diciembre del 46, César mandó intercalar tres meses que en conjunto contaban sesenta y siete días y, con la ayuda sobre todo del matemático Sosígenes de Alejandría, reemplazó el sistema de cómputo vigente por uno nuevo, basado en el año solar de 365 días y un cuarto de día. Cada cuatro años a partir del 45, se añadiría un día tras el 24 de febrero (denominado en latín como 'sexto' antes de las calendas de marzo), que fue llamado *bissextus*, al igual que *bissextiles* los años que contenían este «sexto día *bis*» antes del 1 de marzo; de ahí procede la denominación de año 'bisiesto'. La reforma de César consistió en la adición de dos días a los meses de enero, *sextilis* (el futuro agosto) y diciembre; y un día a los de abril, junio, septiembre y noviembre, con lo cual evitaba la inclusión alternativa de meses intercalares detrás de febrero cada dos años. Además, se hizo coincidir el comienzo del año político con el calendario de modo que, a partir de entonces, el año comenzaba el 1 de enero, fecha en que los cónsules entraban en posesión de su cargo. Esta circunstancia explica que 'septiembre', 'octubre', 'noviembre' y 'diciembre' tengan relación, respectivamente, con los nombres de los números siete, ocho, nueve y diez; lo mismo sucede con *quintilis* en relación con el nombre del ordinal 'quinto', mes que en el 44 pasó a denominarse *Iulius*, julio, y con *sextilis* en relación con *sextus*, que más tarde en honor de Augusto pasó a llamarse *Augustus*, agosto.

excepto los sacerdotes, que eran los únicos que conocían el tiempo real y de repente y sin previo aviso a nadie añadían un mes intercalar, que llamaban Mercedonio. *4* Este mes se dice que el primero que lo intercaló fue Numa, que no halló más que este mediocre y poco trascendente remedio para el error observado en relación con el retorno periódico de los astros, como queda escrito en su biografía[155]. *5* César propuso este problema a los mejores filósofos y matemáticos y, partiendo de los métodos ya aplicados, unió a ellos una rectificación peculiar y más rigurosa, que es la que todavía en la actualidad emplean los romanos, que pasan por equivocarse menos que los otros pueblos en cuanto a las divergencias entre el tiempo real y su cómputo. *6* No obstante, también esto fue motivo de queja entre los que le tenían ojeriza y no soportaban su dominación. Al menos, el orador Cicerón, según parece, cuando uno le dijo que al día siguiente salía la Lira, respondió: «Sí, por decreto», dando a entender que incluso esto lo acataban las gentes por obligación.

60. Lo que causó el odio más manifiesto y mortal contra él fue su deseo de ser rey: para la mayoría fue el primer cargo, y para los que llevaban ya tiempo al acecho el pretexto más aparente. *2* Y eso que los partidarios de conceder este honor a César habían difundido entre el pueblo cierto rumor, según el cual de los libros sibilinos resultaba evidente que los romanos podrían conquistar el país de los partos si emprendían la expedición contra ellos al mando de un rey y que, de otro modo, sería imposible de invadir. *3* Y un día que César bajaba a la ciudad desde Alba, se atrevieron a saludarle como rey. Como el pueblo quedó desconcertado, él declaró, contrariado, que no se llamaba rey, sino César y, ante el silencio general que causó esta declaración, siguió su camino con semblante nada radiante ni alegre[156]. *4* Otra vez que en el senado votaron ciertos honores excepcionales para él, se encontraba

---

[155] *Numa*, 18.
[156] El incidente ocurrió el 26 de enero del 44, cuando César regresaba de las *feriae Latinae*, que se celebraban en el monte Albano.

sentado sobre la tribuna de los oradores[157] y, cuando los cónsules y los pretores se aproximaron acompañados por el senado en pleno, en vez de levantarse, como si estuviera recibiendo en audiencia a simples personas particulares, les respondió que lo que hacía falta era disminuir más que aumentar los honores que le concedían. *5* Y este suceso no sólo ofendió al senado, sino también al pueblo, que apreció que en las personas de los senadores se insultaba al estado, y todos a quienes sus funciones no los obligaban a quedarse se marcharon al punto, abatidos por una terrible tristeza. *6* El propio César, notándolo, regresó enseguida a casa y gritó a sus amigos al tiempo que apartaba la toga del cuello, que estaba dispuesto a ofrecer la garganta a quien quisiera[158]. Pero después se excusó con su enfermedad, *7* diciendo que los sentidos de los que se encontraban en ese estado no eran capaces de mantenerse en sus cabales cuando hablaban de pie ante una multitud, sino que pronto se conmueven y alteran y luego sufren vértigos y pierden el conocimiento. *8* Pero en aquella ocasión no había sido así: él tenía la firme intención de levantarse ante el senado, pero dicen que uno de sus amigos o, mejor, de sus aduladores, Cornelio Balbo, le retuvo, diciendo: «¿No te vas a acordar de que eres César y a exigir que te traten con la consideración debida a un ser superior?»

61. Se añadió a estos incidentes la ofensa hecha a los tribunos de la plebe[159]. Se celebraba entonces la fiesta de las Lupercales, sobre la cual muchos escriben que en tiempos

---

[157] La tribuna de los oradores en el foro estaba decorada con los espolones (*rostra*) de navíos capturados al enemigo. Y según Suetonio, *César*, 79, 2, y Dión Casio, XLIV 8, 1, la escena a la que se refiere Plutarco tuvo lugar en el atrio del templo de Venus Genetrix, consagrado, antes de estar terminado en septiembre del 46, y situado en la parte norte del foro Julio, frente a la estatua ecuestre de César.

[158] En *Marco Antonio*, 12, 6, esta respuesta se refiere al incidente de las Lupercales, narrado en el capítulo siguiente.

[159] Según Dión Casio, XLIV 9, 3-10, 4, la destitución de los tribunos tuvo lugar antes de la celebración de las Lupercales, con ocasión del incidente relatado en 60, 3, cuando éstos trataron de procesar a los autores de los gritos sediciosos que proclamaban rey a César.

remotos era una fiesta de pastores y que guarda relación con las Licias de Arcadia[160]. *2* Muchos jóvenes patricios, así como magistrados, recorren la ciudad desnudos, golpeando por diversión y risa con correas velludas a los que encuentran en su camino. *3* Además, muchas mujeres en edad de ser madres les salen adrede al paso y ofrecen las manos para que se las golpeen, como los niños en la escuela, convencidas de que eso ayuda a tener buen parto a las embarazadas y a quedarse embarazadas a las que no tienen hijos. *4* César presenciaba la fiesta sentado sobre la tribuna de los oradores en una silla de oro y ataviado con los adornos triunfales. *5* Antonio era uno de los que participaban en la carrera sagrada, pues era cónsul. Pues bien, cuando irrumpió en el foro y la muchedumbre le abrió paso, tendió a César la diadema entretejida con una corona de laurel que llevaba. Hay entonces aplausos, pero no fervorosos, sino pocos y preparados de antemano. *6* César la rechazó, y entonces la plebe en masa prorrumpió en aplausos. Volvió a presentársela, y de nuevo pocos; y no la aceptó, y otra vez, todos en masa. *7* Ante prueba tan concluyente, César se levanta y ordena llevar la corona al Capitolio. *8* Entonces se vio que las estatuas suyas estaban coronadas con diademas reales. Dos de los tribunos, Flavo y Marulo, acudieron y las arrancaron, descubrieron a los primeros que habían saludado a César como rey y los condujeron a la cárcel. *9* El pueblo los acompañó entre aplausos y los llamaba Brutos, porque Bruto fue el que abolió la sucesión de los reyes y transfirió el poder supremo de la monarquía al senado y al pueblo[161]. *10* Irritado en lo más hondo César por esto, desposeyó de su cargo a Marulo y a su colega, y en su requisitoria contra ellos, para

---

[160] La fiesta de las Lupercales se celebraba el 15 de febrero y en ellas se sacrificaban un macho cabrío y un perro, con cuya piel se hacían las correas de las que se habla a continuación. La finalidad de la fiesta era la purificación de la ciudad. Algunos otros detalles sobre las ceremonias da Plutarco en *Rómulo*, 21, 4-10; *Antonio*, 12, 1. Tanto el nombre de la festividad latina como el de la arcadia derivan de la palabra 'lobo'.

[161] L. Junio Bruto, cónsul del 509 a.C.

ultrajar de paso al pueblo, tildaba muchas veces a los tribunos de Brutos y cimeos[162].

62. Así las cosas, la mayoría se vuelve a Marco Bruto, que pasaba por ser del linaje del antiguo Bruto por parte de padre, que, por parte de madre, descendía de los Servilios, otra casa ilustre, y que era yerno y sobrino de Catón[163]. *2* A él personalmente los honores y favores recibidos de César le debilitaban en la empresa de derrocar la monarquía. *3* Pues no sólo había conseguido la salvación en Farsalia tras la huida de Pompeyo y gracias a su intercesión había salvado a muchos de sus partidarios, sino que incluso gozaba de gran confianza con César. *4* Había recibido la pretura más notable de las que había entonces e iba a ser cónsul tres años después, preferido a Casio, que había competido con él. *5* Se cuenta, en efecto, que César dijo que las alegaciones presentadas por Casio eran más justas, pero que, no obstante, éste no pasaría por delante de Bruto. *6* E incluso una vez en que ciertas personas denunciaban a Bruto, cuando ya se estaba formando la conspiración, no sólo no les prestó atención, sino que, poniéndose la mano en el cuerpo, dijo a quienes le difamaban: «Bruto aguardará esta piel», dando a entender con ello que Bruto merecía la magistratura por su virtud y que en razón de su virtud no se haría ingrato ni criminal. *7* Pero los partidarios de la revolución, aunque tenían sus ojos puestos sólo en él, o en él en primer lugar, no se atrevían a entrevistarse con él, y lo único que hacían era llenar por la noche de notas la tribuna y la silla de pretor en la que se sentaba para dar audiencias; la mayoría de estas notas era del siguiente tenor: «¿Duermes, Bruto?» y «No eres Bruto.» *8* Notando Casio que con ellas su ambición se iba poniendo poco a poco en movimiento, le acosaba e in-

---

[162] El posterior cónsul L. Junio Bruto había conseguido salir indemne de una acusación ante el rey Tarquino haciéndose pasar por loco; en recuerdo de esta acción recibió el sobrenombre de Bruto. Los habitantes de Cime en Eólide pasaban por ser poco inteligentes.

[163] Servilia, madre de Marco Junio Bruto, antigua amante de César (circunstancia que quizá explica la debilidad de César por su hijo), era medio hermana de Catón de Útica, con cuya hija, Porcia, Bruto estaba casado. Por eso, su tío Catón se había convertido en suegro suyo.

citaba cada vez más, pues además Casio tenía ciertos odios particulares contra César por las causas que hemos puesto de manifiesto en lo que hemos escrito sobre Bruto[164]. *9* Por su parte, César sospechaba también de Casio, hasta el punto de que en cierta ocasión había dicho a sus amigos: «¿Qué intenciones os parece que tiene Casio? Porque a mí no me agrada demasiado: es demasiado pálido.» *10* Y se cuenta que en otra ocasión en que le llegaron acusaciones sobre Antonio y Dolabela, en el sentido de que tramaban una revolución, exclamó: «No tengo en absoluto miedo de las personas gordas y melenudas, sino más bien de las pálidas y flacas», refiriéndose a Casio y a Bruto[165].

63. Pero, al parecer, su hado no fue tanto inesperado como poco precavido, porque aparecieron, según se cuenta, señales y prodigios extraordinarios. *2* Las luminarias celestes, los ruidos nocturnos que se difundieron por muchas partes[166] y las aves de presa que bajaron al foro a posarse, no merece la pena, sin duda, mencionarlos a propósito de tan importante suceso; *3* pero sí lo que relata el filósofo Estrabón[167], que narra que a muchos se les aparecieron personas envueltas en llamas que se precipitaban contra ellos, que el mozo de un soldado despidió de la mano una gran llamarada y que a todos los que lo veían les pareció que estaba ardiendo, pero que, cuando se extinguió, el individuo no tenía ningún daño; *4* y que, en un sacrificio que hizo el propio César, no apareció el

---

[164] *Bruto*, 5-6. El contenido de los capítulos 7-8 de la *Vida de Bruto* coincide con el presente en gran medida.

[165] Sobre las tentativas que hubo para implicar a Marco Antonio en la conjuración, véase *Antonio*, 13.

[166] Dión Casio, XLIV 17, 2, cuenta que las lanzas que había en el *sacrarium* de la residencia oficial de César como sumo pontífice produjeron ruidos al entrechocar por la noche sin causa aparente.

[167] Aparte de los 17 libros de la *Geografía* que se han conservado, Estrabón escribió a comienzos del siglo I d.C. una historia que narraba los hechos desde el 146 a.C. hasta comienzos del imperio. Es llamado filósofo porque, además de sus tendencias estoicas, se entiende que lo es todo historiador que reflexiona sobre los hechos narrados. Varios prodigios que precedieron a la muerte de César son relatados por Suetonio, *César*, 81 ss.

corazón de la víctima, prodigio terrible, porque la naturaleza no podría formar ningún ser vivo sin corazón. *5* Todavía se puede escuchar a muchos que cuentan que un adivino le vaticinó que se guardara de un grave peligro el día del mes de marzo que los romanos llaman idus[168], *6* y que, cuando llegó ese día, César, al salir para dirigirse al senado, saludó al adivino y exclamó en son de burla: «Ya están aquí las idus de marzo», y que él le respondió tranquilamente: «Sí, ya están aquí, pero todavía no han pasado.» *7* La víspera, mientras cenaba en casa de Marco Lépido, se encontraba firmando cartas con el sello, según era su costumbre, recostado, cuando recayó la conversación en qué clase de muerte era la mejor; César, anticipándose a todos, exclamó: «La imprevista.» *8* Después de la cena, cuando ya estaba acostado, como era su costumbre, al lado de su mujer, se abrieron de repente todas las puertas y ventanas de la habitación al mismo tiempo; lleno de turbación por el ruido y la luz de la luna que iluminaba el cuarto por entero, oyó a Calpurnia, profundamente dormida, pronunciar en sueños palabras confusas y gemidos inarticulados. *9* Y es que ella soñaba que le tenía en sus brazos degollado y que le lloraba. Pero otros afirman que no fue ésta la visión en sueños que tuvo su mujer, sino otra: coronando la casa de César, había una especie de pináculo decretado por el senado para ornato y majestad, según cuenta Livio, y fue esta acrótera, que Calpurnia contempló en sueños hecha trizas, lo que provocó sus lamentos y lágrimas. *10* Sea cual fuera, el caso es que al llegar el día, pidió a César que, si era posible, no saliera de casa y aplazara la sesión del senado, y que si sus sueños no le importaban en absoluto, examinara el futuro mediante algún otro procedimiento adivinatorio o mediante sacrificios. *11* Él tenía también, según parece, ciertas sospechas y temores, pues nunca había observado en Calpurnia ninguna clase de superstición, tan habitual en las mujeres, y entonces la veía preocupada en extremo. *12* Y cuando los adivinos, después de muchos sacrificios, le declararon que las señales no eran favorables, decidió enviar a Antonio para suspender la convocatoria del senado.

---

[168] El 15 de marzo.

64. Entonces, Décimo Bruto, de sobrenombre Albino, en quien César tenía tal confianza que lo había instituido heredero suyo en segundo término, pero que participaba en la conspiración con el otro Bruto y con Casio, *2* temiendo que el asunto se descubriera si César conseguía escapar aquel día, comenzó a burlarse de los adivinos y a reprender a César por las acusaciones y maledicencias que se granjearía de parte del senado, que se sentiría escarnecido; *3* pues habían venido por órdenes suyas, y todos estaban prestos a votar que se proclamara a César rey de las provincias fuera de Italia y que se le facultara para llevar diadema cuando llegara a cualquier parte del mundo, tierra o mar; *4* y que si alguien les invitaba en ese momento en que ya estaban en sus asientos a retirarse ahora y comparecer en otra ocasión, cuando Calpurnia tuviera mejores sueños, ¿qué no dirían los envidiosos?, *5* ¿o a quién de sus amigos aguantarían cuando les trataran de explicar que aquello no era esclavitud ni tiranía? Pero que si de todas maneras estaba decidido, siguió diciéndole, a purificar ese día por escrúpulos religiosos, lo mejor era que él compareciera y notificara al senado el aplazamiento de la sesión. *6* Mientras así hablaba, Bruto cogió a César de la mano y le condujo. Apenas había avanzado unos pasos fuera de la puerta, cuando un criado ajeno, ansioso por entrevistarse con él, al darse por vencido a causa de los empujones de la muchedumbre que lo rodeaba, se abrió paso por la fuerza hasta llegar a la casa y se entregó en manos de Calpurnia, rogándole que lo custodiara hasta el regreso de César, porque tenía asuntos importantes que revelarle.

65. Artemidoro[169], originario de Cnido, que enseñaba lengua griega y por eso había llegado a tal intimidad con algunos de los cómplices de Bruto como para conocer la mayor parte de lo que se tramaba, se acercó llevando una nota con la denuncia que tenía intención de revelarle. *2* Pero viendo que César cogía cada una de las notas que le entregaban y se

---

[169] Hijo de Teopompo de Cnido (cfr. *supra*, 48,1), era huésped y amigo de César.

las iba pasando a los miembros de la servidumbre que lo rodeaban, se aproximó muy cerca y le dijo: «Esto, César, léelo tú solo y pronto; trata de asuntos de extrema importancia y que te interesan.» *3* César, pues, lo cogió, pero la multitud de los que se acercaban a hacerle alguna solicitud le impidió leerlo, aunque lo intentó muchas veces, y se presentó ante el senado teniéndolo todavía en la mano y siendo esto lo único que llevaba guardado. *4* Algunos afirman que fue otro quien le entregó la nota, y que Artemidoro ni siquiera pudo acercarse a César, porque la multitud se lo impidió a lo largo de todo el camino con sus empujones.

66. Las circunstancias ya relatadas pueden ser producto del azar; pero la sala en la que tuvo lugar aquel asesinato y contienda, donde el senado se reunió en aquella ocasión, como tenía una estatua de Pompeyo y había sido una ofrenda del mismo entre los ornamentos añadidos a su teatro[170], probó de manera completamente manifiesta que el atentado fue obra de un ser sobrenatural que le condujo y llamó allí. *2* Pues se cuenta además que Casio dirigió su mirada a la estatua de Pompeyo antes del asesinato y la invocó en silencio, aunque él no era ajeno a las doctrinas de Epicuro[171]. *3* La inminencia del riesgo, según parece, le infundía entusiasmo y emoción, lejos de sus anteriores convicciones. *4* A Antonio, que seguía fiel a César y cuya fuerza física era enorme, lo retuvo fuera Bruto Albino[172], metiéndole adrede en una conversación prolongada. *5* Al entrar César, el senado, por deferencia, se puso en pie; de los cómplices de Bruto, unos le rodearon colocándose detrás de su asiento, y otros se acercaron a él como para unir sus peticiones a las de Tilio Címber, que intercedía por su hermano exiliado, y le acompañaron entre

---

[170] El gran teatro de Pompeyo había sido inaugurado en el año 55 durante su segundo consulado. La sesión del senado debía celebrarse aquel día en la curia de Pompeyo, uno de los edificios anejos al teatro.
[171] Cfr. *Bruto,* 37, donde Casio hace profesión de su fidelidad a los principios del filósofo Epicuro.
[172] Apiano, Cicerón y Dión Casio, así como el propio Plutarco, *Bruto,* 17, 2, dicen que fue C. Trebonio quien retuvo fuera a Antonio.

ruegos hasta su asiento. *6* Tras sentarse, siguió rechazando sus peticiones, y como seguían instándole cada vez con más insistencia dio muestras de enfado a cada uno de ellos. Entonces, Tilio, cogiéndose con ambas manos la toga, se la echó por debajo del cuello, movimiento que era la señal para pasar a la acción. *7* Casca es el primero que le golpea con la espada junto al cuello, pero la herida no fue mortal ni profunda, turbado, como era de esperar, en el comienzo de una empresa tan osada; *8* de modo que César, girando, cogió el puñal y lo retuvo en la mano, al tiempo que ambos exclamaban, el herido en latín: «¡Maldito Casca!, ¿qué haces?», y el que le había herido en griego, a su hermano: «¡Hermano, ayuda!» *9* Así es como comenzó el asesinato. Los que no sabían nada quedaron presas de estupefacción y escalofríos ante lo que acontecía, y no se atrevían a huir ni a socorrerlo y ni siquiera a emitir sonido. *10* Pero de los que se hallaban preparados para el asesinato, cada uno sacó una espada desnuda. César, rodeado por todos los lados y encontrándose a cualquier parte a la que volvía la vista con heridas y hierro que se precipitaba contra su cara y sus ojos, estaba envuelto, como una fiera, por los brazos de todos, que se lo pasaban de mano en mano. *11* Pues todos debían participar y gustar del asesinato. Por eso también Bruto le asestó un único golpe en la ingle. *12* Cuentan algunos que César trató de rechazar a los demás, esquivando aquí y allá con su cuerpo y gritando, pero que cuando vio a Bruto con la espada desenvainada, se echó el manto encima de la cabeza y se dejó caer, viniendo a dar, bien por azar, bien por los empujones de sus asesinos, junto al pedestal sobre el que se erigía la estatua de Pompeyo. *13* El pedestal quedó completamente ensangrentado, de manera que el propio Pompeyo parecía presidir la venganza sobre su enemigo, tendido a sus pies y expirando por la multitud de heridas. *14* Veintitrés cuentan que recibió; y muchos de los conjurados se hirieron entre sí, al asestar sobre un solo cuerpo tantos golpes.

67. Una vez que acabaron con él, el senado, aunque Bruto avanzó hasta el centro como para decir algo acerca de lo sucedido, no se contuvo y se precipitó puertas afuera. Su huida sumió al pueblo en turbación y pánico sin amparo, de

suerte que unos cerraban las casas, otros abandonaban sus bancos y comercios y todos iban a la carrera, unos al lugar para ver lo que había pasado y lejos de allí los que lo habían visto. *2* Antonio y Lépido, los amigos más íntimos de César, buscaron refugio ocultándose en casas ajenas[173]. *3* Bruto y los suyos, según estaban todavía calientes por la sangre, exhibiendo sus espadas desnudas, se reunieron a la salida del senado y se encaminaron al Capitolio, no como gentes que huyeran, sino con los rostros radiantes de alegría y llenos de arrojo, llamando a la muchedumbre a la libertad y saludando a los notables que encontraban en su camino. *4* Y hubo quienes se unieron al grupo y subieron con ellos, como si hubieran tomado parte en la acción, y se arrogaban la gloria. Entre éstos estaban Gayo Octavio y Léntulo Espínter. *5* Pero éstos pagaron más tarde su castigo por aquella fanfarronada, cuando Antonio y el joven César los mandaron matar, sin haber disfrutado siquiera de la gloria por la que morían, porque nadie les creyó. *6* Ni siquiera los que los castigaron los penaron por su acción, sino por su intención.

7 Al día siguiente, cuando Bruto y los suyos bajaron al foro y pronunciaron discursos, el pueblo prestó atención a sus palabras sin mostrar irritación ni tampoco aprobación por los hechos, pero daba a entender con su imponente silencio que sentía compasión por César y respeto por Bruto. *8* El senado, después de disponer una amnistía y una reconciliación general, decretó, por un lado, que a César se le tributaran honores como a un dios y que no se alterara ni la más mínima de las medidas que había tomado mientras estaba en el poder; *9* por otro, otorgó a Bruto y sus compañeros distintas provincias[174] y les concedió distinciones adecuadas, de modo que todos opinaban que la situación del estado se encontraba restablecida y ordenada de modo más próspero.

---

[173] Antonio era cónsul con César, y Lépido, el futuro triúnviro, su *magister equitum*. Éste salió de la ciudad a reunirse con el ejército, con el que iba a salir hacia la Galia Narbonense. El contenido del presente capítulo coincide aproximadamente con el de *Bruto*, 18.
[174] Mencionadas en la *Vida de Bruto*, 19, 5.

68. Pero cuando, abierto el testamento de César, se encontró que dejaba un legado considerable a cada romano y se pudo contemplar su cuerpo transportado a través del foro, desfigurado por las heridas, la emoción del pueblo ya no guardó orden ni concierto: amontonaron en torno del cadáver bancos, vallas y mesas cogidas del foro, y les pegaron fuego y las quemaron[175]; *2* luego cogieron antorchas encendidas y corrieron a las casas de los que le habían asesinado como para incendiarlas, mientras que otros recorrían todos los rincones de la ciudad, buscándolos para echarles mano y despedazarlos. Pero nadie encontró a ninguno de ellos, pues todos estaban bien resguardados. *3* Sucedió que un tal Cinna, compañero de César, había tenido, según afirman, la noche anterior un sueño inaudito: le había parecido que César le invitaba a cenar y que, ante las excusas presentadas por él, le llevaba de la mano contra su voluntad y a pesar de su resistencia. *4* Y cuando se enteró de que en el foro estaba ardiendo el cadáver de César, se levantó y se puso en camino hacia allí para rendirle honores, a pesar de que estaba inquieto por el sueño y además tenía fiebre. *5* Uno de la multitud, al verlo, le dijo su nombre a otro que se lo había preguntado; éste, a su vez, a otro, hasta que entre todos corrió el rumor de que él era uno de los asesinos de César. *6* Y como, de hecho, entre los conjurados había uno que se llamaba Cinna como él, tomando a éste por aquél, se lanzaron al punto sobre él y le hicieron pedazos allí mismo. *7* Esta muerte fue lo que más asustó a Bruto, Casio y sus cómplices, que, pocos días después, se marcharon de la ciudad. Lo que hicieron y les sucedió hasta su muerte se encuentra escrito en la *Vida de Bruto*.

69. Muere César tras haber alcanzado la edad de cincuenta y seis años y habiendo sobrevivido a Pompeyo no más de cuatro años. Del imperio y el poder que persiguió durante toda su vida a través de tan grandes peligros y que, por fin, a duras penas consiguió, no cosechó otro fruto más que el nombre y una gloria que suscitó la envidia de sus conciudadanos.

---

[175] Los funerales tuvieron lugar el 20 de marzo; el discurso fúnebre fue pronunciado por Antonio.

2 Sin embargo, el poderoso genio que le había asistido durante toda su vida, incluso después de su muerte le acompañó para vengar su asesinato, acosando por toda tierra y mar y rastreando las huellas de los que le habían matado, hasta no dejar a ninguno y hasta alcanzar a cuantos de cualquier manera habían intervenido con su mano en la acción o habían tomado parte con la intención. *3* El más extraordinario de los hechos humanos que lo atestiguan es lo que sucedió a Casio: derrotado en Filipos, se dio muerte con aquella espada de la que se había servido contra César. *4* De los divinos, el gran cometa que apareció resplandeciente los siete días posteriores al asesinato de César y que luego desapareció[176], y el oscurecimiento del brillo del sol. *5* En efecto, durante aquel año entero, el disco solar salió pálido y sin refulgir, y el calor que de él descendió fue tenue y lánguido, hasta el punto de que el aire vino oscuro y pesado por la debilidad del calor que lo atravesaba, y los frutos, a medio madurar y sin llegar a sazón, se marchitaron y ajaron por el frescor de la atmósfera.

6 Pero fue, sobre todo, el fantasma que se apareció a Bruto lo que mostró con claridad que el asesinato de César no había sido grato a los dioses. La aparición fue la siguiente. *7* En el momento en que iba a hacer pasar a su ejército desde Abidos al otro continente[177], estaba acostado por la noche en la tienda como de costumbre, no dormido, sino meditando sobre el futuro, *8* pues se cuenta que este hombre era el menos dormilón de los generales y el que por su constitución pasaba más tiempo en vela. *9* Le pareció oír un ruido a la puerta y, al mirar a la luz de un candil cuya luz ya estaba bajando, se le ofreció la espantosa visión de un hombre de talla descomunal y aspecto terrible. *10* Al principio quedó estupefacto, pero cuando vio que no hacía ni decía nada, sino que sólo estaba de pie en silencio junto a su lecho, le preguntó quién era.

---

[176] El famoso cometa, aparecido en el curso de los primeros juegos funerales organizados por Octavio entre el 20 y el 30 de julio del 44, es mencionado con frecuencia en la literatura clásica latina.

[177] De Abidos a Sestos, localidades por las que se efectuaba el paso de Asia a Europa a través del estrecho de los Dardanelos, poco antes de la batalla de Filipos en el año 42.

11 Y le responde el fantasma: «Tu mal genio, Bruto; me verás en Filipos.» Entonces replicó Bruto con osadía: «Te veré» y, al punto, el ser sobrenatural desapareció. *12* Cuando llegó el tiempo fijado, en Filipos, Bruto se enfrentó a Antonio y a César[178]; tras vencer en la primera batalla, puso en fuga a los que le hacían frente, los dispersó y saqueó el campamento de César. *13* Pero cuando iba a librar la segunda batalla, le vuelve a visitar el mismo fantasma por la noche. No le dijo nada, pero, comprendiendo Bruto su hado, se arrojó al peligro de la batalla con ímpetu desesperado. *14* No cayó, sin embargo, en la lucha; cuando sus tropas se dieron a la fuga, fue a refugiarse a un paraje escarpado, arrojó su pecho sobre la espada desnuda al tiempo que un amigo, según afirman, contribuía a reforzar el golpe, y murió[179].

---

[178] El futuro Augusto, que para entonces ya había tomado el nombre de su padre adoptivo.
[179] El relato de su muerte está en la *Vida de Bruto*, 49-52.

PERICLES – FABIO MÁXIMO

PERICLES

La tarea más compleja que Plutarco tuvo que abordar en la elaboración de la *Vida de Pericles* fue, sin duda, la de valorar las numerosas fuentes de las que disponía y la de hallar una interpretación general que pudiera ensamblar y hacer compatibles los juicios radicalmente contrarios que observaba en la documentación. Que Plutarco era consciente de las dificultades con las que se encontraba viene claramente demostrado por sus observaciones en 13, 16, acerca de lo difícil que es desvelar la verdad histórica. Por un lado, Tucídides, II 65, 8-9, había emitido sobre Pericles un juicio muy favorable; pero, por otro lado, la comedia contemporánea de Pericles y obras como la de Estesímbroto de Tasos, *Sobre Temístocles, Tucídides, Pericles*, e Idomeneo de Lámpsaco, *Sobre los demagogos*, dedicadas en su mayor parte a la exposición de murmuraciones y maledicencias sobre personajes famosos, daban una visión muy desfavorable de Pericles. Además, la influencia constante de Platón en Plutarco y sus juicios sobre la democracia imponían mayores reservas aún en la valoración de Pericles. Plutarco ha intentado dar cabida a ambas versiones y armonizarlas en la medida de lo posible. Así, se refiere al juicio de Tucídides en varias ocasiones y lo aprueba, aparte de resumir su obra historiográfica; pero, por otro lado, introduce en su narración numerosos fragmentos de los poetas cómicos y relata numerosas anécdotas y chismes procedentes de otros autores. *La República de los atenienses* de Aristóteles y la *Historia* de Éforo, cuyo contenido, aunque perdido, puede ser en cierta medida conocido gracias a la *Biblioteca histórica* de Diodoro de Sicilia (siglo I a.C.), han sido las otras fuentes de Plutarco en la composición de esta *Vida*. El resultado de las valoraciones contrarias sobre Pericles es que, a primera vista al menos, coexisten ideas contradictorias entre sí. Quizá la estructura un tanto caótica de la biografía es otra consecuencia de lo anterior: así, las opiniones desfavorables acerca de Pericles se hallan sólo expuestas en conexión con su política exterior, sobre todo a propósito de la campaña de Samos y de las causas de la guerra del Peloponeso (431-404); igualmente, de la vida privada de Pericles sólo se habla a propósito de su política exterior.

La biografía de Pericles manifiesta ciertos esfuerzos para integrar en un conjunto los datos e interpretaciones contrarios que las fuentes le suministraban. Para ello, entre otras cosas, ha enunciado lo que parece ser una teoría personal: que los comienzos políticos de Pericles hasta la muerte de Cimón y el ostracismo de Tucídides, el hijo de Melesias, estuvieron marcados por aspiraciones democráticas en apoyo de lo que se podría denominar partido popular, y que más tarde su política fue más aristocrática; que la ascensión de Tucídides, hijo de Melesias, a la jefatura del partido aristócrata trajo como resultado una especie de lucha de clases, en la que Pericles se vio forzado a favorecer a las clases populares mediante su programa de obras públicas, el salario a los asistentes a la asamblea, los envíos de cleruquías y otras medidas del mismo tenor, para ganarse la lealtad del *démos;* que mediante este programa Pericles trataba de estimular el bienestar general y satisfacer la demanda de trabajo; y que, finalmente, los ataques que poco antes del 431 se hicieron contra Pericles en las personas de Fidias, Aspasia y Anaxágoras eran el producto de la oposición aristocrática conducida por el hijo de Melesias a su regreso del ostracismo.

Es probable que esta concepción de la evolución política de Pericles (que, por otro lado, no deja de ser la que se ha hecho tradicional en nuestras descripciones de la historia de la época) sea, en cierta medida al menos, elaboración original del propio Plutarco, que se habría basado en ciertos teóricos oligarcas de fines del siglo V y comienzos de siglo IV a.C. En apoyo de esta idea militan ciertas consideraciones, entre las cuales no es la menor la derivada de la cronología. En efecto, parte de las construcciones de templos y del embellecimiento de la ciudad fue ejecutada en la época que correspondería al gobierno más aristocrático de Pericles. Por otro lado, la acusación contra Fidias se debe de datar en 438/7; es también probable que las maledicencias por su unión con Aspasia, que ha de ser del 441, no esperaran a comenzar cuando ya habían transcurrido varios años desde el comienzo de estas relaciones. Pero lo que hace más dudosa la admisión histórica de la teoría de la evolución política de Pericles que expone Plutarco es el hecho de que atribuye a la época de Pericles situaciones políticas y sociales que probablemente son de época posterior y, en algún caso, de los tiempos del propio Plutarco. En efecto, los primeros atisbos de lo que se podría denominar con cierto anacronismo lucha de clases sólo aparecen en Atenas con la llegada de los sofistas, momento que coincide con la ascensión a los puestos preeminentes de los primeros demagogos de origen humilde, como Cleón, y con el enriquecimiento y las aspiraciones políticas de los favorecidos por el impulso comercial en Atenas. Hasta entonces todos los políticos atenienses habían pertenecido a las grandes familias de Ática, Pericles incluido. En cuanto al programa de obras públicas como medio de satisfacer la demanda de trabajo, es probable que Plutarco esté atribuyendo a la época de Pericles problemas pertenecientes a su propia época.

Se ha dicho con frecuencia que dos características muy notables en las *Vidas paralelas* de Plutarco son el olvido de las condiciones políticas de la época a la que pertenece el personaje biografiado y la formulación de juicios morales anacrónicos acerca de sus personajes, en función de los valores de su propio tiempo. Si las consideraciones expuestas más arriba son ciertas, nos hallamos ante un ejemplo más de estos rasgos comunes a muchas de las *Vidas*. Estos hechos, por otro lado, muestran de manera evidente la capacidad de interpretación de Plutarco, la libertad con la que trata sus fuentes y el alejamiento entre biografía e historia o, mejor, la deformación que puede sufrir la historia al convertirse en biografía. La libertad en la composición de la biografía y la finalidad didáctica y moral quedan también bien de relieve en la *Vida de Pericles* en las digresiones. El abigarramiento y el carácter variopinto de la composición, otro rasgo permanente en las *Vidas*, se manifiesta también en las abundantes citas de poetas y prosistas que salpican la presente biografía.

BIBLIOGRAFÍA

TUCÍDIDES, *Historia de la guerra del Peloponeso*. Puede ser consultada en las traducciones con introducción de L. M. Macía Aparicio, Madrid, 1989; de A. Guzmán Guerra, Madrid, 1989; o de J. J. Torres Esbarranch con introducción de J. Calonge Ruiz, 4 vols., Madrid, 1990[2].

GOMME, A. W., *A Historical Commentary on Thucydides,* vol. I «Introduction», Oxford, 1956.

STADTER, P. A., *A Commentary on Plutarch's Pericles,* Londres, Chapel Hill, 1989.

Pericles.

PERICLES

1. Viendo Augusto en Roma a unos extranjeros ricos que mientras paseaban llevaban en brazos y acariciaban crías de perros y de monos, preguntó, según parece, si en su país las mujeres no daban a luz, reprendiendo así de modo verdaderamente imperial a quienes dilapidan con animales la inclinación natural al amor y al cariño que hay en nosotros, en lugar de consumirla con los hombres, como es debido[1].
2 ¿No es, pues, razonable, ya que nuestra alma posee cierto deseo natural de aprender y observar, censurar a los que hacen mal uso de esta curiosidad y la utilizan para escuchar y contemplar cosas que no merecen la menor atención, despreocupándose de lo que es bello y provechoso? Pues a los sentidos, como reciben de un modo pasivo la impresión de cualquier cosa que les salga a su encuentro, les es seguramente forzoso contemplar todo lo que se les presenta, sea útil o inútil; pero el entendimiento cada uno puede usarlo como quiera, y la naturaleza nos ha concedido la posibilidad de hacerlo girar con suma facilidad y dirigirlo en cada ocasión hacia donde nos parezca bien; de modo que hay que perseguir lo mejor, para no limitarnos a la pura contemplación y conseguir que el entendimiento se nutra con esa contemplación. *3* Pues igual que al ojo le conviene aquel color cuya vivacidad y deleite reaviva y alimenta la vista, del mismo modo

---

[1] Ideas semejantes en *Solón*, 7, 3-4. Augusto fomentaba el matrimonio estableciendo primas en favor de los esposos con hijos y multando a los no casados y a los matrimonios sin descendencia.

hay que aplicar la inteligencia a espectáculos que, por la atracción del placer que producen, la inviten a dirigirse hacia el bien que le es propio. *4* Éstos están en las obras nacidas de la virtud, que infunden en quienes las exploran una especie de emulación y ansias que conducen a su imitación; porque en las demás obras, a la admiración por lo ejecutado no le sigue como consecuencia directa un impulso para ejecutar otro tanto[2]. Por el contrario, con frecuencia, aun agradándonos la obra despreciamos al artífice, como sucede con los perfumes y los tejidos de púrpura: nos gustan los productos, pero a los tintoreros y a los fabricantes de perfumes los consideramos serviles e indignos de ser personas libres. *5* Por eso, con razón Antístenes, cuando oyó decir que Ismenias era un flautista merecedor de estima, exclamó: «Pero como persona no vale nada; si no, no sería un flautista tan merecedor de estima»[3]. *6* Igualmente, Filipo dijo a su hijo, que había tocado un instrumento de cuerda en un banquete con mucha gracia y habilidad: «¿No te da vergüenza tañer tan bien?» Basta, en efecto, para un rey que escuche en su tiempo de ocio a otros que toquen, y cultiva lo suficiente a las musas con ser espectador en los certámenes de esta clase, siendo otros los que participen.

2. La ocupación personal en tareas ruines ofrece por sí misma el esfuerzo en asuntos inútiles como testimonio de su indiferencia hacia las cosas bellas. Y no hay ningún joven bien nacido que al contemplar el Zeus de Pisa desee ser Fidias, o Policleto al contemplar la Hera de Argos, ni Anacreonte o Filemón o Arquíloco, porque le agraden los poemas de éstos[4].

---

[2] La importancia otorgada a la imitación como instrumento de mejora moral es una idea que Plutarco ha aprendido probablemente de Platón, cfr. *República*, III 395 c ss.

[3] El filósofo Antístenes, discípulo de Sócrates, es el fundador de la escuela cínica. Lo que Antístenes reprende en el tebano Ismenias no es su capacidad para tocar la flauta, sino su virtuosismo, que sólo ha podido conseguir con una esmerada práctica en detrimento de otras ocupaciones más elevadas.

[4] El Zeus de Olimpia, obra de Fidias, y la estatua de Hera en el Heraion próximo a Argos estaban recubiertos de oro y marfil. Anacreonte, poeta del amor y del vino; Filemón, cómico del siglo IV; y Arquíloco de Paros, el primer poeta lírico griego, tenían fama de haber llevado una vida poco edificante desde el punto de vista moral.

Pues no es forzoso, aunque la obra deleite por su encanto, que el autor sea digno de estima. *2* De ahí que tampoco a quienes las contemplan les resulten provechosas las obras de esta clase, cuando ante su presencia no se produce esta emulación que nos lleva a imitarlas ni el brote que mueve las ganas y el impulso a hacer otras semejantes. Sin embargo, la virtud con sus acciones pone enseguida en disposición de admirar sus obras y al mismo tiempo emular a quienes las han realizado. *3* Pues de los bienes que proceden de la fortuna lo que nos complace es la posesión y el disfrute, pero de los que proceden de la virtud, la puesta en práctica; los primeros deseamos tenerlos de otros, mientras que los segundos deseamos más bien que otros los tengan gracias a nosotros. *4* Pues la belleza moral atrae de manera activa hacia sí misma y provoca de inmediato un impulso hacia la acción, no porque conforme el carácter de quien la contempla por la pura imitación, sino porque despierta determinaciones por el conocimiento práctico de la acción.

5 Por eso es por lo que también a mí me pareció oportuno perseverar en la redacción de estas *Vidas*[5] y he compuesto este décimo libro, que comprende las vidas de Pericles y de Fabio Máximo, el que sostuvo la guerra contra Aníbal, dos personajes muy parecidos en todas sus virtudes, pero sobre todo en su mansedumbre y justicia, y que gracias a su paciencia para soportar las ingratitudes de sus pueblos y de sus colegas en el mando prestaron a sus patrias los más altos servicios. Si hemos atinado o no en el juicio debido, se podrá juzgar por el relato que sigue.

3. Pericles era de la tribu Acamántide, del demo de Colarges y de una casa y un linaje de primera fila, tanto por parte de padre como por parte de madre. *2* En efecto, Jantipo, el que había vencido en Mícale a los generales del rey de Persia, se casó con Agarista, descendiente de Clístenes, el que expulsó a los Pisistrátidas, derrocó valerosamente la tiranía, instituyó leyes y estableció un régimen de gobierno perfectamente

---

[5] La finalidad moral de las *Vidas* queda aquí inequívocamente expresada.

fusionado para lograr la concordia y la salvaguardia del estado[6]. *3* A Agarista le pareció en sueños que daba a luz un león y pocos días después trajo al mundo a Pericles[7], sin ningún defecto en su aspecto físico a excepción de la cabeza, que era alargada y desproporcionadamente grande. *4* Por esa razón casi todas las estatuas lo representan cubierto con casco, porque los artistas no querían, al parecer, afearle ese defecto. Pero los poetas áticos lo llamaban «cabeza de cebolla albarrana»; pues la escila hay veces que también la llaman cebolla albarrana. *5* Entre los poetas cómicos, Cratino dice en los *Quirones*:

«La Sedición y el anciano Crono
se unieron y dieron a luz al mayor tirano,
al que los dioses llaman "Congregacabezas".»

Y también en la *Némesis*:

«¡Ven, Zeus hospitalario y Caranio!»[8].

---

[6] La victoria naval del cabo de Mícale frente a Samos es del 479, el año siguiente de la de Salamina. Agarista era sobrina de Clístenes como hija de Hipócrates, hermano de Clístenes. En el año 510 un ejército espartano que mandó llamar Clístenes expulsó a Hipias, hijo de Pisístrato.

[7] Plutarco sigue aquí a Heródoto, VI 131. Pericles nació alrededor del 495 a.C.

[8] Cratino, poeta cómico del siglo v, que junto con Aristófanes y Éupolis formó la tríada canónica de la comedia antigua, obtuvo diversos triunfos en las competiciones teatrales desde mediados del siglo v hasta 423, fecha en que venció con *El frasco* a Aristófanes, que concursó con *Las Nubes*. En *Quirones*, un coro de centauros, llamados como el que instruyó a Aquiles, elogiaba el pasado de la constitución de Solón y denigraba el presente político. El mote de 'Congregacabezas' aplicado a Pericles resulta de un juego de palabras con el epíteto homérico atribuido a Zeus 'acumulador de nubes'. Cratino, además, en el fragmento citado imita el estilo de la *Teogonía*. El tema general de *Némesis*, del que Plutarco cita un verso incompleto, era la unión de Zeus con esta diosa y el alumbramiento de Helena; mediante ellos se atacaba a Pericles, que aparecía disfrazado de Zeus, por haber provocado la guerra. 'Hospitalario' hace alusión a la amistad de Pericles con Anaxágoras y Aspasia, ambos no atenienses; 'Caranio', formado sobre la palabra para 'cabeza', guarda gran semejanza fónica con un epíteto aplicado a Zeus, que significa 'señor del rayo'.

6 Teclides, por su parte, dice que está sentado preocupado por la situación en la acrópolis «a veces muy cargado de cabeza, y otras veces él solo hace surgir un gran alboroto de su cabeza donde caben once camas»[9]. 7 Y en los *Demos*, Éupolis, cuando un personaje pregunta por cada uno de los políticos que han subido del Hades, dice de Pericles, que es nombrado en último lugar:

«Ese es lo capital que has traído de los de abajo»[10].

4. Su maestro de música dice la mayoría que fue Damón, cuyo nombre afirman que hay que pronunciar con la primera sílaba breve; pero Aristóteles declara que fue con Pitoclides con quien se ejercitó en la música. 2 Damón, que era un eminente sofista, parece que se disfrazó con el nombre de músico por ocultar a la mayoría su habilidad y acompañaba como masajista y entrenador a Pericles, que era como un atleta de la política. 3 No obstante, se descubrió que para Damón la lira no era más que un pretexto y, como responsable de graves intrigas y de favorecer la tiranía, fue condenado al ostracismo y dio a los cómicos materia de entretenimiento[11]. 4 Así, Platón[12] presenta en escena a uno que le hace la siguiente pregunta:

---

[9] Teclides es también un poeta cómico del siglo V. El gran alboroto al que alude el fragmento se refiere al de la guerra. En cada lecho solían recostarse a cenar dos personas. Conviene recordar que Atenea nació de la cabeza de Zeus, de donde surgió adulta y con armas y casco.

[10] Éupolis, amigo primero y rival luego de Aristófanes, es el tercer gran poeta cómico de la comedia antigua. En los *Demos*, su última obra puesta en escena en el 412, poco después del desastre de la expedición de Sicilia, se hacía en el Hades una selección entre los políticos atenienses más sobresalientes del pasado, para que los más aptos regresaran al mundo de los vivos y mejorasen la situación de Atenas. La traducción 'lo capital' pretende reflejar el juego de palabras que hay en griego, aludiendo al tiempo al tamaño de la cabeza y al punto esencial o culminante de una argumentación.

[11] Damón es un teórico de la música, discípulo de Agatocles, que también fue maestro del pitagórico Pitoclides, circunstancia que permite integrar a Damón en la tradición pitagórica, y un eminente sofista, perteneciente, según Platón, al círculo de Pródico. Su ostracismo fue entre 450 y 440.

[12] Platón el cómico era aproximadamente contemporáneo de Aristófanes.

«En primer lugar, pues, dímelo, te lo pido, pues tú eres, según dicen, el Quirón que ha criado a Pericles.»

5 Pericles escuchó también las lecciones de Zenón de Elea, que trató de la naturaleza como Parménides y que practicó un sistema dialéctico que encerraba a sus adversarios en el desconcierto mediante las contradicciones, como Timón de Fliunte indica en algún lugar mediante estos versos:

«Grande es el poder de Zenón, el de la doble lengua, indomeñable y conquistador de todos»[13].

6 Pero el que tuvo más relación a Pericles, el que sobre todo le revistió de aquella majestad y altivez demasiado pesadas para el jefe de una democracia, y el que, en una palabra, ensalzó y exaltó la dignidad de su carácter fue Anaxágoras de Clazómenas, a quien sus contemporáneos daban el apodo de Inteligencia, bien por admiración hacia la grande y prodigiosa sagacidad que había mostrado en el estudio de la naturaleza, bien porque había sido el primero en establecer como principio de la ordenación del universo no el azar ni la necesidad, sino una inteligencia pura y simple, que, en la mezcolanza que constituye el conjunto de todo el mundo, separa los elementos formados de partes semejantes[14].

5. Pericles, que admiraba de manera extraordinaria a este hombre y que estaba plenamente imbuido de lo que se llama «ciencia de los fenómenos celestes» y «charlatanería en las nubes»[15], no sólo tenía, al parecer, sentimientos elevados y

---

[13] Zenón de Elea (primera mitad del siglo V), discípulo de Parménides, es famoso, sobre todo, por sus argumentos contra la posibilidad de que exista movimiento. Timón de Fliunte, filósofo escéptico cuya actividad se centra a comienzos del siglo III a.C., fue entusiasta discípulo de Pirrón. En sus hexámetros satíricos titulados *Silloi* se burlaba de la mayoría de los filósofos griegos; a esta obra deben de pertenecer los versos que cita Plutarco.

[14] Homeomerías, que es la transcripción del término griego utilizado, es más usual para referirse a estos elementos.

[15] Según la expresión aproximadamente igual de Platón, *Fedro,* 270 a.

modo de expresarse sublime y limpio de toda vulgaridad o chocarrería carente de escrúpulos, sino también además en el rostro inquebrantable a la risa, suavidad en la manera de caminar, esmerada pulcritud en el modo de echarse atrás el manto, imperturbable a cualquier incidente mientras hacía uso de la palabra, tono de voz sereno y muchas otras características de este género que dejaban maravillosamente atónitos a todos. *2* Así, en cierta ocasión, a pesar de que un individuo desvergonzado y disoluto estuvo en el ágora insultándole y hablando mal de él, aguantó en silencio todo el día sin dejar de despachar algunos asuntos urgentes; y por la tarde, mientras se iba tranquilamente a casa, el individuo fue siguiéndole y lanzando contra él toda clase de improperios. Y cuando Pericles iba a entrar, ya de noche cerrada, mandó a uno de los criados de la casa coger una luz para acompañar y dejar en su casa al individuo[16].

3 El poeta Ión afirma que Pericles era en su trato con los demás arrogante y un tanto vanidoso, y que en sus jactancias había mucha mezcla de desdén y desprecio de los demás; elogia, sin embargo, el tacto, la delicadeza y la educación refinada de Cimón en sus relaciones sociales[17]. Pero dejemos a Ión y sus exigencias de que la virtud tenga, como toda representación de tragedias, una parte dedicada por completo al drama satírico[18]. Volviendo a los que llamaban la gravedad de Pericles soberbia y humos, Zenón los exhortaba a que también ellos se comportaran con esa clase de soberbia, con la seguridad de que la propia simulación de una conducta recta produciría poco a poco y de manera insensible una especie de emulación y hábito en la virtud.

---

[16] De noche, las calles no tenían iluminación.
[17] Ión de Quíos, poeta lírico y trágico, además de autor de diversos tratados en prosa, vivió en Atenas en la década de los 60 del siglo v a.C. y estuvo muy vinculado a Cimón, lo que explica su simpatía por éste y la animadversión contra Pericles, el rival de Cimón. La cita de Plutarco debe de pertenecer a sus *Memorias*.
[18] La virtud debe dejar un lugar también a la risa y la alegría, evitando la constante seriedad y adustez, igual que en las representaciones teatrales cada autor presentaba una trilogía de tragedias y un drama satírico.

6. No fueron éstas las únicas ventajas de las que disfrutó Pericles gracias a su trato con Anaxágoras; parece que también gracias a él superó la superstición, que es el producto que el estupor ante los fenómenos celestes infunde en quienes ignoran las causas de estos hechos y quedan a merced de malos espíritus en materia religiosa o son presas de la confusión por el desconocimiento de ellos. La ciencia de la naturaleza, al disipar esta ignorancia, sustituye la superstición timorata y febril por una piedad sólida, acompañada de las mejores esperanzas. *2* Se cuenta que una vez trajeron a Pericles del campo la cabeza de un carnero que no tenía más que un cuerno, y que el adivino Lampón[19], al ver el cuerno que nacía en medio de la frente, fuerte y robusto, dijo que de los dos partidos que dominaban en la ciudad, el de Tucídides y el de Pericles, el poder recaería sólo en aquel en quien se verificaba el prodigio; pero dicen que Anaxágoras, una vez abierto en dos el cráneo, hizo ver que el encéfalo no llenaba el sitio que le correspondía, sino que, como era puntiagudo igual que un huevo, había resbalado de toda la cavidad craneal hacia aquel lugar donde tenía su comienzo la raíz del cuerno. *3* Y cuentan que en aquel momento Anaxágoras se ganó la admiración de los presentes, pero poco después también se la ganó Lampón, cuando Tucídides fue derrocado[20] y todos los intereses del pueblo, sin excepción, quedaron en manos de Pericles. *4* En mi opinión, nada impedía que ambos, el físico y el adivino, dieran en el blanco, porque aquél había captado bien la causa, y éste el fin. Lo que el uno, en efecto, se proponía era descubrir qué origen tenía y cómo era la naturaleza del fenómeno, mientras que el objetivo del otro era predecir para qué se había producido y qué significado tenía[21]. *5* Los que dicen que el hallazgo de la causa de un signo equivale a su destrucción no caen en la cuenta de que junto con los presagios divinos están recha-

---

[19] Célebre adivino e intérprete de oráculos, amigo de Pericles, a quien prestó servicios políticos. En la expedición que iba a fundar la colonia de Turios ocupó un puesto relevante (cfr. Plutarco, *Moralia*, 812 c).
[20] Tucídides, hijo de Melesias y yerno de Cimón, era el jefe del partido aristocrático y fue desterrado en el 443 por ostracismo (cfr. *infra*, 8, 5; 16, 3).
[21] El pensamiento es típico de Plutarco, cfr. *Coriolano*, 38, 2-3.

zando también los que dan los instrumentos fabricados por el hombre, como el ruido de los discos[22], la luz de las antorchas y la sombra de la aguja en los relojes solares, cada una de las cuales cosas está creada por una causa, pero también con la intención de ser señal de otra cosa. Pero estas consideraciones son sin duda asunto más adecuado para otra clase de tratado[23].

7. En su juventud, Pericles era bastante cauto con el pueblo. De hecho, la impresión general era que se parecía mucho en los rasgos físicos al tirano Pisístrato, y ante su tono de voz dulce y su lengua ágil y rápida en la discusión los más viejos se quedaban atónitos por esa semejanza. *2* Como además era rico, de familia ilustre y tenía amigos muy poderosos, por el miedo de ser condenado al ostracismo, no intervenía en ningún asunto político, aunque en las expediciones militares era un hombre valeroso y arriesgado. *3* Sin embargo, cuando Aristides murió, Temístocles fue desterrado, y a Cimón las campañas militares le mantenían la mayor parte del tiempo fuera de Grecia, Pericles se fue aproximando a la causa popular hasta consagrarse a ella, prefiriendo el partido de la mayoría y de los pobres antes que el de los ricos y los menos, en contra de su propio temperamento, que era poco popular[24]. *4* Pero como, al parecer, tenía miedo de que recayeran sobre él sospechas de que aspiraba a la tiranía y veía que Cimón era partidario de los aristócratas y gozaba de un afecto singular entre los más nobles, se coló en el partido del pueblo con objeto de garantizar su propia seguridad y adquirir un poderoso apoyo contra Cimón. *5* A partir de entonces también se impuso un nuevo sistema en su género de vida. La única calle por la que se le veía caminar en la ciudad era por la que conducía al ágora y al consejo y renunció a las invitaciones a banquetes y a todas las reuniones semejantes entre amigos y com-

---

[22] Que producen un sonido, semejante al gong.
[23] Con esta frase Plutarco suele cerrar las digresiones, a las que tan aficionado es, aunque en las *Vidas* procura que no sean prolijas.
[24] Aristides murió probablemente el 476; Temístocles fue castigado al ostracismo en el 471. De estos años son también la victoria de Cimón en el Eurimedonte frente a la flota persa y la expedición contra Tasos.

pañeros, hasta el punto de que durante todo el tiempo que duró su actividad política, que fue largo, no fue a cenar a casa de ninguno de sus amigos, excepto el día de la boda de su primo Euriptólemo[25], aunque sólo se quedó hasta las libaciones y enseguida se levantó y se fue. *6* Pues estas reuniones amistosas son muy aptas para superar todo lo que sea pomposidad y en el trato familiar es muy difícil mantener la gravedad para conservar las apariencias. Sin embargo, en la verdadera virtud, lo que más se manifiesta es lo que parece más bello, y en los hombres de mérito nada hay tan admirable para los de fuera como su conducta cotidiana con los de casa. *7* Pero Pericles, para escapar de la saciedad que provoca el trato continuo, se acercaba al pueblo como a intervalos sólo. No tomaba la palabra en todos los asuntos ni comparecía constantemente ante la asamblea; por el contrario, se reservaba, como la trirreme Salaminia, al decir de Critolao, para las grandes ocasiones[26], y para llevar a cabo los asuntos corrientes hacía intervenir a amigos y a otros oradores. *8* Uno de ellos dicen que fue Efialtes[27], el que anuló los poderes del consejo del Areópago,

---

[25] Hijo de Megacles, hermano de Agarista. Las libaciones se hacían al acabar la comida, antes del *sympósion*.

[26] La nave *Salaminia* y la *Paralia* eran barcos sagrados encargados de las misiones importantes y de las embajadas de carácter religioso. Critolao era el jefe del Liceo en el 155, cuando los jefes de las escuelas filosóficas griegas fueron en embajada a Roma. La misma anécdota se cuenta en *Moralia*, 812 c-d.

[27] Las reformas de Efialtes desposeyeron al Areópago, integrado, a título vitalicio, por los ciudadanos que habían sido arcontes, de todos sus poderes salvo los referentes a la persecución de los homicidios y a la supervisión de ciertos asuntos religiosos, y traspasaron a la asamblea de ciudadanos la función de proteger las leyes. En realidad, desde la introducción del arcontado por sorteo (487-486) el Areópago había perdido parte de su influencia, porque sus miembros ya habían dejado de pertenecer a una clase unitaria. El consejo o *boulé* estaba integrado por cincuenta componentes de cada una de las diez tribus y recibió el encargo de supervisar la actividad de los magistrados y dictar *probouleúmata* 'resoluciones previas' que, para adquirir rango de ley, debían ser ratificadas por la asamblea. Finalmente, la *heliaía*, compuesta por seis mil ciudadanos elegidos por sorteo, mediante distintas comisiones, actuaba como tribunal en los juicios. En las reformas de Efialtes no parece haber tenido ninguna intervención Pericles contra lo que afirma Plutarco; sin embargo, como al año siguiente, en el 461, Efialtes murió asesinado y Cimón fue objeto de ostracismo, la escena política quedó libre para Pericles.

y que, según Platón, sirvió a los ciudadanos el vino de la libertad a raudales y sin mezcla[28]. Como consecuencia de esta libertad dicen los poetas cómicos que el pueblo, desbocado como un caballo,

«no se resigna ya a obedecer,
muerde Eubea y salta sobre las islas»[29].

8. A esta organización de su vida y a la elevación de sus sentimientos procuraba acomodar su palabra como instrumento musical adecuado; por eso, entreveraba a menudo sus palabras con doctrinas de Anaxágoras, deslizando en su retórica como un baño de ciencia física. *2* Pues «esa elevación mental y esa eficacia en todos los aspectos», que, como dice el divino Platón[30], «adquirió en adición a sus dotes naturales» se las debía a la ciencia física, y «sacando de ahí y aplicando al arte de las palabras lo que le convenía» logró aventajar en mucho a todos los oradores. *3* Y esto es lo que dicen que le valió su sobrenombre, aunque algunos opinan que recibió el nombre de Olímpico por los monumentos con los que adornó la ciudad, y otros, que por su poder, tanto político como militar; pero no es nada inverosímil que a esta reputación hayan concurrido otros numerosos méritos suyos. *4* Con todo, las comedias de los poetas contemporáneos, que profieren muchas alusiones a él lo mismo en serio que para hacer reír, ponen de manifiesto que este sobrenombre se debió sobre todo a su elocuencia, porque dicen que cuando dirigía la palabra al pueblo «tronaba» y «relampagueaba», y «llevaba en su lengua un terrible rayo»[31].

5 Se cita también un dicho de Tucídides, hijo de Melesias, referido en broma a la destreza oratoria de Pericles. Era Tucí-

---

[28] Plutarco se refiere a Platón, *República*, VIII 562 c-d, pero la cita es libre y Platón no alude para nada a Efialtes, sino a cualquier democracia.

[29] Los versos del poeta cómico aluden a la expedición contra Eubea para sofocar la insurrección y la defección de la liga ático-délica en el 446, y al intento de sujetar las islas del Egeo dentro de la liga.

[30] *Fedro*, 270 a.

[31] Cita aproximada de Aristófanes, *Acarnienses*, 530 s.

dides del partido de los aristócratas y durante muchísimo tiempo se opuso a la política de Pericles. Una vez que Arquidamo, el rey de los lacedemonios, le preguntó quién luchaba mejor, Pericles o él, respondió: «Cuando le tiro al suelo luchando, él porfía en que no ha caído, y termina por vencer y persuadir a los que han visto lo contrario»[32].

6 No obstante, Pericles era tan cauteloso en el uso de la palabra, que al subir a la tribuna nunca dejaba de suplicar a los dioses que no se le escapara sin querer ninguna palabra que no fuese adecuada al tema que se proponía tratar. 7 No ha dejado nada escrito aparte de los decretos que sometió a votación[33], y en todo caso son muy pocos los dichos que de él se mencionan, como mandar separar del Pireo a Egina, como si fuera una legaña[34], y afirmar que ya divisaba la guerra acercándose desde el Peloponeso. 8 También en cierta ocasión en que Sófocles, que se había hecho a la mar con él en una expedición en la que ambos iban como generales, celebró la belleza de un muchacho, le dijo: «No sólo las manos, Sófocles, debe tener limpias un general, sino también los ojos»[35]. 9 Estesím-

---

[32] El partido aristocrático de Atenas mantenía tradicionales relaciones de amistad con Esparta; Arquidamo fue rey desde 469 hasta 427 a.C.
[33] El texto de los decretos, conservado en principio en el *Metroon* de Atenas, lo pudo leer Plutarco en la compilación que a comienzos del siglo III a.C. realizó Crátero en, al menos, nueve libros.
[34] Mégara se había incorporado a la confederación ateniense en el 461. Esta alianza tenía una importancia decisiva para Atenas, porque permitía controlar el istmo y quedar al abrigo de posibles invasiones lacedemonias, aparte de disponer del puerto de Pagas en el golfo de Corinto, amenazando el floreciente comercio de Corinto con los griegos occidentales de Sicilia y el sur de Italia. Como resultado, Corinto declaró las hostilidades a los atenienses y pactó alianza con Egina, antigua rival de Atenas en el comercio con Oriente. En 459 Atenas venció frente a Egina a una flota de peloponesios. Más tarde, en el 431, los habitantes de Egina fueron expulsados y reemplazados por colonos atenienses, cfr. 34, 2. En el invierno de 457-456 Egina capituló; las condiciones impuestas por Atenas fueron las mismas que las dictadas contra Tasos en 465, aun cuando Egina no era miembro de la liga y Tasos sí.
[35] El poeta trágico fue estratego hacia el 440, en época de la expedición contra Samos, que se había revelado contra Atenas, cuando ésta prestó su apoyo a Mileto en su disputa con Samos por la posesión de Priene. La campaña terminó en el 439 con la rendición de Samos, a la que impusieron severas condiciones: entrega de la flota, indemnización de los gastos de la campaña ateniense y desmantelamiento de las defensas.

broto[36] dice que en el encomio que pronunció sobre la tribuna por los caídos en Samos dijo que éstos se habían hecho inmortales como los dioses: pues tampoco vemos personalmente a los dioses, pero por las honras que reciben y por los bienes que procuran tenemos indicios ciertos de que son inmortales; pues bien, estos mismos indicios pertenecen también a los muertos por la patria.

9. Tucídides describe el gobierno de Pericles como una especie de aristocracia, «que, de palabra, era una democracia, pero, de hecho, el mando del primer ciudadano»[37]. Muchos otros afirman que él fue el primero que impulsó al pueblo a las distribuciones de lotes de tierra, a las indemnizaciones por los espectáculos y a los repartos de jornales[38], y que como resultado de las medidas de gobierno tomadas en aquella época el pueblo se había malacostumbrado y convertido en despilfarrador y rebelde, de juicioso y laborioso que era antes. Investiguemos, pues, mediante los propios hechos la razón de este cambio.

2 Al principio, como ya se ha dicho[39], con la intención de contrarrestar la reputación de Cimón, trataba de ganarse al

---

[36] Estesímbroto de Tasos, contemporáneo aproximadamente de Pericles, compuso una obra titulada *Sobre Temístocles, Tucídides y Pericles*, que, a juzgar por los fragmentos conservados en la obra de Plutarco, debía de contener sobre todo habladurías y maledicencias acerca de los políticos atenienses de la época.

[37] Tucídides, II 65, 9.

[38] Las distribuciones de lotes de tierra entre los ciudadanos atenienses instalados fuera de Ática, en territorios muchas veces confiscados a los miembros de la confederación (cleruquías), eran una salida para los excedentes de población en Atenas y servían como guarniciones militares en puntos estratégicos del dominio ateniense. Los repartos de salarios a los que alude el texto son los asignados a los jueces en la *heliaía*, a los soldados de la flota y del ejército y, probablemente, a los miembros de la *boulé*, a los prítanis y a los funcionarios.

[39] *Supra*, 7, 3. En los capítulos 9-14, Plutarco describe una serie de medidas políticas de Pericles que atribuye a los comienzos democráticos de su carrera; en 15-6, las medidas más aristocráticas, que, según Plutarco, tienen lugar a partir del 443, fecha del ostracismo de Tucídides, hijo de Melesias, jefe del partido aristocrático. Esta distinción de dos fases distintas en la política de Pericles parece ser original de Plutarco y, probablemente, producto del intento de reconciliar dos relatos muy diferentes acerca de Pericles que encontró en sus fuen-

pueblo; pero como era inferior en riqueza y en medios, que era con lo que aquél se conciliaba a los pobres, procurando cena cotidiana al que se lo pedía de los atenienses, vistiendo a los más ancianos y quitando las cercas de sus posesiones para que cogieran los frutos los que quisieran, Pericles, que se sentía perjudicado por estas medidas favorables a la plebe, recurre a la distribución del dinero público, siguiendo los consejos de Damónides de Ea, según testimonio de Aristóteles[40]. *3* No tardó en corromper a la multitud con los ingresos por asistir a los espectáculos o por actuar como jueces y con salarios de otras clases y coregias[41], y se valió de ella contra el consejo del Areópago, del que él no formaba parte por no haberle tocado en suerte ser ni arconte, ni tesmóteta ni rey ni polemarco. *4* Pues estos cargos eran desde tiempo inmemorial sorteados[42], y aquellos cuya gestión en tales magistraturas recibía la aprobación accedían al Areópago. *5* Por eso, cuando Pericles adquirió gran influencia en el pueblo, se rebeló contra el consejo y consiguió por medio de Efialtes despojarle de la mayoría de sus atribuciones legales y condenar al ostracismo a Cimón, acusado de filolacedemonio y enemigo de la democracia, un hombre que no estaba por detrás de nadie ni

---

tes: por un lado, la favorable, expuesta por el historiador Tucídides (II 65, 8-9), y, por otro, la de aquellos que describían a Pericles como el primero que había corrompido al pueblo. No obstante, es probable que esta interpretación de la actividad política de Pericles se difundiera en los círculos oligárquicos durante la guerra del Peloponeso, poco antes de la muerte de Pericles, en la época en que ya no todos los políticos eran personas de nacimiento noble y elevada posición económica y en la época en que la devastación del Ática empobreció a la aristocracia terrateniente. Si esto es así, la distinción de dos partidos, popular demócrata y oligárquico aristocrático, en fechas anteriores a la guerra del Peloponeso sería el resultado de trasplantar las condiciones políticas de fines del siglo v a las de los dos primeros tercios de siglo. De hecho, los enfrentamientos que Plutarco menciona entre Cimón y Pericles a continuación puede que no sean tales.

[40] *Constitución de los atenienses,* 27, 3-4.
[41] Servicios públicos realizados por particulares como forma de contribución fiscal.
[42] El arcontado era sorteado desde 487 a partir de una lista de candidatos presentada por cada tribu o demo. De los nueve arcontes anuales el epónimo, que da el nombre al año, es siempre mencionado en primer lugar, delante del arconte rey, del polemarco y los seis tesmótetas.

en fortuna ni en linaje, que había obtenido sobre los bárbaros las más gloriosas victorias y que había colmado la ciudad de abundantes riquezas y despojos de guerra, como queda escrito en la *Vida* de él[43]. Tan grande era el poder de Pericles sobre el pueblo.

10. El ostracismo para los que sufrían esta clase de destierro tenía por ley fijada una duración de diez años. En este tiempo intermedio, los lacedemonios invadieron con un gran ejército el territorio de Tanagra[44], y los atenienses marcharon enseguida contra ellos. Entonces Cimón regresó del exilio y tomó las armas con los de su tribu hasta formar un batallón. Compartiendo el peligro con sus conciudadanos, quería librarse con sus obras de la acusación de laconismo; pero los amigos de Pericles se amotinaron y le expulsaron como desterrado. *2* Ésta es la razón por la que Pericles parece que combatió en aquella batalla con mayor denuedo que nunca y resultó el más esclarecido de todos exponiendo su persona. *3* Cayeron también sin excepción todos los amigos de Cimón a los que Pericles había acusado igualmente de laconismo. Un profundo arrepentimiento se adueñó de los atenienses, que ahora echaban de menos a Cimón; derrotados en las fronteras del Ática, veían la amenaza de una agobiante guerra para la siguiente estación. *4* Pericles se dio cuenta y no vaciló en dar satisfacción a la muchedumbre: escribió la propuesta de decreto y llamó personalmente a Cimón, que cuando regresó hizo la paz entre ambas ciudades. Pues los lacedemonios sentían por él tanta simpatía como odio por Pericles y los demás

---

[43] *Cimón*, 10, 1, cfr. 17-8.
[44] La batalla de Tanagra tuvo lugar en el 457. Los lacedemonios cruzaron el golfo de Corinto y penetraron en Beocia para asegurar la hegemonía de Tebas sobre las ciudades beocias y tener así un aliado seguro en Grecia central contra los atenienses. Éstos, conscientes de que si Esparta conseguía el control sobre Beocia correrían grave peligro, salieron hasta Tanagra, donde presentaron batalla. Resultaron derrotados, pero los lacedemonios se retiraron al Peloponeso y dos meses más tarde los atenienses al mando de Mirónides vencieron a los confederados beocios en Enófita y se aseguraron el dominio sobre toda Beocia, excepto Tebas. En casi todas las ciudades de Beocia se instalaron gobiernos democráticos.

jefes del partido popular. 5 Algunos pretenden que Pericles no redactó el decreto que restituía a Cimón nada más que después de haber concluido con él unos pactos secretos por mediación de Elpinica, hermana de Cimón, en virtud de los cuales Cimón se haría a la mar con doscientas naves y ejercería el mando de general en el exterior para someter el país del rey de Persia, mientras que el poder dentro de la ciudad quedaría en manos de Pericles. 6 Parece que ya antes Elpinica había hecho a Pericles más suave con Cimón, cuando éste estaba bajo una acusación de pena capital. Era, en efecto, Pericles uno de los acusadores propuestos por el pueblo. Elpinica fue a verle y suplicarle, y Pericles le respondió sonriendo: «Elpinica, eres vieja, eres vieja para llevar a término asuntos tan importantes.» No obstante, sólo una vez se levantó a tomar la palabra por acallar su conciencia con el nombramiento y se retiró al final habiendo sido el que menos daño causó a Cimón de los acusadores[45]. 7 ¿Cómo, entonces, se podría dar crédito a Idomeneo[46] cuando acusa a Pericles de haber asesinado a traición a Efialtes, jefe del partido democrático, que era su amigo y compañero en su actividad política, sólo por celos y envidia de su popularidad? Estas mentiras no sé de dónde pudo reunirlas para lanzarlas como hiel contra un hombre que quizá no fue absolutamente irreprochable, pero que poseía sentimientos nobles y alma generosa, cosas que son incompatibles por naturaleza con una pasión tan cruel y feroz. 8 La verdad es que Efialtes, que era temible entre los partidarios de la oligarquía e inexorable con los funcionarios

---

[45] Según se desprende de *Cimón*, 14, 5, la fuente de Plutarco es aquí Estesímbroto. Al regresar del asedio de Tasos, cuya defección había ido a sofocar en 465, Cimón fue acusado de haber aceptado soborno del rey Alejandro de Macedonia, aliado de Tasos. No obstante, sobre Tasos se impusieron condiciones onerosas, que pretendían servir de escarmiento para otros confederados proclives a abandonar la liga. Ésta fue una de las primeras intervenciones públicas de Pericles, que quizá no actuó contra Cimón para ganar su apoyo, que podría ser trascendente a causa de la influencia y las victorias obtenidas por Cimón.
[46] Idomeneo de Lámpsaco, aprox. 325-270, fue amigo y discípulo de Epicuro y escribió, entre otras obras de carácter biográfico, una titulada *Sobre los demagogos*, en la que reunió anécdotas o historias escandalosas.

que tenían que rendir cuentas de su actuación y en la persecución de los que habían cometido atropellos contra el pueblo, fue objeto de maquinaciones por parte de sus enemigos, que le mataron en secreto mediante Aristodico de Tanagra, según relata Aristóteles[47]. En cuanto a Cimón, murió al mando de la flota en Chipre[48].

11. Los aristócratas, viendo ya a Pericles muy engrandecido y convertido en dirigente de los ciudadanos, querían, sin embargo, que hubiera alguien que se contrapusiera a él en la ciudad y debilitara su influencia, para evitar que el estado fuese una completa monarquía, y levantaron para que se opusiese a él a Tucídides de Alópece, hombre sensato y pariente político de Cimón, que aunque menos experto que Cimón en la guerra era más hábil en el ágora y como político, que vigilaba siempre en la ciudad y que entabló contienda en la tribuna con Pericles. Gracias a él, pronto se restableció el equilibrio entre los dos partidos. 2 Pues no permitió que las personas llamadas nobles se dispersaran y se mezclaran con el pueblo como antes, donde su prestigio quedaba oscurecido por la mayoría; los separó aparte y reuniendo en un mismo lugar el poder de todos hizo que aumentara el peso de su influencia, como para restablecer el fiel de la balanza. 3 En efecto, había desde el principio una especie de grieta oculta, como en el hierro, que marcaba una leve diferencia entre los dos partidos, el popular y el aristocrático; pero la rivalidad y las pretensiones de aquellos hombres abrieron una grieta mu-

---

[47] *Constitución de los atenienses*, 25, 4.
[48] Cimón, tras su regreso en 457, había propiciado probablemente la suspensión de hostilidades en Grecia desde el 454 y la tregua de cinco años firmada por Atenas y Esparta en el 451. En el 450, Cimón fue elegido estratego y la asamblea le encargó emprender una expedición naval para liberar Chipre del dominio persa. Durante el asedio de Citio, en la costa sudeste de la isla, murió Cimón, pero unos meses más tarde los atenienses derrotaron en Salamina de Chipre al ejército persa. La victoria no tuvo consecuencias, porque los atenienses regresaron dejando la isla a merced de los persas. La política de Cimón perseguía la victoria sobre los persas y procuraba mantener relaciones cordiales con los espartanos, mientras que Pericles mantendría la posición opuesta. A este respecto, es sintomático que en el 449 se hiciera la paz con Persia en el Egeo (paz de Calias).

cho más profunda en la ciudad y determinaron que una parte se llamara en adelante el pueblo, y la otra, la minoría. *4* Por eso es por lo que entonces más que nunca Pericles soltó las riendas del pueblo y adoptaba continuas medidas políticas que fueran de su agrado, imaginando siempre alguna celebración en la ciudad de espectáculos populares, banquetes y procesiones, y entreteniendo a la población con placeres a los que no eran extrañas las musas. Cada año despachaba sesenta trirremes, en las que muchos ciudadanos navegaban durante ocho meses[49] con un salario, al tiempo que se ejercitaban y adquirían experiencia marinera. *5* Además, envió mil colonos al Quersoneso, quinientos a Naxos, la mitad de estos últimos a Andros, mil a Tracia para habitar en el país de los bisaltas y otros tantos a Italia, cuando la nueva fundación de Síbaris, que reconstruyeron con el nombre de Turios[50]. *6* Todo esto lo hacía por aliviar a la ciudad de una muchedumbre inactiva y levantisca por el ocio, por remediar las miserias del pueblo y para que, al instalarlos junto a los aliados, les metieran miedo y sirvieran de guarnición que evitara cualquier sublevación.

12. Pero lo que más contribuyó al embellecimiento y al ornato de Atenas, lo que más boquiabiertos dejó a los demás hombres y lo único que atestigua que no son mentiras aquel famoso poder de Grecia y su antigua prosperidad, es la edificación de monumentos. De las medidas políticas de Pericles, esto es lo que sus enemigos miraban con peores ojos y lo que más denigraban en las asambleas gritando que el pueblo tenía mala reputación y era objeto de difamaciones por haber traído a Atenas de Delos el tesoro común de los griegos[51], y que

---

[49] Los meses hábiles para la navegación, excluido el invierno.
[50] En las cercanías de Síbaris, destruida por segunda vez en el 448-447 por la doria y aristocrática Crotona. La fundación de Turios tuvo lugar el 444-443 y fue concebida como una empresa panhelénica encabezada por Atenas.
[51] Los samios, bajo la impresión de las noticias que llegaban de Egipto, donde los atenienses y los insurrectos contra los persas acababan de ser aniquilados tras año y medio de asedio, propusieron el traslado del tesoro de la confederación de Delos al templo de Atenea en Atenas, que se llevó a cabo ese mismo año de 454.

lo que podía haber sido para él el más decoroso de los pretextos contra los que le acusaban, que por miedo a los bárbaros habían sacado de allí el tesoro común para custodiarlo en lugar seguro, incluso eso Pericles se lo había quitado: *2* «Y Grecia tiene la impresión de estar siendo víctima de una terrible injuria y de una tiranía manifiesta, porque ve que con los tributos con los que se la fuerza a contribuir para la guerra nosotros recubrimos de oro y embellecemos nuestra ciudad, como una mujer presumida, rodeándola de piedras preciosas, estatuas y templos de mil talentos.»

3 Pericles explicaba al pueblo que del dinero no tenían que dar ninguna cuenta a los aliados porque hacían la guerra por ellos y tenían a raya a los bárbaros sin que éstos aportaran ni caballos ni naves ni hoplitas, sino sólo dinero, cosa que no es de los que lo dan, sino de quienes lo reciben, con tal de que procuren los servicios en cuyo pago lo han recibido. *4* Era preciso, ahora que la ciudad estaba suficientemente provista de las cosas necesarias para la guerra, dirigir sus abundantes recursos a obras que, una vez terminadas, les dieran gloria eterna y que, durante su ejecución, procuraran el bienestar; pues gracias a estas obras, nacerían todo género de industrias y una infinita variedad de empleos, que, despertando todas las artes y poniendo en movimiento todos los brazos, procurarían salarios a casi toda la ciudad, la cual, con sus propios recursos, se embellecería y al mismo tiempo se alimentaría.

5 Pues a los que tenían edad y vigor para la guerra las expediciones militares les procuraban abundantes recursos procedentes del tesoro común; y para la masa jornalera que no formaba parte de los contingentes militares, Pericles, que no quería que estuviera privada de ingresos, pero tampoco que los recibiera sin trabajar y ociosa, presentó al pueblo la propuesta de grandes proyectos de construcciones y planes de trabajos que requerirían numerosos artesanos y cuya realización exigiría mucho tiempo, para que, no menos que los que navegaban o los que estaban en guarniciones y los que partían en las expediciones, la población que residía siempre en casa tuviera un motivo para sacar provecho de los fondos públicos y participar de ellos. *6* Había como materias primas piedra, bronce, marfil, oro, ébano, ciprés; como oficios que trataran y elaboraran estas materias primas, carpinteros, modeladores, herreros, canteros, batidores de oro, ablandadores de marfil, pintores, damasquinadores, cinceladores; como transportistas y proveedores de estos materiales, mercaderes, marineros y pilotos, por mar, y, por tierra, carreteros, propietarios de parejas de tiro, arrieros, cordeleros, hilanderos, talabarteros, constructores de caminos, mineros. Cada oficio, además, disponía, como un general dispone de un ejército propio, de una masa asalariada de peones, que constituían el instrumento y el cuerpo destinado a su servicio. Gracias a ello, las múltiples ocupaciones distribuían y diseminaban el bienestar, por decirlo en una palabra, entre todas las edades y condiciones.

13. Los monumentos que se iban elevando eran imponentes por su grandiosidad e incomparables de belleza y elegancia; los artesanos porfiaban por superarse en maestría, pero lo más admirable de todo era la rapidez de las obras. *2* Cada una de ellas pensaban que necesitaría muchos relevos sucesivos y generaciones para llegar por fin a su término, pero todas ellas alcanzaron su final en el periodo de apogeo de una sola carrera política. *3* Y eso que cuentan que una vez que Zeuxis oyó al pintor Agatarco vanagloriarse de saber pintar rápida y fácilmente figuras de todas las especies, le dijo: «Pues yo necesito mucho tiempo»[52]. *4* En efecto, no es la destreza y la rapidez en la ejecución lo que confiere a una obra solidez duradera y belleza esmerada, sino que es el tiempo invertido en la creación lograda con esfuerzo lo que produce la renta de la persistencia con que se conserva la obra hecha. De ahí que las obras de Pericles merezcan mayor admiración, porque se realizaron para mucho tiempo en poco. *5* Pues por su belleza cada una de ellas ya entonces, nada más acabada, era antigua, y por su lozanía han conservado hasta la actualidad su aspecto de recientes. Con tal fuerza florece en ellas una especie de perpetua novedad, que preserva su aspecto incólume al tiem-

---

[52] El más célebre pintor del último tercio del siglo v a.C., de quien se cuenta que las uvas por él pintadas engañaban a los pájaros, que acudían a comerlas.

po, como si estas obras tuviesen en ellas un soplo en constante retoñar y un principio de vida inasequible a la vejez.

6 Fidias estaba encargado de todas y era quien lo supervisaba todo; y eso que tenían grandes arquitectos y artistas para la realización de las obras. 7 El Partenón de cien pies[53] lo construyeron Calícrates e Ictino; la sala de iniciación en Eleusis la comenzó a edificar Corebo, que levantó las columnas sobre el basamento y las unió mediante arquitrabes; tras su muerte, Metágenes de Jípete añadió encima de ellos el friso y el piso superior de columnas, y Jenocles de Colarges culminó el *anáktoron* con la linterna[54]. El muro largo, sobre el que Sócrates afirma haber oído personalmente a Pericles presentar la propuesta ante la asamblea[55], fue obra de Calícrates. 8 En una comedia, Cratino se burla de la lentitud con que se llevó a cabo la obra:

«Hace ya tiempo que
Pericles de palabra lo lleva adelante, pero ni lo mueve.»

9 El odeón, cuya distribución interior tiene muchas filas de asientos y muchas de columnas, y cuyo tejado, redondeado y en pendiente, culmina en un único punto, dicen que se hizo a imagen y semejanza de la tienda del rey de Persia, y fue Pericles quien también dirigió su edificación. 10 Por eso de nuevo Cratino se mete con él en las *Tracias*, cuando dice:

«Este Zeus de cabeza de cebolla albarrana
aquí viene con el odeón encima de la cabeza,
ahora que se ha librado del ostracismo»[56].

---

[53] El Partenón reemplazó el Hecatómpedon, templo de cien pies de largo que había sido destruido por los persas en el 480. El Partenón es mayor, pero una parte de la *cella*, donde estaba la estatua criselefantina de Atenea, obra de Fidias, recordaba al templo anterior por sus dimensiones.

[54] El *anáktoron* o morada de las diosas estaba situado en el centro del *telestérion*, construido en época de Pisístrato y reformado en el siglo v, sala cuadrangular con asientos corridos a lo largo del perímetro para los iniciados.

[55] Platón, *Gorgias*, 455 e. El muro, construido entre 450-445, estaba entre el muro del Pireo y el de Falero.

[56] En 443, al conseguir que Tucídides hijo de Melesias fuera sometido al ostracismo, Pericles se libró de una posible condena sobre él mismo.

11 Por deseos de ostentación, Pericles sometió a votación entonces por primera vez la celebración de un concurso musical en las Panateneas, y fue él quien, elegido director del certamen, tomó las disposiciones oportunas acerca de cómo los concursantes tenían que tocar la doble flauta, cantar y tañer la cítara. En el odeón se ofrecieron entonces y en adelante los espectáculos y concursos musicales.

12 Los propileos de la acrópolis se realizaron en cinco años a las órdenes del arquitecto Mnesicles[57]. Un suceso maravilloso que tuvo lugar durante la edificación reveló que la diosa no sólo no se desinteresaba, sino que tomaba parte en la obra y ayudaba a terminarla. *13* El obrero más laborioso y activo resbaló y cayó de lo alto, quedando en tan lamentable situación, que los médicos le desahuciaron. Pericles estaba apesadumbrado, pero la diosa se le apareció en sueños y le prescribió un remedio que Pericles puso en práctica y con el que curó al individuo enseguida y con facilidad. Por eso, erigió también en la acrópolis la estatua de bronce de Atenea de la Salud, cerca del altar que ya había antes, según dicen.

14 Fidias hizo la estatua de oro de la diosa y en la estela está escrito su nombre como autor de ella. Por otro lado, casi todo estaba a su cargo y, como ya hemos dicho, gracias a su amistad con Pericles, era el supervisor de los demás artistas. *15* Esta situación atrajo envidias contra el uno y maledicencias contra el otro; se decía que Fidias recibía en secreto a mujeres libres que se citaban con Pericles. Los poetas cómicos acogieron el rumor y esparcieron contra él gran cantidad de infamias, levantando calumnias contra él a propósito de la mujer de Menipo, amigo y general subalterno suyo, y a propósito de Pirilampes, compañero de Pericles y aficionado a la cría de aves, a quien acusaban de enviar en secreto pavos reales a las mujeres con las que Pericles tenía relaciones. *16* ¿Pero qué extrañeza puede causar que unos hombres que tienen temperamento satírico ofrezcan como sacrificio sus maledicencias contra los más poderosos a la envidia de la multitud, como a un genio maléfico, cuando incluso Estesímbroto de Tasos se atrevió a

---

[57] Construidos entre 437 y 432.

propagar contra Pericles acusaciones de un acto horrible y abominable de impiedad cometido contra la mujer de su hijo? ¡Tan difícil de captar y aprehender parece ser la verdad para la historia! Los que han nacido mucho después de los sucesos tienen el tiempo, que se interpone al conocimiento de los hechos para taparlos; las historias que relatan acciones y vidas contemporáneas, unas veces por envidia y hostilidad, otras veces por agradar y adular, ensucian y tergiversan la verdad.

14. Tucídides y los oradores de su partido seguían clamando contra Pericles y acusándolo de dilapidar el dinero y malgastar los ingresos. Pericles preguntó en la asamblea al pueblo si le parecía que había gastado mucho. Ellos dijeron que muchísimo: «Pues bien —respondió Pericles—, los gastos no se os imputarán a vosotros, sino a mí; pero también haré una inscripción sobre los monumentos ofrendados que diga que son míos personales.» 2 Al decir esto Pericles, bien porque admirasen su grandeza de ánimo, bien porque ambicionaran compartir la gloria de tales obras, estallaron en gritos ordenándole que hiciera los gastos del erario público y financiara los costes sin escatimar nada. 3 Finalmente, entró en liza con Tucídides sobre el ostracismo y arriesgó el todo por el todo; consiguió que lo desterraran y logró el derrocamiento del partido opuesto.

15. Cesaron por completo entonces las disensiones, y la ciudad pasó a ser, por decirlo de alguna manera, homogénea y perfectamente unitaria. Pericles reunió en su persona el poder sobre Atenas y sobre los asuntos que dependían de los atenienses: tributos, ejércitos, trirremes, islas, mar, la gran fuerza adquirida por Atenas, tanto entre los griegos como entre los bárbaros, y la hegemonía, cuya fortaleza garantizaban la obediencia de los pueblos sometidos, la amistad de reyes y las alianzas con soberanos. A partir de entonces ya no fue el mismo ni se mostró tan sumiso al pueblo ni tan presto a plegarse y ceder a los antojos y vientos cambiantes de la mayoría. Por el contrario, tensó los resortes del gobierno y pasó de aquel anterior liderazgo sobre el pueblo en el que las cuerdas

estaban a veces sueltas y relajadas como si se tratase de una música blanda y muelle, a un régimen aristocrático y principesco, del que usaba para practicar una política recta e inflexible, que no miraba más que lo mejor. La mayor parte de las veces conducía al pueblo de grado mediante la persuasión y la enseñanza; pero había veces en que éste se desmandaba y entonces Pericles tenía que tirar con fuerza de las riendas y rectificarle la dirección para reducirlo con la mano a que se encaminara hacia su verdadero interés, imitando sencillamente al médico, que ante una enfermedad complicada y larga prescribe, según sea oportuno, unas veces comidas agradables que sean inocuas y otras veces remedios y medicamentos dolorosos, pero curativos. *2* Todo género de pasiones, como es lógico esperar, surgían en una muchedumbre que poseía un imperio de una grandeza tan considerable. Él era el único que tenía las dotes suficientes para manejar cada una de ellas del modo más conveniente. Sobre todo se valía de las esperanzas y los temores, que usaba como timones, bien para contener la audacia de los atenienses, bien para hacer remitir y consolar su desaliento[58], y con este proceder mostró que la retórica es, en palabras de Platón, «una cautivación de las almas»[59] y que su tarea esencial es la de conducir los hábitos y las pasiones, que, como cuerdas y sones del alma, requieren que se las toque y se las pulse de modo muy melodioso. *3* La causa de esta autoridad no era el simple poder de palabra, sino, como Tucídides afirma, la buena reputación que su conducta merecía y la confianza que inspiraba un hombre que era de manera manifiesta incorruptible al soborno y no sea dejaba superar por los atractivos del dinero. Quien había hecho a la ciudad, de grande que era, la más grande y rica y el que había sobrepasado en poder a muchos reyes y tiranos, algunos de los cuales incluso habían podido legárselo a sus hijos, ése no incrementó su hacienda ni en una dracma más que lo que su padre le había dejado.

---

[58] La frase está inspirada en Tucídides, II 65, 9.
[59] Psicagogía, *Fedro,* 271 c.

16. Y si bien de su poder Tucídides da una idea clara y cabal, los poetas cómicos lo ponen de manifiesto con sus alusiones maliciosas, cuando a sus partidarios los llaman nuevos Pisistrátidas y a él le exigen jurar que renuncia a ser tirano, dando a entender que su supremacía no se adecua a las medidas de una democracia y es excesivamente pesada para ella. 2 Teleclides afirma que los atenienses le han entregado

«los tributos de las ciudades y las ciudades mismas para que
    ate y desate a su antojo,
pétreas murallas para que construya o al contrario demuela,
treguas, poder, fuerza, paz, riqueza y felicidad».

3 Y esto no fue una coyuntura momentánea ni el apogeo o el encanto de un gobierno que floreciera por una estación; durante cuarenta años mantuvo la posición privilegiada entre los Efialtes, Leócrates, Mirónides, Cimón, Tólmides y Tucídides[60], y aun después del derrocamiento y ostracismo de Tucídides, a pesar de haber conservado no menos de quince años la posesión permanente y única del cargo de estratego, con el poder a él inherente, en las elecciones anuales, se guardó bien de dejarse corromper nunca por el dinero. Y no es que tuviera una actitud totalmente indolente para los negocios, sino que la legítima riqueza heredada de su padre, para evitar que se le escapara por negligencia o que le procurara numerosos quebraderos de cabeza y pérdidas de tiempo a él, que estaba tan ocupado siempre, hizo los arreglos necesarios para administrarla del modo que le pareció más cómodo y exacto. 4 Los frutos de la cosecha anual los vendía todos juntos de una vez y luego iba comprando en el mercado cada cosa necesaria: así es como administraba los medios de vida y el régimen de alimentación. 5 Por eso no daba caprichos a sus hijos, ya adultos, ni era un pródigo dispensador con las mujeres de la casa: unos y otras se quejaban de este modo de hacer la compra, diario y calculado con restricciones hasta el más mínimo detalle, en el que nada superfluo se colaba, a diferen-

---

[60] Leócrates fue estratego en la campaña de Egina en 456; Mirónides venció a los beocios en la batalla de Enófita; sobre Tólmides, *infra*, 18.

cia de lo que suele suceder en las casas grandes donde los negocios son prósperos; por el contrario, todo gasto y todo recibo sólo entraba después de muchos números y cálculos. 6 El que mantenía todas esas cuentas minuciosas era un sirviente de la casa llamado Evángelo, quizá porque no había otro tan bien dotado como él para esos menesteres o quizá porque Pericles le había encargado la administración.

7 Desentonaban estas economías con la sabiduría preconizada por Anaxágoras, si es cierto que éste abandonó su casa y dejó las fincas sin cultivo y para pasto del ganado a instancias de una inspiración divina y movida por su propia grandeza de ánimo. Pero en mi opinión, no es lo mismo la vida de un filósofo contemplativo que la de un político: el uno, sin servirse de ningún instrumento y sin necesidad de ninguna materia externa, pone en movimiento su inteligencia y la dirige a la belleza; pero para el otro, que hace intervenir su talento en las relaciones humanas, hay veces en que la riqueza no sólo pertenece a las cosas necesarias, sino incluso a las bellas, como lo era para Pericles, que socorría a muchos indigentes. 8 Y esto lo hizo con el propio Anaxágoras, de quien cuentan que viéndose desatendido por Pericles a causa de sus numerosas ocupaciones y ya en la vejez, se acostó con la cabeza tapada, dispuesto a dejarse morir de hambre, y que, llegado el asunto a oídos de Pericles, echó a correr enseguida, lleno de sobresalto, a verlo y le rogó de mil maneras que no lo hiciera, porque quien más lástima le daría no sería Anaxágoras, sino él mismo, si perdía tan excelente consejero político. 9 Y cuentan que Anaxágoras se destapó y le dijo: «Pericles, los que necesitan lámpara le echan aceite.»

17. Cuando los lacedemonios[61] empezaban a mirar con malos ojos la expansión de los atenienses, Pericles, para exaltar todavía más el engreimiento del pueblo y cerciorarle de que era merecedor de grandes empresas, propone un proyecto de ley invitando a todos los griegos que habitasen en cual-

---

[61] Así como los capítulos 7-16 han tratado sobre la política interior de Pericles, a partir de aquí Plutarco narra los hechos de política exterior.

quier parte de Europa o de Asia, en toda ciudad, grande o pequeña, a que enviaran a Atenas un congreso de delegados que deliberara sobre los santuarios griegos incendiados por los bárbaros, sobre los sacrificios que adeudaban a los dioses en cumplimiento de los votos hechos por la salvación de Grecia en la época de la guerra contra los bárbaros y sobre el mar y las medidas que debían tomar para que todos pudieran navegar con seguridad y vivir en paz[62]. *2* Con este objeto fueron enviados veinte hombres mayores de cincuenta años de edad: cinco fueron a convocar a los jonios, a los dorios de Asia y a los isleños hasta Lesbos y Rodas; otros cinco se dirigieron a las regiones del Helesponto y Tracia hasta Bizancio; otros cinco fueron despachados a Beocia, Fócide y el Peloponeso, y desde allí, a través de Lócride, al continente vecino hasta Acarnania y Ambracia; *3* y los restantes marcharon a través de Eubea al país de los eteos, al golfo Malíaco y a las regiones de los aqueos ftiotas y de los tesalios, todos intentando convencerles de que acudieran y tomaran parte en las deliberaciones sobre la paz y los intereses comunes de Grecia. *4* Pero no se consiguió nada, y las ciudades no se reunieron, porque los lacedemonios, según se dice, se opusieron, aunque de forma velada; en todo caso, fue en el Peloponeso donde primero se rechazó el intento. A pesar de su fracaso, he expuesto esto para mostrar el buen juicio y la grandeza de miras de Pericles.

18. Como estratego tenía muy buena fama, sobre todo porque siempre actuaba sobre seguro, sin emprender voluntariamente ninguna batalla que comportara demasiada incertidumbre y riesgo y sin tratar de emular e imitar a estrategos que fueran admirados como grandes generales, sólo porque hubieran tenido buena suerte gracias a su temeridad. Siempre decía a los conciudadanos que en lo que de él dependía permanecerían inmortales todo el tiempo. *2* Viendo que Tólmides, hijo de Tolmeo, envalentonado por sus precedentes éxitos y por la singular estima de que gozaba gracias a sus accio-

---

[62] Esta propuesta de paz común entre las ciudades griegas se data hacia 449; la misma política de contenido panhelénico bajo los auspicios de Atenas denota la fundación de Turios en 443.

nes militares[63], se disponía a invadir Beocia en un momento nada oportuno y que ya había convencido a los más valientes y más ávidos de gloria de los que estaban en edad militar a participar en la expedición en calidad de voluntarios, quienes sumaban mil sin contar las restantes tropas, intentó retenerlos y disuadirlos en la asamblea popular, diciéndole aquella frase tan citada de que si no hacía caso a Pericles, seguro que acertaría aguardando al consejero más sabio, el tiempo. *3* En aquel momento, estas palabras no alcanzaron excesiva resonancia; pero, pocos días después, cuando se dio la noticia de que el propio Tólmides había muerto derrotado en batalla junto a Coronea y de que también habían perdido la vida muchos buenos ciudadanos, el hecho le reportó a Pericles, junto a la simpatía, gran estima general como hombre sensato y preocupado por los ciudadanos[64].

19. De las expediciones a las que partió como general, la que más satisfacciones dio fue la del Quersoneso, que trajo la salvación a los griegos que estaban allí establecidos. Pues no sólo reforzó la población de las ciudades al llevar allí mil colonos atenienses, sino que además, al ceñir el istmo con parapetos y baluartes desde un mar al otro, impidió con estos muros las correrías de los tracios diseminados alrededor del Quersoneso y cerró la puerta a la ininterrumpida y costosa guerra que venía afligiendo todo el tiempo a este país, rodeado de bárbaros y lleno de bandoleros en las fronteras y en el interior.

2 También se ganó la admiración y se pregonó mucho en el extranjero la expedición en la que fue bordeando el Peloponeso, cuando se hizo a la mar en Pegas, puerto de Megáride,

---

[63] En 455 Tólmides mandaba la flota que incendió los arsenales espartanos en Gitio, puerto laconio situado en el golfo Lacónico, y rodeó victoriosamente las costas del Peloponeso.

[64] En 447 se produjo en Beocia una revolución oligárquica dirigida por Tebas, que derrocó a las jóvenes democracias de Orcómeno y Queronea. Tras la batalla de Coronea, también en 447, toda Grecia central se separó de la alianza con Atenas. Tebas rehízo la federación beocia, de la que sólo estaba fuera Platea.

con cien trirremes[65]. Pues no sólo saqueó gran parte de la costa, como antes había hecho Tólmides, sino que también se internó lejos del mar con los hoplitas que habían embarcado en las naves, obligó a todos los habitantes a encerrarse en sus murallas, temerosos de su ataque, y a los de Sición, que fueron los únicos que le plantaron cara en Nemea y le presentaron batalla, los hizo huir por la fuerza y erigió en el lugar un trofeo. *3* En Acaya, país amigo, tomó de nuevo a los soldados y los embarcó en las trirremes, pasó con su escuadra al continente que está enfrente y, remontando el curso del Aqueloo, recorrió Acarnania y encerró a los eníades en sus murallas. Luego de talar las cosechas y asolar el país, zarpó rumbo a Atenas, dejando bien claro lo temible que era para los enemigos y lo seguro y eficaz que era para los conciudadanos. En efecto, ningún tropiezo sucedió, ni siquiera por accidente, a los miembros de la expedición.

20. Cuando se internó en el Ponto navegando con una flota considerable y brillantemente equipada, a las ciudades griegas les gestionó cuanto solicitaban y las trató con generosidad, ante las tribus bárbaras que habitaban los contornos y ante sus reyes y soberanos hizo ostentación de la grandeza de su poderío y de la impunidad y osadía con la que los atenienses podían navegar por donde quisieran, como dueños absolutos del mar, y a los habitantes de Sinope les dejó trece naves al mando de Lámaco y tropas para combatir contra el tirano Timesilao. *2* Y una vez expulsado éste junto con sus partidarios, presentó a votación un decreto para que navegaran a Sinope seiscientos voluntarios atenienses y se establecieran entre sus habitantes, después de repartirse las casas y tierras que hasta entonces ocupaban los tiranos.

3 Por lo demás, Pericles no transigía con los impulsos de los ciudadanos ni coincidía con ellos cuando, encumbrados con tanto poder y fortuna, trataban de arrastrarle a emprender un nuevo ataque contra Egipto y a sublevar las provincias

---

[65] En el año 453, cfr. Tucídides, I 111, 2-3.

marítimas del imperio del rey persa[66]. *4* Ya entonces se había adueñado de muchos aquella codicia de Sicilia, pasión tan funesta como malhadada, que más adelante terminaron de inflamar Alcibíades y los oradores de su partido. Había también quien soñaba con Etruria y Cartago, sueño que no carecía de esperanzas dada la grandeza de su imperio de entonces y la prosperidad de sus asuntos.

21. Pero Pericles frenaba estos ímpetus desbordantes y recortaba sus ansias de injerencia en asuntos ajenos. La mayor parte de las fuerzas las tenía dedicadas a la vigilancia y seguridad de las posesiones que ya tenían, convencido de que la labor importante era mantener a raya a los lacedemonios, de quienes fue siempre adversario, como puso de manifiesto en muchas circunstancias y, en particular, con su actuación en la guerra sagrada. *2* En efecto, cuando los lacedemonios fueron a Delfos con el ejército y devolvieron a los delfios el santuario, que tenían ocupado los focidios, Pericles, nada más retirarse los lacedemonios, fue allí también con el ejército y restableció la autoridad de los focidios. Pues bien, como los lacedemonios habían hecho grabar a escoplo en la frente del lobo de bronce el privilegio que les habían concedido los delfios de consultar el oráculo antes que nadie, Pericles, que también había obtenido el mismo privilegio para los atenienses, lo hizo grabar en el mismo lobo sobre su costado derecho[67].

22. De que hacía bien en contener dentro de Grecia el poderío de los atenienses los acontecimientos le dieron la ra-

---

[66] En 460 Atenas había apoyado la insurrección de Inaro, rey de Libia, contra los persas. En el 459 una flota ateniense que anclaba frente a Chipre recibió la orden de dirigirse a Egipto; penetró en el delta del Nilo y ayudó a los insurrectos en la captura casi total de Menfis y en el asedio de la ciudadela. Pero en el 456 Megabizo consiguió romper el cerco. Los atenienses fueron cercados y terminaron por ser aniquilados en el 454. En el 450, un destacamento de la flota con la que Cimón se dirigía a Chipre fue enviado a Egipto para ayudar a Amirteo, que se había rebelado contra el dominio persa, pero también fue derrotado.

[67] Los acontecimientos corresponden a la segunda guerra sagrada en 448, cfr. Tucídides, I 112, 5. Probablemente, Plutarco leyó las inscripciones a las que hace referencia.

zón. En primer lugar, los eubeos hicieron defección, y tuvo que cruzar el estrecho con las tropas para ir contra ellos. Muy poco después se dio la noticia de que los megarenses habían declarado la guerra y de que en las fronteras de Ática se encontraba un ejército peloponesio a las órdenes de Plistonacte, rey de los lacedemonios[68]. *2* Pericles tuvo que regresar entonces a toda velocidad de Eubea para hacerse cargo de la guerra en Ática. Sin embargo, no se atrevió a entablar batalla contra los numerosos y valientes hoplitas que le provocaban a ella. Pero viendo que Plistonacte era muy joven y que de todos los consejeros a quien hacía más caso era a Cleándridas, a quien los éforos habían enviado con él para custodiarle y asesorarle a causa de su edad, le puso a prueba en secreto para ver si podía sobornarlo; no tardó en conseguirlo y en convencerle de que retirara a los peloponesios de Ática. *3* Después de marcharse el ejército y de regresar a su ciudad cada contingente, los lacedemonios, indignados, castigaron a su rey a una multa de cuantía tan alta, que no la pudo pagar del todo y tuvo que emigrar de Lacedemonia, y a Cleándridas lo condenaron a muerte en rebeldía. *4* Éste fue el padre de Gilipo, el que derrotó a los atenienses en Sicilia. Parece que la avaricia fue una especie de enfermedad congénita que la naturaleza le infundió, pues también él, convicto de esa enfermedad, fue expulsado vergonzosamente de Esparta después de sus grandes hazañas. Sin embargo, esto ya lo he contado en la obra sobre Lisandro[69].

23. En el momento de rendir cuentas de su actuación como general, Pericles anotó una partida de diez talentos gastados «por necesidad», y el pueblo lo aprobó sin meterse en indagaciones e interrogatorios sobre el secreto. *2* Algunos autores, entre los que se cuenta el filósofo Teofrasto, narran en sus historias que cada año iban a Esparta diez talentos de parte de Pericles, con los que trataba de conciliarse a todos los magistrados y evitar la guerra. Y esto lo hacía no porque pre-

---

[68] En 446. La situación era, pues, sumamente delicada, cfr. Tucídides, I 114; II 21, 1.
[69] *Lisandro*, 16; cfr. también *Nicias*, 28, 2.

tendiera comprar la paz, sino el tiempo necesario para prepararse tranquilamente y entrar en la guerra en las mejores condiciones.

3 Enseguida se volvió contra los rebeldes y luego de pasar a Eubea con cincuenta naves y cinco mil hoplitas sometió las ciudades. *4* En Calcis expulsó a los llamados hipóbotas[70], que eran los más ricos y distinguidos de ella, y en Hestiea echó a todos sus habitantes del país y en su lugar instaló a atenienses. Estos últimos fueron los únicos con los que obró de manera inexorable, porque habían apresado una nave ateniense y habían matado a la tripulación.

24. A continuación, después del pacto de una tregua de treinta años entre atenienses y lacedemonios[71], pone a votación la expedición naval contra Samos, acusándola de no haber atendido la invitación de poner fin a la guerra contra los milesios. *2* Como se cree que fue por complacer a Aspasia por lo que organizó la expedición contra Samos, quizá es éste el momento más oportuno para plantearse la cuestión acerca de esta mujer, qué arte tenía o cuánta influencia fue adquiriendo para llegar a dominar a las primeras autoridades del estado y lograr de los filósofos una consideración ni pequeña ni insignificante. *3* Se está de acuerdo en reconocer que era originaria de Mileto e hija de Axíoco. Dicen que siguiendo el ejemplo de Targelia, una antigua cortesana de Jonia, sedujo a los hombres más poderosos. *4* Pues también Targelia, mujer de belleza extraordinaria que unía el encanto a la sagacidad, cohabitó con un gran número de griegos y a todos los que tuvieron relaciones sexuales con ella se los atrajo a la causa del rey de Persia y mediante aquellos hombres, que eran los más poderosos e influyentes, fue sembrando insensiblemente en las ciudades los primeros gérmenes de medismo. *5* En cuanto

---

[70] El partido aristocrático, favorable a Esparta, que había suscitado la rebelión en 446. La cleruquía instalada por los atenienses en Histiea recibió el nombre de Oreo.
[71] En el mismo año de 446 se concluyó el tratado de paz sobre la base de mantener el estado de cosas existente. Atenas renunciaba a su dominio sobre Grecia central a cambio de conservar la tranquilidad en el resto de su imperio.

a Aspasia, unos dicen que Pericles se interesó por ella porque la consideraba sabia y hábil para la política; de hecho, en ocasiones Sócrates iba con sus amigos a visitarla, y los íntimos de ella llevaban a su casa a las mujeres para que pudieran escucharla, aunque era público y notorio que se dedicaba al oficio nada honesto ni respetable de formar jóvenes cortesanas. *6* Y Esquines dice que Lisicles, el tratante de ganado, un hombre de nacimiento bajo y humilde, llegó a ser el primero de los atenienses gracias a haberse unido a Aspasia tras la muerte de Pericles[72]. *7* En el *Menéxeno* de Platón, aunque el principio está escrito en un tono jocoso, hay al menos un detalle histórico: que esta mujer tenía fama de tener trato con muchos atenienses para instruirlos en la retórica. Es evidente, sin embargo, que la afición de Pericles por Aspasia era más bien amorosa. *8* Estaba casado con una mujer, pariente suya, que había estado unida a Hiponico en primeras nupcias y que había dado a luz de éste al rico Calias; con Pericles tuvo también dos hijos: Jantipo y Páralo. Más tarde, como la vida en común no les resultaba grata, se la entregó en matrimonio a otro con el consentimiento de ella, y él tomó por compañera a Aspasia, a quien amó de manera singular. *9* Pues, entre otras cosas, dicen que al salir y al entrar cuando volvía del ágora, todos los días la saludaba con un beso. En las comedias se la llama nueva Ónfala o Deyanira[73] o Hera. Cratino la trata expresamente de cortesana en los siguientes versos:

«Y la Mariconería da a luz para él a Hera-Aspasia,
esa cortesana de cara de perra»[74].

10 Al parecer, tuvo también con ella un hijo bastardo, sobre quien Éupolis presenta a Pericles en los *Demos* haciendo la siguiente pregunta:

---

[72] Esquines el socrático fue discípulo de Sócrates y asistió a la condena y a la muerte del maestro. Aparte de discursos judiciales, escribió diálogos, uno de los cuales se titulaba *Aspasia*. Lisicles fue jefe del partido democrático tras la muerte de Pericles.

[73] Ónfala y Deyanira fueron amadas de Hércules.

[74] Los versos pertenecen a los *Quirones* y al mismo pasaje del que Plutarco ha citado otros versos en 3, 5; cfr. nota 8.

«¿Y mi bastardo vive?»

A lo que Mirónides responde:

> «Sí, y hace mucho que se habría hecho un hombre,
> si no fuera por temor de la vileza de su puta madre»[75].

11 Tan renombrada y famosa dicen que llegó a ser Aspasia, que incluso Ciro, el que hizo la guerra con el gran rey por el imperio persa, dio el nombre de Aspasia a la concubina que más amaba, que antes se llamaba Milto. *12* Era ésta originaria de Focea e hija de Hermótimo. Cuando Ciro cayó en la batalla[76], la condujeron ante el rey de Persia y alcanzó gran poder allí. Estos detalles me han venido a la memoria mientras escribía, y desecharlos u omitirlos habría sido sin duda poco humano.

25. La culpa de la guerra contra los samios se la echan sobre todo a Pericles, que la puso a votación a instancias de Aspasia siguiendo los intereses de los milesios. Las dos ciudades habían estado en guerra a propósito de Priene, y los samios, tras su victoria, no habían hecho caso de las recomendaciones de los atenienses para que pusiesen fin a las hostilidades y sometieran el litigio ante un tribunal ateniense. *2* Pericles, pues, se hizo a la mar, derrocó el gobierno oligárquico que había en Samos y tomó como rehenes a cincuenta hombres de los principales y a otros tantos niños, a quienes envió a Lemnos. Y eso que dicen que cada uno de los rehenes le ofreció un talento para recobrar su libertad, así como muchas otras riquezas los que no querían que en la ciudad hubiera un gobierno democrático. *3* Además, el persa Pisutnes, que tenía ciertas simpatías por los samios, le envió diez mil estateros de oro,

---

[75] La comedia de Éupolis también ha sido mencionada en 3, 10. Los versos parodian la pregunta que hace Aquiles, ya muerto, en el infierno a Ulises, cuando éste baja al Hades en *Odisea*, 11. Este hijo bastardo se llamaba también Pericles y fue estratego en el 406.

[76] De Cunaxa, donde Ciro el Menor, apoyado por los griegos, derrotó a Artajerjes II, pero la muerte del aspirante al trono persa impidió que fructificara la rebelión.

intercediendo por la ciudad. No obstante, Pericles no aceptó ninguno de estos regalos; trató a los samios como había decidido y tras establecer un gobierno democrático embarcó y regresó a Atenas. *4* Pero ellos enseguida se rebelaron; Pisutnes les raptó los rehenes, y los samios hicieron todos los demás preparativos para la guerra. De nuevo Pericles se hizo a la mar y se dirigió contra ellos, que, lejos de quedarse inactivos y paralizados por el miedo, estaban firmemente resueltos a disputar a los atenienses el dominio del mar. *5* Se produjo una violenta batalla naval junto a una isla que llaman Tragias, en la que Pericles obtuvo una brillante victoria, derrotando con cuarenta y cuatro naves una flota de setenta, de las que veinte transportaban soldados.

26. Inmediatamente después de la victoria y la persecución, Pericles se apoderó del puerto y puso sitio a los samios, que de vez en cuando aún se atrevían a hacer salidas y presentar batalla delante de los muros. Pero cuando llegó de Atenas otra flota mayor y los samios quedaron completamente bloqueados, Pericles tomó consigo sesenta trirremes y se dirigió a mar abierto con la intención, según dice la mayoría de los autores[77], de salir al encuentro de unas naves fenicias que venían en ayuda de los samios y entablar con ellas batalla lo más lejos posible, pero, según Estesímbroto, para dirigirse a Chipre, lo que no parece verosímil. *2* En todo caso, fuera uno u otro el plan que tenía, el hechos es que pareció cometer un error. Pues mientras él navegaba, Meliso, hijo de Itágenes, un filósofo que entonces era estratego de Samos, despreciando el pequeño número de las naves enemigas y la impericia de sus generales, convenció a sus conciudadanos para atacar a los atenienses. *3* En la batalla que hubo entonces, los samios vencieron y tras capturar a muchos soldados y destruir numerosas naves se adueñaron del mar y se procuraron todas las provisiones para la guerra de las que antes carecían. Por Meliso es por quien afirma Aristóteles que fue derrotado el propio Pericles en una batalla naval anterior. *4* Los samios tomaron

---

[77] Tucídides, I 115, 5, y seguramente Éforo y Aristóteles.

represalias con los cautivos atenienses por las afrentas recibidas antes y les marcaron a hierro en la frente lechuzas, igual que los atenienses les habían impreso una samia. La samia es un barco con el espolón de proa curvado hacia arriba como el hocico de un cerdo, ventrudo y con más calado que los demás, de modo que es apto para transportar mercancías y navegar con rapidez. Recibió este nombre porque se inventó en Samos, y fue el tirano Polícrates quien lo construyó. A estas marcas dicen que hace velada alusión aquel verso de Aristófanes:

«¡Qué rico en signos es el pueblo de los samios!»

27. Sea esto cierto o no, el caso es que Pericles, al enterarse de la desdicha de su ejército, acudió en su auxilio a toda prisa y tras vencer y poner en fuga a las tropas de Meliso en orden de batalla contra él, rodeó de inmediato a los enemigos con un muro. Quería vencer y conquistar la ciudad a fuerza de gastos y tiempo, más que exponiendo a sus ciudadanos a heridas y riesgos. *2* Pero como era difícil contener a los atenienses, molestos con la prolongación del asedio y ansiosos de combatir, dividió todo el ejército en ocho partes que sacaba a suertes y a la que le correspondía el haba blanca le daba asueto y descanso, mientras los demás sufrían las penas del asedio. *3* Por eso es por lo que dicen que del haba blanca viene el que los días de diversión reciban el nombre de blancos. Éforo[78] dice que Pericles usó máquinas de asedio, invento novedoso que le pareció extraordinario, aprovechando la presencia del ingeniero Artemón, a quien por ser cojo y hacerse transportar en litera a los trabajos más urgentes llamaron «periforeto»[79]. *4* Esta afirmación, sin embargo, la refuta Heraclides de Ponto con los poemas de Anacreonte, en los que se

---

[78] Es probable que la *Historia* de Éforo de Cumas, discípulo de Isócrates, haya sido una fuente primordial en la elaboración de la *Vida de Pericles*, así como Aristóteles, quien es citado también por Plutarco en la biografía. De hecho, el pasaje correspondiente de Diodoro Sículo, XII 28, que resume la obra de Éforo, menciona también las máquinas de asedio en la campaña de Samos.

[79] Que se pasea en litera.

nombra a un Artemón «periforeto» muchas generaciones antes de la guerra de Samos y de los sucesos referidos a ella. Y dice que Artemón, aficionado a la vida muelle, timorato y asustadizo, se pasaba la mayor parte del tiempo sentado en casa, con dos criados que sujetaban por encima de su cabeza un escudo de bronce para protegerlo por si le caía algo del techo y que si se veía forzado a salir, se hacía transportar en una pequeña litera a ras del suelo, y que por esto se le llamó «periforeto».

28. Al noveno mes los samios se rindieron. Pericles demolió las murallas, incautó los barcos y les castigó con una fuerte multa, de la que los samios tuvieron que pagar una parte al momento y el resto se comprometieron a saldarlo en un plazo fijado mediante la entrega de rehenes. 2 Duris de Samos[80] ha relatado estos sucesos en tono trágico al acusar a los atenienses y a Pericles de una crueldad extrema que no mencionan ni Tucídides ni Éforo ni Aristóteles. También parece haber falseado la verdad cuando narra que a los trierarcos y a los infantes de marina samios los llevó al mercado de Mileto y al cabo de diez días de tenerlos atados a postes de suplicio, cuando ya estaban medio muertos, mandó rematarlos rompiéndoles la cabeza a palos y luego arrojar los cadáveres sin sepultura. 3 Duris, sin embargo, que ni siquiera cuando no le atañe a él ningún interés personal acostumbra a contener su narración en los límites de la verdad, parece haber exagerado aquí más que en otro sitio las desgracias de su patria para denigrar a los atenienses.

4 Pericles, cuando regresó a Atenas tras haber sometido Samos, mandó hacer solemnes exequias en honor de los muertos en la guerra y, como es costumbre, pronunció sobre sus tumbas un discurso que mereció gran admiración. 5 Cuando descendía de la tribuna, todas las mujeres le estrechaban la mano y le ceñían la cabeza con coronas y bandas, como a un

---

[80] Historiador de fines del siglo IV, que, entre otras cosas, compuso una *Historia de Samos* y una historia general que abarcaba el periodo comprendido entre 370 y 280. El severo juicio que acerca de él da Plutarco coincide con el de Dionisio de Halicarnaso.

atleta campeón. Elpinica fue la única que al acercarse le dijo: *6* «Eso es admirable, Pericles, y digno de coronas: nos has hecho perder a muchos buenos ciudadanos, pero no combatiendo contra los fenicios o los medos como mi hermano Cimón, sino subyugando una ciudad aliada y hermana de raza.» *7* Ante estas palabras de Elpinica, se dice que Pericles sonrió sin perder la serenidad y le respondió con aquel verso de Arquíloco:

«Siendo tan vieja, no deberías perfumarte con ungüentos»[81].

Inmenso y extraordinario fue el orgullo que la derrota de los samios le hizo concebir, según cuenta Ión; a su entender, Agamenón había tardado diez años en conquistar una ciudad bárbara, mientras que él en sólo nueve meses había reducido a los primeros y más poderosos de los jonios. *8* Y no carecía de justificación esta apreciación, pues, en realidad, la guerra había sido muy incierta y había causado un enorme peligro, si es verdad, como Tucídides afirma[82], que Samos estuvo muy cerca de quitar el dominio del mar a los atenienses.

29. Después de esto[83], cuando ya la tempestad de la guerra del Peloponeso estaba a punto de desatarse, convenció al pueblo para que enviaran socorro a los de Corcira, hostigados por los corintios, y se atrajeran esta isla, pujante gracias a su poderío naval, en previsión de la inminente declaración de guerra de los peloponesios contra ellos. El pueblo votó el auxilio, y Pericles envió a Lacedemonio, hijo de Cimón, con sólo diez naves, como para humillarlo[84]. Pues había gran amistad y simpatía entre la casa de Cimón y los lacedemonios. *2* En estas condiciones, si en la expedición al mando de Lacedemonio no se producía ningún éxito importante ni des-

---

[81] La anécdota debe de proceder de Estesímbroto de Tasos, como la relata en 10, 6.
[82] VIII 76, 4.
[83] La expedición de Samos acabó en el 439, y la alianza con Corcira tuvo lugar en el 433.
[84] Corinto formaba parte de la liga del Peloponeso. Según Tucídides, I 45, 2, al mando de la expedición estaban, además de Lacedemonio, otros dos estrategos.

tacable, habría un motivo más para acusarle de laconismo; por esto es por lo que le dio tan pocas naves y le mandó partir contra su voluntad. En general, tampoco perdía ocasión de desacreditar a los hijos de Cimón, que, en su opinión, ni siquiera eran legítimos atenienses de nombre, sino extranjeros y forasteros, porque de los hijos de Cimón uno se llamaba Lacedemonio, otro Tésalo y otro Eleo. Era creencia general que todos ellos eran hijos de una mujer arcadia[85]. *3* Pericles, pues, como veía que le criticaban a propósito de las diez trirremes haber dado un auxilio insignificante a quienes se lo habían solicitado, pero un enorme pretexto para las recriminaciones de sus enemigos, volvió a enviar a Corcira otra flota de barcos en número mayor, pero llegaron después de la batalla[86]. *4* A los corintios, que, indignados, presentaron sus quejas contra los atenienses en Lacedemonia, se añadieron los de Mégara, que les culpaban de excluirlos y apartarlos de todos los mercados y todos los puertos sometidos a los atenienses en contra del derecho público y los convenios jurados por los griegos[87]. *5* Los de Egina, por su parte, que se sentían perjudicados y agraviados, imploraban en secreto la ayuda de los lacedemonios, porque no se atrevían a acusar abiertamente a los atenienses. *6* Entretanto, Potidea, ciudad sometida a los atenienses, pero colonia de Corinto, hizo defección y los atenienses la sitiaron, lo que precipitó aún más la guerra. *7* No obstante, se enviaron embajadas a Atenas, y Arquidamo, rey de los lacedemonios, trataba de hallar soluciones para la mayor parte de los conflictos y apaciguar a los aliados; de ahí que no parece que los demás motivos de discordia hubieran sido suficientes para que la guerra se abatiera sobre los atenienses, si les hubieran podido convencer de que abolieran el decreto relativo a Mégara y se reconciliaran con ellos. *8* Por eso, como Pericles fue el que más se opuso a esta solución y el que más excitó al pueblo a no transigir en el contencioso con los de Mégara, resultó ser el único responsable de la guerra.

---

[85] En *Cimón*, 16, 1. Plutarco menciona a Estesímbroto de Tasos como fuente de donde sabe el nombre de los hijos de Cimón.

[86] La batalla tuvo lugar en el 433 y es relatada por Tucídides, I 49.

[87] Cuando se firmó la paz de los treinta años en el 446.

30. Cuentan que una vez que llegó a Atenas una embajada de Lacedemonia para tratar estos temas, como Pericles se excusaba con una ley que prohibía destruir el documento en el que se encontraba escrito el decreto, le dijo Polialces, uno de los embajadores: «Pues no lo destruyas, dale la vuelta hacia dentro: no hay ninguna ley que prohíba eso.» El argumento se vio que era ingenioso, pero no por eso Pericles cedió en lo más mínimo. *2* En el fondo había, según parece, una razón, y era su secreta enemistad personal con los de Mégara; pero el motivo que en nombre del estado presentó en público contra ellos fue el haber talado el territorio sagrado[88]. Por eso propone a votación un decreto para que se envíe un heraldo ante ellos y este mismo heraldo vaya a Lacedemonia a presentar sus quejas contra los de Mégara. *3* Este decreto, que era de Pericles, contenía reivindicaciones equitativas y humanitarias. Pero el heraldo enviado, Antemócrito, murió en el camino y de esta muerte la opinión general culpó a los de Mégara. Entonces Carino propone contra ellos un decreto de que haya un odio sin tregua ni negociación posible, que el megarense que ponga su pie en Ática sea reo de muerte y que los estrategos al prestar el juramento tradicional juren además invadir Megáride dos veces cada año; y que, por otro lado, Antemócrito reciba sepultura junto a las puertas Triasias, que en la actualidad se llaman Dípilo[89]. *4* Los de Mégara negaron haber asesinado a Antemócrito y echan las culpas de la guerra a Aspasia y a Pericles, valiéndose como prueba de estos célebres y populares versos de los *Acarnienses:*

«Van a Mégara unos jóvenes borrachos jugando al cótabo[90],
　y raptan a Simeta la ramera.

---

[88] Cfr. Tucídides, I 139, 2: la acusación era haber cultivado una parte del territorio consagrado a las dos diosas de Eleusis y haber dado acogida a esclavos fugitivos.
[89] La puerta del Dípilo fue construida en el siglo IV en época de Licurgo para sustituir a la de Tría y salía en dirección hacia Eleusis.
[90] El juego del cótabo consistía en lanzar al aire las últimas gotas de vino de la copa, al tiempo que se pronunciaba el nombre de la persona amada. Según

Luego los de Mégara, picados como quien ha comido ajos, se vengan y raptan a dos rameras de casa de Aspasia.»

31. Cuál fue, pues, el origen de la guerra, no es fácil de averiguar; pero de no haber abolido el decreto, todos los historiadores coinciden unánimemente en echar las culpas a Pericles. La única diferencia es que unos afirman que su intransigente negativa se debió a un noble orgullo, convencido de que actuaba de la mejor manera, y a la creencia de que la orden era una tentativa para ver hasta dónde llegaban las concesiones de Atenas y de que la condescendencia equivaldría a reconocer la debilidad; mientras que otros opinan que desafió a los lacedemonios por una especie de terquedad y afán de salirse con la suya para hacer ostentación de su fuerza.

2 Pero el peor motivo de todos y el que cuenta con más testigos en su favor[91] es el que se relata más o menos del siguiente modo. El escultor Fidias era, como ya se ha dicho[92], el con-

---

que el vino llegara o no al lugar donde se pretendía, se consideraba bueno o mal presagio. Los versos citados de *Acarnienses* son 524-527.

[91] Como, por ejemplo, Aristófanes, *Paz*, 605 ss., y Éforo, cuyo relato sigue Diodoro, XII 39. En general, se ha supuesto en época moderna que los problemas que acosaron a Pericles los años anteriores a la declaración de la guerra se debieron al regreso en el 433 del ostracismo de Tucídides, hijo de Melesias. No obstante, es probable que el juicio contra Fidias a propósito de la estatua criselefantina deba de datarse en el 438-437. Igualmente el procesamiento contra Aspasia, con quien mantendría relaciones al menos desde el 441, es probable que ocurriera en los primeros años de la década de los 30, cuando la novedad del asunto podía hacerlo más escandaloso, pero no a fines de los 30, cuando ya debía de ser considerado algo consabido y antiguo. Fue entonces, además, cuando hubo maledicencias contra Aspasia, en el sentido de que ella había sido la causante de la hostilidad contra Samos por defender a su patria, Mileto. En cuanto a la propuesta de Diopites contra Anaxágoras, será necesario pensar que fue a comienzos de los 30, atendiendo al «por aquel mismo tiempo» (32, 1) de Plutarco. La dura oposición que contra Pericles se puede observar a comienzos de la década de los 30 debe de estar protagonizada por los nuevos ricos gracias al imperio ateniense, que no tenían un nacimiento preclaro, pero que deseaban alcanzar importancia e influencia política. Sería, pues, en esta época cuando comienza a poder hablarse de partidos dentro de la política ateniense.

[92] *Supra*, 13, 14.

tratado para hacer la estatua de Atenea, y como se había hecho amigo de Pericles y tenía gran influencia ante él, aparte de los enemigos personales que él tenía y que le envidiaban a él directamente, había otros que querían hacer en él el experimento de ver qué clase de juez sería el pueblo para Pericles. Para ello, sobornan a un tal Menón, uno de los colaboradores de Fidias, y le hacen sentarse en el ágora en calidad de suplicante, pidiendo inmunidad para denunciar y acusar a Fidias. *3* El pueblo acogió la demanda del individuo y la causa se siguió en la asamblea, pero no se pudo probar la existencia de malversación de fondos. Y es que ya desde el principio, siguiendo las instrucciones de Pericles, Fidias había aplicado el oro a la estatua y lo había adherido a ella de tal suerte que fuera posible desprenderlo en todo su contorno para verificar el peso[93], y esto es lo que entonces Pericles mandó hacer a los acusadores. Pero la gloria de sus obras hizo recaer el peso de la envidia sobre Fidias, sobre todo porque al representar en el escudo el combate contra las Amazonas había esculpido una figura que era su retrato en la persona de un anciano calvo que tiene una piedra suspendida sobre ambas manos y había incluido una muy bella imagen de Pericles luchando contra una amazona. *4* El gesto de la mano de ésta, que blande una lanza delante de los ojos de Pericles, es una creación sumamente ingeniosa, porque está representada como si quisiera ocultar la semejanza, que, sin embargo, aparecía evidente a ambos lados[94]. *5* El resultado es que Fidias fue conducido a prisión, donde murió de enfermedad o, como afirman algunos, por unos venenos que le hicieron tomar los enemigos de Pericles para levantar sospechas contra él. En cuanto al denunciante Menón, el pueblo le otorgó a propuesta de Glau-

---

[93] Pericles no habría aconsejado a Fidias trabajar el oro de modo que fuera posible desprenderlo con facilidad, para salir al paso de posibles acusaciones futuras, sino para permitir al estado disponer del oro en caso de necesidad (cfr. Tucídides, II 13, 5).

[94] Hay que entender que si se mira de frente, la mano oculta el rostro de la figura con la que está combatiendo; pero que si se mira por uno u otro lado, donde la mano no tapa el rostro de la figura, se observa la semejanza del rostro con Pericles.

cón la exención de impuestos y encargó a los estrategos velar por su seguridad.

32. Por aquel mismo tiempo, Aspasia fue procesada bajo la acusación de impiedad. Quien presentó la querella fue el poeta cómico Hermipo, que además la acusaba de acoger en secreto a mujeres libres que se citaban allí con Pericles. *2* También Diopites redactó un decreto en virtud del cual se emprenderían acciones legales sumarísimas contra los que no creyeran en los dioses o dieran enseñanzas sobre los fenómenos celestes, metiendo así una cuña de sospechas contra Pericles a través de Anaxágoras. *3* El pueblo aceptó y dio curso a estas denuncias, y ya en estas condiciones se sanciona un decreto propuesto por Dracóntides para que las cuentas que Pericles tenía que rendir de su gestión financiera las rindiera ante los prítanis, y los jueces dictaran sentencia en la acrópolis llevando su voto desde el altar. *4* Pero Hagnón hizo suprimir esta segunda parte del decreto y propuso que el juicio se celebrara ante un jurado de mil quinientos miembros, tanto si se quería ejercer la persecución legal bajo el título de robo o soborno como si era con el cargo de perjuicio al estado. *5* Para Aspasia obtuvo la gracia, a fuerza, según afirma Esquines, de derramar abundantes lágrimas por ella en el curso de la vista y de implorar a los jueces; pero temiendo por Anaxágoras, le hizo salir de la ciudad. *6* Tras el descalabro sufrido ante el pueblo a propósito del juicio contra Fidias, el miedo que tenía al tribunal le hizo precipitar el estallido de la guerra, ya inminente y humeante bajo las brasas, con la esperanza de disipar las acusaciones y empequeñecer las envidias, porque en cuanto la ciudad se encontrase en medio de asuntos trascendentes y peligros se encomendaría sólo a él, gracias a su reputación y autoridad. En definitiva, éstas son las causas por las que se dice que no permitió al pueblo hacer concesiones a los lacedemonios: la verdad sigue siendo incierta.

33. Los lacedemonios, sabedores de que si Pericles era derrocado encontrarían a los atenienses más blandos en todos los aspectos, les instaban a expulsar a los que estaban manchados con el sacrilegio de Cilón, en el que estaba comprendida

la familia materna de Pericles, como Tucídides narra en su historia[95]. *2* Pero la tentativa tuvo el resultado contrario del que esperaban los que habían enviado la embajada. Pues en lugar de sospechas y difamaciones, Pericles se ganó mayor confianza aún y estima entre sus conciudadanos, al comprobar que era a él a quien más odiaban y temían los enemigos. *3* De ahí que incluso antes de invadir Ática Arquidamo al frente de los peloponesios, declaró solemnemente a los atenienses que si Arquidamo devastaba todas las tierras y únicamente se mantenía alejado de las suyas, bien por los lazos de hospitalidad existentes entre ellos, bien por dar ocasión a sus enemigos para denigrarle, regalaría a la ciudad sus fincas y casas de labor.

4 Invaden, pues, Ática con un gran ejército los lacedemonios[96] y sus aliados al mando del rey Arquidamo y luego de devastar el país avanzaron hasta Acarnas[97], donde establecieron el campamento, seguros de que los atenienses no se frenarían y llevados de ira y orgullo les presentarían batalla campal. *5* Pero a Pericles le parecía muy arriesgado trabar un combate en el que la suerte de la propia ciudad estaba en juego contra los sesenta mil hoplitas peloponesios y beocios (éste era el número de los que hicieron la primera invasión). A los que querían luchar y sufrían la situación peor, trataba de sosegarlos con el argumento de que los árboles cortados y abatidos crecen pronto, pero no es nada fácil recuperar a los hombres perdidos. *6* Y al pueblo no le convocaba a asamblea, por el miedo de verse forzado a una decisión en contra de su criterio. Por el contrario, como el piloto de una nave que, cuando el viento se abate sobre ella en alta mar, toma todas las disposiciones oportunas, tensa los cables y pone en práctica su pericia haciendo caso omiso de las lágrimas y súplicas de los pa-

---

[95] I 126-7. Los hombres manchados con el sacrilegio cilonio eran los descendientes de aquellos que, en contra de la palabra dada, habían dado muerte a los amigos de Cilón, y, en particular, al alcmeónida Megacles. La madre de Pericles era una alcmeónida.

[96] En la primavera del 431.

[97] Ésa es la razón por la que los vecinos de esta localidad eran acérrimos partidarios de la paz, ya que ellos eran los que mayores males soportaban. *Acarnienses* es el título de la comedia más temprana conservada de Aristófanes.

sajeros, mareados y llenos de pavor, de la misma manera Pericles, después de cerrar la ciudad y disponer guardias en todos los sitios para velar por la seguridad, llevaba a la práctica sus propios planes sin preocuparse en lo más mínimo por los que chillaban y manifestaban su repulsa. 7 Y eso que muchos amigos le acosaban con sus ruegos, muchos enemigos con sus amenazas y acusaciones, y los coros cantaban canciones y burlas, insultándole y echándole en cara su comportamiento como estratego, que consideraban cobarde y presto a entregar el estado a los enemigos[98]. 8 A esto se añadía que ya por entonces había hecho su aparición Cleón, que aprovechaba las iras de los ciudadanos contra Pericles para abrirse un camino hacia la jefatura del partido popular, como revelan los siguientes anapestos del poeta Hermipo:

«¿Por qué no quieres, oh rey de los sátiros,
embrazar lanza y te conformas con pronunciar
baladronadas sobre la guerra,
mientras tu alma en el fondo es la de un Teles?
En cuanto se afila la hoja del puñal
con la dura piedra de afilar, te castañetean los dientes,
aunque no para de morderte el ardiente Cleón.»

34. Sin embargo, ninguno de estos ataques consiguió mover a Pericles, que soportaba con calma y en silencio la impopularidad y el odio. Envió contra el Peloponeso una escuadra de cien barcos, pero él no se hizo a la mar con ellos, sino que se quedó en casa para guardarla y mantener el control de la ciudad hasta que se retiraran los peloponesios. 2 Para ganarse el favor de la multitud, que, a pesar de todo, seguía airada por la guerra, trataba de conciliársela con distribuciones de dinero y proponía envíos de colonos. Así, expulsó a todos los eginetas y repartió la isla entre los atenienses a quienes cupo

---

[98] El relato de la política defensiva de Pericles sigue a Tucídides, II 21-2; cfr. II 65, 7. Es probable que las medidas defensivas de Pericles se limitasen a los alrededores de la ciudad, mientras que las acciones bélicas de estos años de guerra muestran que la táctica ateniense unía elementos ofensivos de ataque al Peloponeso, sobre todo por mar.

en suerte un lote de tierra. *3* Había también cierto consuelo en los males que sufrían los enemigos. Los que iban bordeando el Peloponeso asolaron una gran extensión del país, aldeas e incluso ciudades bastante importantes, y él mismo en la incursión que hizo por tierra contra Mégara la destruyó entera. *4* Por tanto, era evidente que, aunque los enemigos hacían a los atenienses grandes daños por tierra, como también ellos sufrían muchas calamidades de los atenienses por mar, no habrían prolongado tanto tiempo la guerra y enseguida habrían desistido de ella, como Pericles les había pronosticado desde el comienzo, si no hubiera sido por un designio sobrenatural que se interpuso a los cálculos humanos. *5* Ahora bien, en primer lugar sobrevino el azote de la peste, que se ensañó con la flor de la juventud, la fuerza más pujante del país. Dañados a consecuencia de la peste en sus cuerpos y en sus espíritus, se llenaron de furia salvaje contra Pericles y, como los enfermos que desvarían por el mal tratan de hacer daño a su médico o a su padre, intentaron hacerle mal convencidos por quienes odiaban a Pericles de que la epidemia era el resultado del hacinamiento en la ciudad de una muchedumbre de campesinos, forzados a vivir apiñados y revueltos en habitaciones pequeñas y barracas angustiosas en pleno verano y a llevar una existencia sedentaria y ociosa, en lugar del régimen saludable y al aire libre de antes. Y en su opinión, el culpable de esto era el que había provocado con la guerra esta avalancha venida del campo que había inundado el recinto de las murallas, por no emplear además para nada útil a tantas personas y dejarlas que encerradas como reses se contagiaran unas a otras sin procurarles ningún espacio adonde mudarse y ningún respiro.

35. Queriendo poner remedio a la situación y, de paso, causar algo de daño a los enemigos, equipó ciento cincuenta barcos y luego de embarcar a muchos hoplitas y caballeros excelentes se preparó para zarpar. Este despliegue de fuerza hizo concebir grandes esperanzas a los ciudadanos y un miedo no menor a los enemigos. *2* Estaba ya la tripulación en los barcos y Pericles a bordo en su trirreme cuando se produjo un eclipse de sol, que oscureció el cielo y dejó paralizados de pavor a todos, seguros de que se trataba de un gran prodigio. Viendo,

pues, Pericles al piloto lleno de espanto y embarazo, le puso la clámide delante de los ojos tapándole la visión y le preguntó si aquello le daba miedo o si era en su opinión señal de algo terrible. Él dijo que no: «Pues bien —le dijo—, ¿en qué se diferencia aquello de esto, excepto en que lo que ha producido el oscurecimiento es mayor que la clámide?» Esto es al menos lo que se cuenta en las escuelas de los filósofos[99].

3 Sea como sea, el caso es que Pericles levó anclas, pero, al parecer, no obtuvo ningún resultado digno de los preparativos realizados. Puso sitio a la sagrada Epidauro y tenía esperanza de conquistarla, pero se malogró por la peste, que no sólo se manifestó en la escuadra, sino que se extendió y causó muertes entre quienes de una manera u otra habían tenido contacto con los soldados. De resultas de ello, los atenienses estaban indispuestos contra él aunque trataba de reconfortarlos e infundirles alientos. *4* Pero no se apaciguó su resentimiento ni cambiaron de opinión antes de haber cogido en sus manos los votos contra él y una vez dueños de la situación quitarle el mando de general y castigarle con una multa que ascendió, según los que dan la cifra más baja, a quince talentos, y a cincuenta, según los que dan la más alta. *5* El que se inscribió como acusador en este proceso judicial fue Cleón, al decir de Idomeneo, y Simias, al decir de Teofrasto, aunque Heraclides del Ponto nombra a Lacrátidas.

36. Sin embargo, sus roces con el pueblo iban a terminar pronto: con este golpe que le dio, la multitud depuso su cólera, como sucede con las abejas cuando clavan el aguijón. Pero sus asuntos domésticos estaban en una situación lamentable, porque a causa de la peste había perdido a no pocos de sus familiares y por las discordias se habían producido profundas desavenencias desde hacía tiempo en la casa. *2* En efecto, el mayor de sus hijos legítimos, Jantipo, gastoso por naturaleza y casado además con una mujer joven y despilfarradora, hija de Tisandro el de Epílico, soportaba muy mal la estricta economía del padre, que corría con sus gastos de manera mez-

---

[99] Tucídides, II 28, habla de un eclipse ocurrido durante el año anterior.

quina y poco a poco. *3* Así, una vez envió recado a uno de sus amigos y tomó prestado dinero con la excusa de que era un encargo de Pericles. *4* Y cuando más tarde éste lo reclamó, Pericles llegó incluso a presentarle una querella judicial, y el joven Jantipo, más indispuesto contra su padre por esto, no dejaba de difamarle, en primer lugar divulgando para ridiculizarle sus ocupaciones en casa y las conversaciones que mantenía con los sofistas. *5* Así, una vez que un atleta del pentatlón había alcanzado sin querer con la jabalina a Epitimo de Fársalo y lo había matado, había consumido un día entero averiguando en compañía de Protágoras si había que considerar responsables del accidente según el razonamiento más correcto al dardo, al que lo disparó o a los directores del certamen[100]. *6* Además de esto, incluso las calumnias que recayeron sobre Pericles a propósito de la mujer de Jantipo, Estesímbroto afirma que fue el propio Jantipo quien las esparció y las hizo públicas, y en una palabra las diferencias irreconciliables del joven con su padre duraron hasta la muerte de aquél. Murió, en efecto, Jantipo de la enfermedad de la peste. *7* Perdió también entonces Pericles a su hermana, a la mayor parte de sus parientes y amigos y a quienes le habían prestado mayores servicios en su actuación política. *8* Pero a pesar de todo no renunció ni desertó de su elevación de miras y de su grandeza de espíritu ante las adversidades. Nunca se le vio llorar ni estar de duelo ni ante la tumba de alguno de sus allegados, hasta el día en que también perdió a Páralo, el último de los hijos legítimos que le quedaba. *9* Esta desgracia terminó por doblegarle: ciertamente procuró aguantar con su serenidad habitual y conservar su grandeza de ánimo; pero en el momento de depositar una corona sobre el cadáver, no pudo resistir el dolor ante el espectáculo y rompió en sollozos y derramó un caudal de lágrimas, cuando en el resto de su vida nunca había hecho nada semejante.

---

[100] El asunto no debía de parecer en Atenas tan absurdo cuando existía un tribunal encargado de juzgar las acusaciones de asesinato contra los objetos inanimados y los animales. El tema es el de la segunda tetralogía de Antifonte.

37. La ciudad entretanto había experimentado a los demás estrategos y oradores en la conducción de la guerra, pero era evidente que nadie tenía un peso que se pudiera contrabalancear con el suyo ni un prestigio tan contrastado para desempeñar una jefatura tan importante. La ciudad le añoraba y por eso le llamó a la tribuna y al despacho de los estrategos, pero él estaba desanimado y se quedaba en casa abatido de dolor, hasta que Alcibíades[101] y el resto de los amigos le convencieron de que reapareciera en público. *2* El pueblo le presentó excusas por la ingratitud que había tenido con él, y él aceptó encargarse de nuevo de los asuntos del estado. Elegido estratego, solicitó la derogación de la ley sobre los bastardos, proyecto de ley que él mismo había presentado en fecha anterior, a fin de evitar que la falta de herederos extinguiera su nombre y su linaje. *3* Lo referente a esta ley era lo siguiente. Mucho tiempo antes, cuando Pericles estaba en el apogeo de su poder político y era padre, como ya se ha dicho, de hijos legítimos, redactó una ley según la cual sólo se reconocía como atenienses a aquellos que fueran nacidos de padre y madre atenienses[102]. *4* Pero cuando el rey de Egipto[103] envió al pueblo un regalo de cuarenta mil medimnos de trigo y hubo que repartirlo entre los ciudadanos, surgieron a consecuencia de esta ley muchos pleitos presentados contra los bastardos, que hasta entonces habían pasado inadvertidos y no habían sido objeto de atención, y hubo también muchos ciudadanos que fueron víctimas de acusaciones calumniosas. Fueron vendidas, pues, convictas en tales pleitos algo menos de cinco mil personas, y los que conservaron los derechos de ciudadanía y fueron reconocidos como atenienses ascendieron en el censo a catorce mil cuarenta. *5* Aunque parezca, pues, extraño que una ley que se había mantenido en vigor y

---

[101] Alcibíades era pariente de Pericles, que, además, ejercía sobre él la tutela, cfr. *Alcibíades*, 1, 2.
[102] La ley es de 451-450.
[103] Inaro, sublevado contra los persas en el 460, o Amirteo, rey de Libia, en cuya ayuda los atenienses habían dejado un destacamento cuando marchaba la flota al mando de Cimón en dirección a Chipre. El medimno es una medida de áridos que en Atenas equivalía a algo más de cincuenta litros.

se había aplicado en perjuicio de tantas personas fuera derogada por el mismo que la había propuesto, la desgracia que se había abatido sobre la casa de Pericles, que daba la impresión de haber pagado la pena por su altivez despectiva y su arrogancia, quebrantó el rigor de los atenienses, que figurándose que estaba sufriendo la ira divina y que pedía algo puramente humano, dieron su consentimiento para que se inscribiera a su hijo bastardo entre los miembros de la fratría, dándole su propio nombre. *6* Este hijo es al que más tarde, a pesar de haber vencido a los peloponesios en la batalla naval de las Arginusas, el pueblo dio muerte junto con los demás colegas en el generalato[104].

38. Fue entonces, al parecer, cuando la peste hizo presa en Pericles. El ataque no fue agudo ni violento como el de otros, sino una especie de enfermedad benigna que se prolongó mucho y experimentó fases diversas y que fue consumiendo lentamente su cuerpo y minando el vigor de su espíritu. *2* En todo caso, Teofrasto, inquiriéndose en su *Ética* si los caracteres cambian según las vicisitudes de la fortuna y si al alterarse por los sufrimientos del cuerpo pierden la virtud, cuenta que Pericles en el curso de la enfermedad mostró a un amigo que había venido a verlo un amuleto que las mujeres le habían colgado del cuello, como señal de lo mal que estaba cuando había llegado incluso a prestarse a semejante estupidez. *3* Cuando ya estaba para morir, sentados a su alrededor, los mejores de los ciudadanos y los amigos que habían sobrevivido estaban conversando sobre sus méritos y el gran poder que había tenido e iban enumerando sus hazañas y la multitud de los trofeos conseguidos por él, pues eran nueve los que había erigido en honor de la ciudad como resultado de sus actuaciones como estratego y sus victorias. *4* De esto es de lo que dialogaban, convencidos de que ya no tenía conciencia y de que había perdido el conocimiento. Pero resulta

---

[104] Los generales que mandaban la flota ateniense en la batalla de las Arginusas fueron juzgados por no haberse ocupado debidamente de los náufragos atenienses. Seis fueron condenados a muerte.

que había estado prestando atención a todo lo que decían y en un momento determinado les interrumpió y dijo que le extrañaba que lo elogiaran e hicieran mención de todo aquello, que eran acciones en las que la fortuna había tenido una parte y que habían sucedido ya antes a muchos generales, y que, en cambio, no dijeran aquello más bello e importante: «Nadie, en efecto —dijo—, de todos los atenienses, se ha tenido que poner un vestido de luto por mi culpa.»

39. En conclusión, un hombre como éste merece la admiración, no sólo por la moderación y afabilidad, que siempre conservó en asuntos trascendentes y a pesar de enemistades tan grandes, sino también por esa elevación de sentimientos que le hacía considerar que la mayor de sus cualidades era el no haber dado gusto en nada a sus odios y a sus iras, a pesar de tanto poder como tenía, y el no haber tratado a ningún enemigo personal como adversario irreconciliable. 2 Y a mí me parece que en cuanto a aquel apodo excesivo y arrogante, lo único que hace que no pueda mirarse con malos ojos y que resulte apropiado es que se denomina olímpico precisamente un carácter benevolente y una vida pura y sin tacha en medio del poder, del mismo modo que estimamos que el linaje de los dioses, autor de los bienes pero sin responsabilidad en los males, por naturaleza gobierna y rige lo que existe, y no como los poetas, que tratan de perturbarnos la mente con sus ignorantísimas opiniones aunque sus propios cuentos legendarios los traicionan y que llaman el lugar en el que dicen que habitan los dioses sede sólida e inconmovible, carente de vientos y nubes y que resplandece a su alrededor de manera invariable y en todo momento con una atmósfera dulce y serena y una luminosidad muy pura[105], en la creencia de que esta clase de mansión es la que mejor corresponde a los seres beatos e inmortales; y sin embargo, nos presentan a los propios dioses llenos de alborotos, enemistades, rencores y otras pasiones que ni siquiera se adecuan a hombres que sean sensatos. 3 Pero es probable que estos temas sean más apropiados para otro género de tratado.

---

[105] Reminiscencia probable de *Odisea*, 6.42-5.

Por lo que hace a Pericles, el desarrollo de los acontecimientos hizo que los atenienses cayeran pronto en la cuenta de lo que valía y provocó una manifiesta añoranza de su persona. En efecto, incluso quienes en vida suya habían tolerado mal el peso de su poder porque no hacía más que oscurecerlos a ellos, cuando tras su desaparición probaron a otros oradores y jefes populares, tuvieron que reconocer que no había nacido carácter que dentro de su grandiosidad fuera más moderado ni dentro de su afabilidad más venerable. 4 Entonces quedó patente que aquella autoridad que se había hecho acreedora de tantos odios y que antes habían llamado monarquía y tiranía, había sido baluarte salvador de la patria: tanta era la corrupción que hostigaba los intereses públicos y tanto era el número de vicios que él había debilitado y reducido hasta el punto de mantenerlos ocultos y que había impedido que se hicieran irremediables campando a su arbitrio.

Fabio Máximo

A menudo se ha pensado que Plutarco, una vez que se había formado el propósito de exponer sus ejemplos de virtud política mediante el relato de dos vidas paralelas de un griego y un romano, quedó prisionero de su propio método. En efecto, ¿qué tienen en común Pericles y Fabio Máximo, un cónsul y dictador, cuya única acción memorable se reduce a haber seguido ciegamente una táctica dilatoria evitando toda batalla campal contra Aníbal después de la victoria de éste en el combate junto al lago Trasimeno? La propia estructura de ambas biografías muestra profundas diferencias. En la de Fabio Máximo, tras unos breves capítulos sobre sus orígenes familiares y la batalla de Trasimeno, se llega enseguida a la actuación de Fabio como dictador en el 217 a.C. A continuación, prosigue el relato sumario de los siguientes años de la guerra hasta llegar a la reconquista de Tarento, descrita con más detalles. Los capítulos finales narran el ascenso de Escipión, el vencedor de Aníbal en Zama, y la muerte de Fabio. Nada o muy poco acerca de la juventud y educación de Fabio ni de otras acciones o dichos memorables se encuentra en la biografía; probablemente tampoco había nada más en las fuentes que usaba Plutarco. Frente a esto, la estructura de la *Vida de Pericles* revela profundas diferencias. La única semejanza notable que se observa es que los protagonistas de ambas biografías optaron por una táctica defensiva al ser invadido su país por espartanos y cartagineses, respectivamente.

El historiador, desde su punto de vista, nunca podría haber hallado semejanzas, pero el biógrafo ha utilizado diversos procedimientos para presentarlas en abundancia. Para ello, en primer lugar, ha dado gran relevancia a incidentes parecidos, que mostraran la actuación de ambos en contingencias semejantes. El ejemplo más evidente aparece cuando los invasores talan los campos de atenienses y romanos, dejando intactas las propiedades de Pericles los espartanos, y las de

Fabio los cartagineses. El mismo procedimiento en el establecimiento de semejanzas se observa cuando ambos soportan con resignación la muerte de sus familiares, las habladurías y maledicencias de sus conciudadanos o colegas en el mando, que los acusan de aspirar a la monarquía y a la tiranía, o cuando adoptan una táctica de guerra basada en la precaución defensiva. En segundo lugar, Plutarco establece paralelismos mediante las afirmaciones o interpretaciones que hace del carácter de ambos personajes. De ambos dice que carecían de supersticiones, que se servían de la oratoria de un modo particular, que caminaban de una forma peculiar y semejante y, sobre todo, que soportaban con moderación y buen talante los ataques de los adversarios, fueran éstos los poetas cómicos o el tribuno Metelo. Igualmente, Plutarco interpreta de modo semejante los sobrenombres que sus contemporáneos dieron a cada uno. En conclusión, el contenido de ambas *Vidas* ha experimentado influencias recíprocas, los distintos episodios han sido narrados en función de los que aparecen en la otra biografía con la que forma pareja y las afirmaciones o interpretaciones del autor tienden a subrayar los aspectos comunes. En ambos personajes, el aspecto dominante es la moderación afable y resignada ante los avatares.

Además de los paralelismos entre los protagonistas de cada pareja de *Vidas*, Plutarco se sirve de los personajes secundarios que aparecen en cada biografía para poner de relieve las cualidades del personaje central. En el caso de la *Vida de Fabio Máximo*, al menos, es evidente que Flaminio, el derrotado en Trasimeno, y, sobre todo, Marco Minucio, el *magister equitum* de Fabio, los cónsules derrotados en Cannas y, al final de la vida de Fabio, Escipión, son en cierta medida parámetros para medir relativamente las virtudes de Fabio. Es sintomático a este respecto que sólo al final de la vida de Fabio, cuando el punto de comparación es Escipión, superior a Fabio en la valoración de Plutarco, éste diga que lo que antes había sido prudencia y precaución había terminado por convertirse en amor propio y terquedad por el puro afán de obstaculizar el engrandecimiento de Escipión. Plutarco valoraba a éste en gran medida por el hecho de que la primera de las *Vidas paralelas* que compuso, hoy perdida, fue la de Escipión y Epaminondas, el autor de la hegemonía tebana, beocio de nacimiento como el propio Plutarco.

Los autores que han servido como fuente de información para Plutarco en esta biografía son Tito Livio, Polibio y la *Historia*, no conservada, de Posidonio de Apamea, único autor al que menciona a lo largo de esta *Vida*. Por lo demás, se sabe que el filósofo estoico, discípulo de Panecio, influyó profundamente en la *Vida de Marcelo* escrita por Plutarco, y que Marcelo fue contemporáneo de Fabio Máximo. La desaparición de la obra de Posidonio no permite valorar en qué medida se ha servido Plutarco de cada uno de los autores mencionados.

BIBLIOGRAFÍA

APIANO, *Historia romana.* El libro VII de esta obra trata sobre Aníbal y puede leerse en la traducción de F. J. Gómez Espelosín, *Sobre Iberia y Aníbal,* Madrid, 1993.

CORNELIO NEPOTE, «Vida de Aníbal», en *Vidas,* traducción de M. Segura Moreno, Madrid, 1985.

POLIBIO, *Historias,* libros I-IV, traducción de M. Balarch Recort, introducción de A. Díaz Tejera, Madrid, 1981. El libro III, que es el que trata sobre la segunda guerra púnica, está publicado con texto revisado y traducción por A. Díaz Tejera, Madrid, 1989, como volumen III de la edición general de Polibio, *Historias.* El libro III también está traducido por C. Rodríguez Alonso en Polibio, Seleción de *Historias,* Madrid, 1986.

TITO LIVIO, *Historia de Roma desde su fundación,* libros XXI-XXV y libros XXVI-XXX, traducción de J. A. Villar Vidal, Madrid, 1993.

FABIO MÁXIMO

1. Tras exponer, tal y como hemos recogido, cómo fue Pericles en sus acciones dignas de memoria, pasamos a la historia de Fabio Máximo.
2 Dicen que de una ninfa, otros que de una mujer indígena que se unió con Hércules a orillas del río Tíber, nació Fabio, el hombre que dio principio al linaje de los Fabios, grande y famoso en Roma. Algunos autores cuentan que los primeros representantes de esta familia se llamaban en tiempos remotos Fodios, porque practicaban la caza mediante hoyos, y es que las fosas todavía en la actualidad reciben el nombre de *fossa*, y cavar se dice *fodere*[1]. Pero como con el tiempo se alteraron dos sonidos, terminaron denominándose Fabios. 3 Muchos y grandes hombres han salido de esta casa, empezando por Rulo, el más insigne de todos ellos, que por eso recibió entre los romanos el sobrenombre de Máximo[2]; de éste era descendiente en cuarto grado Fabio Máximo, sobre quien trata la presente biografía. 4 Una peculiaridad física le valió el apodo de Verrugoso: tenía, en efecto, una pequeña verruga que le había salido por encima del labio. El apodo de *Ovicula* significa ovejita, y se lo pusieron ya en su infancia por la mansedumbre y calmosidad de su carácter. 5 Su manera de ser tranquila y callada, la gran prevención con que se aplicaba

---

[1] La etimología es, por supuesto, fantástica. En general, los propios Fabios, al parecer, sostenían que Hércules era el fundador de su linaje.
[2] Q. Fabio Máximo Ruliano fue cinco veces cónsul entre 322 y 295.

a las diversiones infantiles, la lentitud y el enorme esfuerzo con que aprendía las enseñanzas y lo condescendiente y sumiso que era con sus amigos daban a los de fuera sospechas de cierta estupidez y vaguería; y eran pocos los que profundizaban y descubrían bajo estas apariencias la firmeza, la grandeza de ánimo y el valor de león que había en su naturaleza. *6* Pero con el paso del tiempo, no tardaron los acontecimientos en despertarle, y entonces dio pruebas evidentes a la multitud de que su aparente apatía era impasibilidad, su prevención prudencia, y su carencia de agilidad y poca capacidad de movimiento para todo constancia y solidez. *7* Con las miras puestas en la grandeza del estado y las numerosas guerras, ejercitaba su cuerpo para la milicia como arma congénita, y la palabra como instrumento de persuasión ante el pueblo, adaptándola a su conducta de la manera más apropiada. *8* No había, en efecto, en su dicción ninguna carga de ornato rebuscado ni atractivo útil o manido en el foro, sino un pensamiento que adoptaba una forma particular y tenía una notable profundidad en su modo de hablar sentencioso, que dicen que se parecía muchísimo al de Tucídides. *9* Se conserva un discurso suyo que pronunció ante el pueblo, que es un encomio de su hijo, que murió después de haber sido cónsul.

2. De los cinco consulados que desempeñó, el primero se distinguió por el triunfo obtenido sobre los ligures. Derrotados por él en batalla campal y tras sufrir grandes pérdidas, fueron rechazados hasta los Alpes y dejaron de saquear y causar daños a la región fronteriza con Italia[3].

2 Cuando Aníbal, al invadir Italia y obtener su primera victoria en una batalla junto al río Trebia[4], siguió avanzando a través de Etruria devastando el país y sembró en Roma terrible consternación y pavor, sobrevinieron presagios, en parte familiares para los romanos, como los procedentes de los rayos, y en parte completamente novedosos e insólitos: se dijo que unos escudos chorrearon sangre por sí mismos, que en los alrededores de Ancio se había segado una cosecha de espi-

---

[3] Esta victoria se logró en el 233 a.C.
[4] En el 217 a.C.

gas ensangrentadas, que de la parte baja de la atmósfera cayeron piedras llenas de fuego y ardiendo, y que en la comarca de los falerios el cielo pareció rasgarse y dejar caer diseminadas numerosas tablillas para escribir, en una de las cuales aparecía escrito con todas las letras «Marte blande sus propias armas»[5]. *3* Sin embargo, ninguna de estas señales intimidó al cónsul Gayo Flaminio, un hombre que, aparte de ser de naturaleza iracunda y ambiciosa, estaba muy engreído por los grandes éxitos que había obtenido de forma imprevista, cuando, a pesar de la orden del senado para que regresara y a pesar de la oposición de su colega en el consulado, había presentado batalla a los galos y los había derrotado[6]. Tampoco a Fabio le perturbaron en lo más mínimo estos prodigios que habían conmovido a tantos, porque no veía ninguna razón para ello. *4* Informado del corto número de los enemigos y de su carencia de recursos de dinero, exhortaba a los romanos a que aguantasen y no librasen batalla contra un individuo que mandaba un ejército entrenado para eso precisamente a través de numerosos combates, y a que, en lugar de eso, enviando tropas de socorro a los aliados y manteniendo las ciudades en sus manos, dejaran que la pujante fuerza de Aníbal se fuera consumiendo por sí misma, como llama que levanta su resplandor de un fuego de potencia pequeña y exigua.

3. Pero no logró convencer a Flaminio, que, luego de declarar que no consentiría que la guerra se acercase a Roma y que no haría como el antiguo Camilo, librar una batalla decisiva por la ciudad dentro de la propia ciudad, ordenó a los tribunos sacar el ejército. En el momento de saltar él sobre el caballo, el corcel, sin ningún motivo aparente que lo justificara, se echó a temblar de forma inesperada y se espantó, y él fue

---

[5] Todos estos prodigios y muchos otros son mencionados por Tito Livio, XXII 1, 8-12.

[6] Flaminio logró la victoria en el 223. En la *Vida de Marcelo*, 4, 2-6, Plutarco cuenta que el senado había enviado una carta a los cónsules ordenándoles regresar a Roma y deponer su cargo; pero Flaminio sólo abrió la carta después de haber obtenido la victoria. A su regreso, el pueblo les ordenó dimitir del consulado, a pesar del éxito. La batalla está narrada en Polibio, II 32-33.

derribado y cayó de cabeza[7]. Pero no por eso cambió su determinación, sino que, tal y como en su impulso inicial había decidido salir al encuentro de Aníbal, dispuso sus tropas en orden de batalla junto al lago llamado Trasimeno en Etruria. *2* Cuando entablaron combate los soldados, coincidió con el preciso momento de la batalla un temblor de tierra, a consecuencia del cual hubo ciudades que quedaron arrasadas, cauces de ríos que se salieron de madre y precipicios en las montañas que se desgajaron por la base. Sin embargo, a pesar de que el accidente fue tan violento, ninguno de los que tomaban parte en la batalla lo notó en absoluto. *3* El propio Flaminio cayó, después de haberse señalado en muchas acciones de audacia y vigor, y a su alrededor, los más valientes. Entre los demás que se dieron a la fuga hubo gran mortandad; quince mil fueron abatidos a golpes y otros tantos hechos prisioneros[8]. En cuanto al cuerpo de Flaminio, Aníbal tenía el noble empeño de enterrarlo y tributarle los honores merecidos por su valor, pero no lo encontró entre los cadáveres y jamás se supo cómo desapareció. *4* La derrota junto al Trebia, ni el general que redactó la noticia ni el mensajero enviado la habían explicado de manera franca, pues dijeron la mentira de que la victoria había sido discutible y dudosa; pero esta vez, en cuanto el pretor Pomponio se enteró del resultado de ésta, convocó al pueblo en asamblea general y sin urdir subterfugios ni rodeos, avanzó y declaró abiertamente: *5* «Romanos, hemos sido vencidos en una gran batalla: el ejército ha quedado destruido y el cónsul Flaminio ha perecido. Así que deliberad por vuestra propia salvación y seguridad.» *6* Esta declaración, que arrojó como un huracán sobre el mar de tan inmensa multitud, causó una profunda confusión en la ciudad y ante el aturdimiento tan enorme que produjo ni siquiera las facultades de razonar fueron capaces de mantenerse en pie y

---

[7] El pasaje correspondiente de Tito Livio (XXII 3, 11) dice que el caballo «le hizo caer por encima de su cabeza». Es probable que Plutarco, que no sabía bien latín, como reconoce en la *Vida de Demóstenes*, 2, 2-3, no haya comprendido el texto latino.

[8] Las cifras que da Plutarco coinciden con las de Polibio, III 84-85; Tito Livio, XXII 7, 2-5, da la de los muertos, pero no alude a los prisioneros.

perseverar. *7* Todos, sin embargo, convinieron en una única opinión: que la situación exigía un mando único y no sujeto a dar cuentas, que llaman dictadura, y un hombre que lo ejerciera sin desfallecimiento ni temor, y que éste sólo podía ser Fabio Máximo, que tenía una presencia de ánimo y una dignidad de carácter equiparable a la altura del cargo y además estaba en ese punto de edad en el que todavía el cuerpo mantiene con su vigor las decisiones del alma y la osadía está mezclada a la prudencia.

4. Pues bien, cuando se tomó esta decisión, nombrado dictador Fabio y nombrando éste a su vez comandante de la caballería a Marco Minucio[9], lo primero que hizo fue pedir al senado que se le permitiera usar un caballo en las expediciones militares. *2* Y es que no estaba permitido, sino que había una antigua ley que lo prohibía expresamente, bien porque habían puesto en la infantería el peso principal de la defensa y por eso eran de la opinión de que el general debía permanecer junto a la falange y no adelantarse y dejarla, bien porque, como el poder del cargo es enorme y tiene todas las demás características de un tirano, quieren que al menos en esto se note que el dictador está subordinado al pueblo. *3* El propio Fabio, que, no obstante, tenía ganas de demostrar pronto la grandeza y la majestad de su cargo con objeto de hacer más sumisos y dóciles a los ciudadanos, se presentó en público con veinticuatro fasces a su alrededor, y cuando el otro cónsul se acercaba a su encuentro, envió a su ayudante con la orden de que despidiese a los lictores y tras deponer las insignias del cargo se presentase como simple ciudadano particular.

4 A continuación, inauguró el cargo con el más bello principio, comenzando por los dioses e informando al pueblo de que su fracaso se debía al desprecio y a la negligencia del general hacia las cosas sobrenaturales, y no a la mala actuación de los soldados combatientes; les alentó a no tener miedo de

---

[9] A pesar de las numerosas coincidencias entre el relato de Plutarco y los de Tito y Polibio en esta biografía, existen ciertas discrepancias, como en este contexto, donde tanto Polibio, III 87, 9 como Tito Livio, XXII 8, 7, dicen que también el pueblo nombró junto al dictador al *magister equitum*.

los enemigos, sino a hacerse propicios a los dioses y venerarlos, no porque quisiera fomentar la superstición, sino para fortalecer su valor con la piedad y quitarles el temor que sentían por los enemigos y reconfortarlos con la ayuda de las esperanzas puestas en los dioses. 5 Se consultaron también entonces muchos libros secretos utilizados por los romanos, que llaman sibilinos, y se dice que algunas profecías que se guardaban en ellos coincidían en referirse a sucesos y acciones de entonces. 6 De lo que allí se leía a ningún otro le fue permitido enterarse. El dictador compareció ante la muchedumbre e hizo votos a los dioses de inmolar las crías que en un año tuvieran las cabras, los cerdos, las reses menores y las vacas, cuanto criaran para la temporada próxima los montes, las llanuras, los ríos y los prados de Italia, en su totalidad, y de celebrar espectáculos musicales y escénicos por valor de trescientos treinta y tres sestercios y trescientos treinta y tres denarios con un tercio, suma que equivale a ochenta y tres mil quinientas ochenta y tres dracmas con dos óbolos[10]. 7 La razón de la exactitud y la minuciosa regulación del número destinado a estos efectos es difícil de precisar, a menos que se quisiera ensalzar las propiedades del tres, porque, siendo por naturaleza el número perfecto, el primero de los impares y el principio causal de la pluralidad, comprende en sí mismo las primeras diferencias y los elementos de todos los números, combinándolos y armonizándolos en unión mutua.

5. Al hacer Fabio depender de la religión el criterio de la mayoría, la hizo más esperanzada para el porvenir. Sin embargo, él, depositando todas sus esperanzas de victoria en sí mismo, convencido de que también la divinidad otorga los éxitos a través de los méritos y la prudencia, se dirige al encuentro de Aníbal, no con la intención de librar una batalla decisiva, sino con el firme propósito de desgastar y agotar poco a poco su pujanza con el tiempo, su carencia de recursos a fuerza de dinero y su escasez de tropas con ingentes ma-

---

[10] Al convertir los denarios en dracmas a razón de cuatro denarios por dracma, Plutarco ha debido de cometer un error en la división, a menos que el número de dracmas esté equivocado en los manuscritos.

sas. *2* Por eso siempre se mantenía en las alturas, acampando en lugares montañosos y elevados para protegerse de la caballería de los enemigos, y cuando Aníbal estaba acampado, se quedaba quieto, pero cuando se trasladaba, daba vueltas a su alrededor, sin abandonar las eminencias del terreno y mostrándose a la distancia suficiente como para no verse forzado a presentar batalla sin querer, al tiempo que infundía miedo a los enemigos con la amenaza de un ataque, gracias a aquella propia táctica dilatoria. *3* Al dejar pasar así el tiempo, sufría las críticas de todos: hablaban mal de él en el campamento, y entre los enemigos con la única excepción de Aníbal tenía fama de ser un timorato y no servir para nada. *4* Éste, que era el único que había comprendido la habilidad de Fabio y el modo como había decidido hacer la guerra y que había llegado a la conclusión de que con cualquier tipo de treta o de violencia tenía que atraerle a una batalla o, en caso contrario, estaba perdida la causa de los cartagineses, que no podían utilizar las armas que les daban su superioridad, y que iban quedando disminuidos y consumían para nada hombres y dinero, que es en lo que eran inferiores, recurrió a todo género de artificios y estratagemas, haciendo constantes intentos, como un atleta hábil que busca la presa en su adversario: se aproximaba, causaba alarmas y trataba de atraerse a Fabio en mil sitios, con la intención de sacarle de la táctica que empleaba con vista a su seguridad. *5* Pero la decisión de Fabio, que seguía seguro de lo que le era conveniente, continuaba firme e inalterable, y eso que Minucio, el comandante de caballería, no hacía más que importunarle. Éste, en sus ansias de luchar, se comportaba de modo temerario y demagógico con el ejército, lleno ya por su culpa de un arrojo enloquecido y de vanas esperanzas. A Fabio lo llamaban con burla y desprecio pedagogo de Aníbal[11] y a Minucio le estimaban como un gran hombre y digno general de Roma. *6* Dando rienda suelta a su orgullo y osadía, éste se burlaba de la instalación del campamento en las alturas, de las que decía que eran hermosos lu-

---

[11] El pedagogo era el esclavo que tenía la misión de acompañar al niño a la escuela y vigilarle donde quiera que estuviese.

gares que el dictador no dejaba de procurarles para que pudieran contemplar el espectáculo de una Italia devastada y en llamas, y preguntaba a los amigos de Fabio si transportaba hacia arriba al ejército para elevarlo hasta el cielo porque ya había renunciado a la tierra o si quería escapar de los enemigos interponiendo nubes y nieblas. *7* Los amigos trajeron estas noticias a Fabio y le animaban a librarse de estas afrentas arriesgándose a presentar batalla. «Sin embargo, así —dijo— sería más cobarde que lo que parezco ser ahora, si por miedo de las burlas y los escarnios renunciara a mis planes. *8* Además, no es deshonroso el miedo por la patria, mientras que el temor de las opiniones de las personas, de sus calumnias y de sus vituperios no es propio de un hombre digno de tan alto cargo, sino del que se somete a la esclavitud de los insensatos, sobre quienes él debe mandar y ejercer su poder.»

6. Algún tiempo después se produce un error de Aníbal[12]. En efecto, con el propósito de apartar su ejército más lejos, fuera del alcance de Fabio, y apoderarse de llanuras que tuviesen pastos para forraje, mandó a los guías después de cenar conducirle de inmediato a la región de Casino. *2* Pero como ellos no le entendieron con exactitud a causa de su pronunciación bárbara, le internan con sus tropas en los confines de Campania y le conducen a Casilino, ciudad que corta en dos mitades la corriente del río Lótrono, que los romanos denominan Volturno. *3* La comarca está coronada de montañas por todas partes excepto por una por donde hay un angosto valle abierto hasta el mar, lugar en el que el río, al ensancharse cerca de la desembocadura, forma marismas dispersas y bancos profundos de arena que terminan en un litoral batido por fuerte oleaje y difícilmente accesible. *4* Al descender allí Aníbal, Fabio, buen conocedor de los caminos, dio un rodeo, fortificó el desfiladero apostando en él a cuatro mil infantes y luego de asentar al resto de su ejército sobre las alturas en un lugar ventajoso, con las tropas más ligeras y mejor dispuestas se lanzó sobre la retaguardia de los enemigos y además de

---

[12] Este capítulo resume el relato de Tito Livio, XXII 13-17, y Polibio, II 92-94.

provocar la confusión en el ejército entero dio muerte a unos ochocientos. *5* Aníbal entonces trató de sacar a su ejército de allí y se dio cuenta del error y del peligro que había en aquel lugar; crucificó a los exploradores, pero renunció a abrirse un paso por la fuerza y a presentar batalla a los enemigos, siendo como eran dueños de las alturas. *6* Como todos estaban desalentados y llenos de espanto porque creían que estaban rodeados por todas las partes y sin posible camino para escapar, imaginó una treta para engañar a los enemigos. Era la siguiente: mandó coger y reunir unas dos mil vacas de los cautivos y atar a cada cuerno una antorcha o un haz de sauzgatillo o de broza seca; y que después, cuando él diera de noche la señal, les prendieran fuego y las arrearan hacia las partes más altas por delante de los desfiladeros y los centinelas enemigos. *7* Mientras los que habían recibido la orden hacían los preparativos, él puso en marcha al resto del ejército, ya a oscuras, y le hizo avanzar en silencio. Las vacas, mientras el fuego fue pequeño y no ardía más que la madera alrededor de las astas, fueron dirigiéndose poco a poco según las arreaban hacia el pie de las montañas: los fuegos, resplandeciendo encima de las puntas de los cuernos, constituían un espectáculo para los pastores y boyeros que los divisaban desde las cumbres, y se imaginaban que sería un ejército que caminaba en orden de marcha a la luz de muchas antorchas. *8* Pero cuando el fuego llegó a la raíz de los cuernos haciéndose sentir en la carne y, presas de dolor, empezaron a sacudir las cabezas y a llenarse unas a otras de muchas llamas, ya no se mantuvieron en el orden en que caminaban, sino que, espantadas y en el colmo del sufrimiento, se lanzaron a la carrera montes abajo, con la punta de los rabos y la testuz en llamas y llenando de incendios los matorrales por donde huían. *9* Horrible era el espectáculo a ojos de los romanos que custodiaban las partes altas: de hecho, las llamas parecían salir de lámparas que llevaran de un lado a otro hombres corriendo. Cundieron entre ellos el pánico y la confusión, convencidos de que los enemigos los acometían desde todos los lados y de que estaban rodeados por todos los sitios. De ahí que no se atrevieron a quedarse en sus puestos y se retiraron hacia el grueso del ejército, abandonando los desfiladeros. *10* En este momento, las tropas ligeras de Aníbal llegaron a las alturas y las ocuparon, mientras el resto de las fuerzas se iba acercando sin nada que temer, arrastrando abundante y pesado botín.

7. Sucedió que Fabio, todavía durante la noche, se dio cuenta de la treta, pues algunas vacas dispersas en su huida habían caído en sus manos; pero temiendo alguna emboscada en la oscuridad, mantuvo a sus fuerzas sobre las armas sin moverse. *2* Cuando se hizo de día, inició la persecución y tomó contacto con la retaguardia, y se produjeron enfrentamientos en terrenos dificultosos que causaron un gran desorden, hasta que Aníbal envió a unos iberos, gentes ágiles y ligeras, expertas en trepar por los riscos, que atacaron de cara a los pesados infantes romanos y tras matar a no pocos obligaron a Fabio a retroceder. *3* Fue entonces cuando Fabio recibió las peores maledicencias y el mayor desprecio. Había renunciado a la audacia de las armas con el propósito de hacer la guerra y derrotar a Aníbal a fuerza de sagacidad y previsión, y ahora era él quien aparecía derrotado con éstas y víctima de una estratagema.
4 Aníbal, queriendo avivar el fuego de la ira que los romanos sentían contra él, cuando llegó a las fincas de Fabio, mandó quemar y destruir todo lo demás, pero prohibió tocar las suyas y puso una guardia que impidiera hacer allí ningún daño y coger nada de allí. *5* El anuncio de estas medidas aumentó en Roma las críticas contra Fabio. Los tribunos no dejaban de gritar contra él ante la plebe. El que más los inducía y excitaba era Metilio, no por odio personal contra Fabio, sino porque era pariente de Minucio, el comandante de la caballería, y pensaba que las calumnias contra Fabio daban al otro honor y gloria. También el senado estaba irritado y sobre todo le echaba en cara los acuerdos que había hecho con Aníbal a propósito de los cautivos de guerra. En efecto, habían convenido entre ellos canjear hombre por hombre los prisioneros y en caso de que los de un bando fueran más que los del otro, pagar por cada uno de los rescatados doscientas cincuenta dracmas. *6* Pues bien, cuando, una vez hechas las permutas hombre por hombre, se encontró que quedaban en poder de Aníbal doscientos cuarenta romanos, el senado decidió no enviar el importe del rescate para éstos y culpó además

a Fabio de obrar contra su conveniencia y su interés al tratar de rescatar a unos hombres que por cobardía se habían dejado prender por los enemigos. 7 Fabio, al enterarse de esta negativa, toleró con mesura la irritación de sus conciudadanos y como no tenía riquezas ni estaba dispuesto a faltar a su palabra con Aníbal ni a abandonar a los ciudadanos, envió a su hijo a Roma con la orden de vender sus tierras y traerle cuanto antes al campamento el dinero. 8 En cuanto el joven vendió las fincas y regresó, envió el precio del rescate a Aníbal y recobró a los cautivos. Y aunque muchos de ellos más tarde trataron de devolverle el dinero, no se lo aceptó a nadie y a todos les perdonó la deuda.

8. Algún tiempo después, los sacerdotes lo llamaron a Roma para hacer allí ciertos sacrificios. Él entregó el mando de las fuerzas a Minucio con la recomendación expresa de no ofrecer batalla ni trabar combate con los enemigos, encargo que no sólo hizo en calidad de dictador, sino también con exhortaciones y encarecidos ruegos. 2 Pero él, sin preocuparse en absoluto de ellos, empezó enseguida a hostigar a los enemigos. Observando en cierta ocasión que Aníbal había dejado libre la mayor parte de su ejército para recoger provisiones, lanzó un ataque contra los que se habían quedado rezagados, los hizo precipitarse al interior de la empalizada y además de dar muerte a no pocos infundió a todos el temor de verse asediados por él. 3 Y mientras Aníbal volvía a congregar sus fuerzas en el campamento, se retiró sin ningún riesgo, lleno de desmedida soberbia y colmando su ejército de temeridad. 4 Pronto llegó a Roma y se divulgó una fama mayor que la propia acción. Fabio, al enterarse, declaró que le daba más miedo el éxito de Minucio que el fracaso que podía haber tenido; pero el pueblo estaba exaltado y, lleno de alegría, se reunió corriendo en el foro. Metilio, el tribuno de la plebe, subió al estrado y pronunció una alocución engrandeciendo a Minucio y acusando a Fabio, no ya de simple blandura y cobardía, sino de traición, culpa que hizo extensiva a los más poderosos y principales de los demás romanos, contra quienes lanzó la imputación de haber provocado en origen la guerra con vistas al derrocamiento del poder popular y para implantar

enseguida en la ciudad una monarquía no sujeta a responsabilidades que con su demorar las medidas prácticas daría tiempo a Aníbal de consolidar su situación y de traer nuevos refuerzos de África para hacerse dueño de Italia.

9. Y cuando Fabio, al presentarse ante la asamblea, ni siquiera hizo intención de defenderse de las acusaciones del tribuno y sólo declaró que los sacrificios y las ceremonias tenían que celebrarse cuanto antes, a fin de encaminarse y regresar con el ejército para imponer castigo a Minucio por haber presentado batalla a los enemigos contra su prohibición, un violento tumulto sacudió al pueblo en la creencia de que Minucio corría un gran riesgo. Pues el dictador tiene la facultad de encarcelar y ejecutar sin juicio previo, y pensaban que la ira de Fabio, una vez sacada de su extrema placidez, sería severa e implacable. *2* Por eso, todos los demás se quedaron en silencio, llenos de espanto, y Metilio fue el único que, gracias a la impunidad de que disfrutaba por su condición de tribuno —ésta es la única magistratura que no pierde su poder cuando se elige un dictador, sino que lo mantiene, aunque las demás quedan suspendidas—, siguió urgiendo al pueblo con insistencia y pidió que no se dejara en el desamparo a Minucio ni se tolerara que sufriera lo que Manlio Torcuato había hecho con su hijo, a quien, a pesar de su condecoración y su corona por sus actos de valor, su padre le había cortado el cuello con el hacha[13], y que a Fabio se le despojara de su poder tiránico y se encomendaran los intereses del estado a quien podía y quería salvaguardarlos. *3* Conmovidas por estas palabras, las gentes no es que se atrevieran a obligar a Fabio a deponer su mando absoluto, a pesar de la mala reputación que tenían de él, pero sí decretaron por votación que Minucio compartiera el honor del mando general y se encargara de la guerra con las mismas atribuciones que el dictador, circunstancia hasta entonces insólita en Roma, pero que se repetiría más tarde tras el desastre de Cannas. *4* También entonces

---

[13] Manlio Torcuato, siendo cónsul, había condenado a muerte a su hijo que, desobedeciendo sus órdenes, había entablado batalla con los enemigos y los había derrotado, cfr. Tito Livio, VIII 7.

Marco Junio era dictador al frente del ejército, pero como en la ciudad había que completar las vacantes que había en el senado porque había muchos senadores que habían perecido en la batalla, eligieron a Fabio Buteón como segundo dictador. 5 La única diferencia fue que éste, nada más presentarse en público, escoger a los nuevos miembros y cubrir las plazas del senado, el mismo día dejó los lictores, abandonó la escolta y se metió y confundió entre el pueblo llano, dedicándose a partir de entonces a la administración de sus propios asuntos y negocios y comportándose en el foro como cualquier ciudadano particular[14].

10. Al nombrar a Minucio para los mismos cometidos que el dictador, creían haber dejado completamente humillado y rebajado a Fabio; pero no acertaron en un juicio correcto del hombre. 2 Pues él no consideraba desgracia suya la insensatez de ellos. Como el sabio Diógenes, cuando uno le dijo: «Ésos se ríen de ti», le respondió: «Pero a mí no me afectan las risas», considerando que en realidad la gente sólo se ríe de quienes se dan por aludidos y se quedan desconcertados ante tales burlas, del mismo modo Fabio aguantaba cuanto a él se refería, impasible y de buen grado, aportando una confirmación a los filósofos que sostienen que no es posible ultrajar ni deshonrar al hombre que es honesto y virtuoso. 3 Lo que sí le molestaba a causa del interés común era la irreflexión de la masa, que había dado a Minucio la ocasión de satisfacer su malsana ambición en lo referente a la guerra, 4 y como tenía miedo de que Minucio, completamente desquiciado de vanagloria y orgullo, se anticipara y llevara a cabo algún disparate se marchó de Roma sin que nadie lo supiera. 5 Al llegar al campamento y encontrar a Minucio en un estado insoportable, intratable y lleno de humos y exigiendo que el mando se hiciera alternativo, esto ya no lo consintió y distribuyó con él las fuerzas, convencido de que más valía mandar él solo en una parte que en la totalidad de manera alternativa.

---

[14] M. Fabio Buteón fue cónsul en el 245, censor en el 241 y *princeps senatus* desde 214, al menos. El encargo de completar los puestos del senado lo recibió en el 216, después de la batalla de Cannas.

6 Tomó para sí la primera y la cuarta legión, la segunda y la tercera se las entregó a él y también repartió por la mitad las tropas aliadas[15]. *7* Minucio estaba muy ufano y contento porque el aparato exterior de la magistratura culminante y suprema había sufrido recortes y humillaciones en atención a él; pero Fabio le advertía de que no era contra Fabio, sino contra Aníbal, si era sensato, con quien tenía que luchar y que incluso si quería rivalizar con su colega de mando, que mirara por que no fuera a resultar que el honrado y el victorioso ante los ciudadanos fuera más negligente con la salvación y la seguridad de ellos que el vencido y ultrajado.

11. Minucio atribuía estas advertencias a achaques seniles y haciéndose cargo de las fuerzas que le habían correspondido en suerte, instaló el campamento lejos y aparte de Fabio[16]. Aníbal no ignoraba nada de lo que sucedía y estaba al acecho de todo. Había una colina en medio de ambos, no difícil de tomar, pero que, una vez tomada, resultaría una posición fuerte para un campamento y suficiente para todas sus necesidades. *2* La llanura que se extendía en derredor, vista desde lejos, parecía lisa, porque estaba despejada y rasa, pero había en ella algunas fosas no muy grandes y otras oquedades. Por eso, aunque le habría sido posible con la mayor facilidad ocupar en secreto el otero, Aníbal no quiso hacerlo y lo dejó en medio como señuelo para atraerlo al combate. *3* Cuando vio a Minucio separado de Fabio, por la noche diseminó algunos soldados por las zanjas y huecos, y al día siguiente por la mañana envió ostensiblemente un pequeño destacamento a que se apoderara de la colina para arrastrar a Minucio a ofrecer combate por aquella posición. *4* Y esto es precisamente lo que sucedió. Minucio destacó primero la infantería ligera,

---

[15] Según Polibio, III 103, 5-8, Fabio Máximo dejó a Minucio la elección entre las dos posibilidades, y éste escogió la que Plutarco atribuye a Fabio. Plutarco coincide con Tito Livio, XXII 27, con la única diferencia de que las legiones que Plutarco dice que escogió Fabio son las que Tito Livio afirma que eligió Minucio, y viceversa.

[16] El contenido de los capítulos 11 y 12 coincide con Tito Livio, XXII 28-29, y Polibio, III 104-105.

luego la caballería y, finalmente, al ver que Aníbal llegaba en ayuda de los que estaban sobre la colina, acabó por acudir con todo su ejército en orden de batalla. 5 Se entabló un violento combate al tiempo que se defendía de los que le disparaban de lo alto de la colina, envuelto en una lucha cuerpo a cuerpo que resultó indecisa, hasta que Aníbal, al ver que había caído por completo en la celada y que ofrecía la espalda descubierta a los cartagineses emboscados, dio la señal. 6 Entonces éstos se levantaron a un tiempo desde muchos lugares distintos, los acometieron entre gritos y fueron matando a los que estaban en las últimas filas. La confusión y el pánico que se apoderaron de los romanos eran indescriptibles. La audacia del propio Minucio quedó quebrantada y no hacía más que mirar a uno y otro sitio en busca de cada uno de sus capitanes; pero ninguno se atrevió a permanecer en su puesto y se precipitaron a una huida que no les iba a procurar la salvación. 7 Pues los númidas, dueños ya del terreno, iban recorriendo en círculo con sus caballos la llanura y matando a los dispersos.

12. Los romanos estaban en una situación sumamente crítica, pero el peligro no escapó al conocimiento de Fabio, que, previendo, según parece, lo que iba a suceder, tenía sus fuerzas dispuestas en orden de batalla y con las armas prestas. Se había preocupado, además, de enterarse de lo que ocurría no mediante mensajeros, sino ocupando él personalmente una atalaya delante de la empalizada. 2 Pues bien, cuando observó que el ejército estaba rodeado y en gran confusión y llegó a sus oídos el griterío de los que, lejos de permanecer en su puesto, se daban la vuelta asustados, se dio una palmada en el muslo y un profundo suspiro y dijo a los que estaban cerca: «¡Por Hércules, Minucio se ha perdido mucho antes de lo que yo me temía, pero muy tarde para la prisa que se ha dado!» 3 Entonces mandó a su ejército desplegar las enseñas a toda velocidad y seguirle, y exclamó a grandes voces: «Ahora, soldados, es el momento de acordarse de Marco Minucio y apresurarse; pues es un hombre preclaro y un patriota. Y si en sus prisas por expulsar a los enemigos cometió algún error, ya le pediremos cuentas en otra ocasión.» 4 Nada más aparecer,

pone en fuga y dispersa a los jinetes númidas que daban vueltas por la llanura; a continuación, marchó contra los combatientes que estaban a espaldas de los romanos y mató a los que se pusieron a su alcance; los restantes cedieron y huyeron, antes de que los cogieran aislados y de sufrir la misma suerte que ellos habían infligido a los romanos. *5* Al ver Aníbal el vuelco de la situación y que Fabio con más vigor de lo que correspondía a su edad se abría un paso entre los combatientes y se lanzaba colina arriba a unirse con Minucio, detuvo la batalla y dando con la trompeta la señal de retirada hizo regresar a los cartagineses a la empalizada, y también los romanos se volvieron contentos. *6* Se cuenta que Aníbal, según se alejaba, dijo a sus amigos en broma algo parecido a lo siguiente acerca de Fabio: «¿No os predije a menudo que esa nube siempre asentada en las alturas terminaría algún día por reventar en chaparrón con granizo y tormenta?»

13. Tras la batalla, Fabio despojó a cuantos enemigos había matado y se retiró sin haber proferido ninguna palabra ni arrogante ni ofensiva contra su colega en el mando. En cuanto a Minucio, reunió su ejército *2* y dijo: «Camaradas, el no cometer error en grandes empresas está por encima de la naturaleza humana; pero tras errar, sacar de los tropiezos enseñanzas para el futuro es propio de hombre bueno y juicioso. *3* Por mi parte, yo reconozco que si tengo algo de que quejarme de la fortuna, por muchas más cosas tengo que alabarla. De lo que en tanto tiempo no me di cuenta, en una pequeña porción de un día lo he aprendido: he reconocido que no tengo capacidad para mandar en otros, que necesito a otro que me mande y que no tengo que ambicionar ser vencedor sobre quienes es más bello dejarse derrotar. *4* En adelante vuestro jefe es el dictador; pero en la gratitud hacia él, yo seguiré estando al frente de vosotros, ofreciéndole el primero mi obediencia y mi entrega en lo que ordene.» *5* Tras decir esto y ordenar enarbolar las águilas y que todos le acompañaran, llevó a su ejército a la empalizada de Fabio, entró en su interior y se encaminó a la tienda del general, ante la admiración y la perplejidad de todos. *6* Cuando Fabio salió, poniendo delante las enseñas, le saludó en voz alta llamándole pa-

dre, mientras sus soldados saludaban a los de Fabio con el título de patronos, nombre que los libertos otorgan al dirigirse a quienes los han liberado. *7* Y una vez hecho el silencio, dijo Minucio: «Dos victorias, dictador, has obtenido el día de hoy: una con tu valor sobre Aníbal, y otra con tu prudencia y bondad sobre tu colega en el mando; gracias a la primera nos has salvado, gracias a la segunda nos has instruido; ante él hemos sufrido una afrentosa derrota, y ante ti una que hay que calificar de gloriosa y salvadora. *8* Como padre bondadoso, pues, te saludo, no encontrando un título más honroso, ya que te debo mayor gratitud que el agradecimiento que merece quien me dio el ser; de él yo sólo recibí la vida, de ti hemos recibido la salvación no sólo yo, sino tantos otros»[17]. *9* Tras decir esto, abrazó y besó a Fabio, y lo mismo se pudo ver que hacían sus soldados: se estrechaban y besaban unos a otros, y el campamento estaba lleno de regocijo y lágrimas de alegría.

14. Después de esto, Fabio depuso el mando y de nuevo se designaron cónsules. De éstos, los primeros conservaron la táctica de guerra que él había establecido, evitando combatir con Aníbal en batalla campal y, por otro lado, socorriendo a los aliados e impidiendo las deserciones. *2* Pero cuando fue promovido a la dignidad del consulado Terencio Varrón[18], persona de linaje nada insigne, pero de conducta bien notable por su actitud demagógica y su temeridad, quedó enseguida claro que por su inexperiencia y audacia iba a tirar el dado arriesgando el todo por el todo. Vociferaba en las asambleas que la guerra duraría mientras la ciudad se sirviera de Fabios como generales, y que para él el mismo día sería el de ver y vencer a los enemigos. *3* Al tiempo que decía esto, iba reuniendo y alistando fuerzas tan impresionantes como las que nunca hasta entonces habían desplegado los romanos contra ningún enemigo: ochenta y ocho mil fueron los hombres dis-

---

[17] Dos son también los discursos que Tito Livio, XXII 29 y 30, pone en boca de Minucio en este lugar de la acción.
[18] Cónsul en el 216.

puestos para la batalla, motivo de gran temor para Fabio y para los romanos que tenían sensatez, pues no tenían esperanzas de que la ciudad pudiera recuperarse en caso de que un desastre hiciera perder juventud tan numerosa. *4* Por eso también al colega de Terencio, Paulo Emilio, un hombre que tenía experiencia militar, pero que no era grato al pueblo y estaba temeroso a raíz de una condena sufrida en un juicio contra el estado[19], le exaltaba e infundía coraje para que pusiese freno a la locura de aquél, *5* explicándole que no era tanto con Aníbal con quien tenía que luchar en defensa de la patria, sino contra Terencio, pues ambos estaban impacientes por dar una batalla, el uno porque no se había enterado de la fuerza del enemigo, y el otro porque sí estaba enterado de la debilidad del otro: *6* «Paulo —dijo—, yo merezco más crédito que Terencio en lo que se refiere a la situación de Aníbal cuando te aseguro que si nadie libra con él batalla este año, estará perdido si se queda en Italia o se marchará huyendo. Incluso ahora que parece ser el vencedor y el dueño de la situación, ninguno de sus enemigos se ha pasado a su bando y de las fuerzas que trajo de su patria no le queda ciertamente ni la tercera parte.» *7* A estas palabras cuentan que Paulo contestó: «Para mí, Fabio, si no considero más que mis propios intereses, es preferible sucumbir a las lanzas de los enemigos que otra vez a los votos de los conciudadanos; mas si el estado se encuentra en esa situación, me esforzaré más por parecerte a ti un buen general que por parecérselo a todos los demás que presionan para lo contrario.» Con esta determinación partió Paulo para la guerra.

15. Pero Terencio, que se había empeñado en que el mando se ejerciera por días alternos y que estaba acampado cerca de Aníbal, junto al río Aufidio y a la población llamada Cannas, al amanecer izó la señal de combate —es una túnica de color rojo escarlata extendida ante la tienda del general. Los

---

[19] L. Emilio Paulo y M. Livio Salinátor, cónsules en el 219, habían vencido a los ilirios, pero sus soldados presentaron una demanda contra sus jefes por estimar que se había repartido de modo ilegal el botín. Según Tito Livio, XXII 35, 5, Emilio Paulo no fue condenado, aunque sí su colega.

cartagineses al principio quedaron profundamente turbados, viendo la audacia del general y el gran número de los enemigos, mientras ellos no eran ni la mitad. *2* Pero Aníbal, luego de dar la orden a sus fuerzas de armarse, subió personalmente a caballo con unos pocos a un pequeño otero y desde allí fue observando a enemigos, que ya estaban formando en orden de batalla. Uno de la comitiva llamado Giscón, del mismo rango que él, le dijo que le parecía extraordinario el número de los enemigos. Aníbal, frunciendo el ceño, le respondió: «Otra cosa, Giscón, se te ha escapado notar más maravillosa que ésa.» *3* Y al preguntarle Giscón qué clase de cosa era eso, le contestó: «Que entre tantos como son no hay nadie que se llame Giscón.» Este chiste tan inopinado provocó la risa entre todos ellos y descendieron del otero sin dejar de contar la broma a todos los que les salían al encuentro, de suerte que las risas se fueron extendiendo entre muchos y la escolta de Aníbal no era capaz de recobrar la seriedad. *4* A los cartagineses que los veían, este detalle les infundió ánimo, porque consideraban que tal ataque de risa y tanta broma por parte de su general en aquel momento de peligro tenía que ser producto de la seguridad y el desprecio del enemigo.

16. Aníbal empleó dos estratagemas en la batalla. La primera fue la elección del terreno, al conseguir tener el viento de espaldas. En efecto, se había desencadenado un huracán parecido a una tormenta abrasadora, que levantaba un terrible polvo de aquellas llanuras arenosas y abiertas, lo empujaba por encima de la falange de los cartagineses contra los romanos y se lo lanzaba a la cara, forzándolos a darse la vuelta y romper la formación. *2* La segunda se refería al orden de batalla: colocó a ambos lados del centro a aquellas tropas más firmes y aguerridas y el propio centro lo completó con las más ineptas, haciendo que formaran una cuña que sobresalía mucho del resto de la formación de infantería. A los más valerosos les tenía dicho que cuando los romanos, tras cortar en dos el frente de éstos y lanzarse contra el centro, que cedería por la fuerza y dejaría una bolsa, estuvieran en el interior de la formación, se volvieran entonces rápidamente a uno y otro lado, cargasen contra ellos de flanco y los rodearan cerrándo-

les la retirada. *3* Precisamente esta maniobra es la que parece que causó mayor mortandad. Pues cuando el centro cedió y se llevó consigo a los romanos en su persecución, cuando la formación de Aníbal se modificó y adoptó una configuración de media luna y cuando los comandantes de las tropas selectas mandaron de repente torcer a unos al lado del escudo y a otros hacia el lado de la lanza y cayeron sobre sus flancos al descubierto, a todos los que no se habían adelantado con su huida para evitar quedar rodeados los mataron en el medio y los liquidaron. *4* Se cuenta que también la caballería romana fue víctima de un accidente inesperado. A Paulo, según parece, le derribó su caballo, que había sido herido, y los de su escolta, uno tras otro, fueron dejando su caballo para defender a pie al cónsul. *5* Al ver esto los de la caballería, creyendo que se trataba de una orden transmitida para todos, desmontaron de un salto y entraron en combate con los enemigos a pie. Aníbal al verlo exclamó: «Prefería esto a que me los hubieran entregado atados.» *6* Mas éstas son particularidades de las que dan noticia los que han escrito la historia de la batalla al pormenor[20].

De los cónsules, Varrón huyó a caballo con unos pocos hasta la ciudad de Venusia, y Paulo, en el abismo y en la cresta de la ola de aquella fuga, plagado de numerosos dardos todavía clavados en sus heridas y con el cuerpo y el espíritu oprimido por el peso de tan gran desgracia, estaba sentado junto a una piedra, aguardando al enemigo que le diera el golpe de gracia. *7* A causa de la abundancia de sangre que le empapaba la cabeza y el rostro, estaba irreconocible para muchos, y hubo amigos y servidores que pasaron de largo al no saber que era él. Sólo Cornelio Léntulo, un joven patricio, al verlo y presentir quién era, saltó del caballo y acercándose a él le ofreció sus servicios y le invitó a salvarse por el bien de los ciudadanos, que entonces más que nunca necesitaban un buen general. *8* Pero él declinó este ruego y obligó al joven, a pesar de sus lágrimas, a montar de nuevo en su caballo. Lue-

---

[20] Contrasta, en efecto, la brevedad del relato de la batalla de Plutarco con la extensión que le dedican Polibio, III 110-117, y Tito Livio, XXII 44-50.

go, tomándole la mano derecha y levantándose al tiempo que él, le dijo: «Anuncia, Léntulo, a Fabio Máximo y sé tú personalmente testigo de que Paulo Emilio ha permanecido fiel a sus planes hasta el final y no ha roto ninguno de los compromisos con él, sino que fue vencido primero por Varrón y luego por Aníbal.» 9 Y tras encargarle esto, despidió a Léntulo, y él arrojándose entre los que estaban siendo rematados murió. Cuentan que en la batalla cayeron cincuenta mil romanos y fueron capturados vivos cuatro mil, y que tras el combate los apresados en ambos campamentos no fueron menos de diez mil.

17. Después de tan gran éxito, sus amigos impulsaban a Aníbal a explotar la suerte y a caer sobre Roma al tiempo que los enemigos fugitivos, pues al quinto día de la victoria podría cenar en el Capitolio. Sin embargo, no es fácil decir qué consideración le hizo desistir; más bien sus dilaciones y resquemores parecen haber sido obra de algún ser sobrenatural o de un dios que se plantó para impedírselo. 2 Por eso dicen que el cartaginés Barca le indicó con enfado: «Tú sabes vencer, pero no sabes explotar la victoria.» 3 Y eso que el vuelco que la victoria produjo en su favor fue tan grande, que, mientras que antes de la batalla no tenían ni ciudad ni mercado ni puerto en Italia, y los víveres para el ejército se los tenía que procurar mediante el saqueo con dificultades y a duras penas, sin ningún punto de partida sólido para la guerra, sino vagando y yendo de un lado para otro con el ejército como si fueran una cuadrilla de bandidos muy numerosa, entonces casi toda Italia se sometió a su obediencia. 4 En efecto, las tribus más numerosas e importantes se pasaron voluntariamente a su bando, y Capua, la ciudad más importante después de Roma, quedó anexionada bajo su dominio. En esta ocasión no sólo se demostró, como afirma Eurípides[21], que una gran desgracia sirve para probar a los amigos verdaderos, sino también a los generales sensatos, 5 pues lo que antes de la batalla se consideraba cobardía y apatía de Fabio, nada más terminar

---

[21] Fr. 993 Nauck; cita no literal de un verso trágico de Eurípides.

la batalla parecía ser no ya inteligencia humana, sino una especie de perspicacia divina y celestial, que preveía con gran anticipación sucesos futuros que apenas eran creíbles para quienes los sufrían. 6 De ahí que inmediatamente Roma concentró en él las últimas esperanzas y gracias a refugiarse en las decisiones de este hombre como si fueran un santuario o un altar, pudo disfrutar de la presencia de ánimo de Fabio, que fue la primera y más decisiva causa de su mantenimiento y de que no desfalleciera como en la coyuntura de la invasión de los galos[22]. 7 Pues el que en los momentos en que no parecía haber ningún peligro se mostraba precavido y desesperanzado, entonces, cuando todos estaban sumidos en un duelo ilimitado y en una confusión incapaz de reaccionar, era el único que paseaba por la ciudad con paso tranquilo, semblante sosegado y maneras apacibles de hablar, eliminando en las mujeres los golpes de pecho e impidiendo las aglomeraciones de los que se lanzaban a los lugares públicos para lamentarse en común por sus desgracias. Asimismo, convenció al senado para que se reuniera y trataba de reconfortar a los magistrados, convirtiéndose así en el vigor y el sostén de todas las magistraturas, que tenían en él puestas sus miradas.

18. Puso en las puertas guardias que impidieran a la turba escapar y abandonar la ciudad y fijó lugar y tiempo para el duelo, ordenando que las manifestaciones de luto las hiciera el que quisiera en casa y durante treinta días; transcurridos éstos, tenía que terminar todo tipo de duelo y había que purificar la ciudad de esta clase de manifestaciones. *2* Como la fiesta de Ceres coincidía en aquellos días, pareció mejor suprimir por completo los sacrificios y la procesión antes que poner en evidencia la magnitud del desastre con la escasez y el abatimiento de los asistentes; además, se pensaba que la divinidad se complace cuando los que la honran están contentos. *3* Sin embargo, se fue llevando a cabo cuanto los adivinos recomendaban para propiciar a los dioses y alejar los maleficios.

---

[22] A comienzos del siglo IV a.C., tras la huida de los romanos en la batalla de Alia, los galos se apoderaron de Roma excepto el Capitolio.

De hecho, también a Delfos se envió a consultar el oráculo a Píctor[23], pariente de Fabio, y cuando se descubrió que dos vírgenes vestales se habían dejado seducir, a una, como es costumbre, la sepultaron viva, y la otra se suicidó. *4* Pero de lo que uno más se podría maravillar es de la sensatez y la mansedumbre de la ciudad, cuando, al regresar el cónsul Varrón de la huida en el estado en que cualquiera regresaría después de haber sufrido la derrota más ignominiosa y desgraciada, humillado y cabizbajo, le salió al encuentro a las puertas de la ciudad el senado y la plebe en pleno para saludarle. *5* Los magistrados y los principales del senado, entre los que se encontraba Fabio, una vez hecha la calma, lo elogiaron por no haber renunciado a la ciudad después de tan gran desastre y por presentarse para ponerse al frente de la situación y velar por las leyes y los ciudadanos, en la convicción de que podía haber una salvación.

19. Y cuando se enteraron de que Aníbal se había desviado a otras regiones de Italia después de la batalla recobraron el ánimo y enviaron fuera generales y ejércitos. De aquéllos, los más ilustres eran Fabio Máximo y Claudio Marcelo, que, a partir de unos principios de actuación política casi opuestos, alcanzaron admiración semejante[24]. *2* Pues el uno, que se distinguía, como ya queda dicho en la *Vida* escrita acerca de él[25], por su carácter activo y emprendedor, como corresponde a un hombre siempre presto a armar camorra y de índole semejante a aquellos a quienes Homero califica especialmente de belicosos y arrogantes, trabó los primeros combates con una táctica de guerra intrépida y audaz, que respondía a un hombre osado como Aníbal con su propio atrevimiento. *3* Fabio, por el contrario, apegado a aquellos cálculos suyos primeros, esperaba que si nadie presentaba batalla ni provocaba a Aníbal, él mismo se causaría graves perjuicios y terminaría por consumirse en lo que a la guerra se refiere, porque, igual que las facultades de un cuerpo atlético cuando se some-

---

[23] El historiador analista Fabio Píctor.
[24] Cónsules en el 214.
[25] Cfr. *Marcelo*, 9.

ten a una tensión excesiva y a la fatiga extrema, perdería muy pronto el apogeo de su fuerza. *4* Por eso dice Posidonio[26] que los romanos llamaban a éste el escudo y a Marcelo la espada, y que la solidez y seguridad de Fabio unidas a la vehemencia de Marcelo eran la salvación de los romanos. *5* Por la acción del uno, que era como la de un río que baja impetuoso, Aníbal, al tener que salirle al encuentro constantemente, sufría profundas sacudidas e iba siendo quebrantado en sus fuerzas, y por el otro, que poco a poco fluía por debajo sin ruido y carcomía continuamente los bordes, iba quedando, sin darse cuenta, minado y desgastado; y finalmente se vio reducido a una situación tan apurada, que estaba harto de escaramuzas con Marcelo y tenía miedo de Fabio porque no le presentaba batalla. *6* Pues puede decirse que la contienda se desarrolló la mayor parte del tiempo contra éstos, nombrados bien pretores, bien procónsules, bien cónsules: cada uno de ellos, en efecto, fue cónsul cinco veces. Pero a Marcelo, durante su quinto consulado, le tendió una emboscada y lo mató[27]; con Fabio, aunque le atrajo muchas veces a todo tipo de engaños y celadas, no llegó a ningún resultado, excepto una sola vez que le preparó una trampa y estuvo a punto de hacerle caer en ella. *7* Simuló de parte de los ciudadanos más poderosos y principales de Metaponto y envió a Fabio una falsa carta, en la que se decía que la ciudad se le entregaría si se presentaba en ella y que los que le hacían este ofrecimiento le aguardarían a que llegara y se mostrara en las cercanías. *8* Este documento puso en movimiento a Fabio, que con una parte de su ejército se dispuso a partir de noche. Pero el vaticinio de los auspicios que recibió no fue favorable y eso le hizo desistir. Poco después se descubrió que la carta dirigida a él había sido compuesta por Aníbal para engañarle, y que éste le aguarda-

---

[26] Posidonio de Apamea, que vivió desde el último tercio del siglo II a.C. hasta mediados del siglo I. a.C., escribió una *Historia* en cincuenta y dos libros que abarcaba los sucesos desde el 146 a.C. hasta la dictadura de Sila. Como es el único autor mencionado en esta biografía y en la de Marcelo es citado cuatro veces, se supone que ha sido una de las principales fuentes de Plutarco en la elaboración de la *Vida de Fabio Máximo*.
[27] En el 208.

ba en una emboscada al pie de la ciudad. Este suceso quizá haya alguien que lo atribuya al favor de los dioses[28].

20. En cuanto a las defecciones de las ciudades y los levantamientos de los aliados, Fabio opinaba que era más bien con un trato suave y afable como había que impedirlos y hacer entrar en razón a la gente, no investigando cualquier sospecha y comportándose con absoluta severidad con los sospechosos. *2* Así, se dice que enterado de que un soldado marso, el primero de los aliados por su valentía y linaje, había hablado de deserción con algunos del campamento, en lugar de irritarse con él, le reconoció que se le había tratado con negligencia indebida a sus méritos y le dijo que en ese momento la culpa la tenían los jefes por distribuir las recompensas de acuerdo con las recomendaciones más que de acuerdo con el mérito; pero que en adelante sería a él a quien echaría la culpa si no se dirigía a él y le explicaba cualquier petición que tuviera que hacer. *3* Y tras decir esto, le regaló un caballo de guerra y le impuso las demás condecoraciones, de modo que a partir de entonces el hombre fue el más leal y entusiasta. *4* Pues consideraba que era horrible que, mientras los aficionados a la equitación o a la caza eliminan a fuerza de atenciones, familiaridad y alimento, antes que con fustas y collares, la aspereza, la fogosidad y la rebeldía de los animales, el que manda en seres humanos no ponga en la benevolencia y la afabilidad el medio más importante para corregir los defectos y se comporte con más dureza y violencia que la que usan los agricultores con los cabrahígos, los peruétanos y los acebuches cuando los hacen cultivables y los domestican transformándolos en olivos, perales e higueras[29]. *5* Los centuriones le denunciaron a otro hombre, lucano de nacimiento, que vagabundeaba fuera del campamento y abandonaba con frecuen-

---

[28] La estratagema, descubierta por los propios ciudadanos de Metaponto que se habían presentado ante Fabio para urgirle su presencia en la ciudad bajo la amenaza de tortura, se data en el 209.

[29] La afabilidad y la tolerancia, incluso con los que se manifiestan en contra, son las características más notorias que Plutarco atribuye a Pericles y a Fabio Máximo, como repetirá en la comparación entre ambos.

cia su puesto. Él les preguntó si sabían qué tal era en todo lo demás el individuo. *6* Todos atestiguaron que no sería fácil encontrar otro soldado tan bueno como él y al tiempo le contaron algunas de sus notables proezas y hazañas; por eso, buscando la razón de su indisciplina, descubrió que este hombre estaba prendado de amor por una muchacha y se arriesgaba a hacer largos trayectos cada vez que iba a visitarla lejos del campamento. *7* Enviando, pues, a algunos sin que él lo supiera y apoderándose de la mujer, la ocultó en la tienda. Luego llamó al lucano en privado y le dijo: «No se me oculta que contra las tradiciones y las leyes romanas has pernoctado a menudo fuera del campamento; pero tampoco se me había escapado que eres un buen soldado. *8* Queden, pues, compensadas tus faltas con tus proezas; pero en adelante, pondré tu custodia a cargo de otra persona.» *9* Y ante la curiosidad del soldado, hizo salir a la mujer, se la entregó y dijo: «Ésta me garantiza que tú te vas a quedar en el campamento con nosotros; y tú me demostrarás con tu conducta si no era por alguna otra fechoría por lo que abandonabas el campamento, y si el amor y esta mujer no eran más que un pretexto que decías.» Esto es lo que cuentan sobre el particular.

21. La ciudad de Tarento cayó en su poder, conquistada a traición del siguiente modo[30]. Militaba a sus órdenes un joven tarentino que tenía en Tarento una hermana que le profesaba gran lealtad y cariño. *2* Estaba enamorado de ésta un brutio que formaba parte de la guarnición colocada por Aníbal para mantener la ciudad custodiada bajo su mando. Esta circunstancia dio al tarentino esperanzas de poder llevar a cabo su plan. Con el conocimiento de Fabio se le dio permiso para ir a la ciudad, pero hicieron creer que había desertado para irse con su hermana. Los primeros días transcurrieron sin que el brutio fuera a acostarse a casa de ella, porque pensaba

---

[30] En el 212 Aníbal había conquistado Tarento, aunque no completamente, porque en la acrópolis se había mantenido una guarnición romana; durante el mismo año, capturó casi todas las ciudades del golfo de Tarento. La reconquista tuvo lugar en el 209, tras haber conquistado los romanos toda Sicilia, lo que cogió a Aníbal entre dos fuegos.

que su hermano no estaba enterado. *3* Pero enseguida el joven le dice a su hermana: «Por cierto, allí circulaba el rumor insistente de que tú tienes relaciones con un personaje grande y poderoso. ¿Quién es? Pues si es, como dicen, una persona afamada por sus méritos y brillante, la guerra, que todo lo mezcla, no tiene la menor preocupación por el linaje. Vergonzoso no es nada de lo que se haga por necesidad; por el contrario, en momentos en que la justicia es débil, es una suerte que el que puede maltratar trate a uno con la delicadeza más exquisita.» *4* A raíz de esto, la mujer manda recado a buscar al brutio y le presenta a su hermano; y éste, cooperando con la pasión del bárbaro y aparentando hacer a su hermana más favorable y sumisa a sus apetitos, pronto se ganó su confianza, hasta tal punto que no fue difícil cambiar las ideas de un hombre enamorado y mercenario con la esperanza de las grandes recompensas que en nombre de Fabio se comprometía a otorgarle. *5* Esto es, en definitiva, lo que la mayoría de los autores ha escrito sobre el tema[31]. Pero algunos dicen que la mujer por la que el brutio se cambió de bando no era tarentina de nacimiento, sino brutia, y que como era concubina de Fabio, cuando se enteró de que el jefe de los brutios era un compatriota y conocido suyo, se lo contó a Fabio y en una reunión que tuvo con él al pie de la muralla para hablar, consiguió convencer y ganarse al tal individuo.

22. Mientras se desarrollaban estos hechos, Fabio, imaginando una astucia para distraer a Aníbal, ordenó a los soldados que estaban en Regio hacer una incursión por Brutia y acampar junto a Caulonia para tomarla por la fuerza[32]. Estos soldados, ocho mil en número, eran en su mayoría desertores o los mas inútiles de los proscritos traídos de Sicilia por Marcelo, y su pérdida causaría a la ciudad un dolor y un daño mínimos[33]. *2* Al abandonarlos a Aníbal y ponerlos como cebo,

---

[31] Como Tito Livio, XXVII 15, 9-11.
[32] La ciudad de Caulonia está situada al norte de Regio y Locros Epizefirios en el ángulo sudoccidental, llamado Brutia, de la península itálica.
[33] Según Tito Livio, la mayoría eran desertores de Cannas, que, por eso, habían sido llevados a Sicilia.

tenía la esperanza de apartarle de Tarento, cosa que, en efecto, sucedió. Pues Aníbal se precipitó enseguida a perseguirlos con sus tropas. *3* Al sexto día de haber acampado Fabio en torno de Tarento, el joven que por mediación de su hermana se había entrevistado con el brutio se presentó ante él de noche, conociendo con detalle y habiendo registrado el lugar por donde, cuando el brutio estuviera a cargo de su vigilancia, iba a entregarles la ciudad y permitir el paso a los asaltantes. *4* Sin embargo, Fabio no hizo depender el éxito de la empresa simplemente de la traición; por el contrario, mientras él se presentaba personalmente en el lugar acordado y se mantenía allí en calma, el resto del ejército asaltaba las murallas en un ataque conjunto por tierra y mar, organizando un gran griterío y alboroto, hasta que, en el momento en que la mayoría de los tarentinos acudía allí a prestar su auxilio y combatía con los que asaltaban la muralla, el brutio dio a Fabio la señal de que era el momento oportuno, y éste subió por una escala y se apoderó de la ciudad. *5* Parece, sin embargo, que en esta ocasión no estuvo a la altura de sus aspiraciones de gloria, pues mandó degollar a los brutios importantes, para evitar que se descubriera que era dueño de la ciudad gracias a una traición. Pero fracasó en este propósito e incurrió además en la acusación de perfidia y crueldad. *6* Murieron muchos tarentinos, los vendidos como esclavos fueron treinta mil, el ejército saqueó la ciudad y en el erario público se ingresaron tres mil talentos. *7* Durante el pillaje y la rapiña de todo, se cuenta que el secretario le preguntó a Fabio qué mandaba sobre los dioses, refiriéndose con este nombre a los cuadros y las estatuas, y que Fabio le respondió: «Dejemos a los dioses, irritados con los tarentinos.» *8* No obstante, se llevó consigo de Tarento la estatua colosal de Hércules, que colocó en el Capitolio, y cerca de ella su propia estatua ecuestre de bronce. En esto se mostró mucho más extravagante que Marcelo, o mejor, dio motivo para que aquel hombre fuera más admirado por su mansedumbre y humanidad, como ya he escrito en la *Vida* de él[34].

---

[34] Cfr. *Vida de Marcelo*, 21, 4 donde se dice que Marcelo se había llevado a Roma la mayor parte de estatuas y objetos artísticos, que hizo desfilar consigo

23. Cuentan que Aníbal en su persecución sólo se quedó a una distancia de cuarenta estadios y que dijo en público: «Había realmente también entre los romanos otro Aníbal, pues hemos perdido la ciudad de Tarento tal y como la conquistamos.» Pero en privado, ésta fue la primera vez que dicen que se le ocurrió manifestar a sus amigos que hacía tiempo que lo veía difícil, pero que ahora veía imposible adueñarse de Italia con los recursos de los que disponían.

2 Éste es el segundo triunfo que celebró Fabio, más brillante aún que el primero: como un buen atleta luchaba con Aníbal e iba deshaciendo con facilidad sus logros, que eran como llaves y presas que ya no tenían la misma tensión. *3* En efecto, una parte de sus fuerzas estaba relajada por el lujo y las riquezas, y el resto estaba como extenuado y agotado por los continuos combates que no dejaban cobrar el resuello.

Había un cierto Marco Livio, que mandaba la guarnición de Tarento cuando Aníbal hizo que se rebelase, que, sin embargo, se había mantenido dueño de la acrópolis sin ser repelido de ella y la había custodiado hasta que Tarento volvió a caer en poder de los romanos. *4* A éste le molestaban los honores que se le tributaban a Fabio y en cierta ocasión dijo ante el senado, fuera de sí por la envidia y la ambición, que no era Fabio sino él el autor de la conquista de Tarento. Fabio entonces se echó a reír y dijo: «Tienes razón; si tú no hubieras perdido la ciudad, yo no la habría recuperado.»

24. Los romanos, aparte de los demás honores magníficos que otorgaron a Fabio, nombraron además cónsul a su hijo Fabio. Cuando tomó posesión del cargo y estaba tomando ciertas disposiciones concernientes a la guerra, su padre, bien por la vejez y la debilidad, bien por probar a su hijo, se aproximó montado a caballo entre los que allí se encontraban y rodeaban al cónsul. *2* El joven, que lo vio aun de lejos, no lo toleró y envió a un lictor que mandara a su padre desmon-

---

en el cortejo triunfal. Tito Livio, XXVII 16, 8, que compara también la actuación de Marcelo con la de Fabio y menciona la frase pronunciada por Fabio, muestra sus preferencias por la actuación de este último.

tar y presentarse andando por su propio pie, si tenía que hacer alguna petición al cónsul. *3* A los demás les molestó la orden y volvieron a Fabio sus miradas en silencio, dando a entender que se le trataba de manera indigna de su gloria; pero él saltó al punto del caballo y acelerando el paso en dirección a su hijo lo abrazó y besó, diciendo: *4* «Magnífico, hijo, es tu modo de sentir y de obrar: te has dado cuenta de quiénes son aquellos en los que mandas y de cuán grande es el cargo que has asumido. Así es como nosotros y nuestros antepasados hemos engrandecido Roma, poniendo siempre a padres e hijos en segundo término tras el bien de la patria.» *5* Se cuenta que en realidad el bisabuelo de Fabio, un hombre del mayor renombre y poder entre los romanos, que fue cinco veces cónsul y obtuvo los más notables triunfos en las mayores guerras, partió a la guerra como legado en compañía de su hijo, cónsul entonces, y en el triunfo su hijo hizo la entrada montado sobre una cuadriga, mientras él le acompañaba a caballo con los demás en la comitiva, lleno de legítimo orgullo porque él, que era el soberano de su hijo y que era y así se le llamaba el mayor de los ciudadanos, se colocaba detrás de la ley y del cónsul[35]. *6* Pero Fabio no sólo fue admirable por estas cualidades. Sucedió que su hijo murió; la desgracia, como hombre prudente y buen padre, la soportó con la mayor resignación, y el elogio que en los entierros de los personajes ilustres realizan los parientes, él lo pronunció trasladándose al foro y publicó el discurso, una vez escrito.

25. Cornelio Escipión, enviado a España, expulsó a los cartagineses derrotándolos en muchas batallas y al adquirir para los romanos numerosísimas tribus, grandes ciudades y florecientes empresas regresó poseedor de una popularidad y una gloria como la de ningún otro. Y, nombrado cónsul[36] y notando que la plebe exigía y esperaba de él alguna gran ha-

---

[35] La anécdota se refiere a Fabio Máximo Ruliano, mencionado *supra*, 1, 3.
[36] En el 205 a.C. La táctica romana fue atacar Hispania para impedir el reavituallamiento del ejército de Aníbal en Italia y privar a éste de sus bases. Por tanto, la conquista romana en España fue una maniobra defensiva contra Cartago.

zaña, como consideraba que entablar batalla allí mismo contra Aníbal era una acción excesivamente anticuada y senil, tenía el proyecto de saquear la propia Cartago y África, llenándolas de armas y ejércitos, y trasladar el escenario de la guerra de Italia allí e incitaba al pueblo con todo su ardor a la ejecución de este plan. *2* Entonces Fabio trataba de infundir todo género de miedos en la ciudad, de la que decía que iba a ser arrojada por un hombre insensato y joven al riesgo mayor y más extremo, y no escatimaba palabras ni medios que parecieran servir para hacer desistir a los ciudadanos. Al senado lo iba convenciendo, pero al pueblo le parecía que era por envidia de los éxitos de Escipión por lo que la emprendía con él y que lo que en el fondo temía era que, si éste realizaba alguna acción grandiosa y brillante y ponía término definitivo a la guerra o la alejaba de Italia, él se revelaría como persona indolente y desidiosa por no haber acabado la guerra en tanto tiempo. *3* Es probable que al principio Fabio se lanzara a oponerse a estos planes por prudencia y en aras de su gran preocupación por la seguridad, temeroso del gran peligro que esto constituía, pero se obstinó y se dejó llevar demasiado lejos por cierto amor propio y terquedad que le llevaron a obstaculizar el engrandecimiento de Escipión. La prueba es que trató de convencer a Craso, el colega de Escipión en el consulado, de que no le cediera el mando del ejército y no le hiciera concesiones, sino que, si le parecía bien, hiciera él mismo la travesía a Cartago, y que no permitió que se le dieran fondos para la guerra. *4* Obligado, por tanto, Escipión a procurarse personalmente los recursos financieros, hizo en su propio nombre la recaudación entre las ciudades de Etruria, que estaban en disposición amistosa con él y prestas a complacerle. A Craso lo retuvieron en Italia, en parte, su propio carácter, condescendiente y pacífico, y en parte, también una ley religiosa, porque era sumo pontífice[37].

26. Fabio entonces volvió a salir al paso de Escipión por otro camino y trató de impedir y retener allí a los jóvenes,

---

[37] Los discursos pronunciados por Fabio Máximo y Cornelio Escipión ante el senado son desarrollados por Tito Livio, XXVIII 40-45.

prestos ya para tomar parte con él en la expedición militar, gritando en las reuniones del senado y en las asambleas del pueblo que Escipión no sólo huía de Aníbal, sino que se hacía a la mar llevándose de Italia las fuerzas que quedaban, seduciendo con esperanzas demagógicas a los jóvenes y persuadiéndoles para que abandonaran a sus padres, a sus mujeres y su ciudad, a cuyas puertas estaba instalado el enemigo dominador e invencible. *2* Y con estos discursos terminó por asustar a los romanos, que decidieron en votación que sólo dispondría de los ejércitos que estaban en Sicilia y que no se llevaría más que trescientos de los que habían estado con él en España, que eran los que le tenían una fidelidad probada. Estas disposiciones políticas de Fabio eran, en opinión general, muy conformes a su propio carácter. *3* Pero cuando, nada más pasar Escipión a África, fueron llegando a Roma noticias de sus admirables acciones y hazañas de magnitud y belleza sobresalientes, cuando confirmando estos rumores vinieron a continuación enormes despojos y el rey de los númidas cautivo, así como el incendio y la destrucción de dos campamentos en un único día, habiendo sido muchos los hombres, las armas y caballos que en ellos habían ardido por completo, y según se iban enviando a Aníbal embajadas de parte de los cartagineses llamándolo y pidiéndole que abandonara aquellas irrealizables esperanzas y acudiera en auxilio de su patria, mientras en Roma el nombre de Escipión, a consecuencia de sus éxitos, estaba en todas las bocas, Fabio empezó a exigir el envío de un sustituto para Escipión, aunque no podía alegar ningún pretexto y no hacía más que repetir aquello tan citado de que es arriesgado confiar a la fortuna de un solo hombre intereses tan trascendentes, pues es difícil que la misma persona sea siempre afortunada. Al obrar así, empezó a chocar con muchos, que pensaban que no era más que un hombre lleno de malhumor y ojeriza o que con la vejez se había hecho completamente timorato y pesimista y que se asustaba de Aníbal con un miedo más allá de toda medida. *4* Pues ni siquiera después de embarcarse Aníbal y marcharse de Italia con sus fuerzas, dejó la alegría y los renovados bríos de los ciudadanos sin turbación ni zozobra; por el contrario, entonces era cuando más decía que la situación era muy arriesgada para la ciudad, que iba en plena carrera hacia el peligro más extremo, pues delante de Cartago Aníbal caería sobre ellos con todo su peso, aún mayor en África, y a Escipión le saldría al encuentro un ejército todavía caliente con la sangre de muchos generales con plenos poderes, dictadores y cónsules. De modo que la ciudad volvió a quedar perturbada por estos razonamientos, y aunque la guerra se había trasladado a África, existía la opinión de que el pánico estaba mucho más cerca de Roma.

27. Pero Escipión, no mucho tiempo después, tras vencer al propio Aníbal en batalla campal[38] y tras derribar y pisotear el orgullo de Cartago, caída bajo su dominio, dio a sus conciudadanos una alegría mayor que todas las esperanzas que se podían tener, y su imperio, realmente

«sacudido por un gran temblor, volvió a erguirlo»[39].

2 Sin embargo, Fabio Máximo no vivió lo suficiente para llegar al fin de la guerra ni oyó la derrota de Aníbal ni pudo contemplar la grande y sólida prosperidad de la patria; por la época en que Aníbal levó anclas de Italia cayó enfermo y murió[40].
3 A Epaminondas los tebanos lo enterraron a expensas del estado a causa de la pobreza en que quedó: a su muerte, dicen que no se encontró en su casa nada más que una moneda de hierro[41]. *4* A Fabio los romanos no le rindieron exequias a expensas del estado, pero cada uno en particular contribuyó con la moneda más pequeña que había no para asistirle a causa de su necesidad, sino porque enterraban al padre del pueblo. Así, su muerte recibió los honores y glorias que correspondían a su vida.

---

[38] La batalla de Zama, que puso fin a la segunda guerra púnica, se data en octubre del 202.
[39] Cita, ligeramente modificada, de Sófocles, *Antígona*, 163.
[40] En el 203.
[41] Plutarco escribió una *Vida de Epaminondas*, el famoso general y artífice de la hegemonía tebana en el siglo IV a.C., que no se ha conservado.

Comparación de Pericles y Fabio Máximo

28 (1). Ésta es en conclusión la historia de la vida de estos dos hombres[42]. Y ya que ambos han dejado muchos y bellos ejemplos de virtud tanto política como militar, ea, tomemos en primer lugar el lado militar. Por un lado, Pericles, que tuvo que tratar con un pueblo que estaba en la mayor prosperidad, era por sí mismo el más importante y se hallaba en la cúspide de su poder, podría parecer que se mantuvo hasta el final sin tropiezos ni reveses gracias a la felicidad común y al vigor del estado. Por otro lado, las acciones de Fabio, que recibió el estado en las circunstancias más desdichadas y lamentables, no tuvieron que mantenerlo sin tropiezo conservando las buenas condiciones, sino sacarlo de las malas y ponerlo en otras mejores. *2* Además, a Pericles, las proezas de Cimón, los trofeos de Mirónides y Leócrates y los numerosos y grandes éxitos de Tólmides le transmitieron en herencia más bien mantener a la ciudad durante su mandato entre fiestas y solemnes reuniones públicas, antes que recuperarla por la guerra y salvaguardarla. *3* Mientras que Fabio, que vio muchas huidas y derrotas, muchas muertes y asesinatos de generales con plenos poderes y pretores, lagunas, llanuras y encinares repletos de cadáveres de soldados, ríos que fluían hasta el mar con sangre y mortandad, tomando en sus manos la ciudad y sosteniéndola apoyada en su firmeza y en la solidez de sus plantas fijas en el suelo, no permitió que, arrastrada corriente abajo por los reveses de aquéllos, su curso se agotara y desapareciera por completo. *4* Y eso que puede parecer que no es tan difícil me-

---

[42] Para Plutarco, Pericles y Fabio Máximo se parecen en su moderación y su capacidad de soportar la maledicencia de sus conciudadanos. La tranquilidad, el énfasis en que la situación política de la época de Pericles y la de Fabio Máximo requería el gobierno de una sola persona, el hecho de que los enemigos al saquear sus patrias respetaran únicamente sus haciendas, su ausencia de superstición, su precaución en la guerra y su entereza ante la muerte de sus familiares son otros paralelismos notables entre los dos personajes biografiados.

ter en cintura una ciudad humillada por las desgracias y hecha dócil por necesidad a los consejos de un hombre sensato, como poner freno a un pueblo exaltado por el éxito e hinchado de insolencia y temeridad; y es evidente que fue justo de este modo como Pericles se impuso sobre los atenienses. *5* Sin embargo, la gravedad y el número de males que entonces se acumularon sobre los romanos pusieron de manifiesto la decisión y grandiosidad de un hombre que no se dejó arrasar ni abandonó los principios que guiaban su conducta.

29 (2). La toma de Samos por Pericles se puede contraponer a la conquista de Tarento y, por Zeus, a la de Eubea, la de las ciudades de Campania; aunque es cierto que la propia Capua fueron los cónsules Fulvio y Apio quienes la sometieron[43]. En batalla campal, es evidente que Fabio no obtuvo la victoria en ningún combate a excepción de aquel que le valió su primera entrada triunfal en Roma, mientras que Pericles erigió nueve trofeos por victorias obtenidas sobre el enemigo por tierra y por mar. *2* No obstante, no se cita ninguna hazaña de Pericles semejante a la que llevó a cabo Fabio cuando arrebató a Minucio de las manos de Aníbal y dio la salvación definitiva a un ejército entero romano, bella proeza de la que participaron, a la vez que la valentía, la prudencia y la bondad. Como tampoco, por el contrario, se menciona ningún error de Pericles parecido al que cometió Fabio, víctima de la estratagema de Aníbal mediante las vacas, cuando después de tener cogido al enemigo, que se había internado en los desfiladeros por azar y espontáneamente, lo dejó marcharse de noche sin darse cuenta y al día siguiente se dejó presionar por la fuerza, verse adelantado mientras aguardaba y derrotado cuando lo había tenido preso. *3* Y si un buen general no sólo debe guiarse correctamente por el presente, sino también extraer indicios acerca del futuro, hay que confesar que la guerra terminó para los atenienses tal y como había pronosticado y predicho Pericles: por abarcar mucho, perdieron su poder. Los romanos, sin embargo, al enviar en contra de los planes de Fabio a Es-

---

[43] En el 211.

cipión contra los cartagineses, se hicieron dueños de todo gracias no a la fortuna, sino a la pericia y a la valentía del general que redujo a los enemigos por la fuerza hasta la victoria total. *4* De modo que en favor del uno los propios desastres de su patria son un testimonio de que tenía razón, mientras que el otro queda refutado por los propios éxitos, que demuestran que estaba totalmente equivocado. Igual error para un general es caer en un mal sin haberlo previsto que dejar pasar la oportunidad de un éxito por desconfianza; y es que, según parece, la ignorancia que engendra temeridad y la que quita audacia es una sola. Esto por lo que se refiere a sus acciones militares.

30 (3). En la actuación política, el gran cargo contra Pericles es la guerra. Se dice, en efecto, que fue él quien la suscitó por su oposición a hacer concesiones a los lacedemonios. En mi opinión, tampoco Fabio Máximo habría hecho ninguna concesión a los cartagineses, sino que habría arrostrado con nobleza el peligro en defensa del imperio. *2* Sin embargo, la equidad y mansedumbre de Fabio con Minucio ponen en evidencia las disensiones partidistas de Pericles contra Cimón y Tucídides, hombres de mérito y aristócratas que por su culpa cayeron en el destierro y el ostracismo. Pero la influencia y el poder de Pericles fueron mayores. *3* De ahí que no permitiera que ningún otro estratego con sus malas resoluciones arrojara el infortunio sobre la ciudad: Tólmides fue el único que se le escapó repeliendo con violencia su influjo y sufrió un descalabro ante los beocios[44]; todos los demás se adherían a sus criterios y cerraban filas con él a causa de la grandiosidad de su poder. *4* Fabio, a pesar de estar seguro de sí mismo y no cometer nunca errores, es evidente que fue inferior a Pericles por no haber podido impedir a los otros que los cometieran. Pues los romanos no se habrían enfrentado a tan grandes desgracias, si Fabio hubiera tenido entre ellos el poder que Pericles tuvo en Atenas.

5 La magnanimidad a propósito de las riquezas, el uno la manifestó al no tomar nada de lo que le ofrecían, el otro al

---

[44] En la batalla de Coronea en el año 447 a.C.

dar mucho a los que le pedían, habiendo además rescatado a los cautivos con su dinero particular; 6 bien es verdad que la suma no fue elevada, sino unos seis talentos[45]. Pero de Pericles no se puede decir seguramente cuántos beneficios y lisonjas de aliados y de reyes tuvo la oportunidad de recibir, porque su poder se lo permitía; y sin embargo, conservó la más absoluta integridad y limpieza.

7 Con la magnificencia de los monumentos y templos y con la construcción de las edificaciones con las que Pericles embelleció Atenas no vale la pena comparar todos los alardes de ostentación juntos de Roma anteriores a los Césares: la grandiosidad y elegancia de las obras de Pericles tienen una primacía muy superior a aquéllas y no admiten comparación.

---

[45] En función de lo que dice en 7, 6 *supra*, Plutarco debería haber dicho que la suma ascendía a diez talentos.

ALCIBÍADES – CORIOLANO

Alcibíades

Frente a lo que sucedía en la elaboración de otras biografías de personajes de la historia de Grecia, para componer la *Vida de Alcibíades*, Plutarco contaba con una documentación muy abundante. Mientras que de otros ilustres contemporáneos de Alcibíades no se conocía ni siquiera el nombre de la madre, en el caso de Alcibíades podía mencionar los nombres de su nodriza y su pedagogo. La situación era diferente porque Alcibíades, gracias a su relación y amistad con Sócrates, había penetrado en la abundante literatura de cuño socrático desarrollada en el siglo IV a.C. En efecto, Plutarco se ha servido del *Banquete* de Platón y del *Alcibíades Mayor*, de atribución discutida al propio Platón. Aparte de los diálogos platónicos, Tucídides para los sucesos anteriores al 410 y Jenofonte, *Helénicas*, para los sucesos posteriores al año en que temina el relato de Tucídides, entre las obras conservadas, y Éforo y Teopompo, cuyas historias se han perdido, le han suministrado información. También ha debido de servirse del discurso del orador Andócides, *Sobre los misterios*, del *Contra Alcibíades* que se ha transmitido entre las obras del mismo Andócides, y de las frecuentes menciones que sobre Alcibíades encontraba en la comedia contemporánea de Aristófanes.

Esta abundante documentación no ha llevado a Plutarco a extender la narración más de lo normal. En lugar de eso, lo que ha hecho ha sido exponer una interpretación del personaje particularmente elaborada. En primer lugar, al orden cronológico de la narración de los hechos biográficos se superpone un orden temático, sobre todo en los dos primeros tercios aproximadamente de la biografía. De este modo, los temas del amor y la licencia en su comportamiento, la valentía y la osadía corren paralelas a la narración de la infancia y la juventud de Alcibíades. Tras los hechos relativos a su vida privada se exponen los referentes a su actuación pública. De este modo, se va haciendo al mismo tiempo una narración en orden cronológico, subordinado en las cuestiones de detalle al orden temático, y una descripción del carácter de Alcibíades.

En segundo lugar, el carácter del personaje biografiado se expone, a través de los hechos y anécdotas que acerca de él se relatan, en tres pasajes diferentes (caps. 2, 16 y 23), que van perfilando y profundizando la interpretación que Plutarco da del personaje. En el primero de ellos se anuncia que su personalidad sufrió en el curso de su vida profundas alteraciones, y que, aunque por naturaleza poseía grandes dones, predominaba en él su afán de ser siempre el primero. Una prueba de estos radicales cambios se encuentra en su trato con Sócrates. A pesar de que éste le afeaba sus malas acciones, Alcibíades lo respetaba y seguía sus consejos cuando estaba con él, pero lejos de su presencia actuaba de modo distinto. En este desvelamiento progresivo del carácter de Alcibíades, se presenta en el cap. 16, antes de la expedición de Sicilia, el contraste entre su actividad pública y su comportamiento privado, que se había granjeado la mala reputación entre todas las personas sensatas. La gloria que había adquirido ante el pueblo, mezclada con la licencia de su vida privada, tendrían, sin duda, un final terrible. A continuación se relata el comienzo de la expedición a Sicilia con el escándalo de la mutilación de los hermes y la profanación de los misterios. Finalmente, en el cap. 23, a propósito del primer exilio, que le lleva a Esparta, termina por descubrirse la personalidad de Alcibíades. En realidad, aquellas mutaciones e inestabilidad eran el producto de su capacidad de adaptación y su carácter acomodaticio al contexto en el que se encontraba en cada momento. En esto era superior al camaleón. No existen unos principios de conducta, y ésta es la causa real de su versatilidad. El propio Plutarco en *Cómo distinguir a un adulador de un amigo (Moralia,* 48 e-74 e) pone al propio Alcibíades como ejemplo de persona sin principios que actúa conforme a las circunstancias en su afán de adular a los que le rodean. En conclusión, según Plutarco, que aprovecha la tradición existente sobre Alcibíades, tanto las buenas acciones como las malas proceden de su ausencia de principios morales y su capacidad de acomodación a las circunstancias. Los éxitos que produce este permanente halago al *démos* ateniense, a los nobles espartanos o a Tisafernes, el sátrapa del rey persa, son la causa del odio envidioso que le va persiguiendo donde quiera que va.

La pareja de vidas de Alcibíades y Coriolano parece ser, junto a la de Demetrio y Antonio, la única en la que Plutarco expone un ejemplo moral diciendo lo que no hay que ser y hacer, no presentando un ejemplo digno de imitación. Es natural, pues, pensar que estas parejas pertenezcan a la fase más tardía de la elaboración de las *Vidas,* cuando los ejemplos morales expuestos eran ya abundantes. En todos los casos, la condena moral que se desprende de la narración de Plutarco está basada en el hecho de que sus acciones no eran el resultado de una finalidad política, producto, a su vez, de unos principios morales en la actuación privada.

Bibliografía

Jenofonte, *Helénicas*. Se puede consultar la traducción, introducción y notas de O. Guntiñas Tuñón, Madrid, 1977; o la de D. Plácido, Madrid, 1989.

Platón, *Banquete*. Puede ser consultada en las traducciones de L. Gil, Madrid, 1969; o de M. Martínez Hernández en *Platón, Diálogos*, vol. III, Madrid, 1986.

Tucídides, *Historia de la guerra del Peloponeso*. Puede ser consultada en las traducciones de A. Guzmán Guerra, Madrid, 1989; o de L. M. Macía Aparicio, Madrid, 1989; o de J. J. Torres Esbarranch con introducción de J. Calonge Ruiz, 4 vols., Madrid, 1990².

Hatzfeld, J., *Alcibiade, étude sur l'histoire d'Athènes à la fin du Ve siècle*, París, 1951.

Alcibíades.

ALCIBÍADES

1. La familia de Alcibíades parece que remonta a Eurísaces, hijo de Ayante, considerado su fundador. Era un Alcmeónida por línea materna, ya que su madre fue Dinómaca, hija de Megacles. Su padre, Clinias, combatió gloriosamente en la batalla naval de Artemisio con una trirreme fletada con su propio dinero y más tarde murió en Coronea luchando contra los beocios[1]. *2* Alcibíades tuvo como tutores a Pericles y Arifrón, hijos de Jantipo, que eran familiares suyos[2]. *3* Se dice, y no sin razón, que el afecto y la simpatía de Sócrates por él contribuyeron no poco a su celebridad. En efecto, mientras que de Nicias, Demóstenes, Lámaco, Formión, Trasibulo y Terámenes, todos ellos hombres famosos de su tiempo, no se conoce ni siquiera el nombre de la madre de ninguno de ellos, de Alcibíades conocemos incluso el de la nodriza, una laconia llamada Amicla, y el de su pedagogo, Zópiro, gracias a que Antístenes documenta el primero, y Platón el segundo[3].

4 En cuanto a su belleza física, sin duda no hace falta decir sino que floreció en todas las edades de su vida y en todas las

---

[1] La batalla de Coronea contra los beocios es del 447, cuando Alcibíades debía de tener cinco años. Como la batalla del cabo Artemisio es del 480, es poco probable que el Clinias que menciona Heródoto en esta batalla fuera el padre de Alcibíades.

[2] Agarista, madre de Pericles, era hermana de Megacles, padre de Dinómaca. Alcibíades, por tanto, era sobrino carnal de Pericles.

[3] Platón, *Alcibíades Mayor*, 122 b. Tanto Platón como Antístenes fueron discípulos de Sócrates.

épocas, y le hizo sucesivamente un niño, un joven y un hombre de aspecto amable y encantador. *5* Pues aunque no es verdad, por mucho que lo dijera Eurípides[4], que en todos los hombres bellos incluso el otoño es bello, sin embargo, esto sí se aplicó a Alcibíades, además de a otros pocos, gracias a su buena naturaleza innata y a la excelencia de su constitución física. *6* En cuanto a su manera de hablar, su defecto de pronunciación dicen que incluso le favorecía y confería a sus palabras un atractivo que le proporcionaba convicción. *7* El propio Aristófanes menciona su defecto de pronunciación en aquellos versos en los que dirige sus burlas contra Teoro[5]:

«Luego Alcibíades me dijo confundiendo la *r* con la *l*:
"¿Obselvas a Teolo? Tiene cabeza de cuelvo"[6].
Con razón esta vez Alcibíades ha confundido la *r* con la *l*.»

8 También Arquipo[7] dice, cuando se burla del hijo de Alcibíades: «Va andando con pose afectada, arrastrando el manto para parecerse lo más posible a su padre y

camina con el cuello ladeado y confunde la *r* con la *l*.»

2. Más tarde, su carácter se reveló, como era de esperar en un hombre que intervino en empresas importantes y experimentó las vicisitudes de la fortuna, muy inestable y versátil; pero la pasión más fuerte de las muchas y violentas que la naturaleza había puesto en él era la ambición y las ansias de ser el primero en todo, como resulta evidente por las anécdotas que se recuerdan de su infancia.

2 En cierta ocasión en que se ejercitaba en la lucha y su rival estaba apretándole, para evitar caer y quedar derrotado,

---

[4] Según el *Tratado del amor*, 770 c, de Plutarco, Eurípides decía esto a propósito de Agatón, autor de tragedias.

[5] Los versos son de *Avispas* 44-6.

[6] El juego de palabras que se encuentra aquí es difícil de comprender con la pura traducción castellana: al pronunciar *kólakos* (adulador) por *kórakos* (cuervo), Alcibíades ha atinado en el juicio de este personaje.

[7] Poeta cómico contemporáneo de Aristófanes.

alzó hasta acercar a su boca los brazos del adversario, que le enlazaban, y amenazaba con mordérselos. *3* El otro soltó la presa y le dijo: «¡Muerdes, Alcibíades, como las mujeres!» «¡No —replicó— como los leones!» Cuando todavía era pequeño, estaba jugando a las tabas en una calleja, y en el momento en que le tocaba el turno de tirar acertó a pasar un carromato cargado de mercancías. *4* Primero dijo al que conducía la yunta que aguardara, pues la taba que había tirado había caído en el lugar por donde iba a pasar el carromato. El individuo, que era un rústico, en vez de hacerle caso, siguió avanzando. Los demás niños se apartaron, pero Alcibíades se tiró boca abajo delante de la yunta y con todo el cuerpo extendido delante de ella le dijo que pasara así si quería. El individuo, entonces, lleno de espanto, detuvo en seco la yunta y empezó a retroceder, mientras quienes veían la escena se asustaron y corrieron entre gritos hacia el niño.

5 Cuando empezó los estudios, atendía con buena disposición a todos sus maestros, pero rehuía tocar la flauta, pues creía que era una actividad vil e indigna de un hombre libre. La práctica con el plectro y la lira no dañaban en nada, a su modo de ver, la figura y el aspecto que convienen a un hombre libre, pero a la persona que con la boca sopla la doble flauta, incluso los familiares difícilmente llegan a reconocerle el rostro. *6* Además, a la vez que se tañe la lira se puede recitar o cantar, pero la flauta tapa la boca y pone una mordaza a todo el mundo, porque priva de la voz y de la palabra. «Que toquen, pues, la flauta —decía— los hijos de los tebanos, pues ellos no saben conversar. Pero nosotros, los atenienses, tenemos, como dicen nuestros padres, a Atenea como fundadora, y a Apolo como autor de nuestra estirpe: la primera arrojó lejos de sí la flauta, y el segundo desolló al flautista»[8]. *7* Con estas razones, dichas medio en broma, medio en serio, no sólo Alcibíades se apartó de estas enseñanzas, sino que alejó a los demás. Pues no tardó en extenderse entre los niños la fama de

---

[8] Atenea arrojó lejos de sí la flauta al ver sus mejillas hinchadas que se reflejaban en el agua. El sátiro Marsias, que pasaba, según algunos autores, por haber inventado la flauta, desafió al citarista Apolo (padre de Ión, rey de Atenas y fundador de la estirpe de los jonios), que, tras derrotarlo, lo desolló vivo.

que Alcibíades hacía bien en detestar la flauta y en ridiculizar a quienes aprendían. El resultado es que la flauta quedó desterrada de las ocupaciones de las personas libres y completamente desprestigiada.

3. En las *Invectivas* de Antifonte[9] se narra que cuando era un niño se fugó de su casa y se fue con Demócrates, uno de sus amantes, y que Arifrón quería que se le buscara mediante un bando, pero que Pericles no se lo permitió, aduciendo que si había muerto, con el bando sólo conseguirían que apareciera un día antes, y que si estaba a salvo, no habría salvación para él el resto de su vida. También se cuenta en las *Invectivas* que mató a palos a uno de sus servidores en la palestra de Sibirtio. 2 Pero probablemente no hay que dar crédito a estas acusaciones que pronunció uno que reconocía que escribía invectivas contra él por el odio que le tenía.

4. Ya eran muchas las personas de buen nacimiento que se congregaban a su alrededor y le colmaban de atenciones. Era evidente que lo que todos, excepto uno solo, admiraban atónitos y llenaban de lisonjas era el resplandor de su lozana belleza; tan sólo el amor de Sócrates era un gran testimonio de las buenas dotes naturales del muchacho para la virtud, cualidades innatas que él veía transparentarse y brillar a través de su aspecto físico. Pero como Sócrates temía su riqueza, su reputación y la turbamulta de ciudadanos, extranjeros y aliados que trataban de anticiparse y conquistarlo con adulaciones y favores, tenía el propósito de protegerlo y no tolerar que esta especie de planta en flor perdiera y estropeara el fruto que de ella cabía esperar. 2 No hay nadie, en efecto, a quien la Fortuna haya protegido del exterior y haya fortificado tanto con pretendidos bienes, para hacerlo invulnerable a la filosofía e

---

[9] A qué Antifonte pertenece esta obra, al orador, autor de las *Tetralogías* y de otros discursos judiciales, o al sofista, autor de los tratados sobre la *Verdad* y *Sobre la concordia*, en caso de que, como parece, haya que diferenciar dos autores homónimos del siglo v, es algo inseguro. Plutarco muestra espíritu crítico que le hace dudar de noticias documentadas en una obra poco digna de crédito en cuanto a su contenido histórico.

inaccesible a la mordiente franqueza de sus discursos, como a Alcibíades, que, aunque pervertido desde el principio y encerrado por quienes le halagaban constantemente y eran un obstáculo para que él prestara oídos a quien trataba de reprenderlo e instruirlo, supo, sin embargo, gracias a sus cualidades innatas, reconocer el valor de Sócrates y lo admitió en su compañía, apartando a los ricos e ilustres admiradores que intentaban conseguir su amor. *3* Y pronto lo convirtió en compañero habitual y escuchaba sus recomendaciones, las palabras de un amante que no perseguía la caza de un placer indigno de un varón, y que no reclamaba ni besos ni caricias, sino que ponía en evidencia las podredumbres de su alma e intentaba reprimir sus vanos e insensatos humos. Alcibíades entonces

«se agazapaba como gallo vencido y agachaba el ala»[10].

4 Y llegó a pensar que la obra de Sócrates era realmente una misión que los dioses le habían confiado para el cuidado y la salvación de los jóvenes. Sin darse cuenta, a medida que se iba despreciando a sí mismo y admirando a Sócrates, estimando su bondad y respetando su virtud, fue adquiriendo una imagen del amor, un «reflejo de amor», como afirma Platón[11], y todo el mundo estaba lleno de admiración viendo que cenaba, se ejercitaba en la lucha y compartía la tienda de campaña con Sócrates, mientras que para los demás que rivalizaban por su amor era áspero e imposible de dominar, e incluso se comportaba con irresistible altanería con algunos, como con Ánito, el hijo de Antemión.

5 En efecto, éste estaba enamorado de Alcibíades, y un día en que albergaba a unos huéspedes suyos, le invitó también a él a la cena. Alcibíades rehusó la invitación, pero después de emborracharse en su casa salió de juerga con sus compañeros en dirección a la casa de Ánito. Una vez allí, se detuvo en la

---

[10] Trímetro yámbico de Frínico, citado igualmente en la *Vida de Pelópidas*, 29, 11, y en el *Tratado del amor*, 762 e.
[11] *Fedro*, 255 d.

puerta de la sala donde comían y contemplando las mesas repletas de copas de plata y de oro dijo a los sirvientes que cogieran la mitad y lo llevaran a su casa. Pero él no se dignó entrar y se fue después de hacer esta fechoría. 6 Pues bien, ante la indignación de sus huéspedes, que protestaban por la insolencia y la arrogancia con la que Alcibíades había tratado a Ánito, éste exclamó: «Diréis más bien que ha sido bastante razonable y bondadoso, pues teniendo la posibilidad de habernos cogido absolutamente todo, nos ha dejado la mitad.»

5. Así trataba también a todos los demás que perseguían su amor, con la única excepción de un individuo que, según dicen, era meteco y no tenía mucha hacienda, pero que vendió todo, llevó el dinero que había reunido, una suma de cien estateros, a Alcibíades y le rogó que los aceptara. Alcibíades se echó a reír y complacido le invitó a cenar. 2 Después de haberlo agasajado con la comida y tras darle pruebas de amistad, le devolvió el dinero y le ordenó que al día siguiente pujara y superara en la subasta a quienes se dedican a comprar por una cantidad el derecho a cobrar los impuestos públicos. 3 El individuo trató de excusarse, porque la compra estaba valorada en muchos talentos, pero Alcibíades le amenazó con azotarlo si no lo hacía; pues además daba la coincidencia de que los recaudadores de tributos habían inferido un agravio personal a Alcibíades. 4 A la mañana siguiente, pues, el meteco fue al ágora y pujó un talento más por la compra. Y cuando los recaudadores de impuestos, aliados todos juntos y llenos de cólera, le dijeron que diera el nombre de su avalista, convencidos de que no encontraría a nadie, en el momento en que el individuo se retiraba entre el abucheo general, Alcibíades, que se encontraba allí, dijo desde lejos a los magistrados: «Escribid mi nombre. Es mi amigo. Yo lo avalo.» 5 Al oír estas palabras, todos los recaudadores quedaron completamente confundidos, pues acostumbrados a solventar las deudas atrasadas de un primer arrendamiento con el producto del siguiente, no veían una salida posible para la dificultad. Le rogaron al individuo que desistiera mediante el pago de una cantidad de dinero. Alcibíades le prohibió que aceptara una cantidad inferior a un talento. Ellos se lo dieron, y Alcibíades

le dijo que lo cogiera y se marchara. Así es cómo le procuró una buena ganancia[12].

6. El amor de Sócrates, aunque tenía muchos e importantes rivales, conquistaba a veces a Alcibíades, porque sus discursos prendían en él gracias a sus buenas dotes naturales y lograban que su corazón diera un giro y que las lágrimas se le derramaran; pero a veces se entregaba a los aduladores, que le proponían numerosos placeres, y entonces se escabullía lejos de Sócrates, que le daba caza como se hace con un esclavo fugitivo, pues Sócrates era el único que le inspiraba respeto y temor, y a todos los demás los despreciaba. 2 Cleantes[13] decía que él sólo prendía a su amado por los oídos, y que, en cambio, éste ofrecía a sus rivales muchos otros sitios para apresarle que él no se permitía tocar; con ello se refería al vientre, los órganos genitales y el gaznate. Alcibíades era también sin duda muy inclinado a los placeres. 3 Lo que Tucídides llama licencia de su vida privada, permite tener esta sospecha[14]. 4 Sin embargo, fue aprovechando su ambición y sus ansias de gloria como los que lo echaban a perder lo metieron prematuramente en las grandes empresas, persuadiéndole de que en cuanto comenzara su actividad pública, no sólo borraría de inmediato a los restantes generales y jefes populares, sino que incluso superaría el poder y la fama de los que disfrutaba Pericles entre los griegos. 5 Pues como el hierro ablandado por el fuego recupera su dureza bajo la acción del frío y contrae todas sus partículas, del mismo modo, cuantas veces Sócrates recobraba a Alcibíades hinchado de molicie y vana soberbia, lo reprimía y reducía con sus palabras hasta hacerlo humilde y sumiso, haciéndole ver la importancia de las cualidades que le faltaban y las imperfecciones que le mantenían lejos de la virtud.

---

[12] Cien estateros equivalían a doscientas dracmas, mientras que un talento valía seis mil dracmas.

[13] Cleantes de Aso (331-232 a.C.), discípulo y sucesor de Zenón en la jefatura de la escuela estoica.

[14] Tucídides, VI 15, 4.

7. Ya había sobrepasado la edad de la infancia cuando un día se detuvo ante un maestro de escuela y le pidió un libro de Homero. El maestro le dijo que no tenía nada de Homero; él entonces le dio un capón y siguió su camino. *2* Cuando otro le dijo que tenía un Homero que él mismo había corregido: «¿Pero es que —le respondió—, siendo capaz de corregir a Homero, te dedicas a enseñar a leer, en lugar de instruir a los jóvenes?»

3 Un día que quería entrevistarse con Pericles, fue a la puerta de su casa. Pero cuando le informaron de que Pericles estaba muy ocupado, porque estaba examinando cómo rendir cuentas a los atenienses, exclamó Alcibíades, según se iba: «¿No sería mejor que examinara cómo no rendirles cuentas?»

Todavía era un adolescente cuando participó en la expedición militar a Potidea. Sócrates era compañero suyo de tienda y en las batallas formaba como soldado de infantería al lado de su caballo. *4* En un combate violento que hubo, ambos se distinguieron por su valor; pero cuando Alcibíades cayó herido, Sócrates se mantuvo a pie firme delante de él, lo protegió y fue él con toda claridad quien lo salvó con sus armas. *5* Correspondía, pues, con toda la justicia, la condecoración a Sócrates. Pero como los generales se manifestaban muy interesados en otorgar el honor a Alcibíades a causa de su reputación, Sócrates, que quería incrementar su ambición de conseguir honores mediante buenas acciones, fue el primero en dar testimonio en favor de él y en solicitar que se le concediera la corona y la panoplia.

6 También en la batalla de Delio, durante la huida de los atenienses, Alcibíades, que iba a caballo, cuando vio a Sócrates retirarse a pie con un pequeño grupo de soldados de infantería, en vez de continuar adelante con su caballo, fue escoltándole y dándole protección contra los enemigos, que iban acosándolos y matando a muchos. Pero esto sucedió en fecha posterior[15].

---

[15] Sobre la participación de Sócrates y Alcibíades en las campañas de Potidea (431) y en la batalla de Delio (424), véase Platón, *Banquete,* 220 d-221 c.

8. A Hiponico, padre de Calias, que gozaba de gran reputación e influencia por su riqueza y linaje[16], le propinó una vez un capón, y no lo hizo impulsado por la cólera o porque hubiera una desavenencia entre ambos, sino por reírse, a raíz de una apuesta que había hecho con sus amigos. *2* El escándalo se propagó enseguida por la ciudad y suscitó, como es natural, la indignación general. Al día siguiente, en cuanto amaneció, Alcibíades se presentó en casa de Hiponico, llamó a la puerta y cuando entró y estuvo en presencia de él, se quitó el manto y le ofreció su cuerpo, diciéndole que lo azotara y castigara. *3* Él le perdonó y olvidó su rencor, y más tarde llegó a prometerle la mano de su hija Hipáreta. Algunos afirman, sin embargo, que no fue Hiponico, sino Calias, su hijo, quien entregó a Alcibíades a Hipáreta con una dote de diez talentos. Más adelante, cuando ella dio a luz, dicen que Alcibíades consiguió que le dieran otros diez talentos, pues, según dijo, así se había convenido si el matrimonio tenía hijos. *4* Calias, temeroso de las maquinaciones de Alcibíades, se presentó ante la asamblea del pueblo y les hizo donación de sus bienes y su casa, en caso de morir sin dejar descendencia.

Hipáreta era una mujer discreta y amante de su marido, pero su matrimonio era triste, porque veía que Alcibíades frecuentaba la compañía de cortesanas extranjeras y atenienses. Por ello se marchó de casa y se fue a la de su hermano. *5* Y como Alcibíades, lejos de preocuparse, seguía con sus francachelas, ella tuvo que ir a entregar al magistrado el escrito en demanda de divorcio, y lo hizo, no mediante un intermediario, sino compareciendo personalmente. Cuando estaba, pues, allí para resolver el asunto conforme a la ley, salió Alcibíades en su busca, la agarró y se la llevó a casa atravesando el ágora, sin que nadie se atreviera a enfrentársele o a quitársela. *6* Vivió ya con él el resto de sus días y murió no mucho tiempo después, cuando Alcibíades navegaba en dirección a Éfeso. Sin embargo, este acto de violencia no pareció completamente contrario a la ley y a la humanidad; pues parece que por eso es por lo que la ley prescribe que la mujer

---

[16] Y pasaba por ser el hombre más rico de Atenas.

que quiere abandonar a su marido se presente personalmente ante el magistrado público, para que el marido tenga oportunidad de reconciliarse con ella y retenerla.

9. A un perro que tenía de tamaño y aspecto extraordinarios y que había comprado por setenta minas[17], le cortó el rabo, que era muy bonito. 2 Cuando sus familiares le reprochaban y le decían que todos le criticaban a propósito del perro y hablaban mal de él, se echó a reír y dijo: «Pues entonces está sucediendo justo lo que quiero; pues pretendo que los atenienses hablen de eso, para evitar que digan algo peor de mí.»

10. Su primera intervención en la vida pública dicen que tuvo lugar con ocasión de una contribución voluntaria de dinero, y no fue de manera premeditada, sino que, cuando pasaba, al oír el alboroto de los atenienses, preguntó la causa del tumulto, y cuando le informaron de que se trataba de una contribución voluntaria, subió a la tribuna y ofreció el dinero del donativo. El pueblo empezó a aplaudir y a gritar de alegría, y él se olvidó de una codorniz que llevaba casualmente bajo el manto. 2 Cuando asustada ésta se escapó, los atenienses redoblaron su griterío, muchos se levantaron para ayudar a cazarla, y el que terminó por cogerla y devolvérsela fue Antíoco, el piloto, que, por esto, se convirtió en amigo íntimo de Alcibíades[18].

3 Grandes fueron las puertas que a la carrera política le abrieron su nacimiento, su riqueza y su valor en las batallas; muchos eran, además, los amigos y allegados que había a su disposición, pero estimaba que nada le daba tanta fuerza sobre la muchedumbre como el encanto de su palabra. Que era elocuente lo documentan los cómicos y el más elocuente de los oradores, que en su discurso *Contra Midias*[19] dice que Alcibíades, además de otras cualidades, era también muy hábil

---

[17] Siete mil dracmas.
[18] Sobre Antíoco, véase *infra*, 35, 6.
[19] Demóstenes, *Contra Midias*, 145.

en el uso de la palabra. Y si hemos de dar crédito a Teofrasto[20], un hombre que por su afán de saber y sus conocimientos históricos se puede comparar con cualquier filósofo, Alcibíades era el que poseía mayor capacidad de encontrar e imaginar lo que convenía decir en cada circunstancia, pero como buscaba no sólo lo que había que decir, sino también con qué palabras y expresiones había que decirlo y no siempre encontraba la palabra justa, con frecuencia vacilaba, se quedaba callado en medio del discurso y hacía una pausa cuando se le iba la expresión, mientras trataba de reponerse y reflexionaba.

11. La cuadra de caballos y el número de los carros le hicieron muy famoso, pues con siete ninguna otra persona, ni particular ni rey, participó en las carreras de Olimpia: él fue el único. *2* Y la gloria de haber quedado a la vez vencedor, segundo y, según afirma Tucídides[21], cuarto, o, según Eurípides, tercero, supera en brillantez y fama todo lo que se pueda ambicionar en esta materia. *3* Dice Eurípides en su canto triunfal lo siguiente:

«A ti te cantaré, oh hijo de Clinias. Bella es la Victoria,
pero lo más bello es, cosa que ningún otro griego hizo,
quedar en la carrera de carros primero, segundo y tercero,
y subir sin fatiga[22] dos veces, coronado de hojas de olivo,
para ser proclamado varias veces consecutivas por el heraldo.»

12. Sin embargo, la rivalidad de las ciudades por concederle honores dio realce a la brillantez de sus victorias: los efesios erigieron en su honor una tienda magníficamente adornada; la ciudad de Quíos ofreció alimento para los caballos y gran número de víctimas; y los lesbios, vino y toda clase de provisiones para que obsequiara con suntuosos banquetes a

---

[20] Teofrasto fue el sucesor de Aristóteles al frente de la escuela peripatética. Además de los *Caracteres* y de la *Historia de las plantas*, que se han conservado, escribió numerosas obras de botánica y retórica.

[21] VI 16, 2. La victoria fue obtenida en el 416.

[22] El propietario del tiro de caballos y del carro no solía conducir en la carrera.

muchísimas personas. *2* Sin embargo, todavía dio más que hablar un rumor que suscitó aquella competición victoriosa, del que no se puede asegurar si fue calumnia o noticia fundada en una acción indigna. *3* Se dice, en efecto, que había en Atenas un tal Diomedes, hombre honesto y amigo de Alcibíades, que deseaba obtener la victoria olímpica y que al enterarse de que había en Argos un carro que pertenecía al estado, como sabía que Alcibíades poseía una gran influencia en Argos, donde tenía muchos amigos, le convenció de que comprara el carro para él. Alcibíades lo compró, pero lo registró como propio, y a Diomedes, a pesar de que lo tomó muy a mal y puso por testigos del atropello a los dioses y a los hombres, lo mandó a paseo. Se sabe que incluso se presentó una querella judicial por este asunto, y hay un discurso *Sobre la biga*, cuyo autor es Isócrates, en defensa del hijo de Alcibíades, aun cuando en éste el que se querella es Tisias, no Diomedes[23].

13. Cuando se lanzó a la política, siendo todavía adolescente, no tardó en eclipsar a todos los jefes de los partidos, y sólo tuvo que competir con Féace, hijo de Erasístrato, y Nicias, hijo de Nicérato. Este último, de edad ya avanzada[24], tenía fama de ser un excelente general; en cuanto a Féace, comenzaba entonces como él a aumentar su influencia y era también hijo de una familia ilustre, pero era inferior a él en todo y, en particular, como orador: *2* pasaba por ser más bien un interlocutor afable y persuasivo en privado que un hombre capaz de sostener las luchas de la asamblea. Era, en efecto, como Éupolis afirma,

«excelente conversador, totalmente incapaz como orador».

---

[23] El discurso *Sobre la biga* de Isócrates pertenece a los primeros años del siglo IV, cuando ya habían transcurrido bastantes años desde la obtención de la victoria en los juegos olímpicos. Esta circunstancia puede explicar que el que se querelle en el discurso sea Tisias, en lugar de Diomedes, que para entonces puede ser que ya hubiera muerto.
[24] Su nacimiento se sitúa alrededor del 470 a.C.

3 Se ha transmitido también un discurso *Contra Alcibíades* atribuido a Féace, en el que, entre otras cosas, se dice que todos los vasos rituales pertenecientes a la ciudad, que eran muchos de oro y de plata, Alcibíades los usaba en su vida diaria como si fueran propiedad particular[25].

4 Había un cierto Hipérbolo del demo de Peritoide, que menciona también Tucídides como individuo perverso y que proporcionaba a todos los cómicos sin distinción materia continua de burlas en sus obras teatrales. *5* Imperturbable a pesar de la mala reputación e insensible por ese desprecio de la propia fama que algunos llaman audacia y valor, siendo en realidad desvergüenza e insensatez, no era del agrado de nadie, pero el pueblo se servía de él con frecuencia cuando deseaba ultrajar y calumniar a las personas de consideración elevada. *6* El pueblo, siguiendo sus recomendaciones, iba a depositar entonces los votos para imponer el ostracismo, que es el procedimiento con el que reprimen en cada ocasión y expulsan al ciudadano que más sobresale por su buena fama e influencia, más por aliviar su envidia que por calmar su temor. *7* Cuando fue seguro que el ostracismo recaería sobre uno de los tres, Alcibíades reunió a los diferentes partidos y, de acuerdo con Nicias, logró desviar el ostracismo para que recayera sobre Hipérbolo. *8* Según dicen algunos[26], no fue con Nicias, sino con Féace, con quien se confabuló, y fue el partido de éste el que se atrajo para expulsar a Hipérbolo, que no tenía la más mínima sospecha. *9* Pues nunca había recaído este castigo sobre una persona de baja condición y carente de estimación, como dice Platón el cómico en un pasaje que se refiere a Hipérbolo:

---

[25] El discurso *Contra Alcibíades*, núm. IV de los conservados entre las obras de Andócides, aunque probablemente no debe serle atribuido, menciona este detalle de los vasos en el cap. 29. El discurso, que pretende hacer recaer el ostracismo sobre Alcibíades antes que sobre Nicias o sobre el propio orador, ignora el procedimiento jurídico ateniense en los casos de ostracismo; por eso es de suponer que no fue pronunciado realmente ante la asamblea, sino publicado directamente para su difusión. Si este discurso es el que compuso Féace es materia insegura.

[26] En concreto, Teofrasto, a juzgar por lo que el propio Plutarco dice en la *Vida de Nicias*, 11, 10.

«Ha conseguido lo que su conducta se merecía,
aunque no fuera esto lo que sus taras se merecían.
Pues el ostracismo no se ha inventado para esta clase de gente.»

Pero ya he expuesto con más extensión en otros sitios la historia de estos sucesos[27].

14. A Alcibíades no le contrariaba menos la admiración que los enemigos sentían por Nicias que las honras que los ciudadanos le tributaban. Alcibíades, en efecto, era próxeno de los lacedemonios, y era él quien había prestado asistencia a los que fueron hechos cautivos en Pilo[28]. 2 Pero como había sido sobre todo por Nicias por quien habían logrado la paz[29] y recuperado a los cautivos, tenían un afecto singular por él. Además, entre los griegos circulaba el dicho de que Pericles era el que había emprendido la guerra, y Nicias el que le había puesto fin, y la mayoría llamaba esta paz paz de Nicias. Todo esto causaba un profundo pesar a Alcibíades, que, lleno de envidia, comenzó a planear una violación de los juramentos que garantizaban el tratado. 3 En primer lugar, al darse cuenta de que los argivos, por odio y rencor contra los espartiatas, buscaban una excusa para hacer defección de ellos, fue dándoles en secreto esperanzas de una alianza con los atenienses y no hacía más que estimularlos mediante emisarios y conversaciones con los jefes del partido popular a abandonar el temor y las concesiones con los lacedemonios, y a volverse hacia los atenienses y aguardar el momen-

---

[27] En la *Vida de Nicias*, 11, donde también cita estos tres versos de Platón el cómico.
[28] Tucídides, VI 89, 2, pone en boca del propio Alcibíades en un discurso esta afirmación de que era próxeno de los lacedemonios. En el 425 habían quedado aislados en la isla de Esfacteria, frente a la costa de Pilo, los espartiatas que la ocupaban. Cleón consiguió su rendición, hecho que tuvo una profunda repercusión por ser la primera vez en que tropas espartiatas eran derrotadas y capturadas.
[29] La paz llamada de Nicias entre espartanos y atenienses fue concluida en la primavera del 421. En virtud de sus cláusulas fueron devueltos los prisioneros en Esfacteria, a cambio de la restitución de las ciudades de la liga ático-délica que habían hecho defección de Atenas.

to, sin duda inminente, en que éstos cambiaran de actitud y rechazaran la paz.

4 Cuando los lacedemonios concertaron una alianza con los beocios y devolvieron a los atenienses la fortaleza de Panacto, no en pie como debían, sino destruida, aprovechando la irritación de los atenienses, procuró exacerbar aún más su cólera. Se dedicaba además a protestar contra Nicias y a indisponer a todos en contra suya con acusaciones que no carecían de fundamento, porque le echaba la culpa de no haber querido, cuando era general, someter a los enemigos que habían quedado rodeados en Esfacteria; de haberlos soltado y devuelto, cuando otros los sometieron, por agraciarse con los lacedemonios; *5* y después, de no haberlos convencido, él que era su amigo, para que no hicieran la alianza con los beocios ni con los corintios, y de impedir que el que quisiera de los griegos fuera amigo y aliado de los atenienses, a menos que los lacedemonios dieran su consentimiento.

6 Estando Nicias en situación difícil por esta razón, se presentaron ante él, como por casualidad, unos embajadores procedentes de Lacedemonia, que traían de allí propuestas razonables y declaraban haber llegado con plenos poderes para concluir cualquier acuerdo que fuera equitativo y condujera a la reconciliación. *7* El consejo los recibió, y al día siguiente el pueblo iba a celebrar una asamblea. Alcibíades, temeroso, consiguió que los embajadores se entrevistaran con él. *8* Cuando estuvieron reunidos, dijo: «¿Qué os ha sucedido, espartiatas? ¿Cómo no os habéis dado cuenta de que el consejo es siempre moderado y benévolo con las personas a quienes recibe, y la asamblea del pueblo tiene sentimientos altaneros y grandes pretensiones? Si decís que habéis venido con plenos poderes para negociar, os maltratará con sus imposiciones y violencias. *9* Ea, pues, abandonad esa ingenuidad. Si queréis que los atenienses os traten con moderación y no veros forzados a hacer concesiones contra vuestra voluntad, negociad sobre los acuerdos que os parecen justos, como si no dispusierais de plenos poderes. Yo haré a los lacedemonios el favor de colaborar con vosotros.» *10* En confirmación de esta promesa les dio un juramento y así consiguió alejarlos de Nicias. Ellos depositaron en él toda su confianza y quedaron admirados de su habilidad e inteligencia, propias únicamente de un hombre excepcional.

11 Al día siguiente se reunió la asamblea popular, y comparecieron los embajadores. Y cuando Alcibíades les preguntó de la manera más cortés en qué condiciones habían venido, ellos respondieron que no traían plenos poderes. *12* Al punto, Alcibíades comenzó a acosarlos con gritos llenos de cólera, como si fuera la víctima, no el autor, de una ofensa, tratándolos de desleales y tramposos, que no habían venido a hacer ni a decir nada que no fuera una insania. El consejo estaba indignado, el pueblo lleno de hostilidad, y Nicias era presa del estupor y la confusión ante el cambio de actitud de los embajadores, porque ignoraba el engaño y la treta[30].

15. Después que echaron así a los lacedemonios, Alcibíades, en cuanto fue nombrado general, concluyó una alianza de los atenienses con Argos, Mantinea y Élide[31]. *2* Y aunque nadie aprobó su modo de gestionarla, el hecho es que el resultado de su actuación fue importante: dividir y sembrar la agitación en el Peloponeso casi entero, oponer en un solo día a las fuerzas de los lacedemonios en los alrededores de Mantinea un número muy grande de escudos y trabar combate muy lejos de Atenas haciendo que el riesgo fuera para los lacedemonios, porque si ganaban en la batalla la victoria no les reportaría ningún beneficio importante, mientras que si hubieran fracasado la propia supervivencia de Lacedemonia habría sido ardua de lograr[32].

3 Después de la batalla, los Mil[33] emprendieron enseguida el derrocamiento del régimen democrático en Argos y la sumisión de la ciudad a los lacedemonios, que se presentaron allí y derribaron la democracia. *4* Cuando el pueblo volvió a

---

[30] Plutarco resume la narración de Tucídides, V 42-45.

[31] La finalidad de esta alianza era aislar a Esparta.

[32] La batalla de Mantinea se libró en el año 418, y en ella los espartanos y los arcadios, al mando del rey Agis, derrotaron a la coalición argiva apoyada con un número muy restringido de fuerzas por los atenienses, pues Alcibíades, patrocinador de la alianza, no había sido elegido estratego para el 418.

[33] Los partidarios de la oligarquía filoespartana en Argos, cfr. Tucídides, V 81.

tomar las armas y se hizo con el poder, la presencia de Alcibíades afianzó la victoria del partido popular. Les convenció entonces de que extendieran los muros largos y los hicieran descender hasta el mar, para que su ciudad no tuviera que depender de nada más que del poder de los atenienses. *5* Hizo llevar de Atenas carpinteros y canteros, y con el empeño que mostró logró adquirir gratitud e influencia para la ciudad y no menos para él mismo. *6* Persuadió igualmente a los habitantes de Patras a unir la ciudad con el mar mediante unos muros largos. Y cuando uno dijo a los habitantes de Patras: «Terminarán hundiéndoos los atenienses», Alcibíades respondió: «Puede que sí, pero poco a poco y empezando por los pies; mientras que los lacedemonios, empezando por la cabeza y de un trago.» *7* Sin embargo, también aconsejaba a los atenienses que se aferraran a la tierra y confirmaran con hechos el juramento que hacían prestar cada año a los efebos en el santuario de Agraulo[34]. *8* Juran, en efecto, tomar como fronteras del Ática los trigos, las cebadas, las viñas, las higueras, los olivares, y se les enseña a considerar como propia la tierra cultivada y productiva.

16. Con una actividad política y oratoria de esta clase y con tal amplitud de miras y habilidad contrastaban el profundo relajamiento de sus costumbres, sus excesos en la bebida y sus desvaríos amorosos, el afeminamiento de sus vestidos, teñidos de púrpura, que dejaba que le arrastrasen por el ágora, y la suntuosidad de sus despilfarros; tenía el hábito de recortar una parte en la cubierta de las trirremes para dormir con más comodidad al extender su lecho, no sobre una tarima de tablas, sino sobre listas de tela tensadas; había mandado que le hicieran un escudo dorado que, en vez de tener grabada una divisa tradicional, llevaba un Amor portador del rayo. *2* Las personas más notables, al ver todos estos desatinos, al tiempo que se llenaban de aborrecimiento e indignación, te-

---

[34] Hija de Cécrope, rey mítico ateniense, que tenía un santuario en la acrópolis. El texto del juramento que los efebos pronunciaban sólo toma como testigos a las fronteras del Ática, los trigos, etc.; la frase siguiente en el texto de Plutarco era la interpretación que Alcibíades daba a la fórmula del juramento.

mían su indiferencia y desprecio por la ley como una ambición tiránica e insólita. En cuanto a los sentimientos que el pueblo tenía respecto a él, Aristófanes no los ha expresado nada mal cuando dice:

3 «Lo ansían, abominan de él, pero quieren tenerlo.»

Todavía insiste más en este sentido al decir:

«Sobre todo, no criar a un león en la ciudad,
pero si se cría a uno, regirse por sus costumbres»[35].

4 Las contribuciones voluntarias, las coregias, las prodigalidades no carentes de exceso otorgadas a la ciudad, la gloria de sus antepasados, el talento en el uso de la palabra, la hermosura de su cuerpo y la fuerza en la guerra, acompañada de experiencia y valentía, hacían que los atenienses transigieran con todo lo demás y lo toleraran sin grandes dificultades, dando siempre los nombres más suaves a sus fechorías, que llamaban chiquillerías y afán de notoriedad. 5 Así sucedió, por ejemplo, cuando secuestró al pintor Agatarco, al que sólo soltó tras pagarle cuando le decoró su casa; cuando abofeteó a Táureas, que era corego al mismo tiempo que él y le disputaba la victoria; y cuando se llevó a una cautiva melia, estuvo viviendo con ella y crió al hijo que nació de esta unión. 6 Pues también llamaban a esto sentimientos humanitarios; y eso que él fue el máximo responsable de la matanza de los melios que estaban en edad militar, porque habló en favor de la aprobación del decreto[36]. 7 Cuando Aristofonte pintó una Nemea con Alcibíades sentado sobre sus brazos, todos se congregaron alegres a contemplar el cuadro. Pero los más viejos tam-

---

[35] Las citas corresponden a *Ranas,* 1425 y 1432-3, respectivamente.
[36] La fuente de Plutarco en este pasaje debe de ser el *Contra Alcibíades,* que forma parte de los discursos de Andócides. Tucídides no menciona la responsabilidad de Alcibíades en el castigo infligido a los melios, isla de población doria pero neutral durante la guerra, en el 416, a diferencia del *Contra Alcibíades,* 22, donde se dice que Alcibíades propuso esclavizar a toda la población. Igualmente las tres anécdotas precedentes son narradas en el mismo orden en el *Contra Alcibíades.*

bién se indignaron al ver lo que parecía una nueva prueba de aspiraciones tiránicas y contrarias a la ley. *8* Tampoco Arquéstrato parecía andar descaminado cuando dijo que Grecia no habría podido soportar dos Alcibíades[37].

9 Un día que Alcibíades salía satisfecho de la asamblea por el éxito logrado y caminaba acompañado por una escolta con gran brillantez, Timón el misántropo, en lugar de pasar de largo y evitarlo, que era lo que solía hacer con los demás, le salió al encuentro y tras tenderle la diestra, le dijo: «Haces bien, hijo, en subir, pues tu subida traerá a todos éstos una gran desgracia.» Unos se rieron, otros lo maldecían, pero hubo también algunos a quienes estas palabras causaron una honda impresión. Tan dividida estaba la opinión que todos tenían sobre Alcibíades, a causa de los contrastes de su naturaleza.

17. Ya en vida de Pericles los atenienses codiciaban Sicilia[38], pero fue tras su muerte cuando iniciaron la empresa, y cada vez que un pueblo se sentía maltratado por los siracusanos enviaban lo que llamaban tropas de socorro y auxiliares, poniendo así jalones para una expedición militar mayor. *2* El que sobre todo les enardeció este deseo y les convenció de atacar y conquistar la isla, no por partes ni poco a poco, sino haciéndose a la mar con una gran flota, fue Alcibíades, que persuadió al pueblo infundiéndole grandes esperanzas y que tenía para sí mismo mayores aspiraciones todavía. Pues concebía la expedición de Sicilia, no un fin en sí mismo, como los demás, sino un comienzo para alcanzar sus esperanzas. *3* Nicias, sin embargo, trataba de disuadir al pueblo, porque estimaba que la conquista de Siracusa sería una labor ardua, pero Alcibíades, que soñaba con Cartago y Libia y que se veía ya, una vez logradas estas anexiones, revestido del poder en Italia y en el Peloponeso, consideraba que Sicilia era apenas otra cosa que una simple fuente de aprovisionamiento

---

[37] En la *Vida de Lisandro*, 19, Plutarco atribuye esta afirmación de Arquéstrato a Teofrasto, cuyo relato sigue. Arquéstrato había sido estratego en el 431 y había estado al mando de la expedición a Potidea en la que Alcibíades había participado.

[38] Cfr. *Vida de Pericles*, 20, 4.

para la guerra[39]. *4* Los jóvenes, pronto exaltados por estas esperanzas, eran ya firmes partidarios suyos y escuchaban con atención a los más viejos, que les relataban muchas maravillas sobre la expedición, de suerte que eran numerosos los atenienses que se sentaban en las palestras y en los hemiciclos y dibujaban el contorno de la isla y la posición de Libia y Cartago.

5 Dicen, sin embargo, que el filósofo Sócrates y el astrónomo Metón temían que no resultaría nada bueno para la ciudad de aquella expedición: el primero, porque, al parecer, había recibido las advertencias del genio que siempre le acompañaba; y Metón, que tenía miedo del futuro por alguna reflexión suya o porque se lo hubiera manifestado algún género de oráculo, fingió estar loco y cogiendo una antorcha encendida hizo ademán de prender fuego a su propia casa. *6* Algunos afirman que la locura de Metón no fue ninguna simulación que él preparara, sino que quemó por entero su casa durante la noche y luego, a la mañana siguiente, compareciendo ante el pueblo, pidió y suplicó que en consideración a tan gran desgracia su hijo quedara exento de participar en la expedición. En todo caso, consiguió lo que pretendía y logró engañar a sus conciudadanos[40].

18. Nicias fue elegido general contra su voluntad, cosa que trataba de evitar no tanto por el propio cargo, como por el colega que iba a tener. Pero para los atenienses era evidente que las cosas de la guerra marcharían mejor si, en lugar de dejar a Alcibíades como dueño absoluto, unían al arrojo de éste la prudencia de Nicias. *2* Además, el tercer general era Lámaco, que, aunque de edad avanzada, tenía, sin embargo, fama de no ser menos fogoso y amante del riesgo en los combates que Alcibíades. En el curso de la deliberación sobre el número y la naturaleza de los preparativos, Nicias de nuevo trató de oponerse y evitar la guerra. *3* Pero Alcibíades replicó

---

[39] Cfr. Tucídides, VI 90, 2-3.
[40] Cfr. *Nicias*, 13, 7-9, donde se añade que Metón y su hijo tenían que participar en la expedición.

y su criterio prevaleció. Luego, Demóstrato, uno de los oradores, presentó una propuesta y dijo que los generales debían tener plenos poderes, tanto para los preparativos como para todo el desarrollo de la guerra[41].

4 Cuando se aprobó el decreto por votación del pueblo y todo estaba dispuesto para la partida de la flota, aparecieron malos presagios incluso en la fiesta que se celebraba entonces. *5* Pues caían precisamente en aquellos días las fiestas de Adonis, en las que las mujeres exponían por todos los sitios imágenes que representaban cadáveres en el acto del enterramiento, imitaban los ritos funerales golpeándose el pecho y cantaban himnos fúnebres. *6* Sin embargo, fue la mutilación de los hermes[42], cuando en una sola noche fueron destrozadas las cabezas de la mayoría de ellos, lo que conmocionó a muchas personas e incluso a quienes desdeñaban la importancia de estas cosas. *7* Se dijo que los autores podrían haber sido los corintios, que, por ser Siracusa una colonia de Corinto, lo habrían hecho para que se produjera un retraso ante el presagio o incluso un cambio en su resolución de emprender la guerra. *8* No obstante, no ganó el crédito de la mayoría ni este rumor ni las explicaciones de quienes creían que nada de lo sucedido era una señal desfavorable, sino el simple y normal resultado del libertinaje de unos jóvenes que se habían dejado llevar a cometer este sacrilegio por pura diversión. Por el contrario, la multitud, presa de ira y temor porque consideraba lo sucedido como indicio de una audaz conjuración que pretendía fines aún mayores, fue investigando sin piedad todo lo que despertaba sospecha, y tanto el consejo como la asamblea del pueblo se reunieron muchas veces en pocos días para llevar a cabo averiguaciones.

19. En esto, Androcles, un jefe del partido popular, presentó como testigos a unos esclavos y metecos, que acusaron

---

[41] Los debates son relatados por extenso en Tucídides, VI 8-26. Los hechos corresponden al año 415.

[42] Cfr. Tucídides, VI 27, 1. Los hermes eran pilares cuadrangulares de piedra tallada en los que estaban figurados la cabeza y los órganos genitales del dios Hermes, como protector de los caminos, las calles y las puertas. Estaban situados a las puertas de las casas particulares, de los templos y en el ágora.

a Alcibíades y a sus amigos de haber mutilado las estatuas y haber parodiado los misterios en plena borrachera[43]. *2* Dijeron que un cierto Teodoro desempeñó el papel de heraldo, Pulitión el de portador de la antorcha, y el de hierofante Alcibíades, y que los demás secuaces asistieron como espectadores con la denominación de iniciados en los misterios. *3* Éste es, en efecto, el contenido de la denuncia sumarísima presentada por Tésalo, hijo de Cimón[44], en la que acusaba a Alcibíades de impiedad con ambas diosas. El pueblo estaba exasperado y dispuesto a actuar con dureza con Alcibíades. Y como, además, Androcles, que era uno de los enemigos más furibundos de Alcibíades, aguzaba su irritación, los partidarios de Alcibíades al principio se quedaron confusos, *4* pero al darse cuenta de que todos los marineros y soldados que iban a navegar a Sicilia les eran favorables y al enterarse de que los argivos y mantineos, que eran mil hoplitas, declaraban abiertamente que sólo por Alcibíades participaban en una larga expedición militar a ultramar, pero que en cuanto alguien le tratara con desconsideración desertarían, recobraron la confianza y aprovecharon esta oportunidad para justificarse. De este modo, sus enemigos quedaron, por su parte, desalentados y temerosos de que el pueblo en el juicio se mostrara más indulgente con él porque lo necesitaban. *5* Ante esta situación, maquinan que los oradores que pasaban por no estar enemistados con Alcibíades, aunque lo odiaban no menos que quienes lo reconocían, se levantaran en la asamblea popular y dijeran que sería absurdo que en este momento, cuando se acababa de poner al frente de fuerzas tan importantes como general dotado de plenos poderes, cuando la flota y los aliados estaban reunidos, se desperdiciara la oportunidad con el sorteo del tribunal

---

[43] Cfr. Tucídides, VI 28, 1. Los misterios a los que se refiere el texto son los de Eleusis, celebrados en honor de las dos diosas, Deméter y Perséfone. El heraldo, el portador de la antorcha o daduco y el hierofante eran los oficiantes principales de los misterios, cuya parodia se realizó en la casa del rico meteco Pulitión.

[44] La denuncia sumarísima *(eisaggelía)* presentada por Tésalo fue cursada después de la partida de Alcibíades con la flota; ésta es la razón por la que los atenienses enviaron en su busca a la nave *Salaminia*, una de las naves del estado encargada de cumplir las funciones oficiales, particularmente religiosas.

y la medición del agua: *6* «No, que ahora mismo se haga a la mar en hora buena y que, una vez acabada la guerra, comparezca para presentar la defensa en las mismas condiciones.» *7* Alcibíades no dejó de advertir, sin embargo, la perfidia de este aplazamiento; subió a la tribuna y dijo que era terrible que se le enviara lejos al frente de una fuerza tan poderosa, dejando tras de sí acusaciones y calumnias contra él. Pues lo que convenía era que sufriera ya la muerte si no refutaba los cargos, pero que si los refutaba y probaba su inocencia se le dejase partir contra los enemigos, sin tener nada que temer de los calumniadores.

20. Pero como no los convenció y se le dio la orden de embarcar, se hizo a la mar con los restantes generales. Llevaba no muchas menos de ciento cuarenta trirremes, cinco mil cien hoplitas, unos mil trescientos entre arqueros, honderos e infantería ligera, y material digno de consideración. *2* Después de abordar a Italia y tomar Regio, presentó su propuesta sobre el plan táctico que debían seguir, *3* y aunque Nicias se opuso, como Lámaco se adhirió navegó a Sicilia y anexionó Catana. Pero no pudo hacer nada más, porque los atenienses enseguida mandaron a buscarlo para el juicio[45].

4 Al principio, como ya queda dicho, sólo recayeron sobre Alcibíades unas sospechas y acusaciones vagas, lanzadas por esclavos y metecos. *5* Pero más tarde, aprovechando su ausencia, sus enemigos emprendieron contra él un violento ataque, y enlazando con los ultrajes de los hermes la profanación de los misterios, como si ambas acciones fueran obra de una única conjuración revolucionaria, fueron metiendo en la cárcel sin juicio a los acusados de cualquier clase de complicidad y sentían rabia de no haber cogido antes a Alcibíades con los votos de la asamblea y no haberle juzgado por tan graves cargos. *6* Como resultado de la ira que sentían contra él, todos sus parientes, amigos y familiares que cayeron en sus manos

---

[45] Plutarco resume el relato de Tucídides, VI 43-52, aunque redondea la cifra de trirremes y comete un error al decir que Alcibíades conquistó Regio, cuando, en realidad (cfr. Tucídides, VI 44, 3), la ciudad de Regio, situada en la costa de la península itálica del estrecho de Mesina, mantuvo su neutralidad.

fueron tratados con extrema severidad. En cuanto a los delatores, Tucídides ha omitido sus nombres, pero otros[46] mencionan a Dioclides y a Teucro, y entre ellos se encuentra el poeta cómico Frínico, autor de los siguientes versos:

7 «Querido Hermes, ten cuidado, no sea que al caerte
te tuerzas un pie y des un pretexto de calumnia
a otro Dioclides que intente perjudicarte.
—Tendré cuidado; que a Teucro tampoco quiero
que le recompensen por la delación, a ese malvado extranjero.»

8 Y sin embargo, ninguna prueba cierta ni segura dieron los delatores. Uno de ellos, cuando le preguntaron cómo reconoció las caras de los que mutilaron los hermes, respondió que a la luz de la luna. Pero era completamente falso, porque el delito tuvo lugar el día primero de mes, en la luna nueva. La manifiesta mentira provocó el abucheo entre las personas sensatas, pero al pueblo ni siquiera esto le hizo actuar con mayor blandura ante las calumnias, pues siguió con la misma excitación que al principio y no dejó de llevar y encerrar en la cárcel al que alguno denunciara.

21. Entre los presos y encarcelados en espera de juicio en esa ocasión estaba también el orador Andócides, cuyo linaje hace remontar hasta los descendientes de Ulises el historiador Helanico. *2* Andócides tenía fama de ser enemigo de la democracia y simpatizante de la oligarquía, pero lo que sobre todo hizo que fuera sospechoso de la mutilación de los hermes fue el gran hermes que había cerca de su casa, que había sido erigido como ofrenda de la tribu Egeide. *3* En efecto, entre los pocos que había muy sobresalientes, fue casi el único que quedó intacto. Por eso es por lo que todavía en la actualidad se llama hermes de Andócides, y todo el mundo lo conoce por ese nombre, a pesar del testimonio de la inscripción. *4* Y sucedió que Andócides, entre las personas que estaban en la cárcel bajo la misma acusación, se hizo sobre todo amigo e ínti-

---

[46] En particular, Andócides, *Sobre los misterios*, 37-39.

mo de un individuo ilustre, aunque no igual a él, pero dotado de una inteligencia y una audacia sobresalientes, que se llamaba Timeo. *5* Éste persuade a Andócides para que se confiese a sí mismo culpable y denuncie a unos cuantos, no muchos; pues, en virtud del decreto votado por el pueblo, se concedía la inmunidad a quien reconociera sus culpas, y el resultado del juicio, aun siendo para todos incierto, era sobre todo digno de temor para los poderosos; más valía salvarse mintiendo que morir ignominiosamente con la misma acusación y si se examinaba el interés general, mejor era abandonar a unos pocos, que además eran dudosos, para librar de la cólera popular a muchas personas honestas. *6* Andócides terminó haciendo caso de estas palabras y consejos de Timeo, y con la declaración que hizo en contra de sí mismo y de otros obtuvo la inmunidad según los términos del decreto; pero todos los que él nombró murieron, excepto los que habían huido. Y para prestar más crédito a su declaración, Andócides añadió algunos de sus propios esclavos. *7* Pero ni siquiera entonces el pueblo depuso toda su irritación; por el contrario, como si, una vez liberado de los mutiladores de los hermes, su cólera estuviera ociosa, se desbordó entera contra Alcibíades y terminó por despachar la nave *Salaminia* en su busca, no sin antes haber tomado la precaución de ordenar a los emisarios que no usaran la violencia y no le pusieran la mano encima, sino que le trataran con las palabras más comedidas y le dijeran que los acompañara para celebrar el juicio e intentar convencer al pueblo de su inocencia. *8* Pues temían desórdenes del ejército en tierra enemiga y una sedición, que fácilmente podría haber llevado a cabo Alcibíades, si hubiera querido. Además, las tropas estaban desanimadas ante la idea de su partida y tenían la sospecha de que la guerra en manos de Nicias se convertiría en múltiples demoras y extensos periodos de inactividad, al eliminar esa especie de aguijón que estimulaba a la acción. *9* Pues Lámaco era belicoso y valiente, pero por su pobreza carecía de prestigio y autoridad.

22. La primera consecuencia de la partida de Alcibíades en la nave fue separar a Mesina de los atenienses. Había, en efecto, unos que iban a entregarles la ciudad, pero Alcibíades,

que los conocía perfectamente, delató sus nombres a los partidarios de los siracusanos y echó a perder el plan. Cuando llegó a Turios y desembarcó de la trirreme, se ocultó y logró escapar de los que lo buscaban. 2 Una persona le reconoció y le dijo: «¿No te fías, Alcibíades, de tu patria?» Y él respondió: «En todo lo demás sí, pero cuando se trata de mi vida, ni de mi madre, no sea que por descuido deposite el voto negro en lugar del blanco.» 3 Cuando más tarde se enteró de que la ciudad le había condenado a muerte, dijo: «Pues yo les voy a probar que estoy vivo.»

4 Se conserva el acta de acusación sumarísima, redactada en los siguientes términos: «Tésalo, hijo de Cimón, del demo de Laquíades, presenta denuncia por procedimiento sumarísimo contra Alcibíades, hijo de Clinias, del demo de Escambónide, por haber cometido sacrilegio contra las dos diosas al parodiar los misterios y revelárselos a sus amigos en su propia casa, vestido con una ropa como la que lleva el hierofante cuando expone los objetos sacros, dándose a sí mismo el nombre de hierofante, a Pulitión el de portaantorcha, y a Teodoro, del demo de Fegea, el de heraldo, y llamando a sus restantes compañeros mistas y epoptas[47], contra las leyes y las disposiciones de los Eumólpidas, los Heraldos y los sacerdotes de Eleusis.» 5 Y luego de condenarlo en rebeldía y confiscar sus bienes, votaron además que lo declararan maldito todos los sacerdotes y sacerdotisas. De todos ellos dicen que Teano, hija de Menón, del demo de Agrile, fue la única que se opuso a este decreto, afirmando que ella se había hecho sacerdotisa para orar, no para maldecir.

23. Cuando se decretaron contra Alcibíades estas graves resoluciones y condenas, él se encontraba en Argos, pues lo primero que había hecho al escapar de Turios había sido trasladarse al Peloponeso. Pero como temía a sus enemigos y había renunciado del todo a su patria, envió recado a Esparta solicitando que le garantizaran su seguridad y le otorgaran su

---

[47] Mistas y epoptas son los dos grados de la iniciación en los misterios de Eleusis.

confianza para prestarles mayores favores y servicios que los daños que antes les había causado cuando había combatido contra ellos. *2* Los espartiatas se lo concedieron y le recibieron de buen grado. Nada más llegar con ellos, puso en ejecución diversas medidas que les favorecían: la primera fue despertarlos de la lentitud y los retrasos que imponían a su decisión de socorrer a los siracusanos y azuzarlos a que enviaran a Gilipo como jefe y quebrantasen el poderío que tenían allí los atenienses; la segunda fue moverlos a reemprender la guerra en Grecia contra los atenienses; la tercera y más importante, fortificar Decelea, que es lo que contribuyó más que ninguna otra cosa a aniquilar y destruir la ciudad[48].

3 Si por su actuación política era estimado y admirado, todavía más atraía al pueblo y lo hechizaba con su vida privada, viviendo entonces a la moda espartana. De modo que al verlo raparse el pelo hasta la piel, bañarse en agua fría, comer habitualmente pan de cebada y acostumbrarse al caldo negro, parecía a todos increíble y se preguntaban perplejos si este hombre habría tenido alguna vez un cocinero en casa o habría visto alguna vez a un perfumista o habría tolerado que su cuerpo tocara un vestido de tela de Mileto. *4* En efecto, esa facultad era, según afirman, única entre las muchas que poseía, y un artificio para cazar a los hombres su habilidad para asemejarse e identificarse con distintas costumbres y géneros de vida, porque sufría transformaciones más rápidas que el camaleón. *5* Y con la diferencia de que éste, según se dice, hay un único color al que no puede igualarse, el blanco, mientras que para Alcibíades, que pasaba igual por la honestidad y la perversidad, no había nada a lo que no pudiera imitar ni amoldarse: en Esparta se entregaba a los ejercicios gimnásticos y era sobrio y severo; en Jonia vivía con molicie y era voluptuoso e indolente; en Tracia se hacía borracho y aficionado a los caballos; y cuando estaba en compañía del sátrapa Ti-

---

[48] Plutarco resume aquí el discurso que Tucídides pone en boca de Alcibíades en presencia de los éforos espartanos en VI 89-92. Los espartanos ocuparon el demo ático de Decelea situado en las colinas que dominaban la llanura en Atenas y el Pireo, en el 413, y ya no abandonaron esta posición hasta el final de la guerra, en 404.

safernes, excedía en pompa y magnificencia el boato persa. Y no es porque le fuese tan fácil pasar de un modo de vida a otro ni que admitiera por su carácter toda clase de mudanza, sino, porque, como sabía que si seguía sus instintos naturales produciría molestias a aquellos en cuya compañía se encontraba, se revestía de cualquier forma o molde que en cada ocasión resultaban adecuados a las personas con quienes convivía, y en ello encontraba su refugio.

6 En todo caso, cuando estaba en Lacedemonia, se podía decir de él a juzgar por las apariencias:

«No eres su hijo, sino el propio Aquiles»,

un hombre como el que educó Licurgo. Pero si se miraban sus verdaderos sentimientos y acciones, se podía añadir la siguiente exclamación:

«Es la misma mujer de antaño»[49].

7 La prueba es que a Timea, la mujer del rey Agis, cuando éste se encontraba en expedición militar fuera de sus fronteras, la corrompió hasta el punto de que quedó encinta de Alcibíades y no lo negaba, y cuando dio a luz un niño varón lo llamaba Leotíquidas de puertas afuera, pero el nombre que le susurraba dentro la madre, en presencia de sus amigas y criadas, era el de Alcibíades: tan grande era el amor que la poseía. 8 Por su parte, él decía burlándose que no hacía esto por agraviar al rey ni porque hubiera sido presa del placer, sino para que sus descendientes fueran reyes de los lacedemonios. Muchos fueron los que denunciaron a Agis lo sucedido. 9 Pero lo que sobre todo le convenció fue el cálculo del tiempo, porque, asustado por un temblor de tierra que se produjo, saltó del lecho donde se encontraba al lado de su mujer y a partir de entonces no se había unido con ella durante los diez meses siguientes, al cabo de los cuales nació Leotíquidas.

---

[49] El primer verso citado pertenece a una tragedia desconocida; el segundo es de Eurípides, *Orestes*, 129, donde Electra habla de Helena.

Por eso negó que el hijo fuera suyo. Ésta es la razón por la que más tarde Leotíquidas fue excluido de la sucesión real.

24. Tras el desastre de los atenienses en Sicilia[50], las gentes de Quíos, Lesbos y Cízico enviaron emisarios al mismo tiempo a Esparta, para tratar de su defección de la alianza con los atenienses. A los de Lesbos los apoyaban los beocios, y Farnabazo a los de Cízico. Pero los espartanos, siguiendo los consejos de Alcibíades, prefirieron auxiliar a los de Quíos antes que a todos los demás. *2* Además, cuando Alcibíades personalmente se hizo a la mar, consiguió que casi toda Jonia hiciera defección, y en conexión permanente con los generales lacedemonios causó numerosos perjuicios a los atenienses. *3* Pero Agis, que estaba enemistado con él a causa de su esposa por la afrenta recibida, sentía además disgusto por su gloria, pues era fama que casi todas las empresas se hacían y alcanzaban éxito gracias a Alcibíades. Los más poderosos e influyentes de los restantes espartiatas también lo soportaban de mala gana por envidia. *4* Y tuvieron la fuerza suficiente para lograr que los magistrados de Esparta dieran a los de Jonia el encargo de matarlo. Advertido en secreto y lleno de temor, siguió participando con los lacedemonios en todos sus asuntos, pero evitaba con sumo cuidado caer en sus manos. Para conseguir su seguridad, se puso bajo la protección de Tisafernes, sátrapa del rey, y pronto llegó a ser el personaje más importante e influyente de los que lo rodeaban. *5* Pues su astucia y habilidad extraordinaria llenaban de admiración al bárbaro, que no era un hombre franco, sino malicioso y con inclinaciones perversas. Por otra parte, no había carácter que resistiese ni naturaleza que no se dejase conquistar por sus encantos en el entretenimiento y el trato cotidiano, e incluso quienes lo temían u odiaban, al convivir con él o al mirarle, sentían cierto placer y se veían movidos a tratarle con cariño. *6* El caso es que

---

[50] Después del abandono del sitio de Siracusa, la retirada ateniense por tierra terminó con la capitulación del ejército de Nicias en el 413. La pérdida de la flota ateniense impulsa a Persia a ayudar a Esparta y a los aliados atenienses de Asia Menor a hacer defección de la liga. En el 412, Quíos, varias ciudades de Lesbos y Mileto hacen defección (cfr. Tucídides, VIII 5-6).

aunque Tisafernes era cruel en todo lo demás y odiaba a los griegos como el que más de los persas, se rindió a los halagos de Alcibíades hasta el punto de que él mismo llegó a sobrepasarle devolviéndole los halagos. *7* Así, de los jardines que poseía, el que era mejor por sus prados y sus saludables aguas y disponía de retiros y refugios adornados con una magnificencia regia y singular, dispuso que se le diera el nombre de Alcibíades; y así es como todos lo llamaban y designaban habitualmente.

25. Después de renunciar, pues, Alcibíades al bando de los espartiatas, de quienes desconfiaba, como tenía miedo de Agis, se dedicaba a desacreditarlos y denigrarlos ante Tisafernes y no le consentía que los socorriera con interés ni que destruyera a los atenienses. Le aconsejaba, por el contrario, que les diera suministros con parquedad, para desgastarlos y debilitarlos poco a poco, hasta hacer a ambos bandos dóciles al rey, una vez que se agotaran mutuamente[51]. *2* Tisafernes se dejaba convencer con facilidad, y era tan evidente que sentía por él afecto y admiración que los dos bandos de los griegos pusieron sus ojos en Alcibíades, y los atenienses estaban arrepentidos de las decisiones tomadas contra él por los desastres que éstas les habían causado. El propio Alcibíades sentía ya pesar y tenía miedo de que Atenas fuera totalmente destruida y él quedara a merced de los lacedemonios, que lo odiaban.

3 Se encontraban entonces casi todas las fuerzas atenienses en Samos, y de allí era de donde partían con la flota para recuperar las zonas que habían hecho defección y custodiar las otras. De alguna manera, conservaban todavía sobre los enemigos la superioridad militar en el mar, *4* pero temían a Tisafernes y las trirremes fenicias, de las que se decía que, en número de ciento cincuenta, estaban a punto de aparecer, ya que en cuanto llegaran, no dejarían ninguna esperanza de salvación para la ciudad. *5* Sabedor de esto, Alcibíades envió en secreto un mensaje a los atenienses que dominaban la situación en Samos, dándoles esperanzas de que él les procuraría

---

[51] El relato de Plutarco resume a Tucídides, VIII 45-46.

la amistad de Tisafernes y añadiendo que hacía esto, no por congraciarse con el pueblo ni porque confiara en él, sino en beneficio de los nobles, para ver si se atrevían a obrar con entereza y tras poner fin a la insolencia del pueblo salvar por sí mismos el estado y los intereses comunes.

6 Todos los demás generales apoyaron con firmeza la propuesta de Alcibíades, excepto uno solo, Frínico, del demo de Dirades, que, sospechando —cosa que era verdad— que a Alcibíades no le importaba lo más mínimo la oligarquía o la democracia, que lo único que buscaba era regresar de cualquier modo y que por eso trataba de halagar de antemano y granjearse el favor de los poderosos mediante acusaciones contra el pueblo, manifestó su oposición. *7* Pero como su criterio no prevaleció y el único resultado fue convertirse en enemigo ya declarado de Alcibíades, reveló en secreto estas noticias a Astíoco, el almirante de la flota enemiga, al tiempo que le aconsejaba tomar precauciones y arrestar a Alcibíades, sospechoso de hacer un doble juego. Pero en realidad el traidor no se dio cuenta de que conversaba con otro traidor. *8* En efecto, Astíoco, que tenía pavor a Tisafernes y que veía que Alcibíades gozaba de gran influencia sobre él, les reveló lo que había hecho Frínico. *9* Alcibíades envió al punto a Samos unos mensajeros que denunciaran a Frínico. Indignados, todos se aliaron contra Frínico, que, viendo que no existía otro medio de escapar de la situación, trató de curar el mal con un mal aún mayor. *10* Envió un nuevo mensaje a Astíoco, echándole en cara la delación y comprometiéndose a ponerle en sus manos las naves y el campamento atenienses.

11 No obstante, a los atenienses no les perjudicó la traición de Frínico gracias a la doble traición de Astíoco, que también denunció los planes de Frínico a Alcibíades. *12* Pero Frínico, que presentía y se esperaba una segunda acusación de Alcibíades, se adelantó y advirtió a los atenienses de un inminente ataque de la flota enemiga y los exhortó a permanecer en las naves y a rodear el campamento con una muralla. *13* Y cuando, una vez ejecutados estos preparativos por parte de los atenienses, llegó otra carta de Alcibíades en la que recomendaba que se guardaran de Frínico, que había entregado a traición la base naval a los enemigos, no le dieron crédito y pensaron que Alcibíades estaba sirviéndose de su perfecto conocimiento de los preparativos y los planes enemigos para lanzar falsas acusaciones contra Frínico[52]. *14* Sin embargo, cuando más tarde Hermón, un guardia de la frontera, asestó a Frínico una puñalada en el ágora y lo mató, los atenienses, en el juicio que siguió, condenaron a Frínico, ya muerto, por el delito de traición, y a Hermón y a sus cómplices los recompensaron con coronas.

26. Los amigos de Alcibíades, dueños entonces de la situación en Samos, envían a Pisandro a la ciudad con el fin de cambiar el régimen político y animar a los nobles a que se hicieran cargo del poder y derrocaran la democracia, porque éstas eran las condiciones para que Alcibíades les procurase la amistad y la alianza de Tisafernes. Éste fue, en efecto, el pretexto y la excusa que pusieron los que establecieron la oligarquía. *2* Pero en cuanto triunfaron y obtuvieron el poder los que fueron llamados Cinco Mil, aunque en realidad no eran más que Cuatrocientos, dejaron de prestar la más mínima atención a Alcibíades y comenzaron a mostrarse remisos en la realización de las operaciones bélicas, en parte porque desconfiaban de los ciudadanos, a quienes el cambio político les inspiraba todavía sentimientos de alarma, y en parte porque creían que los lacedemonios, siempre favorables a la oligarquía, les harían a ellos más concesiones. El pueblo de la ciudad, aun contra su voluntad, mantuvo la tranquilidad por miedo; pues, además, no pocos de los que se habían opuesto abiertamente a los Cuatrocientos fueron ejecutados. *3* Pero los de Samos, al enterarse de esto, se indignaron y estaban ansiosos por emprender cuanto antes la navegación para ir al Pireo; pero antes mandaron llamar a Alcibíades y tras nombrarlo general, le pidieron que se pusiera al frente de la flota y derrocara a los tiranos.

---

[52] Plutarco resume a Tucídides, VIII 47-51. La revolución oligárquica en Atenas, que, entre otras cosas, estableció una asamblea popular compuesta por cinco mil miembros y un consejo integrado por cuatrocientos miembros, es del 411.

4 Él no se comportó entonces como podría haberlo hecho otro hombre elevado de repente al poder por el favor de la multitud ni se contentó con obrar como si creyera que debía complacer en todo pronto y no contradecir en nada a quienes acababan de sacarle del exilio y del destierro y le habían nombrado general y jefe de tantas naves y de un campamento y unas fuerzas tan importantes. Por el contrario, como correspondía exactamente a un gran caudillo, supo oponerse a quienes se dejaban arrastrar por la ira, impidió que cometieran un desatino irreparable y, gracias a todo ello, salvó de manera manifiesta, al menos en esa ocasión, los intereses del estado. *5* Pues si hubieran levado anclas y regresado a casa, habrían dado a los enemigos la oportunidad de hacerse con el poder, inmediatamente y sin lucha, de toda Jonia, el Helesponto y las islas y habrían obligado a los atenienses a combatir contra otros atenienses, metiendo la guerra dentro de la ciudad. El único, o el que contribuyó más que nadie para impedir que esto sucediera, fue Alcibíades, que no sólo fue convenciendo e instruyendo a la muchedumbre, sino que también se dirigió a cada uno en particular, para suplicar a unos y retener por la fuerza a otros. *6* Cooperó con él Trasibulo[53], del demo de Estiria, con su presencia y sus gritos: era éste, en efecto, según se dice, el ateniense que tenía la voz más potente.

7 Una segunda acción meritoria de Alcibíades fue cuando prometió que las naves fenicias que aguardaban los lacedemonios, enviadas por el rey, se pasarían al bando de los atenienses o, al menos, conseguiría que no se reunieran con ellos, y se hizo a la mar de inmediato[54]. *8* Y la flota, que había sido divisada a la altura de Aspendo, mandó detenerla Tisafernes, frustrando así las esperanzas de los lacedemonios. La culpa de que la flota se retirara se la atribuyeron a Alcibíades en ambos bandos, pero sobre todo en el de los lacedemonios, que le echaron en cara haber aconsejado al bárbaro dejar que los griegos se destruyeran unos a otros. *9* Pues era del todo segu-

---

[53] Que había sido nombrado con Alcibíades estratego de la flota. Este mismo Trasibulo restauró la democracia en el 403, después de la derrota ateniense en la guerra y el régimen de los Treinta.
[54] Tucídides, VIII 88.

ro que aquel de los dos bandos al que se hubieran agregado unas fuerzas tan importantes habría quitado al otro el dominio del mar.

27. Como resultado de estos sucesos, los Cuatrocientos fueron derrocados gracias a que los amigos de Alcibíades colaboraron sin escatimar esfuerzos con los partidarios de la democracia. Como los de la ciudad deseaban el retorno de Alcibíades y le invitaban a volver, él pensó que debía regresar, pero no con las manos vacías ni sin antes haber conseguido la compasión y el favor de la multitud, sino de una manera gloriosa. *2* Por esto, lo primero que hizo fue partir de Samos con unas pocas naves y recorrer el mar alrededor de Cnido y Cos. Enterado allí de que el espartiata Míndaro navegaba al Helesponto con toda su escuadra y de que los atenienses lo perseguían, marchó a toda prisa a socorrer a los generales. *3* Y quiso el azar que llegara navegando con dieciocho trirremes en el preciso momento en que ambas escuadras, tras coincidir en el mismo lugar con todas sus naves, sostenían a la altura de Abidos una gran batalla naval, que, con victorias y derrotas parciales y alternativas, se había prolongado hasta el atardecer. *4* La aparición de Alcibíades produjo en ambos bandos una idea contraria de la realidad: los enemigos cobraron ánimos y los atenienses se llenaron de inquietud. Pero enseguida izó insignia amiga desde la nave capitana y se lanzó sin demora contra aquellos de los peloponesios que eran vencedores y perseguían a sus oponentes. *5* Tras ponerlos en fuga, los rechazó contra la costa y en su acoso fue embistiendo y destrozando naves. Los marinos escapaban a nado, y Farnabazo acudió en su auxilio con el ejército de tierra y les presentó batalla en la costa para defender sus naves. *6* Finalmente, los atenienses capturaron treinta navíos enemigos, recuperaron los que habían perdido y erigieron un trofeo[55].

---

[55] A partir de este punto, donde acaba el relato de Tucídides, Plutarco sigue el relato de Jenofonte, *Helénicas,* y los que hemos de suponer que hacían Teopompo, autor de una *Historia* que comenzaba, como las *Helénicas* de Jenofonte, en el punto donde terminaba la narración de Tucídides, y Éforo, autor de una *Historia universal,* que abarcaba los sucesos comprendidos desde los orígenes hasta el 340 a.C., que, aunque perdida, puede ser en parte reconstruida gracias al resumen que en el siglo I a.C. hizo Diodoro Sículo en su *Biblioteca histórica.*

Tras obtener tan brillante éxito, deseoso de hacer ostentación de su poder pronto ante Tisafernes, preparó presentes de hospitalidad y regalos y, acompañado de una escolta propia de un general, se encaminó ante su presencia. *7* Sin embargo, sus esperanzas resultaron fallidas, porque Tisafernes, de quien los lacedemonios llevaban ya tiempo quejándose, temeroso de las culpas que el rey pudiera echarle, creyó que Alcibíades había llegado en el momento oportuno; por ello lo arrestó y apresó en Sardes, con la esperanza de que esta injusticia le librara de aquellas acusaciones.

28. Al cabo de treinta días[56], Alcibíades consiguió hacerse con un caballo, escapó de los guardias y huyó a Clazómenas. *2* Además, añadió contra Tisafernes la calumnia de que él mismo lo había soltado. A continuación, fue por mar al campamento ateniense, y cuando allí se enteró de que Míndaro y Farnabazo se hallaban juntos en Cízico, incitó los ánimos de los soldados, con la idea de que estaban obligados a combatir contra los enemigos por mar, por tierra e incluso ¡por Zeus! a atacar las propias murallas, pues no tendrían dinero, si no obtenían una victoria del modo que fuera. *3* Tras equipar las naves y arribar a Proconeso, dio orden de rodear los barcos ligeros hasta dejarlos en el centro de la flota y guardarlos allí, para evitar cualquier posibilidad de que los enemigos notaran su llegada antes del momento adecuado. *4* Dio la coincidencia de que comenzó de repente a llover con gran fuerza, y los truenos y la oscuridad contribuyeron a ocultar su maniobra: no sólo los enemigos dejaron de percatarse, sino que los propios atenienses ya habían desistido de presentar batalla, cuando dio orden de embarcar y zarpó. *5* Poco después se disipó la oscuridad y se divisaron las naves de los peloponesios ancladas delante del puerto de Cízico. *6* Temeroso entonces Alcibíades de que al ver los enemigos el gran número de barcos huyeran a tierra y escaparan, ordenó a los

---

[56] Cfr. Jenofonte, *Helénicas*, I 1, 9-10. Tanto para el relato de la batalla de Abidos (cap. 27) como para la de Cízico (cap. 28), Plutarco sigue a Jenofonte, *Helénicas*. La batalla de Abidos es del 411, y la de Cízico, del 410.

generales, sus colegas, que navegaran despacio y se quedaran rezagados, mientras que él personalmente apareció con cuarenta naves y ofreció batalla a los enemigos. *7* Cayeron éstos en la trampa y, llenos de desprecio por lo que creían que era un corto número de naves enemigas, salieron a su encuentro y enseguida entablaron y trabaron combate; pero cuando los demás se presentaron en el momento en que ya estaban los primeros en medio de la batalla, se dieron a la fuga presas de terror.

8 Alcibíades se abrió paso en medio de la flota enemiga con las veinte más marineras, se aproximó a la costa y después de desembarcar se dedicó a acosar a los que huían de las naves y dio muerte a muchos. Derrotó a Míndaro y a Farnabazo, que habían acudido en socorro de sus compañeros: mató a Míndaro, que luchó con denuedo, y Farnabazo huyó. *9* Muchos cadáveres y armas quedaron en poder de los atenienses, que además se adueñaron de todas las naves y sometieron la ciudad de Cízico, cuando Farnabazo la abandonó y los peloponesios fueron destruidos. A partir de entonces, no sólo conservaron con sólido dominio el Helesponto, sino que también expulsaron por la fuerza a los lacedemonios del resto del mar. *10* Fue asimismo capturado el comunicado que en términos lacónicos explicaba a los éforos el desastre sufrido: «Las naves están perdidas. Míndaro ha perecido. Los hombres tienen hambre. No sabemos qué hacer»[57].

29. Los que habían acompañado a Alcibíades en la batalla hasta tal punto estaban exultantes y tan grande se hizo su orgullo, que empezaron a considerar indignos de mezclarse con ellos, que eran invencibles a los demás soldados, que habían sufrido numerosas derrotas. *2* Y es que no mucho antes había sucedido que con ocasión de un revés de Trasilo en Éfeso, sus habitantes habían erigido un trofeo de bronce para escarnio de los atenienses. *3* Tales eran, pues, las censuras que dirigían a los soldados de Trasilo los de Alcibíades, que se magnificaban a sí mismos y a su general y no querían compar-

---

[57] El texto del mensaje, redactado en dialecto laconio, es idéntico en Plutarco y en Jenofonte, *Helénicas*, I 1, 23.

tir con aquéllos en el campamento ni los ejercicios ni el espacio. *4* Y cuando Farnabazo, con numerosos jinetes y tropas de infantería, los atacó mientras hacían una incursión en el interior de la región de Abidos, Alcibíades acudió con Trasilo en auxilio de sus tropas y lo puso en fuga y persiguió hasta el anochecer; a partir de entonces ambos ejércitos confraternizaron y regresaron juntos al campamento entre mutuas muestras de amistad y alegría. *5* Al día siguiente, levantó un trofeo y fue saqueando el territorio de Farnabazo, sin que nadie se atreviera a presentarle oposición. Capturó también sacerdotes y sacerdotisas, pero los soltó sin rescate.

6 Se había puesto ya en camino para hacer la guerra contra los calcedonios, que habían hecho defección y habían acogido una guarnición y un harmosta lacedemonios; pero al oír que habían reunido de todo su país todo aquello que pudiera constituir objeto de botín y lo habían depositado en manos de los bitinios, que eran amigos suyos, llegó a las fronteras de Bitinia con su ejército y envió por delante a un heraldo para transmitirles sus quejas. Éstos se asustaron, le entregaron el botín y pactaron un tratado de amistad.

30. Estaban bloqueando Calcedón[58] con un muro de mar a mar, cuando llegó Farnabazo con el propósito de romper el sitio, y el harmosta Hipócrates salió también de la ciudad con todas sus fuerzas para atacar a los atenienses. *2* Alcibíades formó su ejército contra ambos al mismo tiempo, y obligó a Farnabazo a huir vergonzosamente y dio muerte a Hipócrates, al igual que a un gran número de sus derrotadas tropas.

3 A continuación, partió con sus naves al Helesponto, fue recaudando contribuciones y conquistó Selimbria, donde por una circunstancia imprevista expuso su propia vida. *4* En efecto, los que iban a entregarle la ciudad habían acordado con él elevar una antorcha a medianoche, pero se vieron obligados a dar esta señal antes del momento convenido por temor de uno de los conjurados, que de repente se había cambiado de bando. *5* Levantada, pues, la antorcha cuando toda-

---

[58] Los sucesos corresponden al año 409. Calcedón está situada en la entrada del estrecho del Bósforo, frente a Bizancio.

vía no estaba preparada la tropa, tomó consigo a unos treinta de los que le rodeaban y marchó corriendo a la muralla, tras ordenar a los demás que lo siguieran cuanto antes. 6 Le abrieron las puertas de la muralla y se añadieron a los treinta veinte peltastas, pero nada más penetrar se dio cuenta de que los habitantes de Selimbria se acercaban por el lado contrario con las armas. 7 Y como no veía posibilidad de salvación si resistía, pero era demasiado orgulloso para huir él, que hasta aquel día no había sufrido ninguna derrota al mando del ejército, dio la señal de silencio con la trompeta y ordenó a uno de los que le acompañaban que proclamara que los de Selimbria no tomaran las armas contra los atenienses. 8 La proclama debilitó el ardor de unos para la batalla, en la creencia de que eran todos los enemigos los que estaban dentro de la ciudad, y a otros les hizo concebir esperanzas agradables de que cesarían las hostilidades. 9 Mientras se reunían unos y otros y celebraban conversaciones, el ejército llegó y se unió a Alcibíades. Éste, reconociendo por ciertos indicios —como así era en realidad— que los selimbrios eran partidarios de hacer la paz, temió que saquearan la ciudad los tracios, 10 que, aparte de ser muchos, habían tomado una parte muy activa en la campaña por gratitud a Alcibíades y para mostrarle su simpatía. Envió fuera de la ciudad, pues, a todos éstos y haciendo caso de las solicitudes de los selimbrios, no les hizo ningún mal y se contentó con exigirles dinero e imponer la presencia de una guarnición y luego se marchó.

31. Los generales que asediaban Calcedón hicieron con Farnabazo una tregua bajo las siguientes condiciones: ellos recibirían una indemnización de dinero, los calcedonios volverían a quedar sometidos a los atenienses[59] sin hacer ningún daño en el territorio de Farnabazo, y éste proporcionaría escolta a los embajadores atenienses para que pudieran ir ante el rey con seguridad. 2 Pues bien, cuando a Alcibíades, al re-

---

[59] Calcedón había sido miembro de la liga ático-délica hasta el 411, año en el que había hecho defección y había dejado de contribuir a la hacienda de la liga con su tributo.

gresar, Farnabazo le exigió jurar también los términos del pacto, dijo que no lo haría antes que Farnabazo lo hubiera jurado.

3 Después de los juramentos, Alcibíades marchó contra Bizancio, que había hecho defección, y rodeó la ciudad con un muro. Habiendo convenido Anaxilao, Licurgo y algunos otros entregar la ciudad con la condición de que no hiciera ningún daño en ella, hizo propagar el rumor de que le obligaba a levantar el cerco una revolución que se estaba preparando en Jonia, y luego se embarcó y se hizo a la mar en pleno día con todas sus naves. Pero regresó por la noche y mientras él desembarcaba con los hoplitas, se aproximaba a los muros y se mantenía a la expectativa, los barcos fueron navegando hasta el puerto y forzaron la entrada con gran griterío, alboroto y ruidos; y a la vez que sembraban el pánico entre los bizantinos por la sorpresa del ataque, daban a los partidarios de los atenienses un medio seguro de introducir a Alcibíades, porque todos habían acudido al puerto a prestar su ayuda contra los barcos. *4* No obstante, aunque vencieron, no fue sin lucha, pues los peloponesios, beocios y megarenses que estaban en Bizancio, pusieron en fuga a las tropas que habían desembarcado y las rechazaron hasta obligarlas a volver a las naves y, dándose cuenta de que los atenienses estaban en el interior de la ciudad, formaron en orden de combate y marcharon a su encuentro. *5* Se entabló una violenta batalla, en la que vencieron Alcibíades al mando del ala derecha y Terámenes al mando de la izquierda. A los supervivientes enemigos, alrededor de trescientos, los capturó vivos.

6 Tras la batalla, ningún bizantino murió ni fue desterrado, pues ésas eran las condiciones con las que los hombres sublevados habían entregado la ciudad y eso era lo que habían acordado, sin establecer ninguna excepción particular para ellos mismos. *7* Por eso, cuando Anaxilao fue sometido a juicio en Lacedemonia, acusado de traición, dejó bien claro con sus palabras que no se avergonzaba de su acción. *8* Declaró, en efecto, que no era lacedemonio sino bizantino, que la ciudad que veía que corría peligro no era Esparta, sino Bizancio, y que como su ciudad estaba rodeada por un muro que nadie podía atravesar para entrar y los víveres que había en la ciudad se los iban comiendo los peloponesios y los beocios, mientras los bizantinos pasaban hambre con sus mujeres e hijos, lo que había hecho no era entregar la ciudad a los enemigos por traición, sino librarla de la guerra y las desgracias, imitando en esto a los mejores lacedemonios, para quienes sólo hay una cosa absolutamente bella y justa, el interés de la patria. Cuando oyeron esto, los lacedemonios respetaron y absolvieron a los acusados[60].

32. Alcibíades, ávido de volver a ver ya la patria y más deseoso todavía de dejarse ver por los conciudadanos después de haber vencido tantas veces a los enemigos, se hizo a la mar. Numerosos eran los escudos y otros objetos del botín con los que estaban adornadas en todo su contorno las trirremes áticas, numerosas eran también las naves cautivas que iban remolcando, pero más todavía eran las efigies de proa que traía de los barcos que había destruido y derrotado, que, en total, no eran menos de doscientos. *2* Los detalles que Duris de Samos, que afirma ser descendiente de Alcibíades, añade a esto: que Crisógono, vencedor en los juegos píticos, tocaba la flauta para acompañar la acción de los remeros; que de cómitre hacía Calípides, el actor trágico, ambos ataviados con túnicas rectas, ricos vestidos talares y los demás ornatos habituales en los concursos; y que la nave almirante se fue acercando al puerto con una vela teñida de púrpura, como si se tratara de un alegre cortejo festivo que salía de beber en un convite, no los mencionan ni Teopompo ni Éforo ni Jenofonte, y no es probable que Alcibíades hiciera tales ostentaciones de lujo vanidoso ante los atenienses, cuando regresaba después del exilio y de tantos avatares. Por el contrario, incluso arribó temeroso y tras amarrar el barco no bajó de la trirreme hasta que, de pie sobre cubierta, vio que estaba allí su primo Euriptólemo con muchos parientes y amigos que le aguardaban e invitaban a desembarcar[61].

---

[60] La toma de Bizancio está narrada por Jenofonte, *Helénicas*, I 3, 14-22.
[61] Ya antes de llegar a Atenas había sido elegido estratego junto con Trasíbulo y Conón. El desembarco de Alcibíades en Atenas se data en mayo del 408, cfr. Jenofonte, *Helénicas,* I 4, 8-20.

3 Cuando bajó a tierra, la gente que venía a su encuentro parecía no ver siquiera a los demás estrategos; todos se congregaron junto a él corriendo y daban gritos de júbilo, le saludaban, escoltaban y coronaban. Los que no podían acercarse lo contemplaban de lejos, y los más viejos se lo señalaban a los jóvenes. *4* Muchas eran las lágrimas que se mezclaban a la alegría de la ciudad, y el recuerdo de las anteriores desgracias se unía a la felicidad presente y calculaban que ni habrían fracasado en Sicilia ni se habría desvanecido ninguna otra de sus esperanzas, si hubieran dejado a Alcibíades al frente de las empresas de entonces y de aquel gran ejército, porque ahora, cuando se había hecho cargo de la ciudad en el momento en que estaba a punto de ser expulsada del mar, cuando en tierra apenas era dueña de los arrabales de la ciudad, y cuando en su interior se estaba desgarrando por las luchas intestinas, la había levantado de estas luctuosas y humillantes ruinas, y no sólo le había devuelto el dominio del mar, sino que también la mostraba vencedora con la infantería por doquier sobre los enemigos.

33. El decreto relativo a su regreso se había sancionado primero a propuesta de Critias, hijo de Calescro, como él mismo ha escrito en las *Elegías*[62], cuando recuerda a Alcibíades este favor en los siguientes versos:

«La moción de tu regreso yo en presencia de todos
la expuse y escribí: ésta es la obra que realicé.
El sello de mi lengua está puesto sobre esta acción.»

2 El pueblo se congregó entonces, y Alcibíades compareció ante la asamblea. Lloró y gimió sus desgracias, hizo reproches leves y moderados al pueblo y atribuyó todo a la propia mala fortuna y a algún espíritu envidioso contra él; pero sobre todo habló e incitó a los ciudadanos a concebir esperanzas y reco-

---

[62] El decreto había sido votado en el 411, en la época del gobierno de los Cuatrocientos. Critias, que era familiar de Platón y que en el 404 fue la cabeza visible del régimen de los Treinta, fue autor de tragedias y poemas elegíacos de los que se conservan fragmentos.

brar ánimos. Se le coronó con coronas de oro y se le eligió general con plenos poderes por tierra y mar a la vez. *3* Decretaron también por votación que se le restituyeran sus propiedades y que los Eumólpidas y Heraldos se retractaran de las maldiciones que habían hecho recaer sobre él a instancias del pueblo. Todos las levantaron, salvo el hierofante Teodoro, que declaró: «Yo no he imprecado ninguna maldición contra él, si no es culpable de delito contra el estado.»

34. Mientras Alcibíades disfrutaba de tan brillante prosperidad, había algunos, sin embargo, a quienes tenía inquietos la fecha de su regreso. En efecto, el día en que había arribado se celebraban las Plinterias en honor de la diosa. Los Praxiérgidas celebran estos ritos secretos el día veinticinco del mes de Targelión y en ellos quitan a la diosa sus ornamentos y tapan la imagen con una tela. *2* De ahí que este día sea uno de los que los atenienses consideran más nefastos y por ello suspenden toda actividad[63]. Parecía, pues, que la diosa no recibía con sentimientos amistosos y propicios a Alcibíades, y por ello era por lo que se tapaba y lo mantenía alejado de ella.

3 Sin embargo, todo le había salido a Alcibíades de acuerdo con su propósito, y se estaban equipando de tripulación cien trirremes con las que iba a volver a hacerse a la mar; pero una ambición nada innoble que le había asaltado lo retuvo hasta los misterios[64]. *4* Desde que Decelea había sido fortificada y los enemigos que se encontraban allí dominaban los caminos que llevaban a Eleusis, la procesión de los misterios se hacía por mar sin ninguna solemnidad: sacrificios, danzas y muchas ceremonias sagradas que se hacían por el camino cuando sacaban a Íaco habían quedado suprimidas por nece-

---

[63] La fiesta de las Plinterias se celebraba en el mes de mayo, y en ella la antigua imagen de madera de Atenea, protectora de la ciudad, era llevada al mar y lavada.

[64] En el mes de septiembre se hacía una procesión desde Atenas hasta Eleusis a lo largo de la vía sagrada y llevaban los objetos sagrados entre gritos rituales en honor de Íaco, divinidad menor asociada a las dos diosas de Eleusis. El propio dios es probablemente una personificación a partir del grito ceremonial que se pronunciaba durante la procesión.

sidad. *5* A Alcibíades, pues, le parecía que sería una bella acción, tanto para manifestar su veneración por los dioses como para ganar reputación entre los hombres, devolver a las ceremonias su configuración tradicional, restableciendo la procesión de la iniciación por tierra y protegiéndola con las armas cuando pasaran por delante de los enemigos. Pues desacreditaría y humillaría profundamente a Agis si se quedaba quieto o bien entablaría a la vista de la patria una batalla sagrada y grata a los dioses en defensa de la causa más santa e importante y tendría a todos los ciudadanos como testigos de su valor. *6* Tras tomar esta decisión y comunicársela a los Eumólpidas y a los Heraldos, estableció centinelas en las alturas y envió por delante al amanecer unas avanzadillas; luego tomó consigo a sacerdotes, iniciados e iniciadores, y rodeándolos con las armas los condujo en orden y en silencio. Aquella expedición militar que mandaba ofrecía un espectáculo venerable y digno de los dioses, que los que estaban exentos de envidia denominaban epifanía sagrada y procesión de iniciación. *7* Como ningún enemigo se atrevió a atacar, condujo la procesión de regreso a la ciudad con plena seguridad. Este éxito le aumentó el orgullo, ensalzó la vanidad de su ejército, que se creía invencible e irresistible mientras él fuera su general, y él se ganó el favor de las personas ordinarias y pobres hasta el punto de que concibieron admirables ansias de tenerlo por tirano, y hubo algunos que se lo dijeron y se acercaron a animarle para que poniéndose por encima de la envidia aboliera decretos, leyes y charlatanerías que echaban a perder la ciudad, a fin de obrar y manejarse en todos los asuntos sin miedo a los sicofantas[65].

35. No se sabe nada respecto a los pensamientos que él personalmente tenía sobre la tiranía. Pero los ciudadanos más poderosos, atemorizados, le metieron prisa para que partiera con la flota cuanto antes y aprobaron con sus votos todo lo que él quiso y, en particular, quiénes serían los colegas en la

---

[65] Delatores habituales que podían presentarle querella acusándole de subvertir el régimen establecido.

jefatura. *2* Zarpó con las cien naves, llegó cerca de Andros y venció en batalla a los andrios y a los lacedemonios que había allí, pero no conquistó la ciudad, y ésta fue la primera de las nuevas recriminaciones que sus enemigos le imputaron[66].

3 Parece que si hubo alguien a quien su propia reputación destruyera ése fue Alcibíades. Pues siendo grande su fama de audacia e inteligencia gracias a los éxitos logrados, cualquier deficiencia le hacía sospechoso de no haber puesto su esmero, porque no podía creerse que no hubiera podido; si hubiera puesto su empeño, nada se le habría escapado. Tenían esperanzas de oír la noticia de la conquista de Quíos y del resto de Jonia; *4* por eso se indignaron cuando se enteraron de que no había llevado a cabo todo con la rapidez y premura que deseaban, sin tomar en cuenta que, como carecía del dinero necesario con el que hacer la guerra contra hombres que tenían al gran rey a su disposición para costear los gastos, se veía forzado con frecuencia a zarpar y abandonar el ejército para procurarse salarios y víveres. *5* De esta causa surgió precisamente la última acusación que le hicieron. En efecto, cuando Lisandro[67] fue enviado por los lacedemonios como almirante de la flota y estableció que el salario para cada marino sería de cuatro óbolos en lugar de tres, gracias al dinero recibido de Ciro, Alcibíades, que ya entonces tenía grandes apuros para pagarles los tres óbolos, zarpó en dirección a Caria para recaudar fondos. *6* El que quedó encargado de la flota fue Antíoco, que era buen piloto, pero necio y vulgar en todo lo demás. Y aunque tenía orden expresa de Alcibíades de no librar batalla naval aunque los enemigos le atacaran, su insolencia y su desprecio aumentaron hasta tal punto, que equipó una sola trirreme además de la propia, singló sobre Éfeso y pasó por delante de las proas de los enemigos, haciendo y diciendo tonterías y bufonadas. *7* Al principio Lisandro enfiló contra él con unas pocas naves y salió en su persecución a mar abierto, pero cuando los atenienses acudieron en su auxilio, hizo salir a toda la flota a alta mar y los derrotó. Mató al propio Antío-

---

[66] Este párrafo resume a Jenofonte, *Helénicas*, I 4, 21-23.
[67] Almirante de la escuadra espartana nombrado en verano de 408.

co, capturó numerosas naves y tripulantes y erigió un trofeo. *8* Cuando Alcibíades se enteró, regresó a Samos, salió con toda su flota y ofreció batalla a Lisandro. Pero éste, satisfecho con la victoria anterior, no salió a su encuentro[68].

36. Entre los que odiaban a Alcibíades en el campamento estaba Trasíbulo, hijo de Trasón, que era enemigo personal suyo y que aprovechó la ocasión para zarpar e ir a Atenas a acusarlo. *2* Para provocar la exasperación de los de allí, dijo ante la asamblea que Alcibíades había echado a perder los intereses del estado y había perdido las naves usando a capricho su poder y transmitiendo la jefatura del ejército a individuos que habían adquirido gran ascendiente sobre él en borracheras y fanfarronadas de marinos, para poder él, entretanto, dar vueltas impunemente con su barco con objeto de enriquecerse, y dedicarse a los desenfrenos embriagándose con frecuencia y alternando con cortesanas de Abidos y de Jonia, mientras los enemigos estaban fondeados a escasa distancia. *3* Le echaban en cara también la construcción de las murallas que había levantado en Tracia cerca de Bisante y que no servían más que de refugio particular, como si en la patria no pudiera o no quisiera vivir[69]. *4* Los atenienses quedaron convencidos y eligieron otros estrategos, dando así muestras evidentes de la ira y el encono que le tenían. *5* Al enterarse Alcibíades de esto, lleno de temor, abandonó definitivamente el ejército y reuniendo soldados mercenarios, comenzó a hacer por su cuenta la guerra contra los tracios no sometidos al poder real. Así fue acumulando grandes riquezas con el botín capturado y, al mismo tiempo, proporcionaba seguridad contra los bárbaros a los griegos establecidos en aquellos contornos.

6 Y como los estrategos Tideo, Menandro y Adimanto[70], que tenían juntas en Egos Pótamos todas las naves que po-

---

[68] Los parágrafos 5-8 de este capítulo resumen a Jenofonte *Helénicas*, I 5, 1-15. La batalla que narra Plutarco es la de Notio en el 406. Para el año siguiente, Alcibíades ya no fue nombrado estratego, lo cual demuestra la precariedad de su situación en Atenas después de la batalla.

[69] En el Quersoneso tracio, península en el lado europeo del Helesponto.

[70] En el año 405-404. Egos Pótamos está situada en el Quersoneso tracio, frente a la ciudad de Lámpsaco.

seían entonces los atenienses, solían embarcar al amanecer, ir a provocar a Lisandro, que tenía la flota anclada cerca de Lámpsaco, y más tarde regresar y pasar el día en desorden y sin ninguna clase de cuidado, como si menospreciaran a sus enemigos, Alcibíades, que se encontraba cerca, no pudo observar esta conducta con despreocupación e indiferencia, y se acercó a caballo y advirtió a los generales que habían escogido un mal fondeadero en unos parajes sin radas y sin ninguna ciudad próxima, teniendo que traer las provisiones de Sesto, que estaba muy lejos, y permitiendo a la tripulación, cuando estaba en tierra, vagabundear a su antojo y diseminarse, en presencia todo ello de una gran escuadra que estaba fondeada frente a ellos y habituada, además, a hacer todo sin rechistar a las órdenes de un mando único.

37. A pesar de las palabras de Alcibíades y de sus consejos para que cambiaran de fondeadero y llevaran la flota a Sesto, los estrategos no le hicieron caso y Tideo llegó incluso a la insolencia de mandarle que se marchara, pues el general no era él, sino otros. 2 Alcibíades se fue con la sospecha de que había alguna clase de traición en ellos, y a los amigos que le acompañaron al salir del campamento les dijo que si no fuera porque los estrategos le habían insultado de ese modo, en pocos días habría forzado a los lacedemonios a combatir contra su voluntad en el mar en una batalla decisiva o a abandonar las naves. 3 A unos les pareció que estaba presumiendo, pero a otros, que decía algo muy probable, si su intención era la de traer de tierra a muchos tracios, arqueros y jinetes, para asaltar y llenar de confusión el campamento de los lacedemonios. 4 Por lo demás, que vio con acierto los errores de los atenienses pronto los hechos lo demostraron. Pues cuando Lisandro cayó sobre ellos de repente y por sorpresa, sólo ocho trirremes lograron escapar con Conón; las demás, que eran poco menos de doscientas, las capturaron y se las llevaron. De las tropas, Lisandro degolló a los tres mil que cogió vivos. 5 Conquistó también Atenas poco tiempo después, quemó las naves y mandó demoler los muros largos[71].

---

[71] La rendición de Atenas fue en el mismo año de 404. La demolición de los muros largos que unían Atenas con el Pireo y daban la posibilidad a los

6 En vista de esto, temiendo Alcibíades a los lacedemonios, dueños ya de tierra y mar, se trasladó a Bitinia. Muchas eran las riquezas que mandó llevar allí, muchas las que él transportó, pero todavía eran más las que dejó en la fortaleza donde habitaba. *7* En Bitinia perdió de nuevo no pocos de sus bienes, que le saquearon los tracios de aquella región; por eso decidió internarse en Asia para ir donde Artajerjes, considerando que él no se revelaría inferior a Temístocles, si el rey le ponía a prueba, tanto más cuanto que tenía un motivo más noble: *8* pues no era contra sus conciudadanos, a diferencia de aquél, sino en defensa de su patria contra los enemigos por lo que prestaría sus servicios y solicitaría el poder del rey. Como creía que los recursos para viajar al interior de Asia con seguridad era Farnabazo quien mejor podía procurárselos, se encaminó a Frigia para presentarse ante él, y allí pasó cierto tiempo halagándole, a la vez que él mismo era objeto de honores.

38. Los atenienses soportaban con dificultad la pérdida de su hegemonía, pero cuando Lisandro les quitó también la libertad y confió el gobierno de la ciudad a los Treinta, las reflexiones que no se habían hecho cuando aún podían salvarse les vinieron a la memoria ahora que ya estaba todo perdido: se lamentaban y repasaban sus errores y desaciertos, el mayor de los cuales consideraban que había sido el haber lanzado su cólera contra Alcibíades por segunda vez. *2* Pues lo habían expulsado sin ningún delito por su parte; sólo por la irritación que sintieron contra un subordinado que había perdido unas pocas naves ignominiosamente, ellos, con más ignominia todavía, habían privado a la ciudad del general más esforzado y experto. *3* Con todo, el caso es que aun en medio de las calamidades presentes se alzaba una esperanza confusa de que los asuntos de Atenas no se perderían por completo, mientras Alcibíades siguiera vivo. Pues igual que en la primera ocasión en que fue desterrado no se había conformado con vivir de manera ociosa y tranquila, tampoco ahora, siempre

---

atenienses de no sufrir un asedio siempre que dominasen el mar significaba el fin de la hegemonía de Atenas.

que tuviera recursos suficientes, toleraría los agravios de los lacedemonios y los atropellos de los Treinta.

4 No era extraño, por otro lado, que la muchedumbre se entregara a estos sueños, cuando incluso a los Treinta les asaltaba esta misma preocupación, y no dejaban de informarse sobre él y tenían en cuenta más que ninguna otra cosa lo que él hacía y proyectaba. *5* Finalmente, Critias hizo ver a Lisandro que, si la democracia se establecía en Atenas, a los lacedemonios les sería imposible conservar su poder sobre Grecia sin riesgos, pero que por muy dóciles y favorables a la oligarquía que fueran los atenienses, Alcibíades no les permitiría, mientras viviera, acomodarse con serenidad al orden establecido. *6* Sin embargo, estas razones no convencieron del todo a Lisandro, hasta que le llegó de los magistrados de Esparta una escítala[72] ordenándole que se desembarazara de Alcibíades, bien porque también ellos estaban temerosos de la agudeza de su ingenio y de su espíritu emprendedor, bien porque querían complacer a Agis.

39. Cuando Lisandro, pues, envió un mensaje a Farnabazo con el encargo de realizar esto, y éste, a su vez, ordenó su ejecución a su hermano Bageo y a su tío Susamitres, Alcibíades, que se encontraba entonces en una aldea de Frigia donde vivía con la cortesana Timandra, tuvo en sueños la siguiente visión: *2* le pareció que tenía puesto el vestido de la cortesana, y que ella, con la cabeza de él en su regazo, le arreglaba la cara como si fuera una mujer, pintándole los ojos y repartiéndole albayalde. *3* Otros afirman que vio en sueños a Bageo cortarle la cabeza y quemar el cadáver. En todo caso, dicen que la visión tuvo lugar poco antes de su muerte.

4 Los enviados a matarlo no se atrevieron a entrar en la casa, y lo que hicieron fue rodearla y prenderle fuego. *5* Al advertirlo, Alcibíades reunió en un montón la mayor cantidad

---

[72] La escítala era un bastón que se utilizaba para enviar mensajes secretos a los comandantes que estaban fuera de Esparta. Una tira de cuero se enrollaba a su alrededor de manera oblicua y sobre esta tira se escribía el mensaje a lo largo. Al desenrollar la tira de cuero, ésta resultaba ininteligible si no se tenía otro bastón de grosor parecido para separar las líneas correctamente.

de vestidos y mantas que pudo y lo arrojó sobre el fuego; luego se enrolló en el brazo izquierdo la clámide, desenvainó con el derecho el puñal y se lanzó al exterior sin sufrir ningún daño por el fuego antes de que comenzaran a arder los vestidos. Al verlo, los bárbaros se dispersaron. *6* Ninguno, en efecto, tuvo el valor de aguardarle a pie firme y pelear con él; en lugar de eso, se apartaron y comenzaron a dispararle flechas y dardos. *7* Así cayó, y cuando los bárbaros se marcharon, Timandra recogió el cadáver y luego de envolverlo y cubrirlo con sus propias ropas, le tributó unas exequias dignas y brillantes en la medida que las circunstancias lo permitían. *8* De ésta dicen que fue hija Laíde, la que llamaban corintia, aunque, en realidad, era cautiva de Hícara, una aldea de Sicilia.

9 Algunos escritores están de acuerdo con todos estos detalles de la muerte de Alcibíades, excepto en que afirman que el responsable no fue Farnabazo ni Lisandro ni los lacedemonios, sino el propio Alcibíades, que había seducido a una joven de cierta familia conocida y la retenía en su casa. Y dicen que los hermanos de la joven, enojados por el agravio, prendieron fuego por la noche a la casa en la que vivía Alcibíades y le abatieron, como queda dicho, cuando saltaba en medio de las llamas para salir.

CORIOLANO

La biografía de Gayo Marcio Coriolano ofrece una de las mejores oportunidades para observar los métodos que ha utilizado Plutarco en la composición de las *Vidas paralelas*. En efecto, la *Vida* es, en sus puntos esenciales, una transposición al género biográfico de la narración histórica de Dionisio de Halicarnaso, *Historia antigua de Roma*, V-VIII. De este modo, las afirmaciones programáticas y las distinciones que se encuentran, sobre todo, al comienzo de la *Vida de Alejandro* son susceptibles de ser observadas en su funcionamiento, si se comparan la biografía de Plutarco y la narración histórica de Dionisio de Halicarnaso. Las diferencias más notables entre la biografía y el relato histórico de Dionisio se pueden clasificar en adiciones, abreviaciones, omisiones y críticas a su predecesor, todas las cuales intentan exponer una interpretación del carácter del personaje biografiado y adecuar las proporciones de la obra a lo que Plutarco estima apropiado para una biografía.

Las expansiones son en su mayoría digresiones filosóficas o de carácter erudito y anticuario, a las que tan aficionado es Plutarco. Entre las primeras, hay que mencionar las referidas a la orfandad y a la virtud natural que no es cultivada por la educación, las explicaciones de las intervenciones divinas en la naturaleza y los milagros, etc.; las digresiones de carácter erudito más extensas son las que tratan de la corona cívica, los *cognomina*, la costumbre de que los candidatos al consulado compareciesen en el foro sin túnica y sin cinturón, el *trinundinum* y la *instauratio*. Igualmente, Plutarco consideraba necesario en una biografía ampliar todo lo relativo a la juventud y educación del personaje, noticias que en la mayor parte de las biografías suelen ser lugares comunes que Plutarco deduce a partir de las acciones posteriores de sus personajes. En el caso de la vida de Coriolano, la exigencia de expandir todo lo referente a su juventud y educación era mayor, porque, por un lado, para la biografía de Alcibíades disponía de

[411]

numerosas noticias anteriores a sus intervenciones políticas y militares de la madurez y, por otro, porque Plutarco sostiene que la arrogancia y la ira, rasgos más acusados del carácter de Coriolano, eran producto de ciertas deficiencias en su educación, y contra ellas pretendía hacer algunas advertencias de carácter moral.

Las abreviaciones con respecto a Dionisio de Halicarnaso adecuan sus proporciones a lo que Plutarco estimaba idóneo y eliminan detalles que no añadían ningún dato relevante para el objetivo final, que no es otro que la descripción del carácter del personaje a través de sus acciones. Para conseguir este propósito, se eliminan las menciones de ciertas normas legales que podrían haber explicado el marco histórico y las de ciertos detalles en los acontecimientos históricos; en lugar de eso, Plutarco se ha concentrado en los puntos esenciales de la acción y en el personaje. Entre las omisiones, las más notables son los largos discursos que Dionisio de Halicarnaso intercala constantemente y que son resultado del tratamiento retórico que el historiador hace de los hechos narrados.

Sin embargo, son las nuevas interpretaciones y las críticas que Plutarco hace de la interpretación dada por Dionisio de Halicarnaso lo más notable en la transposición biográfica del relato histórico. La descripción de Dionisio de Halicarnaso, VIII 61-62, insiste, sobre todo, en la obstinación de Coriolano, mientras que en la *Vida* escrita por Plutarco se insiste más en la arrogancia y la cólera irrefrenable. Así, en la «Comparación», único pasaje en toda la biografía en el que es citado Dionisio de Halicarnaso, expone que la causa que condujo a Coriolano a difundir el rumor de que los volscos que visitaban Roma tenían la intención de hacer un ataque fue la ira y el despecho. La motivación no se encuentra en Dionisio de Halicarnaso, VIII 2. Por lo demás, el Coriolano heredado por la tradición clásica y seguido por Shakespeare es el de Plutarco.

Aunque la capacidad de Plutarco para retener datos numerosos y precisos parece tan sobrehumana que algunos investigadores han considerado imposible que el autor de Queronea haya manejado tantas obras y autores como cita, es natural, no obstante, que algunos errores accidentales se hayan deslizado en esta biografía. El más notable es el de los nombres de la madre y la esposa de Coriolano. Ello invita a suponer que su método de composición descansaba más en una formidable y portentosa memoria que en las notas poco a poco pulidas con la confrontación permanente de sus fuentes.

Las consideraciones precedentes dependen de la premisa de que Dionisio de Halicarnaso ha sido la fuente exclusiva de Plutarco en la elaboración de la *Vida de Coriolano*. Bien es verdad que no parece existir ningún otro ejemplo en las *Vidas paralelas* en el que exista un solo modelo o fuente (aparte, por supuesto, de los conocimientos eruditos que resultan de sus abundantes lecturas); es cierto, igualmente, que las discrepancias entre Dionisio de Halicarnaso y Plutarco podrían ser resultado del uso por parte de Plutarco de otros autores que trataran del mismo tema. Sin embargo, si se admite, como a pesar de las dificultades parece razonable, hay que llegar a la conclusión de que, al menos en ciertos casos, Plutarco ha utilizado sus fuentes con gran libertad y, sobre todo, con las miras puestas en una interpretación general del carácter del personaje exenta de mimetismos y servilismo hacia las fuentes.

Coriolano, de quien Tito Livio escribe con brevedad, es uno de esos personajes de las primeras épocas de la República romana que pertenecen prácticamente a la leyenda. En ésta debe de haber un núcleo histórico, aunque sea imposible de precisar. Lo que ha movido a Plutarco a emparejarle con Alcibíades es el hecho de que ambos han sido expulsados de su patria y han combatido contra ella. Y es curioso observar que esta pareja de *Vidas* es, junto con las de Demetrio y Antonio, la única en la que los personajes constituyen un ejemplo moral, pero *ad contrarium*. En ellos, los defectos morales pesan más que las virtudes a diferencia de lo que sucede en las demás *Vidas*, aun cuando, por supuesto, no dejan de ser un ejemplo moral, para evitar más que para imitar.

Bibliografía

Dionisio de Halicarnaso, *Historia antigua de Roma*, libros IV-VI y VIII-IX, traducción y notas de A. Alonso y C. Seco, Madrid, 1984 y 1989.

Tito Livio, *Historia de Roma desde la fundación*, libros I-III, introducción de Á. Sierra, traducción y notas de J. A. Villar Vidal, Madrid, 1990.

W. Shakespeare, *Coriolano*, traducción y edición de Á.-L. Pujante, Madrid, 1990.

CORIOLANO

1. La casa patricia de los Marcios en Roma dio muchos hombres ilustres, entre los que se encontraba Anco Marcio, nieto de Numa por parte de madre y rey después de Tulo Hostilio[1]. Marcios eran igualmente Publio y Quinto, que bajaron a Roma el agua mejor y más abundante[2], así como Censorino, a quien el pueblo romano nombró dos veces censor y que fue el que más tarde les convenció para que instituyeran y votaran una ley que prohibiera a la misma persona ejercer dos veces aquella magistratura[3]. 2 Gayo Marcio, sobre quien trata esta obra, educado por su madre viuda por ser huérfano de padre, dio pruebas de que la orfandad, aun teniendo otros perjuicios, no es en absoluto obstáculo que impida llegar a ser hombre importante y destacado sobre la mayoría, a pesar de que sea objeto de queja y censura por parte de las personas mediocres, que la hacen responsable de una negligencia que los echa a perder. 3 Pero el propio Marcio dio también testimonio en favor de quienes consideran que la naturaleza, aun siendo buena y noble, si carece de educación, engendra muchos frutos ruines al lado de buenas cualidades, como en la agricultura un terreno fértil que no recibe cultivo[4]. 4 Pues

---

[1] Pompilia era la madre de Anco Marcio, cuarto rey de Roma.
[2] Quinto Marcio fue pretor urbano de Roma en el 144 a.C.
[3] La ley fue propuesta en el 265 a.C.
[4] La idea de que los hombres de naturaleza excelente producen buenas cualidades junto a desgracias, si carecen de educación, es un tema tocado por Platón, *República*, 491 d-e, y desarrollado ampliamente por Plutarco en *Sobre el retraso de la venganza divina*, 552 b, ss. El mismo tema reaparece en la introducción de la *Vida de Demetrio*.

la fuerza de su carácter y la energía que ponía en todas sus acciones le llevaban a emprender grandes y nobles proyectos que alcanzaban realización, pero como se dejaba arrastrar por frecuentes cóleras incontenibles y ambiciones inflexibles[5], no era nada afable ni fácil de acomodarse en el trato con los demás hombres. Al tiempo que admiraban su indiferencia ante los placeres, las fatigas y el dinero, cualidades que llamaban templanza, justicia y valor, en las relaciones con los demás ciudadanos sentían desagrado por él y le hacían parecer molesto, grosero y altivo. *5* Pues de ninguno de los bienes de la benevolencia de las Musas disfrutan los hombres tanto como de apaciguar el carácter natural gracias a la razón y la instrucción, cuando éste acepta la moderación y rechaza todo exceso. *6* En términos generales, Roma en aquella época se enorgullecía sobre todo de la excelencia relativa a las hazañas guerreras y militares, y la prueba de ello es que los romanos designan la virtud con la palabra específica del valor[6], y que el nombre genérico de la virtud en general es aquel término peculiar con el que nombran el valor.

2. Apasionado más que por cualquier otra cosa por las luchas de la guerra, Marcio empezó a manejar las armas ya desde la infancia, y con la convicción de que las armas adquiridas de fuera no valen de nada para quienes no tienen adiestrada y dispuesta el arma congénita que les ha otorgado la naturaleza, ejercitó tanto su cuerpo en toda especie de combate, que era al tiempo veloz para correr y tenía un peso imposible de rechazar por la fuerza cuando hacía presa y colocaba el cuerpo de su adversario bajo él[7]. *2* En todo caso, los que en cada ocasión rivalizaban con él en valentía y fortaleza,

---

[5] La cólera y la ambición son los rasgos más notables del carácter de Coriolano, según la interpretación que Plutarco ha extraído de la narración histórica de Dionisio de Halicarnaso.

[6] Plutarco se refiere a la palabra latina *virtus*.

[7] Estas afirmaciones acerca de la juventud de Coriolano, que no se encuentran en Dionisio de Halicarnaso, son probablemente expansiones de Plutarco (que el cuerpo es el arma congénita del soldado se afirma también en *Fabio Máximo*, 1, 7) deducidas de su actuación militar posterior.

cuando salían derrotados, lo atribuían a su fuerza física, que era inagotable y no desfallecía ante ningún esfuerzo[8].

3. La primera expedición militar en la que participó, siendo todavía un adolescente, fue cuando en compañía de Tarquinio, rey en otro tiempo de Roma y más tarde expulsado, que en ese momento, tras numerosas batallas y derrotas, tiraba por última vez, si así se puede decir, el dado, la mayor parte de los latinos y un gran número de los demás pueblos de Italia formaron un ejército conjunto y trataron de restituir su poder sobre Roma, no tanto porque quisieran complacerle, como por derrumbar el creciente poderío de los romanos a causa del miedo y la envidia. *2* En esta batalla, en la que la suerte tuvo numerosos giros en favor de uno y otro bando, Marcio, que peleaba denodadamente, al ver a un romano caer cerca en presencia del dictador[9], lejos de desinteresarse por él, se plantó delante y le vengó matando al enemigo que le acometía. *3* Pues bien, tras la victoria, el general le recompensó entre los primeros con una corona de encina.

Ésta es, en efecto, la corona que la ley otorga a quien salva a un ciudadano protegiéndolo con el escudo, bien por ser la encina lo que más veneran a causa de los arcadios, a quienes un oráculo del dios[10] ha llamado comedores de bellotas, bien porque para los que participan en una expedición militar es fácil hallar pronto y en cualquier sitio encinas, o bien por la

---

[8] El carácter incansable de Coriolano y la envidia que suscita entre los conciudadanos son rasgos repetidos a lo largo de la biografía y constituyen temas que distinguen el tratamiento que hace Plutarco de la vida de Coriolano.

[9] Se trata de la batalla del lago Regilo (496 a.C.), en la que los latinos, aliados con los etruscos, fueron derrotados definitivamente por los romanos, que se aseguraban la hegemonía en el Lacio. El dictador es Aulo Postumio. Livio, II 19-20, no menciona a Coriolano.

[10] «El dios» se refiere a Ápolo Pítico, como es de suponer para Plutarco, sacerdote en Delfos. Los arcadios eran considerados antecesores de los romanos a causa de un personaje mítico llamado Evandro, que habría emigrado al Palatino (cfr. *Rómulo*, 21, 2-4). Las *Explicaciones romanas*, 92, 286 a, tratan también de los posibles orígenes de la *corona cívica*, aunque en este pasaje Plutarco añade dos nuevas posibles causas que expliquen el que sea de encina; estas diferencias son producto del progresivo conocimiento por parte de Plutarco de las tradiciones romanas.

idea de que la corona de encina es una recompensa adecuada al acto de salvar a un ciudadano por estar consagrada a Zeus Polieo[11]. *4* Además, de los árboles silvestres, la encina es el más fértil en frutos, y de los cultivados, el de madera más resistente. De ella se saca también un alimento, la bellota, y una bebida, el hidromiel[12]; y procura un manjar, la mayor parte de las especies de aves, porque provee la liga[13] como instrumento de caza.

5 Durante aquella batalla también dicen que se aparecieron los Dioscuros y que recién acabada fueron vistos con sus caballos cubiertos de sudor anunciando la victoria en el foro, donde en la actualidad se erige el templo que hay junto a la fuente consagrado a ellos[14]. *6* De aquí procede también que el día de aquella victoria, que es el de las idus del mes de julio, esté dedicado a los Dioscuros.

4. En los hombres jóvenes, la distinción y los honores que se presentan demasiado temprano apagan, según parece, las naturalezas que son ambiciosas con ligereza y satisfacen pronto esa especie de sed hasta producir la hartura. Pero a los espíritus sólidos y firmes los honores los estimulan y les dan ímpetu, como despertados por un viento que los arrastra a lo que se muestra bello. *2* Pues como en lugar de recibirlos en concepto de salario, los dan en concepto de garantía, se aver-

---

[11] El epíteto Polieo es puesto en relación con la palabra, fónicamente semejante, que significa 'ciudadano'.

[12] Existía la creencia de que las abejas libaban la miel, de donde se fabricaba el hidromiel, de las hojas de los árboles.

[13] La palabra griega, así como la correspondiente latina, designa la liga para cazar pájaros y el muérdago del que está hecha.

[14] Del que subsisten aún tres columnas. Dionisio de Halicarnaso, VI 10, habla de los sacrificios que celebraron ese día los caballeros en honor de sus patronos divinos. Plutarco ha identificado la primera participación de Coriolano en una batalla con la del lago Regilo en 496 a.C. Ahora bien, como en 15, Coriolano habla de sus diecisiete años ininterrumpidos de guerras y el discurso tiene lugar en el 491, año de su destierro, existe la posibilidad de que la batalla primera en la que participó sea la que tuvo lugar poco después de la expulsión de los reyes (509), narrada en *Publícola*, 9 (que corresponde a Dionisio de Halicarnaso, V 14-17). A pesar de todo, puede ser que los «diecisiete años» de los que habla Plutarco en 15 sean una cifra exagerada, ya que no se dice nada semejante en el relato de Dionisio de Halicarnaso.

güenzan de abandonar su gloria y de no sobrepasarla con sus sucesivas hazañas. 3 Éste era precisamente el sentir de Marcio, que se propuso una porfía de valor consigo mismo: como quería renovarse sin cesar con sus acciones, encadenaba condecoraciones a condecoraciones, acumulaba botines sobre botines, y sus jefes sucesivos rivalizaban por sobrepasar a los precedentes en los honores y alabanzas que le tributaban. 4 Y aunque fueron muchos los combates y guerras en los que por entonces intervinieron los romanos, de ninguno regresó sin corona u otra recompensa.

5 Para los demás la gloria era el fin de su valor, pero para él el de la gloria era la alegría de su madre. Pues el que ella escuchara los elogios que se le hacían, viera cómo le coronaban y pudiera abrazarlo llorando de alegría era lo que él estimaba que más le colmaba de honores y le hacía dichoso. 6 Sin duda este mismo sentimiento es el que dicen que experimentaba Epaminondas, como reconocía él mismo, que consideraba que su mayor felicidad era que su padre y su madre habían vivido lo suficiente para contemplar su generalato y su victoria en Leuctras[15]. 7 La única diferencia consiste en que aquél disfrutó de ver a su padre y a su madre alegrarse juntos y compartir la felicidad de sus éxitos, mientras que Marcio, convencido de que a su madre también le debía la gratitud debida al padre, no se sentía satisfecho con llenar de alegrías y honras a Volumnia[16], sino que incluso se casó siguiendo los deseos y las recomendaciones de ella y siguió viviendo en la misma casa con su madre, aun después de tener hijos.

5. Y fue cuando la gloria y la influencia que tenía en la ciudad gracias a su valor eran grandes cuando el senado se puso de parte de los ricos y provocó disensiones con la plebe, que se sentía injustamente tratada por los prestamistas. 2 En efecto, a los que eran dueños de pequeñas haciendas los iban despojando de todas sus propiedades mediante fianzas y

---

[15] Plutarco escribió una *Vida de Epaminondas* que se ha perdido. La misma anécdota es mencionada en varios pasajes de las *Moralia*.

[16] Tanto Dionisio de Halicarnaso como Tito Livio llaman a la madre Veturia, y a la esposa Volumnia, a quien Plutarco llama Vergilia.

ventas, y a los que carecían por completo de recursos los llevaban a juicio y los arrestaban, aunque sus cuerpos tenían numerosas cicatrices de las heridas y penalidades sufridas en los combates en defensa de la patria, el último de los cuales era el que habían aceptado con resignación contra los sabinos, cuando los ricos se habían comprometido a actuar con moderación y el senado había designado por votación al dictador Manio Valerio como garante de este compromiso. *3* Y cuando a ellos, a pesar de haber luchado con ardor también en aquella batalla y de haber derrotado a los enemigos, no les alcanzó ningún beneficio razonable de parte de los usureros, y como además el senado fingía no recordar los convenios y hacía la vista gorda ante la reanudación de los arrestos y el uso de las vidas como garantía de los pagos, se produjeron en la ciudad desórdenes y rebeliones graves. No dejaron de advertir los enemigos que el pueblo estaba alborotado e hicieron una incursión en la que devastaron el país. Los cónsules convocaron a los que estaban en edad militar a las armas, pero nadie hizo caso; tan divididos volvían a estar los criterios de los magistrados. *4* Algunos pensaban que había que hacer concesiones a los pobres y relajar el excesivo rigor de las normas legales, pero había otros que se oponían y entre ellos se encontraba Marcio, que les exhortaba a reprimir y ahogar este movimiento si eran sensatos, no porque considerara la cuestión del dinero asunto muy trascendente, sino porque en su opinión constituía el principio y una tentativa de subversión y de audacia por parte del populacho en su alzamiento contra la legalidad.

6. Reunido el senado muchas veces en poco tiempo para tratar el tema sin obtener ningún resultado, se congregaron de improviso los pobres y exhortándose unos a otros abandonaron la ciudad. Luego se apoderaron del monte que ahora se llama Sacro a orillas del río Anio[17] y se establecieron allí sin llevar a cabo ningún acto de violencia ni de rebeldía, sino

---

[17] Tanto Dionisio de Halicarnaso, VI 45, como Tito Livio, II 32, hablan de secesión del pueblo en armas. El monte Sacro estaba a unos cuatro kilómetros y medio de la ciudad.

simplemente proclamando a gritos que hacía tiempo que habían sido expulsados de la ciudad por los ricos; que el aire, el agua y un lugar donde recibir sepultura cualquier parte de Italia se lo podría procurar, y que si seguían viviendo en Roma no tendrían ninguna otra ventaja más que la ocasión de recibir una herida o sufrir la muerte luchando en el ejército por defender a los ricos.

2 Esta actitud alarmó al senado, que envió como emisario a los miembros entre los de más edad que eran más moderados y favorables a la plebe. 3 Tomó la palabra en representación de ellos Menenio Agripa, que tras hacer muchas peticiones al pueblo y una larga defensa del senado hablando con franqueza, para acabar su discurso pasó a esta especie de cuento muy citado en lo sucesivo. 4 Dijo, en efecto, que todos los órganos de un hombre se rebelaron contra el vientre y le acusaron de ser la única parte del cuerpo que permanecía sentada inactiva y sin prestar ninguna contribución, mientras que las demás soportaban grandes fatigas y pesadas cargas para satisfacer sus apetitos; y que el vientre se burló de su ingenuidad, porque ignoraban que es verdad que recibe en su interior todo el alimento, pero que luego lo remite fuera y lo distribuye a los demás[18]: 5 «Ésa es, pues, ciudadanos —siguió diciendo—, la respuesta que también el senado os da a vosotros: las deliberaciones y decisiones que allí tienen lugar, como miran a una administración adecuada, revierten en vosotros y distribuyen entre todos lo que es útil y conveniente.»

7. Gracias a este discurso se reconciliaron. La plebe pidió al senado y obtuvo el derecho de elegir a cinco hombres para defender a quienes necesitaran ayuda: son los llamados en la actualidad tribunos de la plebe. 2 A los primeros que eligieron fue a los que habían sido caudillos de la secesión: Bruto Junio y Sicinio Beluto[19]. 3 Tras el restablecimiento de la unidad en la ciudad, enseguida el pueblo tomó las armas y se

---

[18] El mismo símil en Dionisio de Halicarnaso, VI 86; Tito Livio, II 32, 8-12.
[19] Plutarco sigue en los nombres de los tribunos a Dionisio de Halicarnaso, VI 89, no a Tito Livio, II 33, 2.

puso a disposición de los magistrados, presto para la guerra. *4* Marcio, aunque personalmente no estaba nada contento con la fuerza que había logrado la plebe a costa de concesiones de la aristocracia y veía a otros muchos patricios con los mismos sentimientos que él, los exhortaba, sin embargo, a no quedarse detrás del pueblo en los combates por la patria y a mostrarse superiores a ellos en el valor más que en el poder.

8. En el pueblo de los volscos, contra quienes hacían la guerra, la ciudad de los coriolanos era la que tenía mayor importancia. Cuando el cónsul Cominio, pues, la rodeó y estableció allí el campamento, los demás volscos acudieron alarmados de todas partes en su auxilio contra los romanos, con la intención de presentarles batalla ante la ciudad y atacarlos por los dos lados a la vez[20]. *2* Cominio dividió sus fuerzas, salió personalmente al encuentro de los volscos que venían desde fuera contra ellos y dejó a Tito Larcio[21], uno de los romanos más valerosos, a cargo del asedio. Entonces los coriolanos, menospreciando a los que habían quedado frente a ellos, salieron para trabar combate y al principio de la lucha vencieron a los romanos y los persiguieron hasta sus trincheras. *3* En ese momento Marcio salió corriendo con unos pocos y, luego de abatir a los que se le enfrentaban más de cerca y detener a los agresores que venían detrás, invocó a grandes voces a los romanos; pues tenía todas las cualidades que Catón exigía al buen soldado: cuando se topaba con el enemigo, no sólo era temible y difícil de resistir por su brazo y sus mandobles, sino también por la fuerza de su voz y la fiereza del rostro. Reunidos y congregados a su alrededor muchos romanos, los enemigos, asustados, se batieron en retirada. *4* Pero él, lejos de conformarse con eso, siguió acosándolos y cargó contra ellos, ya fugitivos en desbandada, hasta las puertas. *5* Y viendo que al llegar allí los romanos cesaban en su persecución y se daban la vuelta a causa de la granizada de dardos que les arrojaban desde la muralla y porque nadie se atrevía ni a pensar en introducirse junto con los fugitivos en una ciudad repleta

---

[20] En el 493 a.C.
[21] Dictador en el año 495 a.C.

de enemigos en armas, se detuvo y a pesar de todo los exhortó y animó diciéndoles a grandes voces que la fortuna había abierto la puerta de la ciudad no tanto a los fugitivos como a los perseguidores. *6* Y aunque no muchos accedieron a acompañarlo en su acometida, se abrió paso entre los enemigos, se lanzó a las puertas y penetró al interior, sin que al principio nadie osara enfrentársele ni oponer resistencia. Pero luego, al observar que eran muy pocos los que estaban dentro, acudieron todos juntos y atacaron. Se dice que entonces, mezclado y confundido entre amigos y enemigos, sostuvo en la ciudad un combate increíble peleando con la fuerza de sus brazos, la agilidad de sus piernas y la audacia de su valor, y que tras vencer a todos contra los que se lanzaba, rechazó a unos hasta las zonas extremas de la ciudad, y cuando el resto se rindió y arrojó las armas, consiguió que Larcio no tuviera nada que temer al traer a los romanos que estaban fuera[22].

9. Conquistada así la ciudad y cuando la mayoría estaba ya dedicada a la rapiña y al saqueo de las riquezas, Marcio se indignó y comenzó a gritar diciendo que consideraba intolerable estar ellos allí dando vueltas acopiando riquezas, mientras el cónsul y los ciudadanos que le acompañaban estaban ya quizá trabando combate con los enemigos y en plena batalla decisiva, y huir como esclavos del peligro con la excusa de enriquecerse. *2* Y aunque no fueron muchos los que le atendieron, poniéndose al mando de los voluntarios se echó a andar por el camino por donde se había dado cuenta de que había avanzado el ejército. En el camino no dejaba de apremiar a los que iban con él y de alentarlos a no aflojar la marcha ni tampoco dejaba de suplicar a los dioses que le concedieran no llegar tarde a la batalla, sino a tiempo de entrar en combate y compartir los riesgos con los demás ciudadanos.

3 Era costumbre entonces entre los romanos cuando se colocaban en formación y estaban a punto de embrazarse los escudos y ceñirse la coraza hacer un testamento de viva voz, nombrando heredero en presencia de tres o cuatro que escu-

---

[22] Relatos paralelos en Dionisio de Halicarnaso, VI 92, y Tito Livio, II 33.

chaban como testigos[23]. *4* Justo cuando los soldados estaban haciendo esto en presencia de los enemigos, Marcio se unió a ellos. *5* Al principio su presencia llenó de turbación a algunos, al verlo venir con pocos y cubierto por entero de sangre y sudor. Pero cuando llegó corriendo ante el cónsul, rebosante de alegría, le tendió la diestra y le dio la noticia de la toma de la ciudad, como Cominio le abrazó y estrechó entre sus brazos, unos porque se enteraron del éxito obtenido y otros porque se lo imaginaron, todos sintieron renacer su valor y comenzaron a alentar con sus gritos a los jefes para que los condujeran y entraran en combate. *6* Marcio preguntó a Cominio cómo estaban dispuestas las armas de los enemigos y dónde estaban colocadas las tropas más aguerridas. Él respondió que creía que las cohortes del centro eran las de los anciatas, los más belicosos y los que no ceden a nadie en valentía: «Te ruego entonces —dijo Marcio— y te pido que nos asignes un puesto frente a ellos.» Se lo otorgó el cónsul, admirado de su ardor. *7* Y en cuanto comenzaron los disparos de las lanzas, Marcio se adelantó corriendo contra los enemigos. Los volscos que estaban frente a él no resistieron y la parte de la formación por donde acometió quedó al punto hecha añicos. Pero como los enemigos se volvieron contra él por ambos lados y lo rodearon con sus armas, el cónsul, preocupado, envió allí a los soldados más valerosos que había a su alrededor. *8* Una lucha encarnizada se produjo en torno de Marcio y muchos cayeron cadáveres en pocos instantes, pero los romanos presionaron sobre los enemigos con extrema violencia y los rechazaron. Cuando ya se dirigían en su persecución, encarecieron a Marcio, agobiado de cansancio y heridas, que se retirara al campamento. *9* Pero él dijo que la fatiga no es propia de vencedores y siguió acosando a los que huían. El resto del ejército fue también derrotado y sufrió grandes pérdidas entre muertos y prisioneros.

---

[23] Es el testamento llamado *in procinctu*, que, según se creía, era habitual en época primitiva, pero raro en el siglo I. Como Dionisio de Halicarnaso no menciona el detalle, hemos de pensar que Plutarco lo ha añadido de sus conocimientos sobre los usos de la Roma antigua, para dar verismo al episodio.

10. Al día siguiente, en presencia de Larcio y con todos reunidos, el cónsul subió a la tribuna y luego de dar a los dioses las gracias debidas por tan importantes éxitos, se vuelve a Marcio. *2* En primer lugar, pronunció un elogio lleno de admiración por sus proezas, de las que en parte él había sido espectador personal en la batalla y que en parte conocía por el testimonio de Larcio. *3* A continuación, de las numerosas riquezas, armas, caballos y hombres cautivos, le mandó que escogiera para sí diez de cada clase antes de hacer el reparto entre todos[24]. Sin contar lo anterior, le obsequió con un caballo enjaezado como recompensa por su valor. *4* Entre los aplausos de los romanos, Marcio se adelantó y dijo que el caballo lo aceptaba y que agradecía los elogios del magistrado, pero que al resto, que consideraba soldada, no honor, renunciaba y que se contentaba con entrar en el reparto como cualquier otro: «Un único favor excepcional pido —dijo— y ruego que me otorgues. *5* Tenía yo entre los volscos un huésped y amigo, un hombre honesto y comedido, que ahora ha caído preso y de rico y dichoso ha pasado a ser esclavo. Siendo muchos los males que le acucian, basta con quitarle uno solo: el de la venta.» *6* Ante estas palabras, un griterío aún mayor saludó a Marcio, y más eran los que admiraban su indiferencia por las riquezas que su valentía en las batallas. *7* Pues incluso a quienes les inspiraban cierto sentimiento secreto de envidia y celos los sobresalientes honores que se le tributaban también a ésos les pareció entonces merecedor de recibir grandes premios por el propio hecho de rehusarlos, y estimaban más la virtud que le hacía despreciar tan importantes recompensas que la que le había hecho acreedor a ellas. *8* Pues más bello es usar bien las riquezas que las armas, y más noble que usar bien las riquezas el no necesitarlas.

11. Cuando cesaron los vítores y aplausos de la multitud, Cominio volvió a tomar la palabra y dijo: «Esos obsequios, camaradas, no podéis forzarle a cogerlos, si no los acepta y no

---

[24] Dionisio de Halicarnaso, VI 94, no menciona el décimo del botín, que Plutarco ha añadido, basado probablemente en la práctica griega, no en la romana; así, a Pausanias después de la batalla de Platea se le ofrece la décima parte del botín (cfr. Heródoto, IX 81).

quiere. Mas el que no está en su mano rechazar si se le otorga, concedámoselo: votemos que se le dé el nombre de Coriolano, si es que no se lo ha dado ya antes que nosotros su misma hazaña.» 2 A partir de entonces, Coriolano fue su tercer nombre.

Resulta de ello perfectamente claro que de sus nombres Gayo era el propio, el segundo, Marcio, el común de su casa o linaje, y que el tercero se le añadió para lo sucesivo, a título de sobrenombre, por una hazaña o un suceso o un rasgo físico o una virtud, igual que los griegos dieron su nombre por una acción a Soter (Salvador) y a Calínico (Victorioso), por un rasgo físico a Fiscón (Barrigón) y a Gripo (Nariz aguileña), por su virtud a Evérgetes (Benefactor) y a Filadelfo (Amante de su hermana), y por su buena fortuna a Eudemón (Dichoso), sobrenombre de Bato II. 3 También a algunos reyes las burlas les dieron motes, como Dosón (Que dará) a Antígono, y Látiro (Garbanzo) a Ptolomeo[25]. 4 Pero los romanos usan aún con más frecuencia esta clase de apodos. Llaman así Diadémato (Diademado) a uno de los Metelos, porque tuvo durante mucho tiempo una herida y andaba por todas partes con la frente vendada, Céler (Rápido) a otro, porque se apresuró a organizar pocos días después de la muerte de su padre juegos funerales de gladiadores, y la rapidez y la prontitud de los preparativos suscitaron la admiración[26]. 5 A algunos les dan también nombres por alguna circunstancia de su nacimiento: Proclo si el niño nace en ausencia del padre, Póstumo si nace tras su muerte, y al gemelo que sobrevive a su hermano muerto, Vopisco. 6 Por los rasgos físicos, no sólo dan sobrenombres como Sila (que tiene la cara cubierta de manchas rojas), Níger (Negro) y Rufo (Pelirrojo), sino también Ceco (Ciego) y Clodio (Cojo)[27], imponiendo así la buena costumbre de no considerar insulto ni tara la ceguera o cualquier otra desgracia

---

[25] Los sobrenombres se refieren, respectivamente, a Ptolomeo I, Seleuco II, Ptolomeo VIII, Antíoco VIII, Ptolomeo III, Ptolomeo II, Bato II rey de Cirene, Antígono rey de Macedonia y Ptolomeo X.

[26] L. Cecilio Metelo Diadémato fue cónsul en el 117 a.C., y Q. Cecilio Metelo Céler, en el 60 a.C.

[27] Clodio o Claudio es un gentilicio, no un *cognomen*.

física, sino a responder a esos apodos como si fueran su nombre propio. Pero este tema conviene mejor a otro género de tratado.

12. Terminada la guerra, los jefes de la plebe volvieron a despertar querellas internas; no es que tuvieran un motivo nuevo o una acusación justificada, pues lo que pusieron como pretexto contra los patricios fueron los mismos males que habían acompañado necesariamente a las primeras disensiones y agitaciones. 2 En efecto, la mayor parte del país había quedado sin sembrar ni labrar, y la guerra no había dado la oportunidad de procurarse víveres importados. 3 Sobrevino, pues, una rigurosa carestía, y los tribunos de la plebe, viendo que no había mercancías de abastos y que aunque las hubiera habido el pueblo carecía de dinero para comprarlas, comenzaron a lanzar rumores y calumnias contra los ricos, a los que culpaban de haber provocado el hambre por rencor. 4 Llegó una embajada de Velitras[28], que venía a ofrecerles la ciudad y a pedirles que enviaran colonos a ella, pues una enfermedad contagiosa que había caído sobre ellos había causado tantas pérdidas de habitantes y tal mortandad, que apenas quedaba una décima parte de la poblacion. 5 A las personas sensatas les pareció que la petición de Velitras llegaba en el momento oportuno y cuando hacía falta, porque a causa de la escasez necesitaban un aligeramiento de la población y al propio tiempo tenían la esperanza de dispersar la revuelta si los elementos más agitadores y más exaltados por los tribunos eran alejados de la ciudad y ésta quedaba purificada de esa especie de excrecencia turbulenta y maligna. 6 Éstos fueron, en efecto, a quienes los cónsules escogieron y despacharon a la colonia; y a continuación transmitieron a los demás la orden de tomar las armas para ir contra los volscos. Con estas medidas procuraban darles una ocupación que les distrajera de los alborotos civiles y pensaban que al estar de nuevo juntos ricos y pobres, plebeyos y patricios con las armas en el campamen-

---

[28] Velitras era una ciudad de los volscos, al sur de Roma; en la actualidad, Velletri.

to y compartiendo los combates, unos y otros adoptarían una actitud más pacífica y suave.

13. Se oponían a estas medidas los tribunos de la plebe Sicinio y Bruto, que gritaban que los cónsules, llamando colonia con la palabra más benigna a lo que era la peor crueldad, no hacían más que empujar a los pobres, por así decirlo, al hoyo donde se arroja a los condenados, al enviarlos a una ciudad repleta de aire pestilento y cadáveres insepultos, y pretender que vivieran con un genio extranjero y maligno; *2* y luego, como si no bastara con llevar a la perdición por hambre a una parte de los ciudadanos y abandonar a la peste a otra parte, encima declaraban una guerra por su cuenta y riesgo, para que no le faltara a la ciudad ninguna calamidad por haberse negado a seguir siendo esclava de los ricos. *3* Rebosante de tales argumentos, la plebe no acudía al alistamiento exigido por los cónsules y rechazaba con firmeza el envío de la colonia.

4 Ante la perplejidad del senado, Marcio, ya hinchado de orgullo, enaltecido por la soberbia y objeto de admiración entre los más poderosos, era el que más abiertamente se oponía a los tribunos de la plebe. *5* La colonia la enviaron, forzando a los que les había tocado en suerte a marcharse bajo la amenaza de grandes castigos, pero como se negaban radicalmente a la expedición militar, fue el propio Marcio quien cogiendo a sus clientes y a cuantos pudo convencer, hizo una incursión en territorio de los anciatas, *6* en la cual encontró mucho trigo y obtuvo un gran botín de ganado y esclavos. Para sí no reservó nada, pero los que le habían acompañado regresaron con él a Roma conduciendo muchas reses y cargados de abundante botín. El resultado fue que los demás, arrepentidos de no haberlo acompañado y envidiosos de los que se habían enriquecido, estaban disgustados con Marcio y sufrían con pesar su reputación y su poder, convencidos de que su aumento iría en perjuicio de la plebe.

14. Poco tiempo después, Marcio se presentó al consulado. La muchedumbre se plegó, y de la plebe se apoderó cierto respeto que le impedía privar de un honor a un hombre de

primera fila por su linaje y valor y abatirlo, después de haber prestado tantos y tan señalados servicios. *2* Era costumbre de los aspirantes al cargo bajar al foro con manto y sin túnica para solicitar el voto a los ciudadanos y estrecharles la mano, y lo hacían así, bien por dar con su aspecto mayor humildad a sus peticiones, bien por exhibir, aquellos que tenían cicatrices, pruebas evidentes de su valentía. *3* Pues sin duda no era porque sospecharan distribuciones de dinero y sobornos por lo que deseaban que el que pedía el voto se acercara a los ciudadanos sin túnica y sin cinturón; fue mucho tiempo después cuando se introdujo la compra y venta de votos y cuando el dinero comenzó a intervenir en las asambleas electorales. *4* A partir de entonces, la venalidad contaminó los tribunales y los ejércitos y transformó el estado en monarquía, esclavizando completamente las armas al dinero. *5* Parece que tenía toda la razón el que dijo que el primero que arruinó la soberanía del pueblo fue el que primero le obsequió con banquetes y reparticiones de dinero. Pero es evidente que este mal se fue deslizando en secreto y poco a poco en Roma, y no se manifestó en seguida. *6* La razón es que no conocemos quién fue el primero en Roma que sobornó al pueblo o a los tribunales. En Atenas, se dice que el primero que dio dinero a los miembros del jurado fue Ánito, hijo de Antemión, acusado de traición por el asunto de Pilo, ya al final de la guerra del Peloponeso[29], en una época en la que todavía en Roma la raza áurea y pura dominaba el foro.

15. Pues bien, como Marcio descubría numerosas cicatrices procedentes de muchos combates en los que había ocupado la primera fila luchando sin interrupción durante diecisiete años[30], miraban con respeto su valor y se dieron palabra unos a otros de designarle a él. *2* Pero cuando al llegar el día en el

---

[29] En el 409. Este mismo Ánito es el que en el 399 actuó como principal acusador en el proceso contra Sócrates.
[30] Véase la nota 14. En realidad, habían transcurrido diecisiete años desde la expulsión de los reyes de Roma (509), no desde la primera campaña militar en la que intervino Coriolano, si, como Plutarco dice, entró en combate por primera vez en la batalla del lago Regilo.

que había que depositar el voto, Marcio irrumpió en el foro lleno de altanería y escoltado por el senado, mientras todos los patricios a su alrededor daban muestras de un interés por él como el que nunca hasta entonces se habían tomado por nadie, la plebe volvió a deponer los sentimientos favorables que había tenido con él y se dejó llevar por el encono y la ojeriza. 3 Se añadía a estos sentimientos el temor de que si se hacía dueño del mando un aristócrata que gozaba de tanta consideración entre los patricios le quitaría al pueblo toda clase de libertad. Esta disposición de ánimo hizo que no votaran a Marcio.

4 Cuando se proclamó elegidos a otros, el senado soportó con pesar la derrota, pues consideraba que se trataba de un insulto contra la propia institución más que contra Marcio, y éste, por su parte, no supo conservar la resignación y la moderación ante lo sucedido. Y obró así porque estaba acostumbrado a seguir la mayoría de las veces la parte irascible y pendenciera de su alma, en la creencia de que eso era lo que confería grandeza y elevación de espíritu, porque no poseía ponderación y mansedumbre, cualidades esenciales para la virtud política y que sólo se comunican a la persona mediante la razón y la instrucción, y, finalmente, porque ignoraba que la arrogancia, «compañera de la soledad» como decía Platón[31], es lo que sobre todo ha de rehuir el que se propone participar en los asuntos públicos y tratar con los hombres, que debe convertirse en amante de esa virtud de la que con frecuencia se burlan algunas personas, la paciencia. 5 Sin embargo, siendo como fue un hombre simple e inflexible, que consideraba la victoria y el salirse con la suya en todo y de todos modos efecto de la valentía, no de la debilidad y blandura, que son las que en realidad hacen brotar la cólera como un tumor de la parte del alma que sufre y padece, se retiró lleno de confusión y amargura contra el pueblo. 6 Los patricios en edad de desempeñar cargos, que formaban precisamente en la ciudad la parte más orgullosa de su nobleza de nacimiento y más floreciente, siempre habían manifestado un interés extraordinario por Marcio y en esta ocasión su adhesión y su

---

[31] En la *Carta* IV, 321 c, dirigida a Dión. Plutarco también cita esta expresión en la comparación, 42, 3.

presencia junto a él no trajeron nada bueno, pues con participar en su enojo y su dolor no hicieron más que exasperar la cólera que él ya sentía. *7* Era él, en efecto, para ellos jefe y maestro benévolo del arte de la guerra cuando se encontraban en milicia y les enseñaba la mutua emulación de la virtud sin envidia y a enorgullecerse de sus éxitos.

16. Entretanto llegó a Roma el trigo, en gran parte comprado de Italia y en parte no menor enviado de Siracusa como regalo del tirano Gelón[32]. De modo que la mayoría concibió buenas esperanzas, porque suponían que la ciudad se libraría a la vez de la escasez y las discordias. *2* Reunido, pues, de inmediato el senado, el pueblo, aglomerado en el exterior en todo su contorno, aguardaba con impaciencia el resultado, con la esperanza de que el comprado se podría adquirir a precio generoso y el regalado se distribuiría gratis. *3* Y, en efecto, había dentro quienes trataban de convencer al senado de eso. *4* Sin embargo, Marcio se levantó y emprendió un violento ataque contra los que querían congraciarse a la multitud, tratándolos de demagogos y traidores de la aristocracia que nutrían contra ellos mismos los malignos gérmenes de audacia e insolencia arraigados entre el populacho, semillas que bien habría estado no haber descuidado desde que brotaron al principio, en lugar de dejar que el pueblo se hiciera fuerte con tan gran poder[33]; pero que éste ya era temible porque todo se hacía según el gusto de ellos, no se les forzaba a nada contra su voluntad y, en vez de obedecer a los cónsules, llamaban magistrados propios a los caudillos de la anarquía que tenían: *5* «Sentarse, pues —siguió diciendo—, votando donativos gratuitos y distribuciones como los estados más democráticos de los griegos[34] es lisa y llanamente subven-

---

[32] En 491 Gelón acababa de suceder a Hipócrates como tirano de Gela y sólo en 485 empezó a ser tirano de Siracusa. Plutarco comete un leve error cronológico.
[33] El de los tribunos de la plebe, magistratura creada en 493 tras la secesión del monte Sacro en el Aventino.
[34] Estas palabras en boca de Marcio son anacrónicas: las distribuciones gratuitas de bienes entre los ciudadanos de los estados griegos son algo posteriores, y es inverosímil que Coriolano las conociera.

cionar su rebeldía, que conduce a la ruina general. *6* Pues no afirmarán sin duda que reciben el trigo en recompensa por las expediciones de las que desertaron, por las secesiones con las que traicionaron a la patria y por las calumnias que admitieron contra el senado, sino que con la esperanza de que vosotros les hacéis estos obsequios y transigís porque el miedo os lleva a hacer concesiones y a adularlos, no conservarán ya ningún límite a su rebeldía y no dejarán de organizar disputas y sublevaciones. *7* Así que esta actitud es una perfecta locura. Si somos sensatos, les quitaremos el tribunado, ruina de la autoridad consular y desunión del estado, que ya no es uno como antes, sino que ha recibido un corte que nos impedirá para siempre recobrar la unión y la concordia, y que hará que no cesemos de infligirnos unos a otros enfermedades y alborotos.»

17. Con estas y otras muchas palabras semejantes, Marcio consiguió maravillosamente hacer compartir su entusiasmo a los jóvenes y a casi todos los ricos, que gritaban que aquél era el único hombre en la ciudad invencible e inasequible a la adulación. *2* Algunos de los más ancianos se oponían previendo el resultado. Y no resultó nada bueno. *3* Pues los tribunos, que asistían a la reunión, nada más advertir que prevalecía el criterio de Marcio, salieron corriendo hacia la multitud, exhortándola entre gritos a reunirse y a acudir en su auxilio. *4* Reunida una tumultuosa asamblea y relatado en presencia de todos el discurso que Marcio había pronunciado, poco faltó para que la plebe, presa de ira, irrumpiera en el senado; pero los tribunos echaron la culpa a Marcio y le dieron recado de que viniera a defenderse[35]. *5* Y cuando éste expulsó violentamente a los lictores que traían el encargo, vinieron los propios tribunos acompañados de los ediles para llevárselo por la fuerza y lo prendieron para arrestarle. *6* Pero los patricios, reunidos, rechazaron a los tribunos e incluso llegaron a golpear a los ediles. *7* Sobrevino entonces el anoche-

---

[35] Un nuevo anacronismo: los tribunos de la plebe no tenían derecho a citar a juicio a los patricios hasta los siglos III-II a.C.

cer y disolvió el tumulto. A la mañana siguiente, viendo los cónsules al pueblo que, enfurecido, venía corriendo de todos los sitios al foro, tuvieron miedo por la ciudad y tras convocar al senado dijeron que mirasen cómo aplacar y calmar al pueblo con propuestas equitativas y decisiones benignas, pues, en su opinión, aquél no era el momento de rivalidades ni de porfías de prestigio, si tenían buen juicio, sino una coyuntura arriesgada y crítica que demandaba una política prudente y humanitaria. *8* La mayoría cedió, y ellos tras salir en público dialogaron con el pueblo como mejor pudieron y trataron de aplacarlo, refutando las calumnias con calma, usando con moderación las amonestaciones y reproches y asegurando que sobre el precio de las mercancías y víveres no habría ninguna dificultad entre ellos y la plebe.

18. Cuando remitió, pues, en su furia la mayor parte del pueblo y era evidente por su manera tranquila y sosegada de escuchar que se dejaba guiar y seducir, se levantaron los tribunos, que declararon que al senado, ya que se daba a razones, el pueblo, a su vez, cedería en todo lo que era justo, pero que a Marcio lo mandaban presentar defensa para ver si declaraba que no había sido con la intención de subvertir el régimen político y derrocar los poderes del pueblo por lo que había provocado al senado y desobedecido a ellos cuando lo citaron, y si, finalmente, al pegar a los ediles y ultrajarlos en el foro, no había promovido, en la medida que estaba en su mano, una guerra civil y no había impulsado a los ciudadanos a tomar las armas. *2* Dijeron esto con la intención de humillar a Marcio, si contra su modo de ser natural trataba de conciliarse con la multitud por temor y presentaba sus excusas, o, en caso de que conservara su altivez y se comportara de acuerdo con sus inclinaciones naturales, hacer implacable la cólera del pueblo contra él; esto último era lo que consideraban más probable, pues habían atinado en el juicio que de él se habían hecho.

3 Se presentó, en efecto, como para justificarse, y el pueblo guardó silencio y mantuvo la calma. Pero cuando comenzó a utilizar, ante unas personas que aguardaban un discurso de alguna manera suplicatorio, no sólo una franqueza odiosa, en la que las acusaciones eran más numerosas que las defensas, sino también un tono de voz y un gesto en su rostro que revelaban una seguridad en sí mismo próxima al desprecio y al desdén, el pueblo se exasperó y dio señales evidentes de la indignación y enojo que le producían estas palabras, y por su parte, Sicinio, que era el más osado de los tribunos, luego de conversar brevemente con sus colegas de magistratura, avanzó al medio de la asamblea y proclamó que Marcio había sido condenado a muerte por los tribunos, y a continuación ordenó a los ediles conducirlo de inmediato a lo alto de la ciudadela y arrojarlo por el precipicio que hay al pie de ella[36]. *4* Cuando los ediles iban a prenderlo, incluso a muchos de los plebeyos les pareció un acto execrable y tremendamente insolente, y los patricios, en todo caso, completamente fuera de sí y presa de horror, se lanzaron a socorrerlo entre gritos, mientras algunos incluso rechazaban a empujones a los que trataban de agarrarlo y protegían a Marcio en medio de ellos. *5* Hubo también quienes suplicaban al pueblo con las manos extendidas, ya que las palabras y las voces de nada servían en tan gran desorden y confusión, hasta que, por fin, los amigos y partidarios de los tribunos se dieron cuenta de que si no era con gran mortandad de los patricios no sería posible sacar fuera a Marcio y darle castigo, y los convencieron de que revocasen esa pena en lo que tenía de inaudito y grave, no matándolo por la fuerza y sin juicio, sino entregándoselo al pueblo para que éste decidiera con sus votos. *6* Tranquilizado con estas razones, Sicinio preguntó a los patricios qué es lo que querían al no permitir que se apoderara de Marcio el pueblo, que lo quería castigar. *7* Ellos respondieron preguntando a su vez: «¿Qué resolución habéis tomado y qué es lo que queréis vosotros al conducir así sin juicio a un romano que se encuentra entre los mejores a un suplicio cruel y contra toda ley?» *8* «Pues bien —dijo Sicinio—, esto no lo pongáis vosotros como pretexto de querella y alzamiento contra la plebe; lo que exigís se os otorga: que se someta a juicio a este hombre. *9* En cuanto a ti, Marcio, te citamos públicamente para el

---

[36] El Capitolio y la Roca Tarpeya.

tercer día de feria[37] a comparecer y tratar de convencer a los ciudadanos de tu inocencia; ellos te juzgarán con sus votos.»

19. Los patricios se conformaron por el momento con la tregua y se retiraron contentos en compañía de Marcio. Pero antes de cumplirse el plazo del tercer día de feria (las ferias las celebran los romanos cada noveno día y las llaman *núndinas*), les hizo concebir esperanzas de un aplazamiento la expedición que se dispuso contra los anciatas, porque ésta se prolongaría y transcurriría el tiempo suficiente para que el pueblo se amansara, ya que las ocupaciones de la guerra harían que su ira remitiera o incluso se apagara por completo. 2 Pero como enseguida concertaron una tregua con los anciatas y regresaron, hubo numerosas reuniones de los patricios, que estaban temerosos y examinaban el medio de no entregar a Marcio, así como el procedimiento para no dar a los tribunos una nueva oportunidad de provocar disturbios entre el pueblo. 3 Apio Claudio[38], a quien acusaban de ser uno de los peores enemigos de la plebe, protestaba enérgicamente diciendo que destruirían el senado y cometerían la más alta traición contra el estado, si toleraban que el pueblo se adjudicara la autoridad del voto contra los patricios; los más ancianos y favorables al pueblo estimaban, por el contrario, que esta potestad no haría al pueblo molesto y hostil, sino afable y benévolo. 4 Pues no es porque despreciara al senado, sino porque se creía despreciado, por lo que el juicio resultaría un honor y un consuelo, de manera que nada más depositar su voto depondría la cólera.

20. Viendo, pues, Marcio al senado perplejo entre la simpatía que por él sentía y el miedo que el pueblo le infundía, preguntó a los tribunos de qué le acusaban y por qué delito le sacaban para ser sometido a juicio ante la plebe. 2 Ellos le dijeron que la acusación era por tiranía y que demostrarían con

---

[37] En el pasaje correspondiente (VII 58), Dionisio de Halicarnaso explica que los romanos celebraban feria cada nueve días *(nundinae)*.

[38] Cónsul en el 495, es descrito por Tito Livio, II 29, 9, y Dionisio de Halicarnaso, VII 47, como uno de los más feroces enemigos del pueblo.

pruebas que su intención era convertirse en tirano. Él entonces se levantó y dijo que ya estaba en camino para pronunciar su defensa ante el pueblo y que no rehusaba ninguna clase de juicio ni de pena en caso de resultar convicto: «Con tal que —siguió diciendo— me acuséis sólo de eso y no mintáis al senado.» Los tribunos accedieron a ello, y con esas condiciones tuvo lugar el juicio.

3 Una vez reunido el pueblo, los tribunos, en primer lugar, exigieron que la votación se hiciera por centurias, no por tribus, dando así ventaja por sus votos al populacho indigente, entrometido y desprovisto de sentido moral, sobre los ricos, ilustres y participantes en las campañas militares[39]. *4* Luego, dejando la acusación de tiranía, que era imposible de probar, volvieron a recordar aquellos discursos que Marcio había pronunciado en el senado para impedir que se rebajase el precio de los víveres y proponer que se quitara al pueblo el tribunado. *5* Y añadieron una nueva acusación contra él: la distribución del botín, porque lo que había capturado en el territorio de los anciatas, en lugar de entregarlo al erario público, lo había distribuido entre sus camaradas de armas. Éste es precisamente el cargo que se dice que desconcertó más a Marcio. *6* Pues no se lo esperaba y en ese momento no fue capaz de improvisar ante la plebe una respuesta persuasiva, sino que se puso a elogiar a los que habían tomado parte en la expedición y no consiguió más que provocar contra sí mismo el alboroto de los que no habían tomado parte, que eran muchos más. *7* Al final, el caso es que las tribus depositaron sus votos, y los condenatorios vencieron por tres. El castigo de la condena era el destierro perpetuo[40]. *8* Tras la

---

[39] Dionisio de Halicarnaso, VII 59, explica que ésta fue la primera vez en que la asamblea se reunió en comicios tributos, no en *centuriata*. Igualmente, describe la composición de las 193 centurias, divididas según la propiedad y el puesto en las batallas, así como el orden en la votación, que comenzaba por los de mayores ingresos; tanto la distribución como el orden en que emitían el voto favorecían a las clases acomodadas y, como en el momento en que se había logrado la mayoría se interrumpía la votación, las clases más pobres raras veces emitían voto. Sólo la primera clase, de las cinco que había, estaba dividida en 18 centurias ecuestres y 80 de infantería. Los comicios tributos, en cambio, censaban la población en función del lugar de residencia.

[40] Según Dionisio de Halicarnaso, VII 64, de 21 tribus, 9 se pronunciaron a favor de Marcio y 12 en contra.

causó grandes alborotos, y tanto adivinos y sacerdotes como particulares anunciaban muchos prodigios sobrenaturales que reclamaban atención. Uno de ellos se dice que era más o menos el siguiente. *2* Había un hombre llamado Tito Latinio, no muy distinguido, pero en todo caso pacífico y moderado, exento de superstición y todavía más de fanfarronería. *3* Tuvo éste un sueño en el que Zeus se presentaba a su vista y le mandaba que dijera al senado que en cabeza de la procesión hecha en su honor habían enviado un bailarín muy malvado y funesto. *4* Según dijo, la primera vez no había hecho ningún caso de este sueño; pero después de volver a tenerlo por segunda y tercera sin prestar tampoco ninguna atención, contempló la muerte de su hijo, un muchacho valioso, y él se había quedado incapacitado por una repentina parálisis corporal. *5* Esto es lo que contó cuando le trasladaron al senado en una litera. Nada más contarlo, comenzó a notar, según dicen, que su cuerpo recobraba el vigor, y se levantó y marchó caminando por su propio pie. Admirados los senadores, hicieron una cuidadosa investigación del asunto. *6* Lo sucedido era lo siguiente: un individuo había puesto a un siervo suyo en manos de otros siervos, con orden de sacarlo, llevarlo a través del foro azotándolo y luego darle muerte. Mientras ellos ejecutaban la orden e iban maltratando al individuo, que se retorcía de dolor con toda clase de contorsiones y hacía, a causa del extremo sufrimiento, otros movimientos funestos, dio la casualidad de que la procesión había seguido el mismo trayecto detrás de ellos. *7* Muchos de los asistentes se habían indignado al ver un espectáculo tan poco propicio y unos movimientos tan inapropiados; pero nadie se interpuso para impedirlo, y lo único que había habido fue insultos y maldiciones para quien imponía castigo tan severo[43].

---

[43] La anécdota parece constituir el origen de la *instauratio*, por la cual los romanos repetían desde el principio cualquier acto ritual que no hubiera sido realizado de acuerdo con las más estrictas normas. La procesión formaba parte de las fiestas (cfr. Dionisio de Halicarnaso, VII 71, 2-3) que conmemoraban el voto hecho por Aulo Postumio en vísperas de las batallas contra los latinos, que trataban de restaurar a Tarquino el Soberbio en el trono.

su silencio—, y lo único que hicieron fue explicar a Tulo, que estaba cenando, lo extraordinario del caso. *3* Éste se levantó, fue donde él estaba y le preguntó quién era y qué había venido a pedir. Entonces Marcio se destapó la cabeza y luego de unos momentos dijo: «Si aún no me conoces, Tulo, o no das crédito a lo que estás viendo, fuerza es que yo mismo me delate. *4* Soy Gayo Marcio, el que ha causado innumerables daños a ti y a los volscos y lleva por doquier el sobrenombre de Coriolano, que no me permite renegar de esas acciones. *5* Pues de las múltiples fatigas y de aquellos peligros ningún otro premio he adquirido más que este sobrenombre, documento de mi hostilidad contra vosotros. *6* Y esto es lo único que me resta y no me pueden quitar; de todo lo demás he sido despojado por la envidia e insolencia del pueblo y por la blandura y traición de los magistrados y de los que comparten los derechos que yo poseo. Me han desterrado fugitivo y he venido como suplicante a tu hogar, pero no por pedir inmunidad y salvación (¿qué falta me hacía venir aquí si era la muerte lo que temía?), sino para solicitar cobrarme venganza de los que me han expulsado, venganza que ya me estoy cobrando con hacerte dueño y señor de mi persona. *7* Por tanto, si es deseo tuyo atacar a tus enemigos, noble amigo, saca partido de mis infortunios y convierte mi desdicha en dicha común de los volscos, pues tanta más ayuda os prestaré luchando en vuestra defensa que daño cuando lo hacía contra vosotros, por cuanto que guerrean mejor los que conocen las formas de los enemigos que quienes las ignoran. *8* Pero si has desistido de aquel intento, ni yo quiero vivir ni para ti está bien que conserves la vida de un antiguo enemigo personal y de tu pueblo, ahora inútil y sin provecho para ti.» *9* Al oír esto, Tulo sintió un extraordinario contento y tendiéndole la mano derecha le dijo: «Levántate, Marcio, y ten valor. Grande es el bien que nos has traído al entregarte a nosotros; pero mayores son las esperanzas que debes tener de los volscos.» *10* Y entonces le invitó a cenar dando muestras de su disposición amistosa y durante los días siguientes deliberaron juntos sobre la guerra.

24. En Roma la hostilidad de los patricios contra la plebe, a la que inculpaban sobre todo de la condena de Marcio,

27. Y cuando Marcio, después de acudir a la invitación y dialogar con la muchedumbre, se reveló como un hombre hábil no menos en la palabra[46] que en las armas, batallador y de una inteligencia y audacia prodigiosas, fue nombrado junto con Tulo general en jefe con plenos poderes para la conducción de la guerra. 2 Y temiendo que el tiempo necesario para que los volscos hiciesen los preparativos se prolongara y le arrebatase la oportunidad de la acción, encargó a los principales de la ciudad y a los magistrados reunir el grueso de las tropas y las provisiones, y él persuadió personalmente a los más arrojados a que partieran con él como voluntarios sin aguardar el alistamiento e invadió de súbito el territorio romano, cuando nadie lo esperaba. 3 Por eso, obtuvo tan gran cantidad de botín, que los volscos se hartaron de saquear y de consumir en el campamento. 4 Pero para él el resultado más insignificante de aquella campaña eran la abundancia y los graves prejuicios y daños causados al país; el objetivo esencial por el que hacía esto era acrecentar las disensiones entre los patricios y la plebe. 5 Y es que aunque devastaba y destruía todo lo demás, velaba cuidadosamente por las fincas de los patricios y no permitía que se causase ningún daño ni se hiciera ninguna rapiña en los campos de aquéllos. 6 Por esa razón aumentaron todavía más las querellas y los tumultos entre unos y otros: los patricios echaban en cara a la mayoría haber expulsado injustamente a un hombre valioso, mientras que el pueblo les culpaba de haber atraído a Marcio por rencor y de quedarse sentados a continuación como simples espectadores de los daños que a otros causaba la guerra, porque tenían fuera como guardián de sus riquezas y sus propiedades al propio enemigo. 7 Tras conseguir este objetivo y después de haber prestado grandes servicios a los volscos para que cobraran ánimos y despreciaran a los enemigos, Marcio se retiró con toda tranquilidad.

---

[46] El discurso de Coriolano ocupa en Dionisio de Halicarnaso los capítulos 5-8 del libro VIII. Éste es, pues, un ejemplo del modo mediante el que Plutarco resume el prolijo relato de Dionisio.

28. Cuando se hallaron reunidas, con prontitud y llenas de moral, todas las fuerzas de los volscos, resultaron ser tan numerosas, que decidieron dejar en retaguardia una parte para velar por la seguridad de sus ciudades y marchar contra los romanos con la otra parte. Marcio dejó a Tulo elegir el mando de una de las dos. *2* Tulo dijo que a su modo de ver Marcio no era en absoluto inferior a él en valor, pero que, como había gozado de mayor fortuna en todas las batallas, le dijo que se pusiera al mando de los que partían, mientras él se quedaba para custodiar las ciudades y asistir en todo lo preciso al cuerpo expedicionario. *3* Marcio cobró con esto renovados bríos y avanzó primero contra la ciudad de Circeo, colonia de los romanos, que, como se entregó voluntariamente, no recibió ningún daño. *4* A continuación saqueó el territorio de los latinos, donde esperaba que los romanos acudirían a presentarle batalla en defensa de los latinos, que eran aliados suyos y les habían llamado con frecuencia en su auxilio. *5* Pero como la plebe estaba desanimada y a los cónsules les quedaba ya poco tiempo de permanencia en el cargo, y en ese tiempo no estaban dispuestos a correr el riesgo de presentar batalla, enviaron de regreso a los latinos. Entonces Marcio marchó contra sus propias ciudades y, después de someter por la fuerza a los tolerinos, labicanos, pedanos y además a los bolanos, que le ofrecieron resistencia, se apoderó de las personas como botín y saqueó las propiedades. *6* Con los que se pasaron a su bando tuvo mucho cuidado para evitar que aun contra su propia voluntad se les perjudicara, acampando con su ejército muy lejos y manteniéndose distante de su territorio[47].

29. Y cuando al conquistar también Bovilas, ciudad que no distaba de Roma más de cien estadios[48], se apoderó de muchas riquezas y dio muerte a casi todos los habitantes en edad militar, ni siquiera los volscos que habían recibido la orden de permanecer en las ciudades pudieron ya contenerse y marcharon con las armas a unirse a Marcio, diciendo que sólo a él re-

---

[47] Plutarco sigue en el relato de las ciudades conquistadas a Dionisio de Halicarnaso, VII 14-21. Tito Livio, II 39, 2-4, es bastante diferente.
[48] Alrededor de dieciocho kilómetros.

conocían como único general y jefe absoluto. Su nombre era grande en toda Italia y extraordinaria la fama de su valor, porque el cambio de bando de una sola persona había producido un vuelco tan grande e inesperado en la situación.

2 En Roma reinaba el mayor desorden. Los ciudadanos rehusaban la batalla y pasaban todos los días en reuniones y disputas sediciosas, hasta que se dio la noticia de que estaba asediada por los enemigos Lavinio, el lugar donde los romanos tenían depositados los emblemas sagrados de los dioses de sus antepasados y donde estaba el origen de su linaje, por haber sido aquélla la primera ciudad fundada por Eneas. *3* La noticia produjo en la plebe un extraordinario y repentino cambio de opinión, y en los patricios una reacción del todo extraña e imprevista. *4* La plebe tomó la iniciativa de absolver a Marcio de su condena y llamarle a la ciudad, pero el senado, reunido para estudiar la proposición, la rechazó y vetó, bien por afán de oponerse en todo y a todo por lo que la plebe mostrase interés, bien porque no deseara que el regreso de Marcio se produjera gracias a un favor de ella, o bien porque ya se había enemistado también con él, porque hacía mal a todos, aunque no eran todos los que le habían ofendido, y porque se había declarado enemigo de la patria entera, a pesar de que en ella la fracción más principal y poderosa sentía simpatías hacia él y se consideraba igualmente agraviada. *5* Referida la decisión del senado a la mayoría, la plebe quedó sin capacidad legal para hacer nada ni con su voto ni con sus leyes, sin la ratificación de un senadoconsulto.

30. Marcio, al enterarse, se enfureció todavía más y abandonando el asedio bajo el impulso de la ira se dirigió contra la ciudad y estableció el campamento en las fosas llamadas Clelias, a sólo cuarenta estadios de Roma. *2* Su presencia provocó el miedo y una gran confusión, pero por el momento suspendió las revueltas; pues nadie, ni magistrado ni senador, se atrevió ya a contradecir al pueblo sobre la restitución de Marcio; por el contrario, al ver las carreras acá y allá de las mujeres por la ciudad, las plegarias, lágrimas y súplicas de los ancianos junto a los santuarios y la total carencia de audacia y razonamientos saludables, reconocieron que el pueblo ha-

bía hecho bien en volverse en busca de la reconciliación con Marcio y que el senado había cometido un grave error al comenzar con la ira y el rencor, cuando lo bueno habría sido ponerles un término. *3* Determinaron, pues, de común acuerdo enviar ante Marcio embajadores que le ofrecieran el regreso a la patria y le solicitaran que diera fin a la guerra. *4* La comisión enviada por el senado estaba compuesta por amigos de Marcio y esperaba encontrar a su llegada una acogida muy favorable por parte de un pariente y amigo suyo. *5* Pero no sucedió nada de eso; conducidos a través del campamento enemigo, le hallaron sentado con una soberbia y una altanería intolerables. *6* En presencia de los principales de los volscos, que lo escoltaban, les mandó exponer sus peticiones. *7* Ellos hablaron en términos moderados y afables de acuerdo con lo que requería la situación y, cuando terminaron, él respondió con amargura por lo que a él tocaba, con cólera por los sufrimientos personales que había pasado y en nombre de los volscos, en calidad de general suyo, exigiéndoles devolver las ciudades y el territorio que les habían recortado en la guerra y decretar en favor de los volscos la misma igualdad de derechos civiles otorgada a los latinos; *8* pues no existía ninguna otra salida estable para la guerra que la fundada en condiciones iguales y justas. Concedió a los romanos un plazo de treinta días para deliberar y nada más irse los embajadores, levantó el campo y se retiró del país.

31. Éste fue el primer motivo de queja que hicieron valer contra él aquellos volscos que soportaban mal desde hacía tiempo su influencia y le envidiaban. Entre éstos estaba también Tulo, no porque hubiese sufrido de Marcio ninguna ofensa personal, sino por la flaqueza propia de la naturaleza humana. *2* Pues sufría porque su gloria estaba oscurecida por completo y era desatendido por los volscos, que estimaban que sólo Marcio era todo para ellos y pretendían que los demás se conformaran con el poder y autoridad que él les otorgara. *3* A partir de ahí fueron esparciéndose en secreto las primeras acusaciones, se reunían unos con otros a murmurar y llamaban traición el levantamiento del campo, que había sido, no una retirada de los muros ni de las armas, sino una

ocasión perdida, que es lo que, por la propia naturaleza de los hechos, decide la salvación o la perdición de todo lo demás, al haberles concedido treinta días de tregua en la guerra, cuando no hay nada que sufra en menor tiempo vuelcos tan radicales como ella.

4 Aun así, ese tiempo no lo pasó Marcio inactivo, sino que marchó contra los aliados de los enemigos y les fue saqueando y devastando el territorio y conquistó siete grandes ciudades muy populosas. *5* Los romanos no se atrevían a acudir en su auxilio, sus almas estaban llenas de vacilación, y su actitud para la guerra era semejante a la de las personas entumecidas por entero y paralizadas. *6* Cuando transcurrió el tiempo y Marcio volvió a presentarse con todas sus fuerzas, despachan una nueva embajada para solicitar a Marcio que deponga su cólera y tras sacar a los volscos de su territorio haga y diga lo que crea que es mejor para ambos bandos; pues los romanos no harían ninguna concesión por miedo y, si pensaba que los volscos debían obtener alguna reivindicación equitativa y bondadosa, todo les sería posible, una vez depuestas las armas. *7* Ante esta propuesta, Marcio declaró que nada tenía que responder como general de los volscos, pero que, como conciudadano que era aún de los romanos, les aconsejaba y exhortaba moderar sus pretensiones con vistas a un acuerdo justo y volver a su presencia dentro de tres días, después de poner a votación y aprobar las propuestas que les hacía; y que si tomaban otra determinación, supieran que no volvería a haber para ellos inmunidad para venir a su campamento con vanas palabras.

32. El senado, tras escuchar a los embajadores a su regreso, como en un gran temporal y borrasca que hacen vacilar el estado, alzó y soltó el ancla sagrada[49]: *2* a cuantos eran sacerdotes de los dioses, ministros de los misterios o guardianes de los templos o depositarios del antiguo y ancestral modo de adivinación mediante el vuelo de las aves, a todos ellos decidieron en votación enviarlos ante Marcio, ataviados con los

---

[49] Es decir, la última; pero hay un juego de palabras, porque esta última ancla de salvación consiste en la embajada compuesta por los sacerdotes.

ornamentos que cada uno usaba por ley en las ceremonias religiosas, para que le hicieran las mismas proposiciones y le exhortaran a poner término a la guerra y a conversar entonces sobre los volscos con sus conciudadanos. *3* Recibió en el campamento a estos emisarios, pero no les hizo ninguna nueva concesión ni dio muestras de mayor blandura en sus actos o en sus palabras; por el contrario, insistió en concluir la paz bajo las condiciones fijadas previamente o aceptar la guerra. *4* Tras regresar, pues, los sacerdotes, los romanos decidieron permanecer tranquilamente en la ciudad, defender los muros e intentar rechazar el asalto de los enemigos, poniendo sobre todo sus esperanzas en el tiempo y en los golpes imprevistos de la fortuna, conscientes de que nada podían hacer por su cuenta para salvarse. La confusión, el espanto y los rumores más siniestros se enseñoreaban de la ciudad, hasta que sucedió un hecho, semejante a lo que Homero dice con frecuencia, aunque a muchos no les convenza del todo. *5* Esto es lo que dice y proclama en voz alta a propósito de sucesos importantes e imprevistos:

«A ella en sus mientes inspiró Atenea, la ojizarca diosa»,

y también:

«Pero desvió las mientes uno de los inmortales, que en el ánimo me puso los reproches del pueblo.»

y aún lo siguiente:

«porque él lo pensó o como un dios se lo ordenó»[50].

Pero lo menosprecian, porque suponen que Homero, con sus ficciones imposibles y sus leyendas increíbles, deja el razonamiento de cada uno privado de su libertad de elección. *6* No es esto, sin embargo, lo que hace Homero, porque los sucesos naturales y habituales y los que llegan a su término de mane-

---

[50] Las tres citas pertenecen a la *Odisea*, 18.158 (= 21. 1), *Ilíada*, 9.459 s., y *Odisea*, 9.339.

ra lógica los atribuye al arbitrio que está en nuestras manos. Por eso sin duda dice con frecuencia:

«Pero yo lo determiné, deliberando en mi magnánimo corazón»,

y

«Así habló; y la aflicción invadió al Pelida, y su corazón dentro del velludo pecho vacilaba entre dos decisiones»,

y también:

«Pero no logró convencer los buenos instintos del belicoso Belerofontes»[51].

7 Pero en las acciones inauditas y audaces, que requieren cierto ímpetu entusiástico y excitación, Homero presenta a la divinidad, no destruyendo, sino poniendo en movimiento la libre decisión, y no infundiendo los impulsos, sino unas apariencias portadoras de impulsos, mediante las cuales no es que convierta la acción en involuntaria, sino que da un principio a nuestra voluntariedad, al que añade la confianza en las propias fuerzas y la esperanza. 8 Pues o bien hay que separar por completo la influencia divina de toda causa y principio de nuestras acciones o bien ha de haber otro modo de auxiliar a los hombres y colaborar con ellos, si se tiene en cuenta que no es, sin duda, moldeando nuestro cuerpo ni cambiando ellos de lugar según convenga nuestras manos y pies, sino despertando el elemento activo y volitivo de nuestra alma mediante ciertos impulsos, apariencias e inspiraciones, o, al contrario, desviándolo o deteniéndolo.

33. En Roma entonces unas mujeres iban a un santuario, y otras a otro; pero la mayoría y las más notables estaban suplicando en torno al altar de Júpiter Capitolino, y entre ellas

---

[51] De nuevo, tres citas de Homero: *Od.*, 9.299; *Il.*, 1.188; *Il.*, 6.161, respectivamente.

se encontraba Valeria, hermana de Publícola, el hombre que había prestado numerosos y señalados servicios a los romanos, tanto en las guerras como en el gobierno. *2* Publícola había muerto ya, según hemos relatado en la biografía a él dedicada[52], pero Valeria seguía conservando en la ciudad honra y reputación, pues era opinión general que su conducta no desdecía de su linaje. *3* Pues bien, esa sensación que acabo de decir es la que sintió ella de repente, cuando, en virtud de una intuición a la que no era ajena la divinidad, acertó en lo que era conveniente. Se levantó y tras hacer que se levantaran todas las demás mujeres, se dirigió a la casa de Volumnia, la madre de Marcio. *4* Entró y la halló sentada en compañía de su nuera con los críos de Marcio en su regazo y, luego de hacer que las mujeres se colocaran en círculo alrededor de ella, dijo: *5* «Nosotras mismas, Volumnia y tú, Vergilia, hemos venido como mujeres a dirigirnos a mujeres, no porque el senado lo haya decretado con sus votos ni porque un magistrado nos lo haya mandado. Un dios es, a mi parecer, quien, compadecido de nuestras súplicas, nos ha inspirado la idea de venir aquí ante vosotras y solicitaros un remedio que a nosotras mismas y a los demás ciudadanos nos procure la salvación y a vosotras, en caso de que atendáis a nuestros ruegos, os traiga un renombre más glorioso que el que alcanzaron las hijas de los sabinos, cuando pusieron fin a las guerras entre sus padres y maridos y los unieron en la amistad y en la paz[53]. *6* Ea, venid con nosotras a ver a Marcio, uníos a nuestras súplicas y prestad en favor de la patria el testimonio justo y verídico de que, a pesar de lo que él la ha maltratado, la patria no os ha hecho ningún mal ni ha tomado ninguna represalia contra vosotras movida por la cólera, sino que os devuelve a él, aunque no vaya a obtener ningún resultado razonable.» *7* Las restantes mujeres aclamaron estas palabras de Valeria, a las que Volumnia respondió lo siguiente: «No sólo en las desgracias comunes, mujeres, nos corresponde la misma parte que a vo-

---

[52] *Publícola*, 23.
[53] El relato se encuentra en *Rómulo*, 14-19. Las súplicas a la madre y a la esposa de Coriolano se narran también en Dionisio de Halicarnaso, VIII 39 ss.; Tito Livio, II 40.

sotras, sino que además nosotras sufrimos la desgracia particular de haber perdido la gloria y la virtud de Marcio, y de ver su persona custodiada por las armas de los enemigos, antes que a salvo de ellas. *8* Pero el mayor de nuestros infortunios es que la patria haya llegado a tal extremo de debilidad, que deposite en nosotras sus esperanzas. *9* Pues no sé si a nosotras nos hará algún caso, cuando no hace ninguno a la patria, a la que veneró más que a su madre, a su esposa y a sus hijos. *10* No obstante, usad nuestra mediación, cogednos y llevadnos a presencia de él; si no otra cosa, al menos podremos exhalar el último suspiro entre súplicas por la patria.»

34. A continuación, ayudó a los niños y a Vergilia a levantarse y partió con las demás mujeres en dirección al campamento de los volscos. *2* Este espectáculo y su aspecto digno de lástima infundieron respeto y silencio incluso entre los enemigos. Marcio se hallaba casualmente sentado sobre una tribuna con sus oficiales. *3* Al ver acercarse a las mujeres, se quedó extrañado y, cuando reconoció a su madre, que venía caminando la primera, trató de mantenerse firme en sus inflexibles e inexorables propósitos; pero, vencido por la emoción y profundamente trastornado ante lo que veía, no soportó seguir sentado hasta que se acercaran. Bajó apresurando el paso y salió a su encuentro, abrazó primero a su madre y la tuvo estrechada un buen rato entre sus brazos, y a continuación a su mujer y a sus hijos, sin ahorrar ya lágrimas ni muestras de cariño y como dejándose arrastrar por el torrente de sus sentimientos[54].

35. Y cuando se hubo desahogado de manera suficiente y notó que su madre trataba ya de comenzar a hablar, hizo colocarse a ambos lados a los consejeros de los volscos y escuchó a Volumnia, que se expresó del siguiente modo: *2* «Ya ves, hijo, aunque nosotras no lo digamos, a juzgar por la ropa y el aspecto de nuestras desgraciadas personas, qué encierro y so-

---

[54] La entrevista de Coriolano y su madre está extensamente narrada en Dionisio de Halicarnaso, VIII 44-54; y Tito Livio, II 40.

ledad en casa nos ha procurado tu destierro. Pero debes imaginar ahora que somos las más desdichadas de todas las mujeres que hemos venido aquí: lo que era lo más agradable de contemplar, la fortuna nos lo ha convertido en lo más temible; a mí ver a mi hijo, y a ésta ver a su marido, acampado frente a los muros de la patria. *3* Lo que para los demás es consuelo de toda desdicha y miseria, rogar a los dioses, resulta para nosotras el aprieto mayor. No nos es posible pedir a los dioses al mismo tiempo la victoria para la patria y la salvación para ti, y las maldiciones que un enemigo que nos odie nos podría desear hallan su lugar en nuestras propias plegarias. *4* Pues forzoso es para tu mujer y tus hijos quedar privados de ti o de la patria; *5* porque en cuanto a mí, no aguardaré a que la guerra decida, en vida mía, mi suerte. Si no pudiera convencerte de que en lugar de la discordia y los males establezcas la amistad y la concordia y te conviertas en benefactor de unas y otra antes que en peste de una de las dos, reflexiona entonces y prepárate, porque has de estar seguro de que no podrás entrar al asalto en la patria sin antes haber pasado por encima del cadáver de quien te dio a luz. *6* Pues no debo esperar aquel día en que vea a mi hijo conducido cautivo por los ciudadanos en el cortejo triunfal o dueño del triunfo a costa de la patria. *7* Y en efecto, si te exigiera salvar la patria llevando a la ruina a los volscos, ardua y penosa sería, hijo, la decisión que sometería a tu examen; pues ni es bueno destruir a los conciudadanos ni justo traicionar a los que han depositado en ti su confianza. *8* Pero, en realidad, lo que te pedimos es la liberación de los males, salvación para ambos bandos por igual, pero más gloriosa y bella para los volscos, porque por su superioridad se granjearán la reputación de haber otorgado los mayores bienes sin recibir menos por ello, la paz y la amistad. De ellas, si se producen, tú serás el mayor responsable, y de ellas, si no se producen, serás el único que cargue con las culpas a ojos de unos y de otros. *9* Siendo incierto el resultado de una guerra, ten esto por cierto: que si vences, quedará de ti el haber sido azote de la patria; y que si eres derrotado, parecerás haber sido el culpable de los mayores males, por el odio contra hombres que eran tus bienhechores y amigos.»

36. Mientras Volumnia pronunciaba estas palabras, Marcio escuchaba con atención sin responder nada. Y como después de terminar ella de hablar, él siguió en silencio durante un buen rato, volvió a decir Volumnia: *2* «¿Por qué callas, hijo? ¿Acaso es bueno transigir en todo a la cólera y al rencor y no es bueno complacer a una madre que te hace peticiones tan importantes? ¿O es que a un gran hombre le cuadra conservar la memoria de los males sufridos, y en cambio honrar y venerar los beneficios y favores que los hijos reciben de los padres no es actitud propia de un varón grande y bueno? Y, sin embargo, nadie debía tener mayor interés en velar por el agradecimiento que tú, que tan cruelmente combates la ingratitud. *3* Cierto que de la patria ya te has cobrado severos castigos, pero a tu madre no le has devuelto ningún favor. El mejor acto de piedad filial habría sido que yo obtuviera de ti una petición tan bella y justa como la que te hago sin imponerte nada. Pero si no te convenzo, ¿para qué me voy a ahorrar acudir a la última esperanza?» *4* Y al decir esto, cayó a sus rodillas al tiempo que su mujer y sus hijos. *5* Marcio exclamó entonces: «¡Qué me haces, madre! —la levanta y oprimiéndole con fuerza la mano derecha, dijo—: Me has vencido, y tu victoria trae la dicha a la patria, pero a mí la perdición. Pues me voy, sólo por ti derrotado.»

6 Esto es lo único que dijo, y después de conversar brevemente en privado con su madre y su mujer, las envió de nuevo a Roma, como pedían, y, transcurrida aquella noche, retiró a los volscos, que no guardaban en su totalidad idéntica actitud ni tenían pareceres concordes. *7* Unos censuraban a la persona y su acción, otros ni lo uno ni lo otro, porque eran partidarios de la reconciliación y la paz, y había quienes, indignados por el resultado, no obstante no consideraban malvado a Marcio y le disculpaban el haberse dejado doblegar por tan imperiosas fuerzas. *8* Pero nadie se opuso y todos le siguieron, más por la admiración que su virtud suscitaba que por su autoridad.

37. El pueblo de los romanos dejó entender con más claridad a qué gran temor y peligro había estado expuesto, cuando se disipó la amenaza de la guerra que mientras duró.

2 Pues en cuanto los que estaban por las murallas divisaron a los volscos levantando el campamento, todos los templos se abrieron de inmediato y todo el mundo portaba coronas y hacía sacrificios como por una victoria. *3* Pero sobre todo era por las muestras de cariño y los homenajes que tributaban a las mujeres el senado y la plebe entera por lo que se manifestaba el regocijo de la ciudad. Todos decían y pensaban que ellas habían sido a todas luces las responsables de la salvación. *4* El senado decretó que lo que ellas exigieran que se hiciera en su honor y como prueba de agradecimiento se lo dispusieran y procuraran los magistrados, pero ellas no reclamaron más que la edificación de un santuario de la Fortuna Femenina, cuyos gastos de construcción acordaron pagar por su cuenta, dejando sólo al erario público correr con la cuenta de los sacrificios y las honras debidas a los dioses. *5* El senado elogió su generosidad, pero mandó construir el templo y la estatua a expensas del tesoro público; pero no por eso ellas dejaron de recolectar el dinero para levantar una segunda estatua, que es esa de la que los romanos dicen que cuando la estaban colocando en el templo emitió algo semejante a las siguientes palabras: «Caro a los dioses es, mujeres, el rito con el que me habéis dedicado»[55].

38. Cuenta la leyenda que esta voz se oyó dos veces incluso, queriéndonos convencer de cosas que tienen aspecto de no haber sucedido y que son difíciles de creer. *2* Pues que aparezcan estatuas sudando o derramando lágrimas o desprendiendo gotas que parecen sangre no es imposible; de hecho, la madera y las piedras con frecuencia concentran moho que genera humedad, toman también por sí mismas variados colores y reciben tinturas del medio ambiente. Nada impide, al parecer, que lo sobrenatural se sirva de estos signos para expresar algún significado. *3* Es posible, igualmente, que una estatua emita un ruido parecido a un chirrido o un gemido

---

[55] La anécdota de las palabras de la estatua también está narrada en *Moralia* 318 f-319 a; Dionisio de Halicarnaso, VIII 56. Este santuario de la Fortuna Femenina se encontraba en la vía Latina, cerca de Roma, en el paraje donde Coriolano había establecido el campamento.

como resultado de una fractura o un desprendimiento más violento de las partículas de su interior. Pero que una voz articulada y una frase tan clara, prodigiosa y pronunciada con tal nitidez se produzca en un objeto inanimado es absolutamente inconcebible, cuando ni siquiera sucede que el alma y la divinidad se comuniquen y dialoguen sin la ayuda de un cuerpo que les sirve de instrumento y que está dotado de órganos diferenciados de la palabra. *4* En los casos en que la historia nos fuerza a aceptar algo con numerosos testigos fidedignos, es que se ha producido un fenómeno diferente de la percepción en el elemento imaginativo del alma y nos arrastra a creer verdadera la apariencia, igual que en los sueños creemos oír no oyendo y mirar no mirando. *5* No obstante, para quienes tienen unos sentimientos excesivos de devoción y amor hacia la divinidad y por eso no pueden desechar ni renegar de nada de esas fábulas, el motivo mayor que les lleva a creer es el carácter prodigioso y ajeno a nuestro rasero del poder divino. *6* Y es que no se parece en nada a lo que es humano, ni en su naturaleza ni en su actividad ni en su capacidad ni en su fuerza, ni es contrario a la razón si hace algo de lo que no nos es factible o puede algo que nos es imposible. Pero, diferenciándose en todo mucho de nosotros, sobre todo se aparta y difiere por sus obras. *7* Sin embargo, la mayoría de las cosas divinas, como dice Heráclito, «por falta de fe escapan a nuestro conocimiento»[56].

39. En cuanto a Marcio, cuando regresó a Ancio de la expedición, Tulo, que hacía tiempo que le odiaba y que no le podía soportar por la envidia, tramó una conspiración para quitarle la vida enseguida, seguro de que si se le escapaba ahora, no se le presentaría otra oportunidad de darle presa. *2* Tras reunir a muchos e indisponerlos contra él le mandó dimitir del mando y rendir cuentas de él a los volscos. *3* Pero él, por miedo de verse convertido en un simple particular mientras Tulo seguía de general y gozaba de la máxima autoridad entre

---

[56] Fragmento 86 (Diels-Kranz) de Heráclito. La conclusión de todo este capítulo de Plutarco, aunque no expresada, parece ser que más vale tener fe en demasiadas cosas que en demasiado pocas.

sus conciudadanos, decía que sólo dimitiría del cargo si se lo mandaban los volscos, pues por órdenes de todos ellos lo había asumido, pero que desde ese mismo momento no rehusaba rendir cuentas y dar razón a los anciatas que lo desearan. *4* Celebrada, pues, una asamblea, los cabecillas del pueblo que estaban confabulados con Tulo se levantaron y excitaron al pueblo contra él. *5* Pero al levantarse Marcio, el respeto que le profesaban hizo que cediera el gran alboroto y le permitió tomar la palabra sin temor. Los más notables de los anciatas y los más satisfechos con la paz era evidente que estaban dispuestos a escucharle con benevolencia y a juzgarle con justicia. Entonces Tulo comprendió alarmado cuál sería el efecto de su defensa, *6* pues Marcio estaba entre los oradores más sobresalientes, y sus proezas anteriores le aseguraban más simpatía de la audiencia que antipatía por la acusación posterior, o, mejor, la propia acusación era testimonio de su inmenso reconocimiento. *7* Pues no les habría parecido que sufrían una injusticia al no someter a Roma a su poder, si no hubieran estado tan cerca de conquistarla gracias a Marcio. *8* Por eso, los conjurados decidieron no esperar más ni tentar a ver qué hacía la plebe: los más audaces de los implicados proclamaron a gritos que no tenían que escucharle ni tolerar que ejerciera su tiranía sobre los volscos un traidor que se obstinaba en no dejar el mando, y juntos cayeron sobre él y lo mataron, sin que nadie de los presentes le socorriera. *9* Que el crimen no se cometió con la aquiescencia de la mayoría lo demostraron con su actuación entonces: concurrieron enseguida de las ciudades ante el cadáver, lo enterraron con honores y adornaron con armas y despojos de guerra su sepultura, como la de un héroe y un general[57].

10 Los romanos, informados de su muerte, no dieron ninguna señal ni de estima ni de odio hacia él. Lo único que hicieron fue consentir a petición de las mujeres en declarar luto durante diez meses, como cada una acostumbraba a hacer con el padre, el hijo o el hermano. *11* Éste era, en efecto, el

---

[57] Plutarco resume el relato de Dionisio de Halicarnaso, VIII 57-59. Tito Livio, II 40, 11, menciona la versión del analista Fabio Píctor, según el cual Coriolano murió de viejo.

término más largo de luto que había fijado Numa Pompilio, según se ha dejado en claro en la vida de él[58].

12 Los intereses de los volscos enseguida lamentaron la pérdida de Marcio. En primer lugar, entraron en disputa por la hegemonía con los ecuos, aliados y amigos suyos, y llegaron a herirse y matarse. *13* Más tarde, derrotados por los romanos en una batalla en la que murió Tulo y pereció la flor de sus ejércitos, tuvieron que conformarse con las condiciones de paz más ultrajantes: convertirse en súbditos de los romanos y comprometerse a hacer lo que les ordenaran.

Comparación de Alcibíades y Coriolano

40 (1). Una vez expuestas las acciones de ellos que consideramos dignas de consideración y recuerdo, en cuanto a sus hechos militares se puede ver que no hay nada que incline mucho la balanza ni de uno ni de otro lado. *2* De manera semejante, ambos dieron como soldados numerosas pruebas de audacia y valor, y numerosas también de ingenio y previsión como generales, con la única excepción de que alguien quizá querría señalar a Alcibíades como general más consumado, en la medida en que venció y tuvo éxitos en muchos combates por tierra y por mar. En todo caso, ambos compartieron el hecho de que, mientras permanecieron en su patria y ejercieron el mando, dirigieron siempre los asuntos del país con éxito manifiesto y, al contrario, causaron perjuicios más manifiestos aún, cuando se pasaron al enemigo. *3* En cuanto a la conducta política de ambos, la de Alcibíades, por su excesivo descaro y por no estar limpia de groserías y bufonadas para ganarse el favor de la muchedumbre, la aborrecían las personas sensatas; y la de Marcio, por enteramente impopular, orgullosa y oligárquica, se ganó los odios del pueblo romano. *4* Ni una ni otra, pues, merecen elogio; pero el que hace de demagogo y persigue los favores del pueblo no es tan censu-

---

[58] *Numa*, 12, 3.

rable como los que para no parecer demagogos lo insultan, pues si es vergonzoso adular al pueblo para conseguir el poder, adquirir la fuerza por el terror, la vejación y la opresión es injusto, además de vergonzoso.

41 (2). La suposición de que Marcio fue por su carácter una persona sin doblez y franca, y Alcibíades un hombre sin escrúpulos en la política y falso, es algo que está fuera de toda duda. *2* Pero por lo que sobre todo le acusan es por la malicia y el engaño con que embaucó a los embajadores lacedemonios para romper la paz, como Tucídides cuenta en su historia[59]. *3* Sin embargo, aun cuando esta política precipitó a la ciudad de nuevo en la guerra, hizo a Atenas más poderosa y temible gracias a la alianza con Mantinea y Argos, conseguida por mediación de Alcibíades. *4* Que también el propio Marcio provocó la guerra entre romanos y volscos mediante el engaño, acusando con mendaces calumnias a los que habían venido a los espectáculos, es lo que relata Dionisio en su historia[60]; pero el motivo por el que lo hizo hace su acción más ruin que la de Alcibíades. *5* Pues no fue producto de la ambición ni de una lucha o una rivalidad política como aquél, sino por saciar su cólera, pasión con la que Dión afirma que nadie se cobró agradecimiento[61]; por ella arrojó la confusión en muchas partes de Italia y arruinó inútilmente muchas ciudades que no tenían ninguna culpa por el rencor contra su patria. *6* Y eso que también Alcibíades fue responsable de grandes desdichas de sus conciudadanos por su cólera. Pero nada más darse cuenta del arrepentimiento de los atenienses, se mostró bondadoso y, cuando volvieron a arrojarlo de la patria, no se alegró de los errores de los generales ni dejó de importarle que tomaran decisiones equivocadas o se vieran expuestos a peligros; por el contrario, hizo precisamente lo mismo que ha valido a Arístides tantos elogios cuando se en-

---

[59] Tucídides, V 45; cfr. *Alcibíades,* 14, 6-12.
[60] VIII 2; cfr. *Coriolano,* 26, 3.
[61] Amigo de Platón y cuñado de Dionisio el Joven, tirano de Siracusa, de quien Plutarco ha escrito la biografía.

trevistó con Temístocles[62]: presentarse ante los que mandaban en ese momento, aun no siendo amigos suyos, y explicarles y darles las instrucciones precisas. *7* En cambio, Marcio, en primer lugar, hizo daño a la ciudad entera, aunque no era la ciudad entera la que le había tratado mal, pues la fracción más importante y poderosa había sido objeto de igual ofensa y de los mismos padecimientos; en segundo lugar, al no dejarse ablandar ni ceder a las numerosas embajadas y peticiones con las que trataban de aplacar la cólera y la insensatez de una única persona, dio pruebas de haber emprendido una guerra tan cruel y sin cuartel, no para recobrar su patria y regresar a ella, sino con el objeto de destruirla y abatirla. *8* Se podrá decir que existe entre ambos la siguiente diferencia: que Alcibíades volvió a pasarse a los atenienses, porque los espartiatas, por el miedo y, al mismo tiempo, el odio que le tenían, estaban tendiendo emboscadas contra él, mientras que para Marcio no era honesto abandonar a los volscos, que le trataban con toda justicia. *9* De hecho le habían nombrado general y habían depositado en él la máxima confianza, a la vez que el poder, no como Alcibíades, de quien los lacedemonios, más que usar, abusaban, y que después de ir acá y allá en la ciudad y rodar más tarde de un sitio a otro en el campamento, terminó por arrojarse en manos de Tisafernes. A menos que, por Zeus, fuese verdad que le lisonjeaba para evitar la ruina total de Atenas, adonde añoraba regresar.

42 (3). En cuanto al dinero, de Alcibíades se cuenta que recibió con frecuencia cantidades deshonestas procedentes de sobornos y que dispuso de ellas mal, para sus lujos y licencias; y de Marcio, que cuando los generales trataban de dárselo en premio de su valor, no consiguieron convencerle de que lo aceptara. *2* Por eso precisamente se ganó los odios de la muchedumbre en las discusiones con el pueblo acerca de las deudas, pues tenían la impresión de que vejaba a los pobres, no con las vistas puestas en el lucro personal, sino por insolencia y desprecio. *3* Antípatro, en una carta que escribió a propósito de la

---

[62] Cfr. Heródoto, VIII 79; *Temístocles*, 12, 6-8; *Aristides*, 8, 2-4.

muerte del filósofo Aristóteles, dice: «Aparte de las demás cualidades, este hombre tenía también el don de la persuasión.» La carencia de esta virtud hizo que las hazañas y los méritos de Marcio fueran molestos incluso para los propios beneficiarios, que no podían soportar su soberbia y su petulancia, «compañera de la soledad»[63], según la llamó Platón. *4* En el caso de Alcibíades, que, por el contrario, sabía tratar amistosamente a cuantos se acercaban a él, no era nada de extrañar que en sus éxitos floreciera su gloria, acompañada al abrigo de la simpatía y el honor, cuando incluso algunos de sus errores encontraron no pocas veces aquiescencia y acogida favorable. *5* De ahí que a éste, a pesar de no haber sido pocos ni pequeños los perjuicios que causó a la ciudad, se le designó con frecuencia caudillo y general, mientras que aquél, cuando aspiró a un cargo acorde con sus numerosas condecoraciones y actos de valor, fracasó. *6* Así, al uno sus conciudadanos, ni aun recibiendo males, fueron capaces de odiarlo, y al otro, aunque le admiraban, nunca le fue dado hacerse querer.

43 (4). De hecho, Marcio no se reveló en absoluto como general de su ciudad, sino como jefe de los enemigos contra su patria, mientras que de Alcibíades los atenienses disfrutaron, tanto en calidad de soldado en muchas ocasiones, como en calidad de general. Cuando se encontraba en Atenas, dominaba como quería a sus adversarios y sólo era coincidiendo con sus ausencias cuando cobraban fuerza las calumnias. *2* Marcio, sin embargo, estaba presente cuando los romanos le condenaron, y entre los volscos estaba cuando éstos lo mataron; bien es verdad que este acto fue injusto e impío, pero él mismo fue quien les dio un pretexto bien fundado, porque después de no aceptar la reconciliación pública con el estado y haberse dejado convencer en privado por las mujeres, no puso término al odio entre ambos pueblos y, al permitir que continuara la guerra, no había hecho más que perder y arruinar la ocasión propicia. *3* Pues tenía que haberse retirado después de haber persuadido a los que habían depositado en él su confianza, si es que realmente tomaba tan en cuenta las

---

[63] Cfr. *supra*, 15, 4.

obligaciones contraídas con aquéllos. *4* Pero si no le preocupaban en absoluto los volscos y había provocado primero la guerra y luego la había acabado con la intención exclusiva de saciar su cólera, no estuvo bien perdonar a la patria por la madre, y lo que tenía que haber hecho era perdonar a la madre con la patria; pues tanto su madre como su mujer eran parte de la patria que estaba asediando. *5* Después de haber tratado sin conmiseración las súplicas públicas, los ruegos de los embajadores y las plegarias de los sacerdotes, conceder graciosamente la retirada a la madre no fue honrar a su madre, sino deshonrar a la patria, salvada por la piedad y la intercesión de una sola mujer, como si no mereciera salvarse por sí misma. *6* Este favor era odioso y cruel, no se hacía realmente acreedor a ningún agradecimiento y no se ganó el reconocimiento ni de unos ni de otros. Y es que se retiró sin que aquellos contra quienes hacía la guerra le hubieran convencido y sin convencer él a su vez a quienes combatían con él en aquella guerra. *7* La culpa de todo eso fue su carácter insociable y excesivamente soberbio y petulante, que ya de por sí es repugnante para la mayoría, pero que, si se le une la ambición, termina por ser salvaje e implacable. *8* Pues los que son así no tratan de congraciarse con el pueblo, como si no necesitaran honores, pero luego se enfadan si no los obtienen. Porque este carácter de no ser pedigüeños ni aduladores con la masa también lo tuvieron Metelo, Arístides y Epaminondas; pero como éstos despreciaban de verdad lo que el pueblo es dueño y señor de dar o quitar, aunque les castigaran con el ostracismo, perdieran elecciones y se les sometiera a condena muchas veces, no se enfadaban con las desconsideraciones de los ciudadanos y se contentaban con que más tarde se arrepintieran y se reconciliaran en cuanto los volvían a llamar[64]. *9* Pues

---

[64] Q. Cecilio Metelo Numídico, cónsul en el 109 a.C, fue desterrado de Roma en el 100 y vuelto a llamar gloriosamente al año siguiente: cfr. *Mario,* 29-31. Arístides fue objeto de ostracismo en el 482 y regresó a Atenas antes de la batalla de Salamina contra los persas: cfr. *Arístides,* 7-8. Epaminondas, artífice máximo de la hegemonía tebana en la primera mitad del siglo IV, fue acusado en el 369 de haber mantenido su mando sobre las tropas después del término de su periodo de mandato: cfr. *Pelópidas,* 25. Plutarco escribió una *Vida de Epaminondas* perdida.

el menos aficionado a adular es el que menos vengativo debe ser con la masa, porque el irritarse con vehemencia por no obtener un honor nace de ambicionarlo con la misma vehemencia.

44 (5). Alcibíades no negaba ciertamente lo que le gustaban los honores y lo mal que soportaba verse excluido; por eso procuraba ser amistoso con quienes estaba y ganarse su afecto; pero a Marcio su orgullo no le permitía halagar a los que le podían honrar y elevar su posición, pero su ambición le hacía sentir cólera y enfado cuando se notaba desplazado. 2 Y esto es lo único de lo que se podría culpar a este hombre, pues en todo lo demás fue brillante. Por su templanza y continencia en el deseo de dinero, merece que se le compare con los más preclaros y los más puros de los griegos, y no, por Zeus, con Alcibíades, que fue a este respecto el más desvengorzado e indiferente a la moral.

ÍNDICE

Introducción	7
Vida de Plutarco	9
Obra	18
Moralia	20
Las *Vidas*	30
Transmisión de las obras de Plutarco	44
Traducciones castellanas de las *Vidas*	45
Esta edición	47
Bibliografía	49
Vidas paralelas	51
Alejandro	55
César	167
Pericles	257
Fabio Máximo	313
Comparación de Pericles y Fabio Máximo	350
Alcibíades	357
Coriolano	411
Comparación de Alcibíades y Coriolano	457